ENCUENTROS

EDICIÓN 3000
Lehrerfassung

MÉTODO DE ESPAÑOL

PASO AL BACHILLERATO

Encuentros Edición 3000 Paso al bachillerato Lehrerfassung
Lehrwerk für Spanisch als dritte Fremdsprache

Im Auftrag des Verlages erarbeitet von:
Jochen Schleyer, Wolfgang Steveker, Manuel Vila Baleato und
Dr. Christine Wlasak-Feik

und der Redaktion Fremdsprachen in der Schule:
Ute Gebel und Marit Reifenstein (Projektkoordination)
Redaktionelle Assistenz: Yvonne Miller
Bildassistenz: Nadja Hantschel, Ulrike Schick
Projektleitung: Heike Malinowski

Lehrerfassung erarbeitet von: Claudia Kolitzus

Beratende Mitwirkung: David Alonso, Birgit Deppermann,
Verena Heckmann, Elke Hildenbrand, Doris Jakob-Fuchsbauer,
Dr. Ute von Kahlden, Dr. Barbara Köberle, Kathrin Rathsam,
Kathrin Sommerfeldt, Ursula Vences, Araceli Vicente Álvarez,
Petra Wirtz-Kaltenberg, Uschi Zöller

Layoutkonzept und Umschlaggestaltung:
werkstatt für gebrauchsgrafik, Berlin
Layout und technische Umsetzung:
Regelindis Westphal Grafikdesign / Rotraud Biem, Berlin
Illustration: Rafael Broseta (S. 37/38), Laurent Lalo
Karten: Dr. Volkhard Binder

Technische Umsetzung LF: Ellen Nonnenmacher

Umschlagfoto: © photaki / David Acosta Allely

Begleitmaterialien zu
Encuentros Edición 3000 Paso al bachillerato:
ISBN 978-3-06-520368-5 Vokabeltaschenbuch
ISBN 978-3-06-520350-0 Audio-CD
ISBN 978-3-06-520365-4 DVD
ISBN 978-3-06-520338-8 Cuaderno de ejercicios
ISBN 978-3-06-520344-9 Handreichungen für den Unterricht
ISBN 978-3-06-520353-1 Grammatikheft

Die zum Lernmittel gehörige CD und DVD enthalten ausschließlich
optionale Unterrichtsmaterialien; sie unterliegen nicht dem
staatlichen Zulassungsverfahren.

www.cornelsen.de

1. Auflage, 1. Druck 2013

Alle Drucke dieser Auflage sind inhaltlich unverändert
und können nebeneinander verwendet werden.

© 2013 Cornelsen Schulverlag GmbH, Berlin

Das Werk und seine Teile sind urheberrechtlich geschützt.
Jede Nutzung in anderen als den gesetzlich zugelassenen Fällen bedarf
der vorherigen schriftlichen Einwilligung des Verlages.
Hinweis zu den §§ 46, 52a UrhG: Weder das Werk noch seine Teile dürfen
ohne eine solche Einwilligung eingescannt und in ein Netzwerk eingestellt
oder sonst öffentlich zugänglich gemacht werden.
Dies gilt auch für Intranets von Schulen und sonstigen Bildungseinrichtungen.

Druck: Stürtz GmbH, Würzburg

ISBN 978-3-06-023320-5

 Inhalt gedruckt auf säurefreiem Papier aus nachhaltiger Forstwirtschaft.

Symbole und Verweise

1	*Punto Final* Lernaufgabe
PF	Vorbereitung auf *Punto Final*
🎧 52	Hörverstehen/Tracknummern
🇩🇪	Sprachmittlung
DELE	*Diploma de Español como Lengua Extranjera*
20|3	Verweis auf Übung im Cuaderno
▶ GH 10|6	Verweis auf Kapitel im Grammatikheft
👥	Partnerarbeit
👥👥	Gruppenarbeit
//○	Differenzierungsaufgabe (leicht)
//●	Differenzierungsaufgabe (schwer)
✏️	Schreibaufgabe
facultativo	fakultative Übung
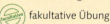	Landeskundlicher Hinweis
DVD	Verweis auf DVD

Legende zur Lehrerfassung

qué	neue grammatische Struktur
con	Lernwortschatz
▶ M	methodischer Schwerpunkt

Zusatzmaterialien

▶ Folie 1	Folien
▶ KV 1	Kopiervorlagen (HRU)
▶ GH S. 7/1	Grammatikheft
▶ DVD-KV 1	Kopiervorlagen DVD (HRU)
▶ WB	Interaktive Whiteboard-materialien

INHALTSVERZEICHNIS

Die folgenden aufgelisteten Angebote sind nicht obligatorisch abzuarbeiten. Die Auswahl der Übungen und Übungsteile richtet sich nach den Schwerpunkten des schulinternen Curriculums.

kommunikative Kompetenzen	sprachliche Mittel	Methoden / interkulturelles Lernen / Landeskunde

1 ¡DESCUBRE ARGENTINA!
Lernaufgabe (Punto final): *preparar una audioguía*
Methodische Schwerpunkte: Hören, Schreiben

8 ¡ACÉRCATE!

ein Land vorstellen: informieren, Empfehlungen und Ratschläge geben (Wh.)	*me/te gustaría, podrías/podríamos, si tienes ganas, …* (Wh. und Erweiterung) Themenvokabular Geografie (Wh.)	die argentinischen Provinzen

11 A ASÍ NOS VEMOS

sein Leben beschreiben sagen, was man (nicht) tun würde	der Konditional *tal vez + subj.* *hasta que + subj.* Relativsatz + *subj.* *quedar + gerundio*	argentinisches Spanisch *el mate* über Herkunft und Heimat nachdenken Methoden einen Artikel schreiben

16 B BUENOS AIRES EN 48 HORAS

seinen Stil verbessern etw. lebhaft schildern	Relativsätze mit *el que / la que, cuyo/-a* Nebensatzverkürzung mit *gerundio* *al + inf.*	Buenos Aires Carlos Gardel Methoden Texte für einen Audioguide vorbereiten

20 ALGO MÁS

Historias de migración: Statistiken Biografie der Band Che Sudaka Lied: *Serás feliz*		Herkunft der argentinischen Bevölkerung lateinamerikanisch-spanische Musik

24 RESUMEN
Redemittel + Grammatik (Übersicht und Test)

26 REPASAR LA LENGUA 1

wiederholende und vertiefende Übungen	der *presente de subjuntivo* (Wh.) der *presente de subjuntivo* und der Indikativ (Wh.) das *futuro simple* (Wh.) die Relativpronomen *que* und *lo que* (Wh.)	

kommunikative Kompetenzen	sprachliche Mittel	Methoden / interkulturelles Lernen / Landeskunde

2 EL NUEVO MUNDO
Lernaufgabe (Punto final): *crear una presentación*
Methodische Schwerpunkte: Monologisches Sprechen, Lesen

28 ¡ACÉRCATE!
über historische Ereignisse sprechen (Erweiterung)
Jahreszahlen/Zeitangaben wiedergeben (Wh.)

los Reyes Católicos
Cristóbal Colón
die Entdeckung Amerikas

Methoden Informationsrecherche

31 A LOS «PRIMEROS AMERICANOS»
Fakten präsentieren (Erweiterung)
Informationen recherchieren (Erweiterung)

unpersönliche Satzkonstruktionen mit *se*
die Relativpronomen *el/la cual, quien/quienes*

die Hochkulturen der Inkas, Mayas und Azteken

Methoden Worterschließungsstrategien
Arbeit mit dem einsprachigen Wörterbuch
Informationsrecherche/Quellenauswertung

37 B LA CONQUISTA DE TENOCHTITLAN
Möglichkeiten, Wünsche, Aufforderungen und Überraschung in der Vergangenheit äußern

das *imperfecto de subjuntivo*

die Eroberung Tenochtitlans (Comic)
Persönlichkeiten der *conquista*: Hernán Cortés, Moctezuma, Malinche

Methoden Wortumschreibungsstrategien zur Vorbereitung einer Präsentation

42 ALGO MÁS
Un descendiente maya cuenta …
Gedicht: *Yo soy indio*
Karikatur
Los primeros americanismos

Auswirkungen der Kolonialgeschichte heute
Einflüsse der *indígena*-Sprachen auf das Spanische

46 RESUMEN
Redemittel + Grammatik (Übersicht und Test)

48 REPASAR LA LENGUA 2
wiederholende und vertiefende Übungen

das *pretérito indefinido* (Wh.)
die kontrastive Verwendung von *pretérito indefinido* und *pretérito imperfecto* (Wh.)
die Präpositionen *desde, hace* und *desde hace* (Wh.)
die Relativpronomen *el que / la que* (Wh.)

Biografische Daten zu *Cristóbal Colón*

BALANCE 1

50 Kompetenzorientierte Überprüfung des Lernstands

| kommunikative Kompetenzen | sprachliche Mittel | Methoden / interkulturelles Lernen / Landeskunde |

3 CONTRASTES ANDALUCES
Lernaufgabe (Punto final): *hacer un debate*
Methodische Schwerpunkte: Dialogisches Sprechen, Monologisches Sprechen

52 ¡ACÉRCATE!
Gegensätze darstellen
Überraschung ausdrücken (Wh.)

Konnektoren: *tanto … como, frente a …, igual … que, aunque, mientras que, en cambio, por un lado …, por otro lado*

Daten und Fakten (Geografie, Ökonomie, Kultur) über Andalusien

Methoden etwas präsentieren

55 A NI BLANCO NI NEGRO
Bedingungen formulieren
etwas vergleichen / Vor- und Nachteile abwägen

irreale Bedingungssätze im Präsens
ni … ni
cualquier/a
la ventaja / la desventaja es

die Situation junger Spanier/innen in Deutschland
la Feria de Abril
Reflexion über die Situation von Jugendlichen in der eigenen Region

Methoden ein Interview durchführen

60 B LAS CORRIDAS: ¿ARTE O VIOLENCIA?
eine Argumentationslinie aufbauen / seine Meinung verteidigen
Argumente bewerten

Bedeutungsänderung der Adjektive *grande, antiguo/-a, viejo/-a, nuevo/-a, único/-a, pobre*
antes de que + subj.
Infinitivkonstruktionen (Wh.)

Stierkampf zwischen Tradition und Moderne

Methoden eine Diskussion vorbereiten

64 ALGO MÁS
Las huellas de Al-Ándalus
Lied: *La Tarara*

der Einfluss der Mauren in Spanien
Andalusische Musik

68 RESUMEN
Redemittel + Grammatik (Übersicht und Test)

70 REPASAR LA LENGUA 3
wiederholende und vertiefende Übungen

der Konditional (Wh.)
ser und *estar* (Wh.)
ojalá (que) + subj. (Wh.)
sin embargo, por un lado, por el otro, mientras que, en cambio (Wh.)
der Begleiter *algún* (Wh.)

die Tapas-Kultur
Flamenco

kommunikative Kompetenzen sprachliche Mittel Methoden / interkulturelles Lernen / Landeskunde

4 DESAFÍOS GLOBALES

Lernaufgabe (Punto final): *Escribir un CV y una carta de solicitud*
Methodische Schwerpunkte: Schreiben, Lesen

72 ¡ACÉRCATE!
seinen Standpunkt äußern / Statistiken auswerten (Wh.)

Themenwortschatz *desafíos globales*
debido a …

Landflucht in Peru / *Villas miserias* in Lima
Wasserversorgung in Bolivien
Straßenkinder in Kolumbien
nachhaltiger Tourismus in Spanien

75 A ¡EL AGUA ES VIDA!
Bedingungen in der Vergangenheit ausdrücken

das *pluscuamperfecto de subjuntivo*
der *condicional compuesto*
irreale Bedingungssätze in der Vergangenheit
das Passiv (rez.)
Nebensatzverkürzung mit *participio*

der Wasserkrieg in Bolivien
Film: *También la lluvia*
Wasserknappheit als globales Problem

Methoden Textinhalte mit Hilfe von Schlüsselbegriffen zusammenfassen

80 B UNA CIUDAD PARA TODOS
wiedergeben, was jemand gesagt hat (Wh. und Erweiterung)
Aufforderungen in der Vergangenheit wiedergeben (Erweiterung)

indirekte Rede und Aufforderung im *subjuntivo* mit Zeitverschiebung
de (tal) forma que, tanto que

Stadtentwicklungsprojekte in Medellín (*Metrocable, Parque Biblioteca España, escaleras eléctricas*)
Reflexion über Projekte zur Verbesserung der Infrastruktur in der Heimatregion

Methoden ein Interview schriftlich zusammenfassen / einen deutschen Text auf Spanisch zusammenfassen

86 ALGO MÁS
¡Hay que hacer algo!

die ONG *Pies descalzos*

Methoden einen Lebenslauf und eine Bewerbung schreiben

90 RESUMEN
Redemittel + Grammatik (Übersicht und Test)

92 REPASAR LA LENGUA 4
wiederholende und vertiefende Übungen

irreale Bedingungssätze (Wh.)
Nebensatzverkürzungen mit *al + inf., antes de + inf.* und *después de + inf.* (Wh.)
unpersönliche Satzkonstruktionen mit *se* (Wh.)

La Ciudad de las Artes y de las Ciencias in Valencia

BALANCE 2

94 Kompetenzorientierte Überprüfung des Lernstands

| kommunikative Kompetenzen | sprachliche Mittel | Methoden / interkulturelles Lernen / Landeskunde |

EL EXAMEN DE DELE

96 Modellaufgaben für die DELE-Prüfung

EL PLACER DE LEER
Lektüren mit Aufgaben zur Textarbeit und zum kreativen Schreiben

98 **POEMAS** Gedichte — Gedichte verstehen, analysieren und interpretieren (Form, sprachliche Gestaltung, Inhalt) / kreatives Schreiben

101 **ZACARÍAS Y JEREMÍAS** argentinische Erzählung — einen Prosatext verstehen, analysieren und kommentieren / ein *resumen* schreiben / Personen charakterisieren / kreatives Schreiben / ein Rollenspiel entwickeln / Textteile übersetzen

111 **LA ABUELA DE FEDE** Auszug aus einem spanischen Theaterstück für Jugendliche — Personen charakterisieren / Beziehungen zwischen Personen analysieren / eine Szene darstellen

ANEXO

- 115 **DIFFERENZIERUNGSAUFGABEN**
- 117 **PARTNERAUFGABEN**
- 119 **TRANSKRIPTE**
- 122 **LÖSUNGEN**
- 124 **METHODEN**
- 150 **PARA HABLAR DE UN TEXTO**
- 157 **LA HISTORIA DE ESPAÑA**
- 158 **PEQUEÑO DICCIONARIO DE CULTURA Y CIVILIZACIÓN**
- 165 **BETONUNG, ZEICHEN, ZAHLEN**
- 167 **INDICACIONES PARA LOS EJERCICIOS**
- 168 **LOS PAÍSES DE LA UNIÓN EUROPEA (UE)**
- 168 **LOS PAÍSES DE AMÉRICA LATINA**
- 169 **VERBOS CON INFINITIVO**
- 169 **LA FORMACIÓN DE LOS VERBOS**
- 170 **LOS VERBOS**
- 177 **LISTA CRONOLÓGICA**
- 202 **LISTA ALFABÉTICA**
- 216 **DEUTSCH-SPANISCHES WÖRTERBUCH**
- 229 **PLANO DE BUENOS AIRES**
- 230 **MAPA DE ANDALUCÍA**
- 231 **MAPA: EL ESPAÑOL EN EL MUNDO**

1 ¡DESCUBRE ARGENTINA!

▶ Folie 1

¡ACÉRCATE!

> **LERNZIEL**
> ▶ ein Land vorstellen: informieren, Empfehlungen und Ratschläge geben (Wh. und Erweiterung)

ACTIVIDAD DE PREAUDICIÓN

1. ¿Qué fotos te gustan o te interesan más? Elige dos y explica a tu compañero/-a por qué las has elegido.

la Avenida de 9 de Julio en Buenos Aires

el barrio San Telmo en Buenos Aires

las Cataratas del Iguazú

el Tren a las Nubes

1

	Argentina
habitantes:	40.117.000
capital:	Buenos Aires
lengua oficial:	español
forma de gobierno:	república federal
moneda nacional:	peso

¡Bienvenidos a Argentina!

¡Les invitamos a un viaje de 15 días de norte a sur!

el Valle de la Luna

el Aconcagua

una ballena en la Península Valdés

el glaciar Perito Moreno

Ushuaia

1

COMPRENSIÓN AUDITIVA

2 a Escucha y decide de qué tipo de texto se trata (1) y a quién se dirige (2). Justifica tu decisión.

1. Se trata de
   a … un texto científico.
   b … una conversación.
   c … una publicidad[1].

2. El texto se dirige a
   a … argentinos.
   b … turistas.
   c … niños.

[1] la publicidad
die Werbung

b Escucha el texto otra vez y apunta lo que dice el locutor de «tus» fotos. ▶ Selektives Hörverstehen, S. 130

c Presenta tus fotos a tus compañeros/-as y, con ayuda del mapa de Argentina, explícales dónde se encuentran los lugares.
▶ Para hablar de una región, p. 183

En esta foto hay ___ .   Esta foto muestra ___ .
Podemos ver ___ .

EXPRESIÓN ORAL

3 ¿Te gustaría hacer el viaje? ¿Por qué (no)? Cuéntale a tu compañero/-a adónde te gustaría ir y lo que te gustaría hacer.

Me gustaría pasar unos días en ___ .
Me gustaría ver ___ / ir a ___ / viajar a ___ / visitar ___ porque ___ .
Tengo muchas ganas de ver ___ / conocer ___ .
Podríamos ir a ___ .

4 a Haz un mapa mental con todas las expresiones que ya conoces para hablar de una región.

b En el texto (p. 119) busca todas las expresiones que te sirven para recomendar algo. Escríbelas en una lista. ▶ Resumen 1

– Si buscas algo especial ___
– ___

c Con ayuda de tu mapa mental y tus apuntes recomienda tres lugares de tu país favorito o de tu región favorita a tu compañero/-a. ▶ GH S. 25/1

5 a Prepara una charla de un minuto sobre todo lo que sabes ahora de Argentina.
▶ Etwas präsentieren, S. 138, ▶ Pequeño diccionario, p. 158

b Trabajad en grupos de cuatro alumnos. Uno presenta su charla y los demás la escuchan y la evalúan. ▶ Evaluierung, S. 139

COMPRENSIÓN AUDIOVISUAL   ▶ DVD-KV 1–3

6 Mira la escena del DVD.

1A ASÍ NOS VEMOS

LERNZIELE:
- sein Leben beschreiben
- sagen, was man (nicht) tun würde

ACTIVIDAD DE PRELECTURA

1 ¿Qué sabes de estos temas? Busca información en el Pequeño Diccionario (p. 158).

el tango — Messi — el mate — el asado — el poncho

COMPRENSIÓN AUDITIVA

▶ KV 5

🎧 3
▶ WB

2 Lee las preguntas de la entrevista (l. 1–3) y después escucha las respuestas de Nicolás. Apunta una información por cada pregunta.

🎧 4–6
▶ WB

¿Qué significa para ti «ser argentino»?
¿Cómo es tu región y cómo es tu vida ahí?
¿Te podrías imaginar vivir en otro lugar?

Nicolás Wisniewski, 16 años, Buenos Aires

Cuando miramos el mapa de Argentina vemos que se trata de un
5 país gigante, casi seis veces más grande que España. Hemos entrevistado a cuatro jóvenes argentinos para saber cómo es la vida en un país donde unos 3.700 kilómetros separan el norte del sur.

Rosana Blumenfeld, 17 años, Mendoza

¿Ser argentino? Es tomar mate todos los días. Parece un estereotipo pero al menos yo no conozco a nadie que no lo tome ... Pero creo que
10 ser argentino es sobre todo un crisol de orígenes diferentes. Acá vas a escuchar eso de que «los argentinos venimos de los barcos», porque la mayoría de los argentinos somos descendientes de europeos. Yo por ejemplo, tengo amigos de origen italiano, español, alemán y polaco, pero el punto es: ¡todos nos sentimos argentinos!
15 ¿Qué te puedo decir de Mendoza? Es una ciudad bastante moderna y me gusta vivir acá. Está al pie de los Andes y podés hacer andinismo. Desgraciadamente, como también en otras partes del país, es difícil encontrar trabajo después de estudiar. ¡Y si te quedás esperando hasta que aparezca algo, ya perdiste! Por eso mucha gente joven toma la iniciativa y funda pequeñas empresas.
20 Mi hermano, por ejemplo fundó una de catering. Al principio lo hacía solo, ahora ya tiene dos empleadas: su novia y una prima nuestra. Hay muchísimas empresas pequeñas en Mendoza que ofrecen servicios muy diferentes.
¿Irme de acá para siempre? Nunca lo haría. Extrañaría demasiado mi país.

Marta Rodríguez, 16 años, Purmamarca

Aunque muchos nos vean así, Argentina no es solo tango, carne y fútbol.
25 Es un país con muchísimas facetas. Pero creo que una está siempre muy presente: la solidaria. Por ejemplo un primo mío instala paneles solares en pueblos muy aislados para que la gente tenga electricidad, una amiga mía da clases de apoyo gratis y te podría dar muchos ejemplos más. Tal vez ser argentino sea también esto: saber ayudarse.
30 Purmamarca es un pueblo en la provincia de Jujuy que limita con Bolivia y Chile. Se encuentra a 2.200 metros de altura y al pie del famoso Cerro de los Siete Colores. Acá hay muchos indígenas, porque la mayoría de los habitantes son descendientes de los pueblos quechuas o aimaras. En todo

1A

el pueblo podés encontrar huellas de sus tradiciones: en la moda, la artesanía y también en la
35 música. Llevamos una vida muy tranquila y muy sencilla, pero a mí me gusta.
Para estudiar tendría que ir a una ciudad grande, por ejemplo a Córdoba. Pero después volvería a mi pueblo, de esto estoy segura.

Federico Zocco,
17 años,
Ushuaia

¿Ser argentino? ¿Y yo qué sé? No tengo ni idea, che … Somos todos muy diferentes, así que no creo que haya una definición para «ser argentino».
40 Yo, por ejemplo, nunca me pondría un poncho aunque sea tradicional de Argentina. Además soy vegetariano. Pero dicen que los argentinos comemos muchísima carne. Y vos, ¿qué decís? Yo, sin embargo, también soy argentino, ¿no?
Vivo en Ushuaia, en Tierra del Fuego. Dicen que es el «fin del mundo».
45 Mis viejos vinieron para acá hace diez años. Tienen un pequeño hotel. Yo a veces los ayudo un poco y me gusta mucho hablar con los turistas que llegan con sus mochilas inmensas de todas las partes del mundo. Y cuando no tengo nada que hacer por la tarde, salgo a correr y no paro hasta que baje el sol.
50 **Claro que sí**. Aunque me gusta Tierra del Fuego, a veces tengo muchas ganas de irme a una ciudad grande. Y sobre todo a un lugar que tenga más luz y donde haga más calor. A lo mejor me iría a Italia, allá vive un hermano de mi viejo.

8 el estereotipo *das Klischee* 10 el crisol *der Schmelztiegel* 10 acá *arg.* = aquí 11 el barco *das Schiff* 12 el/la descendiente *m./f. der Nachfahre / die Nachfahrin* 16 hacer andinismo = hacer senderismo en los Andes 16 desgraciadamente *leider* 18 aparecer *auftauchen, erscheinen* 19 fundar *gründen* 19 la empresa *die Firma* 21 el empleado / la empleada *der/die Angestellte* 23 extrañar *lat. am.* = echar de menos 26 el panel solar *das Solarmodul* 27 aislado/-a = muy lejos de otros pueblos y otras ciudades 28 la clase de apoyo *die Nachhilfestunde* 34 la huella *die Spur* 38 ¡che! *arg. etwa: ey! (Bekräftigung)* 42 vos *arg.* = tú 45 mis viejos *arg.* = mis padres 49 el sol baja *arg. die Sonne geht unter* 52 allá *arg.* = allí

ENTRE CULTURAS

Los argentinos usan el pronombre «vos» en lugar de «tú». Esta persona se conjuga y se pronuncia de forma diferente:

En España	En Argentina
(tú) tomas	(vos) tomás
(tú) tienes	(vos) tenés
(tú) dices	(vos) decís

COMPRENSIÓN LECTORA

3 a Formad cuatro grupos. Cada grupo busca en el texto (p. 11/12, p. 119) información para uno de los aspectos siguientes y toma apuntes.
▶ 5|1

A el día a día

B lo «típico argentino»

C la situación de los jóvenes

D el lugar donde viven

b Cada grupo prepara un esquema para poder presentar la información a los demás.
▶ Textinhalte visuell darstellen, S. 132

c Ahora formad grupos de expertos (ABCD). Cada experto presenta su información del ejercicio **3b** y los demás toman apuntes. ▶ Expertenpuzzle, S. 147

¡Descubre Argentina! | Así nos vemos **1A**

4 Cuenta qué te llama la atención de lo que dicen los jóvenes argentinos.

(No) Me gusta
No puedo creer
Me llama la atención
Me parece interesante / genial / increíble¹ } que + *subj.*

Pienso
Creo } que + *ind.*

1 increíble *adj. unglaublich*

BÚSQUEDA DE INFORMACIÓN

5 a Explica qué lugares ves en las fotos con ayuda del texto (p. 11/12 y p. 119).

b Busca más información sobre uno de los lugares en el Pequeño Diccionario (p. 158) y en Internet. Después prepara una ficha para cada lugar y presenta la información a tu grupo.
▶ KV 6

LA LENGUA

El español de Argentina

6 a Escucha el diálogo. ¿Quién es el argentino / la argentina? ¿Cómo lo sabes? ¿Qué te llama la atención en su forma de hablar?
▶ KV 7

b Escucha otra vez el diálogo. ¿Qué dirían los españoles en lugar de las siguientes expresiones argentinas: «tareas», «bárbaro», «acá», «vos» y «mis viejos»?   ▶ Texto, p. 11/12, p. 119

c ¿Qué estilo de lengua están usando las personas que hablan? Decide si es formal¹ o familiar² y da ejemplos.

1 formal *förmlich* 2 familiar *vertraut*

1A

▶ KV 8 **Practicar el condicional** ▶ Resumen 5

7 Con un millón de euros, ¿qué haríais? Echad un dado y dad ejemplos usando el condicional.

▶ WB

Ejemplo: ⚁ Mis amigos y yo compraríamos una casa en México y visitaríamos toda América.

▶ GH S. 25/2

8|6
17|2

⚀ yo
⚁ tú
⚂ mi hermano/-a / mi amigo Max / mi abuela / ___
⚃ nosotros/-as / mis amigos y yo / ___
⚄ vosotros/-as / tú y ___
⚅ mis hermanos / mis padres / mis amigos / ___

ayudar a gente necesitada / ___ .
hacerles regalos a todos los amigos / a ___ .
hacer un viaje por el mundo / por América Latina / ___ .
irse a un país donde haga sol y calor / a Finlandia / ___ .
visitar todas las capitales del mundo / todos los museos del mundo / ___ .
comer en restaurantes todos los días. / ___ .
no *tener* que trabajar.
viajar a ___ .
vivir en el campo con muchos animales / en un palacio / ___ .
instalar paneles solares.
poder comprar una casa en la costa.
ponerse ropa muy cara.

8 a Estás con tu familia una semana en Argentina. Cuenta lo que haríais juntos / lo que harías tú / lo que harían tus padres o tus hermanos, lo que comeríais y adónde iríais.

S. 115
▶ Folie 3
8|7
8|8
9|10

▶ GH S. 25/2

Ejemplo: El primer día por la mañana visitaríamos todos juntos ___ .

b Seguro que hay cosas que nunca harías en tu vida. Da cinco ejemplos.

S. 115 (facultativo)

Yo nunca comería pescado porque ___ . Además nunca me pondría pantalones blancos porque ___ .

EXPRESIÓN ORAL

▶ GH S. 25/2

9 Eres Teresa (**A**), una chica española de 16 años. Vives con tus padres en Salamanca. Tu padre es argentino (**B**, p. 117) y su familia vive en Buenos Aires. Te gustaría mucho pasar un año ahí y tratas de convencer a tus padres. Empieza el diálogo.

Si quieres, busca más argumentos.

A

– Du würdest so gern für ein Jahr als Austauschschülerin nach Argentinien gehen.
– Das Land ist interessant, die Landschaften sind beeindruckend.
– Es gibt unglaublich viel zu sehen, vom „Ende der Welt" im Süden bis hin zum Hochgebirge im Norden.
– Deine argentinische Familie siehst du nur sehr selten.
– Du könntest bei ihnen wohnen, das wäre viel billiger.
– Außerdem ist die Landessprache Spanisch, das macht alles viel einfacher.
– Die Argentinier sind sehr sympathisch (siehe deinen Vater!), kreativ und spontan …
– ___ .

¡Descubre Argentina! | Así nos vemos **1A**

COMPRENSIÓN AUDITIVA ▶ M

10 a Actividad de preaudición: El primo de Marta sacó unas fotos. ¿Qué crees lo que va a contar enseñando las fotos?

el panel solar

b Ahora escucha al primo de Marta y toma apuntes.
▶ Selektives Hörverstehen, S. 130

¿proyecto?	
¿quién?	
¿dónde?	
¿qué?	
más información	

c Un amigo tuyo que no sabe hablar español ve las fotos y quiere saber más sobre el proyecto. Escucha otra vez al chico y resume el contenido para tu amigo en alemán.   ▶ Sprachmittlung, S. 148

YA LO SÉ

11 a ¿Qué significa para ti vivir en Alemania? Apunta tus ideas. Después discutid en clase y comparad vuestros resultados con los de los argentinos (p. 11/12, p. 119).   ▶ GH S. 26/3

Para mí, ___
Vivir en Alemania significa sobre todo ___

Creo que | + ind.
Pienso que |

No creo que |
No pienso que | + subj.
Tal vez |

la familia   los amigos   el instituto   los problemas   el barrio

b Escribe un texto como en las páginas 11/12 contestando las preguntas.
▶ M

¿Qué significa para ti vivir en Alemania?

¿Cómo es tu región y cómo es tu vida ahí?

¿Te podrías imaginar vivir en otro lugar?

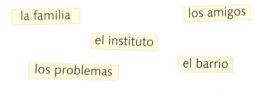

Parece (un estereotipo), pero ___.
Es sobre todo ___.
¿Qué te puedo decir de ___?
Se encuentra en ___.
Desgraciadamente ___.
Nunca ___.
A lo mejor ___.
___

c Evaluad vuestros artículos y haced una exposición en clase.   ▶ Einen Text bewerten, S. 146

1 B BUENOS AIRES EN 48 HORAS

LERNZIELE:
- seinen Stil verbessern
- etw. lebhaft schildern

ACTIVIDAD DE PRELECTURA

1 ¿En qué capitales ya has estado? ¿Qué hiciste allí? ¿Qué (no) te gustó?

¿Qué hacer en 48 horas en Buenos Aires?

La verdad es que yo no tengo ni idea de historia o arquitectura. Al escribir este artículo, simplemente he querido describir cómo es el Baires que yo he conocido en estos cuatro últimos meses, en los que he vivido grandes experiencias como alumna de intercambio con la familia argentina de mi padre.

el barrio Puerto madero y el Río de la Plata

Para nosotros los españoles, Buenos Aires suena un poco a «otro mundo» y por eso me sorprendió muchísimo esta ciudad. La verdad es que, aunque hay algunas diferencias, al llegar a Buenos Aires tienes la impresión de estar en una gran ciudad española. ¡Todo parece supermoderno!
Hablando con la gente y perdiéndote por las calles es como puedes conocer realmente bien esta ciudad fantástica. Claro, aunque tengas poco tiempo es casi obligatorio pasear por la Avenida 9 de Julio cuyo obelisco es el símbolo de la ciudad. También tienes que pasar por el Teatro Colón, cuyas representaciones son famosísimas en toda América. Y no te pierdas la Plaza de Mayo, en la que probablemente verás una de las manifestaciones casi diarias que siempre terminan en la Casa Rosada, sede del gobierno argentino. Pero Buenos Aires es mucho más.
Por ejemplo, cuando visites el barrio portuario de la Boca, podrás pasear por *Caminito*, que, con sus casas de muchos colores, parece un museo al aire libre contando las historias alucinantes de los millones de inmigrantes europeos. Al llegar a Buenos Aires pasaban sus primeras noches en el *Hotel de Inmigran-*

la calle Caminito

tes, en el que hoy se encuentra el *Museo de la inmigración*. Seguro que vas a ver a gente bailando tango por la calle, pero eso a mí me parece muy turístico. Si te gusta bailar, yo en tu lugar iría a los pequeños *boliches* de tango en San Telmo.
Paseando por la ciudad, vas a flipar con la cantidad de *parillas* en los que sirven una *carne de res*, cuyo sabor es mucho mejor que en Europa. Lo que más me sorprendió es que los porteños comen muchísima pizza. A veces tengo la impresión de estar en Italia. Pero lo que a mí realmente me encantan son las empanadas que puedes comprar en cada esquina de la ciudad.

Si eres aficionado al fútbol, es **absolutamente** obligatorio que vayas a la Bombonera. Es el estadio <u>en el que</u> juega el Boca Juniors, el equipo de fútbol más famoso de la ciudad y gran **rival** del River Plate. Para los argentinos el fútbol es **sagrado** y el **ambiente** en el estadio <u>es una auténtica locura</u>.

Pero los porteños, **por lo que yo veo**, no solo están locos por el fútbol, sino también por la **literatura**. Parecen capaces de hacer casi de todo <u>leyendo</u>. Siempre **andan** con un libro en la mano: en los parques, en el metro o en las paradas. ¡Qué fuerte cuánto leen! Y si a ti te gustan los libros, tienes que ir a la Avenida Corrientes. Ahí hay un montón de librerías en las que puedes pasarte horas **hojeando sin más**.

Cuando **finalmente** te hayas decidido por un libro y todavía te queden unas horas, tienes todo el tiempo para leerlo <u>cruzando</u> el Río de la Plata en barco, **rumbo** a Uruguay. El Río de la Plata, **cuyo ancho** es de unos 220 kilómetros, es el río más ancho del mundo, creo. Es **increíble**, ¡parece un mar!

Bueno, <u>al leer</u> esto pensarás que es imposible hacerlo todo en 48 horas, pero quién sabe; los argentinos dicen que *Baires* es la ciudad que nunca descansa …

Teresa, 17 años

---

8 Baires *fam. Buenos Aires* **13** suena a *klingt wie* **30** la sede *der Sitz (der Regierung)* **32** portuario/-a *Hafen- + Subst.* **35** el museo al aire libre *das Freiluftmuseum* **36** alucinante = superimpresionante **43** el boliche *arg. die Bar* **46** la parilla *das Steakhaus* **47** la res *lat. am. das Rind* **47** el sabor *der Geschmack* **49** el/la porteño/-a = los habitantes de Buenos Aires **59** sagrado/-a *adj. heilig* **60** Es una auténtica locura. *fam. Das ist der totale Wahnsinn!* **69** hojear *blättern* **75** el ancho *die Breite* **77** increíble *unglaublich*

COMPRENSIÓN LECTORA

2 a Buscad en el texto los lugares de Buenos Aires que Teresa menciona. ▶ Selektives Leseverstehen, S. 132

b Lee el texto otra vez y describe los lugares del ejercicio **2a** en una frase sin decir el lugar. Tu compañero/-a adivina de qué lugar se trata.

Ejemplo:

> Es una casa de espectáculos que tiene el nombre de una persona famosa.

> Es el teatro Colón.

> Puedes también usar el Pequeño Diccionario, p. 158.

3 a Formula ocho frases sobre el texto: cinco frases con contenido correcto y tres con contenido falso.
▶ Detailgenaues Leseverstehen, S. 132

b Lee ahora tus frases a tu compañero. Él/ella dice si las frases son correctas o no. Si son falsas, las corrige.

Ejemplo:

> En Buenos Aires puedes comer mucha paella.

> Es falso. En Buenos Aires puedes comer mucha pizza.

EXPRESIÓN ORAL

4 Imagina que estás un día en Buenos Aires. Cuenta a tu compañero/-a adónde irías y lo que harías.

1B

COMPRENSIÓN AUDITIVA
▶ M

🎧 11 **5 a** Escucha de qué lugares están hablando los turistas y en qué órden los están mecionando.
▶ Hör-Sehverstehen, S. 131

🎧 11 **b** Escucha otra vez a los turistas y apunta una información de cada lugar. ▶ Detailgenaues Hörverstehen, S. 130

🎧 12 **6** Estás haciendo un paseo por Buenos Aires con tus padres. Pasáis por muchos lugares, entre ellos por el pasaje Carlos Gardel. Tenéis una audioguía, pero tus padres no entienden el español. Escucha y contesta sus preguntas. ▶ Selektives Hörverstehen, S. 130

> Wer war Carlos Gardel?

> Wann wurde der erste Tango gesungen?

> Wie hieß der erste Tango?

LA LENGUA

▶ KV 10 **Practicar el gerundio** ▶ Resumen 7

7 ¿Cómo puedes conocer Argentina? Haz propuestas como en el ejemplo.   ▶ GH S. 26/5.1

▶ 11|5
▶ 17|3

Ejemplo: Puedes conocer mejor a los argentinos hablando con ellos.

| Puedes | ver grandes espectáculos de la naturaleza
ver gente que baila tango en las calles
hacer la típica foto turística de Buenos Aires
conocer la literatura argentina
escuchar tango
probar comida típica
observar ballenas
___ | *viajar* por el país
pasar un rato en un boliche
pasear por las calles de la Boca
hojear libros en las librerías
comer carne de res en un asador
ir a la Patagonia
ponerse delante del Obelisco
___ |

Practicar el pronombre relativo cuyo/-a ▶ Resumen 9

8 a Completa las adivinanzas siguientes y encuentra las soluciones.   ▶ GH S. 27/6.1

▶ 12|6
▶ 18|5

1. ¿Cómo se llama la región en Argentina [¿] frontera limita con Bolivia?
2. ¿Cómo se llama un cantante de tango argentino [¿] canciones son famosas en todo el mundo?
3. ¿Dónde se encuentra la Avenida [¿] ancho es de 140 metros?
4. ¿Cómo se llama un pueblo en el norte de Argentina [¿] habitantes son descendientes de los quechuas y aimaras?

 b Haced más adivinanzas como en el ejercicio **8a** sobre América Latina.   ▶ Mapa de América Latina

¡Descubre Argentina! | Buenos Aires en 48 horas   **1B**

Practicar al + infinitivo ▶ Resumen 6

9 a Busca en el texto (p. 16/17) las frases con al + infinitivo (l. 5, l. 16, l. 37, l. 78). ¿Cómo las dirías sin infinitivo?

b Teresa describe su primer día en Buenos Aires. Escribe el texto usando al + infinitivo y antes de / después de + infinitivo.

El lunes, antes de levantarme, encendí la radio. Al escuchar el noticiero …

▶ GH S. 27/5.2

Practicar el pronombre relativo el que ▶ Resumen 8

10 Completa el folleto sobre el mate con los pronombres relativos el que, la que, los que y las que.
▶ GH S. 27/6.2

5 PREGUNTAS SOBRE EL MATE

¿Qué es el mate?
Es una infusión[1] de yerba mate, una planta sudamericana.

¿Cuál es la historia del mate?
Al llegar a América, los conquistadores[2] vieron que los indígenas bebían una infusión a [¿] llamaban *ka'ay*, siendo *ka'a*: «hierba», e *y*: «agua». La palabra «mate» viene de la lengua quechua.

¿Qué es la «Calabaza»?
Así se llama el vaso en [¿] sirves el mate.

¿Cómo preparar el mate?
Para [¿] quieran preparar mate en casa: Llena[3] la calabaza hasta las 3/4 partes con la yerba. Después empieza verter[4] agua caliente (70°–80°) y usa la bombilla[5] para beber.

¿Cuándo beber mate?
Para muchos argentinos tomar mate forma parte del día a día. El 90 por ciento lo toman por lo menos una vez por semana. Pero también significa amistad, porque eligen bien a las personas con [¿] toman mate.

[1] la infusión *der Aufguss* [2] el conquistador *der Eroberer* [3] llenar *füllen* [4] verter *aufgießen* [5] la bombilla *hier: der Trinkhalm*

Cómo hablar de tus impresiones y expresar entusiasmo

11 a Busca en el texto las expresiones que usa Teresa para hablar de sus impresiones. Apúntalas en una lista.

b Piensa en un lugar que te ha impresionado mucho. Escribe un pequeño artículo en tu blog describiendo un día en ese lugar, usando tus apuntes del ejercicio 11a.

EXPRESIÓN ESCRITA   ▶ M

12 a Escribe un artículo presentando los cuatro lugares más interesantes de tu pueblo o de tu ciudad. Haz primero una lista de estos lugares y toma apuntes de lo que te parece interesante allí. Menciona también experiencias que has vivido en estos lugares.
▶ GH S. 27/6

b Ahora escribe el artículo usando elementos de estilo escrito, como al + infinitivo, el gerundio y los pronombres relativos cuyo/-a y el que / la que. Usa también las expresiones del ejercicio 11a.
▶ Den Schreibprozess organisieren, S. 141

te encantará
te sorprenderá muchísimo
verás ___
allí podrás escuchar ___
___

ALGO MÁS

Historias de migración

Cifra de inmigrantes[1] en Argentina según su origen (periodo 1895–1946)

🇮🇹	Italianos	40,2 %	1.476.725
🇪🇸	Españoles	37,1 %	1.364.321
🇵🇱	Polacos	4,2 %	155.527
🇷🇺	Rusos	3,1 %	114.303
🇫🇷	Franceses	2,9 %	105.537
🇩🇪	Alemanes	1,6 %	59.895

Fuente: Gobierno de la República Argentina, 2011

ENTRE CULTURAS

Se estima que un 90 % de la población argentina tiene raíces europeas, sobre todo italianas o españolas. Un 10 % tiene antepasados indígenas y alrededor del 3 % algún antepasado africano.

▶ WB

Argentina 1980 y 2001, evolución[2] en el número total de extranjeros según país de origen

	1980	2001	Crecimiento[2] relativo De 1980 a 2001
Total	1.903.159	1.513.940	−19,5 %
Italia	488.271	216.718	−55,6 %
España	373.984	134.417	−64,1 %
Polonia	57.480	13.703	−76,2 %
Alemania	24.381	10.362	−57,5 %
Paraguay	262.799	325.046	23,7 %
Bolivia	118.141	233.464	97,6 %
Perú	8.561	88.260	931,0 %

Fuente: Indec, Censos nacionales de población y vivienda, 1980 y 2001

Emigrantes[4] argentinos

Número total de emigrantes: 806.369 (2008)
Como porcentaje[5] de población total: 2,2 %

Argentinos residentes en el exterior[6] según país de destino[7]

	Nacidos en Argentina	
País de residencia	Absolutos	Porcentaje
España	229.009	28,40
Estados Unidos	144.023	17,86
Paraguay	61.649	7,65
Chile	59.637	7,40
Israel	43.718	5,42
Bolivia	36.231	4,49
Brasil	25.826	3,20
Uruguay	23.943	2,97
Canadá	14.877	1,84
Italia	11.576	1,44
Alemania	7.140	0,89

Fuente: OIM, 2008

1 el/la inmigrante *der/die Einwanderer/in* **2** la evolución *die Entwicklung* **3** el crecimiento *das Wachstum* **4** el/la emigrante *der/die Auswanderer/in* **5** el porcentaje *der Prozentsatz* **6** el exterior = otro país **7** el destino *das Ziel*

Che Sudaka

El año 2012 será un año muy especial para el grupo Che Sudaka de Barcelona. Es que será el décimo aniversario de la fundación oficial de la banda en marzo de 2002.
5 Además, darán su concierto número 1.000: ¡mil conciertos en 23 países! Y es que estos tres músicos argentinos y dos músicos colombianos que llegaron en el año 2000 sin papeles a Barcelona, en definitiva han conse-
10 guido hacer de Che Sudaka toda una referencia musical a nivel internacional. La base de su éxito es mucho trabajo, mucha creatividad y dedicación. Gracias a esa buena mezcla, con sus discos ya han ganado el premio del
15 Mejor Álbum nacional de Músicas del Mundo (2010). Y en directo nos espera en 2012, como siempre, una frenética batería, una sólida y potente guitarra, un bajo, coros polifónicos, influencias de cumbia, rumba,
20 reggae y punk y, por supuesto, el loco espectáculo de los dos cantantes de la banda, ¡los hermanos Leo y Kacha!

Fuente: Che Sudaka, texto adaptado, 2012

Serás feliz

cuando mires fijo al horizonte
25 cuando disfrutes de subir el monte
cuando no temas al hambre y al frío
cuando no temas al hombre y al río
cuando el rencor no posea tu alma
cuando consigas andar con la calma
30 cuando en el mar encuentres un respiro
cuando el presente camine contigo

estribillo:
serás feliz un segundo,
serás feliz en el mundo …
35 un segundo …
en el mundo

cuando te explote el pecho de alegría
cuando mires los ojos al sol
cuando recuerdes tu tiempo vivido
40 cuando puedas ver un cielo rojo
cuando los niños te inspiren sonrisas
cuando los viejos saluden tu arte
cuando sientas ganas de dar ayuda … a quien sea
cuando sepas que no vale la pena enojarte

estribillo

© Kasba Music

Los músicos de Che Sudaka:
- John Jairo «Jota» Pineda Castro (Colombia): guitarras, coros
- Sebastian «Córdoba» Martínez Ceballos (Argentina): bajo
- Leonardo Gabriel «Leo» Fernández (Argentina): voz, guitarra española
- Marcos Alejandro «Kacha» Fernández (Argentina): voz
- Sergio Adrian Morales Cleves (Colombia): acordeón, teclado, samples, coros

3 la fundación *die Gründung* 9 los papeles *die Papiere* 11 el nivel *das Niveau* 13 la dedicación *die Hingabe*
17 una frenética batería *ein rasendes Schlagzeug* 18 coros polifónicos *vielstimmige Refrains*

1

INTERPRETAR ESTADÍSTICAS

1 ¿Qué asociáis con el tema de la migración? Haced una lluvia de ideas en clase.

2 a Formad grupos de tres y elegid una de las estadísticas. Con ayuda de las expresiones abajo explicad la vuestra teniendo en cuenta las siguientes preguntas.
▶ KV 11
▶ Eine Statistik erstellen und auswerten, S. 137

1. ¿De qué paises viene la mayoría/minoría de los migrantes en Argentina (antes y ahora)?
2. ¿Qué ha cambiado desde el año 1980?
3. ¿A qué países emigran los argentinos?

la mitad un tercio (de), dos tercios (de) un cuarto (de), tres cuartos (de) un quinto (de) un décimo (de) el 40 % (de)	la cifra (de) el número (de) la mayoría (de) la minoría (de)	Se estima que aproximadamente más o menos más/menos (italianos) que (españoles) tantos (polacos) como (rusos)

b Discutid: ¿Qué os sorprende? ¿Cuáles podrían ser las razones de los inmigrantes para elegir Argentina como destino (antes y ahora)? ¿Y cuáles podrían ser los motivos de los argentinos para emigrar hoy en día a otros países? ▶ Para hablar de migración, S. 183
▶ Folie 5

Me sorprende que
No puedo creer que   + *subj.*
Lo que más me llama la atención es que

No sabía que   + *ind.*

3 ¿Cuáles son los orígenes de vuestros abuelos?
Haced una encuesta y presentad los porcentajes en una estadística.
▶ Eine Statistik erstellen und auswerten, S. 137

HABLAR DE UNA CANCIÓN

4 a Escucha la canción y cuéntale a tu compañero/-a si la música y el ritmo te gustan o no. No olvides decir por qué. ▶ Para hablar de una canción, p. 155

b Leed la letra y poneos de acuerdo sobre lo que podéis entender. Después buscad en un diccionario las palabras que os falten. ▶ Wörter erschließen, S. 124, Das Wörterbuch benutzen, S. 128
▶ KV 12

c Describe la estructura, el lenguaje y el estilo de la canción y da tu opinión sobre ella.
▶ Para hablar de una canción, p. 155

5 Escribe otra estrofa de la canción según el modelo. ▶ Kreatives Schreiben, S. 145

22 veintidós

6 Un amigo tuyo ha escuchado la canción y quiere saber más sobre el grupo Che Sudaka. Contesta sus preguntas en alemán basándote en el texto (p. 21).

> Woher ist Che Sudaka?
> Was sind das für Musiker?

> Seit wann gibt es die Band?
> Wo hat sie überall schon gespielt?

> Was für Musik macht die Band?

1 PUNTO FINAL: PREPARAR UNA AUDIOGUÍA

En grupos de cuatro alumnos vais a grabar una audioguía para personas hispanohablantes, presentándoles vuestro pueblo, vuestro barrio o vuestra ciudad.

a Preparar el proyecto

1. Basándoos en los resultados del ejercicio **12** (p. 19) elegid ocho lugares que os gustaría presentar en la audioguía.

2. Pensad en las distancias que hay entre los diferentes lugares y explicad también el camino de un lugar a otro.

b Realizar el proyecto ▶ M

1. Escribid vuestros textos teniendo en cuenta los puntos siguientes:
   ▶ Den Schreibprozess organisieren, S. 141; Das Wörterbuch benutzen, S. 128

   – ¿Para quién escribís? ¿Para chicos de vuestra edad o para niños o para personas mayores? Decidid si hay que tratar a los oyentes¹ de «tú» o de «usted».
   – ¿Cómo dar la bienvenida al turista? (introducción)
   – ¿Cómo interesar a los oyentes? ▶ p. 10, ej. 4b
   – ¿Cómo transmitirles impresiones? ▶ p. 19, ej. 11a
   – Usar un buen estilo (unir frases por medio del gerundio, al + infinito y los pronombres relativos cuyo/-a y el que / la que)
   – ¿Cómo despedir al turista?

2. Intercambiad los textos en el grupo y corregidlos. ▶ Fehler selbst korrigieren, S. 146

3. Decidid quién va a presentar qué lugar y grabad la audioguía.

1 el/la oyente *der/die Hörer/in*

c Evaluar el proyecto

1. Preparad una ficha de evaluación con criterios que queráis evaluar. ▶ Evaluierung, S. 139

2. Escuchad las audioguías, prestad atención al estilo de hablar y decidid a quién se dirigen.

3. Escuchadlas otra vez y evaluadlas.

▶ KV 13

RESUMEN

RATSCHLÄGE GEBEN

1 Les recomiendo que **suban** al «tren a las nubes».
Te propongo que **vayas** a un local de tango.
Os aconsejo que **comáis** empanadas.

DAS BENÖTIGST DU

recomendar que
proponer que + *subjuntivo*
aconsejar que
▶ GH 25|1

ERWARTUNGEN AUSDRÜCKEN

2 Quiero vivir en un país donde **haga** calor.
Pero vivo en un país donde **hace** mucho frío.
Buscamos a un chico que **hable** español.
Conozco a un chico que **habla** español.

DAS BENÖTIGST DU

einen Relativsatz im **subjuntivo**.
⚠ Bezieht er sich auf etwas Bekanntes, steht das Verb im **indicativo**.
▶ GH 26|3

ETWAS AUSSCHLIESSEN

3 No tengo **ningún libro** que **trate** de la historia italiana.
No conozco a **nadie** que no **tome** mate.

DAS BENÖTIGST DU

einen Hauptsatz mit **nada**, **nadie** oder **ninguno** + einen Relativsatz im **subjuntivo**.
▶ GH 26|3

UNSICHERHEIT AUSDRÜCKEN

4 Tal vez **vaya** a Argentina en verano.

DAS BENÖTIGST DU

tal vez + ein Verb im **subjuntivo** ▶ GH 26|3

SAGEN, WAS MAN (NICHT) TUN WÜRDE

5 En Argentina, yo **hablaría** con mucha gente.
¿**Comerías** pizza o empanadas?
Estaría bien pasar un año a España.
El fin de semana **podríamos** ir a San Telmo.
¿Qué **haríais** en esta situación?
Mis padres nunca **podrían** vender su casa.
Para estudiar **tendría** que ir a una ciudad.
¿Tú te **pondrías** un poncho?

DAS BENÖTIGST DU

den **Konditional**:

Futurstamm	Endung
	ía
	ías
hablar-	ía
comer-	íamos
vivir-	íais
tendr-	ían

▶ GH 25|2

⚠ unregelmäßige Konditionalformen

decir → **diría**, ___
hacer → **haría**, ___
hay → **habría**, ___
poder → **podría**, ___
poner → **pondría**, ___
querer → **querría**, ___
saber → **sabría**, ___
tener → **tendría**, ___
venir → **vendría**, ___

▶ Los verbos, p. 170

SEINEN STIL VERBESSERN

6 **Al leer** el mensaje de su hijo, la madre se puso muy contenta.
Als sie die Nachricht ihres Sohnes las, …

DAS BENÖTIGST DU

al + ein Verb im Infinitiv.
Die Konstruktion ersetzt einen Nebensatz mit **cuando** („als" bzw. „wenn"):
«Cuando la madre leyó el mensaje …»
▶ GH 27|5.2

Resumen **1**

7 **Hablando** con la gente vas a conocer el país. _Wenn du mit den Leuten sprichst, …_ **Bailando** tango, Ana se olvida de todo. _Wenn Ana Tango tanzt, …_ **Saliendo** de casa, Ana se puso su chaqueta. _Als Ana das Haus verließ, …_	das **gerundio** Es ersetzt einen adverbialen Nebensatz mit **cuando** („als" bzw. „wenn") ▶ GH 26|5.1
8 ¡Tengo un notable en el examen para el que estudié tanto! Esta es la Plaza en la que siempre hay muchas manifestaciones. Estos los chicos con los que hablamos ayer. Hay cosas a las que no me puedo acostumbrar.	ein Relativpronomen mit vorangestellter Präposition: con el ⚠ a + el = **al** por la en los que para las ▶ GH 27|6.2
9 El Boca Juniors es el equipo **cuyo** estadio es la Bombonera. Argentina, **cuya** capital es Buenos Aires, es el segundo país más grande de Sudamérica. Buenos Aires, **cuyos** equipos más conocidos son Boca Junior y River Plate, está loca por el fútbol. Caminito, **cuyas** casas son de muchos colores, forma parte de el Barrio _la Boca_.	das Relativpronomen **cuyo** | | ♂ | ♀ | |-----------|--------|--------| | Singular | cuyo | cuya | | Plural | cuyos | cuyas | ▶ GH 27|6.1

TESTE DEINE GRAMMATIKKENNTNISSE   ▶ Lösungen, S. 122

1 Completa las frases con las formas del condicional.   ▶ GH 25\|2

1. ¿Te _(gustar)_ ir a Córdoba?
2. ¿_(Beber / vosotros)_ mate conmigo?
3. ¿No _(poder / tú)_ salir conmigo esta noche para bailar tango?
4. Yo creo que Pablo lo _(hacer)_ por ti.

2 Formula estas frases utilizando al + infinitivo o el gerundio. Después tradúcelas.   ▶ GH 26\|5

1. Cuando los chicos llegaron a Buenos Aires primero buscaron un hotel.
2. Cuando llegues a Buenos Aires, llámame.
3. Mientras pasean por la ciudad en bus, muchos porteños leen.
4. En este barrio ves a mucha gente que baila tango en la calle.

3 Completa las frases con las formas de cuyo/-a.   ▶ GH 27\|6.1

1. Carlos, [¿] abuelos son italianos, quiere conocer Italia.
2. ¿Cómo se llama el país [¿] capital es Montevideo?
3. Esta es la avenida 9 de Julio [¿] obelisco es el símbolo de Buenos Aires.
4. Elena es la chica [¿] tías venden artesanía muy bonita en el mercado.

DAS KANN ICH JETZT!   ▶ Para comunicarse, p. 182

▶ Erzähle einer Spanierin, was du an deiner Stadt besonders magst und gib ihr Ratschläge, was sie unbedingt tun sollte.
▶ Erzähle, was dir der Ort, an dem du lebst, bedeutet.

veinticinco **25**

REPASAR LA LENGUA 1

Repasando el presente de subjuntivo

1 Marta está discutiendo con su amigo Pedro. Escribe las respuestas de Marta en tu cuaderno, utilizando el presente de subjuntivo.

▶ WB

7|4
82|25
82|26

1. Pienso que Purmamarca es un pueblo muy aburrido.
2. Creo que la mayoría de los argentinos come mucha carne.
3. Creo que Mendoza es la capital de Argentina.
4. Me parece que la mayoría de los argentinos son descendientes de alemanes.
5. Pienso que en Buenos Aires toda la gente baila tango.
6. Me parece que ya sé muchas cosas de Argentina.

Pues yo no pienso que ___. Es ___.

No creo que ___. Es ___.

2 Formula estas frases en español usando *cuando, mientras, aunque, hasta que* y el presente de subjuntivo.

▶ WB

1 Solange ich krank bin, werde ich zu Hause bleiben.

2 Morgen werde ich nicht mit euch ins Kino gehen, selbst wenn ich Zeit haben sollte.

3 Ich warte einfach, bis ich den Film auf DVD kaufen kann.

4 Ruft mich aber auf dem Handy an, sobald ihr aus dem Kino kommt, okay?

5 Selbst wenn es spät ist, will ich wissen, wie euch der Film gefallen hat.

6 Bestimmt komme ich am Sonntag bei dir vorbei, selbst wenn ich wenig Zeit habe.

7 Bitte geh' nicht los, bis ich da bin.

8 Sobald es mir besser geht, können wir uns treffen.

3 a Formula cinco preguntas con ¿Cuándo ...? para tus compañeros de clase usando el futuro simple.

b Después haz tus preguntas en clase. Cuando te hagan una pregunta a ti, contéstala, usando el subjuntivo.

Ejemplo:

¿Cuándo irás a Argentina?

¡Cuando tenga dinero!

4 Cuenta qué necesitas en estas situaciones utilizando el subjuntivo. ▶ Resumen 2

Ejemplo: Cuando me siento mal necesito una canción que me anime.

Cuando estoy triste		una canción que ___		gustar
Cuando me aburro		una película que ___		calmar
Cuando tengo un examen	necesito	un libro que ___	me	entender
Cuando tengo un problema		hablar con una persona que ___		escuchar
Cuando me siento mal		___		ayudar
Cuando estoy nervioso ___				___
				ser alegre

DELE 5 ¿Subjuntivo o indicativo? Elige la opción correcta y apunta la solución en tu cuaderno.

1. El instituto necesita un profesor que [¿] italiano.
2. En mi instituto hay solo un profesor que [¿] italiano, el señor Tozzi.
3. Me gustaría vivir en un lugar donde [¿] sol y calor en verano.
4. Me gusta vivir en España donde [¿] sol casi todo el año.
5. Quiero ver algún reportaje que [¿] de Buenos Aires.
6. Quiero ver la nueva película de mi actor favorito que [¿] de Argentina. No me acuerdo del título ...

> hablar
> hacer
> tratar

6 Tu intercambio español Andrés ha venido a verte. Tu madre no está en casa, por eso te llama para decirte algunas cosas. Explícale a Andrés lo que dice.

Sag' Andrés bitte, dass wir uns freuen dass er hier ist und wir hoffen, dass er eine schöne Zeit bei uns haben wird. Er kann die Schlüssel, die auf dem Tisch liegen, nutzen, solange er hier ist. Er soll sie bitte nicht vergessen, wenn er raus geht. Erklär' ihm auch, dass er uns sagen soll, wenn er ein Problem hat. Wir können ihm bestimmt helfen. Und auch wenn es ihm schwer fällt, soll er versuchen, viel Deutsch zu sprechen, damit er Fortschritte macht. Wenn er zuhause anrufen will, kann er gern unser Telefon nutzen. Ach ja, und sobald ihr morgen wach seid, können wir einen Ausflug machen.

Mi madre dice que puedes usar las llaves que están en la mesa mientras ___ .

Repasando los pronombres relativos ▶ Resumen 8

7 Completa el e-mail utilizando **que**, **lo que** y una forma de **el**.

> Hola: ¿Qué tal?
> ¿Recuerdas¹ el libro para [¿] me diste dinero? Pues, he empezado a leerlo y me parece muy interesante. [¿] más me gusta es que hay muchísimas cosas [¿] no me esperaba. Por ejemplo, no sabía que casi el 90 por ciento de los argentinos tienen orígenes europeos. Son descendientes de europeos, sobre todo de [¿] inmigraron a Argentina desde el año 1880 hasta el 1910. Pero [¿] me sorprendió es que solo el 10 por ciento de la población tiene antepasados² indígenas.
> También habla de muchas cosas de política, de [¿] yo normalmente no entiendo nada. Pero el autor lo explica todo de una manera muy interesante. En la clase no hemos hablado sobre la dictadura³ en Argentina [¿] es una parte muy importante de la historia del país y sobre [¿] estoy buscando más información. Y también quiero saber más sobre Evita Perón, de [¿] también trata una peli con Madonna, ¿la conoces?
> Bueno, si te interesa Argentina, te recomiendo que leas este libro. Cuando acabe de leerlo te lo voy a dar.
> Un beso y gracias otra vez,
> Carla

1 recordar *sich erinnern* **2** los antepasados *die Vorfahren* **3** la dictadura *Diktatur*

2 EL NUEVO MUNDO

▶ KV 14, 15

¡ACÉRCATE!

LERNZIEL
▶ über historische Ereignisse sprechen
▶ Jahreszahlen/Zeitangaben wiedergeben (Wh.)

ACTIVIDAD DE PREAUDICIÓN

▶ WB

1 ¿Qué sabes sobre el descubrimiento de América? Haz el cuestionario. Puedes usar el Pequeño Diccionario (p. 158).

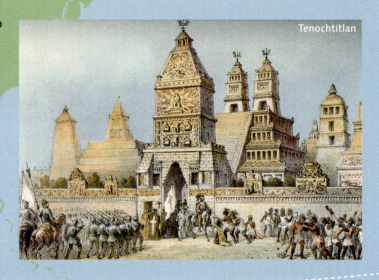
Tenochtitlan

Colón llega a América

Hernán Cortés

Hernán Cortés y Moctezuma

Moctezuma

28 veintiocho

2

1. ¿En qué año llegaron los españoles a América?
   a. en 1492
   b. en 1942
   c. en 1294

2. ¿Quién entró en la historia como el descubridor de América?
   a. Hernán Cortés
   b. Cristóbal Colón
   c. Marco Polo

las carabelas de Colón

3. ¿Cuál era el principal objetivo de la expedición española?
   a. Descubrir el «Nuevo Mundo»
   b. Encontrar una nueva ruta comercial a la India
   c. Conquistar Asia

4. ¿Quién pagó la expedición de Colón?
   a. los Reyes Católicos, Fernando e Isabel
   b. los Reyes Cristianos, Felipe e Isabel
   c. los Reyes portugueses, Juan y Leonor

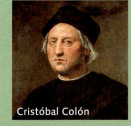

Cristóbal Colón

5. ¿Cómo se llamaban las carabelas de Colón?
   a. La Chica, la Niña y la Muchacha
   b. La Pinta, la Niña y la Santa María
   c. La Santa Elena, la Santa Cristina y la Santa Isidora

6. ¿Qué pueblos indígenas vivían alrededor de 1519 en el territorio del México actual?
   a. los incas y los mayas
   b. los aztecas y los mayas
   c. los incas y los aztecas

7. ¿Quién es conocido hoy como el conquistador de México?
   a. Cristóbal Colón
   b. Franscisco Pizarro
   c. Hernán Cortés

los Reyes Católicos y Colón

8. ¿Cuál era la capital del imperio azteca en aquella época?
   a. Tenochtitlan
   b. Chichén Itzá
   c. Yucatán

9. ¿Quién era el emperador azteca cuando llegaron los españoles?
   a. Moctezuma
   b. Atahualpa
   c. Cuauhtémoc

10. La población indígena en el territorio del México actual pasó de 25 millones en 1521 a …
    a. 2 millones en 1580.
    b. 35 millones en 1580.
    c. 10 millones en 1580.

COMPRENSIÓN AUDITIVA

2 Escucha lo que cuenta el historiador y compara con tus respuestas. ▶ Lösungen, S. 122

LA LENGUA

Hablar sobre acontecimientos históricos (repasar el pretérito indefinido)

3 a Vas a necesitar las siguientes palabras en el ejercicio **3b**. Busca sus significados sin consultar un diccionario. ▶ Wörter mit Hilfe anderer Sprachen erschließen, S. 124

esclavizar   cristianizar   la colonia   brutalmente   independiente

b Descubre más aspectos de la colonización completando las frases.

perder   descubrir   esclavizar   llegar a ser¹   empezar   cristianizar   tener   caer   conquistar

1. En 1492 Colón [¿] América.   ¹ llegar a ser *werden*
2. En 1519 Cortés [¿] la conquista de México.
3. En 1521 el imperio azteca [¿].
4. En 1532 Francisco Pizarro [¿] el reino inca.
5. En el siglo XVI los conquistadores españoles [¿] y [¿] brutalmente a los indígenas.
6. Alrededor de 1790 el imperio español [¿] su mayor extensión territorial.
7. En el siglo XIX casi todas las colonias españolas en las Américas [¿] independientes.
8. En 1898 España [¿] sus últimas colonias.

BÚSQUEDA DE INFORMACIÓN

4 a Contesta las siguientes preguntas informándote en Internet, en enciclopedias y en otros materiales sobre la vida de Cristóbal Colón. ▶ Informationen sammeln und auswerten, S. 139

1. ¿Dónde y cuándo nació?
2. ¿Cuántos viajes hizo?
3. ¿En qué partes de América estuvo? ¿Qué hizo ahí?
4. ¿Dónde pasó los últimos años de su vida? ¿Dónde y cuándo murió?

b Presenta en clase lo que has encontrado usando tus apuntes. ▶ Etwas präsentieren, S. 138

c Busca un aspecto más de la vida de Colón que te parezca interesante y preséntalo en clase.

EXPRESIÓN ORAL / YA LO SÉ

5 a ¿Qué muestran las imágenes en la página 28/29? Apunta todo lo que sabes sobre los personajes y los acontecimientos en un mapa mental. Después ordena tus apuntes de forma cronológica.
▶ Para hablar de la conquista, S. 189

b Ahora presenta los acontecimientos históricos del ejercicio **5a** de forma coherente, basándote en las imágenes y en los apuntes.
▶ Etwas präsentieren, S. 138

La imagen muestra ___ / trata de ___
En la imagen puedes ver ___
La imagen ilustra un acontecimiento del año [¿]: ___

2A LOS «PRIMEROS AMERICANOS»

> **LERNZIEL**
> ▸ Fakten präsentieren (Erweiterung)

ACTIVIDAD DE PRELECTURA

1 Lee el título y mira el texto un momento. ¿Qué información esperas encontrar en él? ¿Qué ya sabes sobre el tema? ▸ Globales Leseverstehen, S. 131

🎧 15–17

Cuando se habla de la historia de América Latina, casi siempre se empieza con la llegada de los conquistadores españoles en el siglo XV, pero ¿sabías que antes ya vivían en América pueblos indígenas muy avanzados? Los más importantes eran los aztecas en el territorio del México actual, los mayas en América Central y los incas en los Andes.

Los **AZTECAS** o mexicas fundaron Tenochtitlan entre 1320 y 1350 en el centro de un lago sobre el cual hoy se encuentra Ciudad de México. En aquella época, era una de las ciudades más grandes del mundo en la cual vivían unas 250.000 personas. En el Templo Mayor de la ciudad se encontraba un palacio en el cual había más de 100 habitaciones – cada una ¡con baño propio!

dioses aztecas

Los aztecas tenían conocimientos muy avanzados en matemáticas y astronomía. También se sabe que dominaban a otros pueblos indígenas. Para honrar a sus dioses hacían ceremonias, en las cuales sacrificaban a los cautivos de otros pueblos, pero también a aztecas.

Y ¿en qué dioses creían? En Quetzalcoatl, por ejemplo. Era el dios del viento, del cielo y de la tierra. Según la leyenda, él enseñó a los aztecas a usar el fuego y a sembrar el maíz, el cual todavía hoy se utiliza para preparar muchos platos mexicanos como tacos y quesadillas.

Los **MAYAS** vivían en América Central, en los territorios del sureste de México, Belice, Guatemala y Honduras, en los cuales se hablaban cientos de dialectos diferentes. En esas regiones todavía viven muchos indígenas, quienes hasta hoy hablan 44 lenguas mayas diferentes.

Los mayas eran grandes matemáticos y arquitectos. Hoy se pueden visitar en México y Guatemala las ruinas de sus ciudades, en las que había templos, pirámides, plazas y, a menudo, ¡canchas deportivas! Los mayas ya contaban con el cero entre sus números y por eso podían hacer cálculos complicados. Desde sus pirámides calcularon la duración del año solar y desarrollaron un calendario de exactamente 365 días.

el Templo de Kukulcán en México

En la civilización maya se celebraba una vez al año una gran fiesta para Chac, el dios maya de la lluvia. Se dice que él y sus cuatro ayudantes,
50 quienes siempre llevaban un recipiente con agua, se peleaban a menudo. Y cuando los recipientes se rompían, empezaba a llover.

El imperio INCA fue el más grande de América. Sus 12 millones de habitantes tenían un
55 único emperador y hablaban una única lengua, el quechua. En los Andes, muy cerca de Cuzco, que era la capital del imperio y cuyo nombre significa «el ombligo del mundo», se encuentra Machu Picchu. Esta ciudad está si-
60 tuada encima de una montaña de 2.438 metros de altura y cuenta como una de las nuevas siete maravillas del mundo moderno.
Se sabe además que los incas tenían conocimientos muy avanzados de medicina. Ya en
65 aquella época se hacían operaciones complicadas, en las cuales, por ejemplo se hacían amputaciones de brazos y piernas.
También los incas creían en sus dioses: Viracocha era el dios del sol y creador de todos los
70 seres vivos y Pachamama era la diosa de la tierra.

Machu Picchu en Perú

20 dominar *beherrschen* **21** honrar *ehren* **22** sacrificar *opfern* **22** el/la cautivo/-a *der/die Gefangene* **26** la leyenda *die Legende* **27** el fuego *das Feuer* **27** sembrar *säen* **41** la cancha deportiva = el estadio **49** el/la ayudante *alguien que ayuda* **50** el recipiente *das Gefäß* **51** romperse *kaputt gehen* **58** el ombligo = aquí: el centro **66** la amputación = operación en la que se quita un brazo, una pierna u otra parte del cuerpo **69** el/la creador/a *der/die Schöpfer/in* **69** el ser vivo = alguien/algo que vive (persona o animal)

COMPRENSIÓN LECTORA ▶ M

2 Busca las siguientes palabras en el texto y di qué significan. ▶ Wörter erschließen, S. 124

el visitante (→ visitar) der Besucher

el conocimiento (l. 18)   la ceremonia (l. 21)   el arquitecto (l. 37)   el maíz (l. 27)
el dialecto (l. 33)   el cálculo (l. 43)   la duración (l. 44)   el calendario (l. 45)   exactamente (l. 46)
la civilización (l. 47)   la maravilla (l. 62)   la operación (l. 65)

3 ¿Qué se sabe hoy de los incas, mayas y aztecas? Lee el texto e indica a qué pueblos indígenas se refieren las frases. Justifica tus respuestas con citas del texto.
▶ Detailgenaues Leseverstehen, S. 132

Se sabe que …
1. … estaban muy avanzados en las matemáticas.
2. … tenían muchos dialectos y lenguas.
3. … creían en más de un dios.
4. … tenían una sola lengua.
5. … habían creado un imperio de gran extensión.
6. … tenían conocimientos avanzados de astronomía.
7. … eran grandes arquitectos.
8. … tenían un calendario muy exacto.
9. … fundaron una de las ciudades más grandes de esa época.
10. … eran buenos médicos.

2A
El Nuevo Mundo | Los «primeros americanos»

LA LENGUA

Sistematizar y ampliar el vocabulario

4 a ¿Adjetivo, adverbio o sustantivo? Ordena las palabras en una tabla. Si se trata de un sustantivo, apunta también el artículo y su género[1]. ▶ Die Bildung von Wörtern erkennen, S. 125

[1] el género *das Genus*

▶ KV 19

> conquistador   actitud   mitad   simplemente   descubridor   exactitud
> civilización   región   realidad   emperadora   razonable   fácilmente   posible
> dificultad   religión   confortable   trabajadora   creador   duración   generalmente
> ciudad   vendedora   longitud   comprensible   normalmente

b ¿Qué reglas puedes formular según las terminaciones?

Las palabras en -able son normalmente ___ .

c Encuentra en el texto (p. 31/32) una palabra de la misma familia de:

llegar   conocer   calcular   llover   la vida   Matemáticas   crear   el médico

PF 5 Busca en un diccionario monolingüe: ▶ Arbeit mit dem einsprachigen Wörterbuch, S. 129

– un sinónimo de calcular y crear,
– un antónimo de vida y llegar,
– palabras de la misma familia que escribir, calcular, llover y administrar,
– contextos en los cuales se usan crear y contar.

> Puedes utilizar el diccionario monolingüe para mejorar tu estilo, como por ejemplo en el ejercicio 11 en la página 36.

Practicar construcciones impersonales con se + verbo ▶ Resumen 1

6 a ¿Cómo dirías estas frases en alemán? ▶ GH S. 28/7

▶ WB
▶ 22|5
▶ 23|6
▶ 33|6

1. Se sabe que los incas tenían conocimientos muy avanzados de medicina.
2. Ya en aquella época se hacían operaciones complicadas. (texto, p. 32, l. 63/64)
3. ¿Qué lengua se habla en Guatemala?
4. Además del español, en México se hablan más de 60 lenguas indígenas.
5. Aquí no se puede usar el móvil.
6. ¿Cómo se escriben estas palabras?

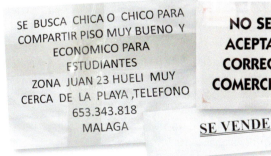

2A

b ¿Cómo se dicen estas frases en español?
1. Man weiß, dass die Azteken große Architekten waren.
2. Das Haus ist zu verkaufen.
3. In diesem Hotel wird auch Deutsch gesprochen.
4. Wie wird dieses Wort geschrieben?

c Presenta estos hechos sobre las culturas indígenas usando **se** + verbo. ¡Ojo a los tiempos del pasado!
1. Tenochtitlan (fundar) en el centro de un lago.
2. Allí (construir) muchos templos impresionantes.
3. El reino azteca (conquistar) en 1521.
4. En la cultura maya ya (conocer) el «cero».
5. En el imperio inca (hablar) una sola lengua, el quechua.
6. En el siglo XV, en Centroamérica (hablar) muchísimas lenguas, que todavía hoy (utilizar) en esta zona.

Practicar los pronombres relativos el cual y quien ▶ Resumen 2, Resumen 3
▶ GH S. 28–29/8

7 Lee el siguiente artículo y complétalo con las preposiciones y los pronombres relativos que faltan.

| a | sin | de | con | por | en | para |

| quien | el cual | la cual | los cuales | las cuales |

LOS «ESTADIOS» MAYAS Las canchas deportivas eran los «estadios» de los mayas, [¿] [¿] jugaban al pok-ta-pok. Había dos
5 equipos de uno a siete jugadores [¿] [¿] les estaba prohibido tocar el balón con los pies y las manos.

EL MAÍZ Hace 9000 años ya se
10 cultivaba maíz en México y hasta hoy es un alimento muy importante de la comida mexicana. También les gustaba mucho a los españoles, razón [¿] [¿] lo lleva-
15 ron a España donde lo llevan cultivando desde 1525.

EL CALENDARIO MAYA El calendario maya, [¿] [¿] muchos dicen que es el calendario más
20 exacto de todos los tiempos, ya tenía 365 días.

LOS DIOSES INCA Viracocha era uno de los dioses más importantes de los incas, el dios del sol,
25 [¿] [¿] nada existiría. Pero los incas no solo tenían dioses sino también diosas, como la diosa de la tierra, [¿] [¿] llamaban Pacha-mama. El nombre viene del que-
30 chua: «pacha» significa «tierra» o «mundo».

LOS «QUIPUS» Los «quipus», [¿] [¿] los incas hacían cálculos, se parecen a cadenas con cuerdas
35 y nudos. Los diferentes tipos y tamaños de nudos significaban diferentes números, y los colores representaban temas diferentes.

11 el alimento *das Lebensmittel*
34 la cuerda *die Schnur*
35 el nudo *der Knoten*

El Nuevo Mundo | Los «primeros americanos»

2A

Repasar los pronombres relativos en contextos informales

▶ GH S. 29/8.2

8 Tienes que preparar una presentación sobre México. Un amigo mexicano te ayuda explicándote unas fotos que trajo. ¿Qué te dice? Hay varias posibilidades.

1. Esto es Tulúm, la ciudad maya
2. Este es el Templo de Kukulkán
3. Este es mi compañero
4. Esta es la Pirámide del Sol
5. Estas son las ruinas de Palenque
___

| en la que |
| que |
| a las que |
| del que |
| de los que |
| con el que |
| donde |
| entre las que |
| desde la que |
| al que |

uno se siente muy pequeño.
conocí en una excursión.
no se puede subir, por razones de protección.
tengo más fotos en casa.
la vista es fantástica.
hay un palacio y tres templos.
se encuentra en la costa del mar caribe.
pasé unos días en Guatemala.
___

EXPRESIÓN ORAL ▶ M

9 Enseña a tu clase algunas fotos de un viaje o una excursión que te haya gustado mucho. Al enseñarlas describe los lugares, su historia y lo que hiciste allí.

▶ Erzählen, S. 135

1. Explica cuándo y con quién hiciste el viaje / la excursión.
2. Cuenta por qué te gustó tanto.
3. Al enseñar las fotos, descríbelas y cuenta algo sobre la historia de los lugares.

___ se construyó en el siglo XVII.
Se sabe que ___ . / No se sabe si ___ .
Es el lugar en el que ___ .

Me encantó / encantaron
(No) me gustó / gustaron   + *sust.*   porque ___
Me sorprendió / sorprendieron
Me impresionó / impresionaron

2A

COMPRENSIÓN AUDITIVA / MEDIACIÓN

10 a Describe el dibujo y formula hipótesis: ¿quiénes son los personajes? ¿En qué situación se encuentran?
▶ Ein Bild beschreiben, S. 136

▶ WB

b Imagina: Estás haciendo unas prácticas en el «Museo de Historia Mexicana» en Monterrey. Hoy te encuentras con un guía y turistas alemanes que no entienden español delante de este dibujo. Escucha al guía y ayuda a los turistas resumiéndoles[1] la información en alemán.
▶ Dolmetschen, S. 148

[1] resumir algo *etwas zusammenfassen*

el caballo

BÚSQUEDA DE INFORMACIÓN / YA LO SÉ

11 a Preparad un periódico mural en grupos de cuatro sobre uno de los siguientes temas.

- la comida de los incas o aztecas
- el calendario maya
- los quipus
- los dioses principales de los aztecas o los incas

1. Buscad información y materiales para ilustrar el tema en Internet, enciclopedias y revistas. Elegid la información y las imágenes que queráis usar para el periódico mural.
   ▶ Informationen sammeln und auswerten, S. 139

2. Cada uno/-a de vosotros escribe un pequeño artículo y describe una de las imágenes elegidas. Si os faltan expresiones o palabras para presentar la información en español, tratad de explicar vuestras ideas de otra manera. Explicad las palabras nuevas y no transparentes en las anotaciones[1]. Podéis usar el diccionario monolingüe, p. ej. para presentar antónimos o sinónimos en la anotaciones. ▶ Das einsprachige Wörterbuch, S. 129

3. Intercambiad vuestros textos en el grupo y corregidlos si es necesario. Elegid los artículos y las imágenes adecuados. ▶ Fehler selbst korrigieren, S. 146

4. Haced el periódico mural. No olvidéis de citar las fuentes de vuestra información.

[1] la anotación *die Fußnote*

b Haced una exposición de vuestros periódicos murales en clase y evaluadlos con ayuda de una ficha de evaluación. ▶ Einen Text bewerten, S. 146; Evaluierung, S. 139

2B LA CONQUISTA DE TENOCHTITLAN

LERNZIEL
▶ Möglichkeiten, Wünsche, Aufforderungen und Überraschung in der Vergangenheit äußern

1 Mira el texto. ¿Qué tipo de texto es? ¿De qué trata?
▶ Globales Leseverstehen, S. 131, Textsorten erkennen, S. 131

▶ M

🎧 19

Hernán Cortés es uno de los dos grandes conquistadores de América. En 1511 fue al «Nuevo Mundo» porque el gobernador Diego de Velázquez quería que lo acompañara en la conquista de Cuba. A finales de 1518 Velázquez le confió a Cortés una expedición para continuar sus descubri-
5 mientos en la costa de México porque se había enterado de que había mucho oro allí.

Cuando Cortés llegó al territorio mexicano, los mensajeros del líder azteca Moctezuma les dieron algunos regalos de oro a los españoles. Estos regalos animaron a Cortés a continuar su camino a Tenochtitlan
10 aunque algunos de sus hombres deseaban regresar a Cuba. Así que Cortés les ordenó que destruyeran sus propios barcos para que nadie pudiera marcharse. A finales de 1519 Cortés llegó por fin a Tenochtitlan con sus soldados. También llevó a Malinche, una indígena, que había aprendido muy rápido español y que le traducía el náhuatl.
15 Moctezuma recibió a los españoles con mucho respeto y un poco de miedo porque creía que eran mensajeros del dios Quetzalcoatl …

▶ Folie 7   5 enterarse *erfahren*   6 el oro *das Gold*   11 destruir *zerstören*   12 marcharse = irse

▶ WB

Moctezuma les da la bienvenida y quiere que se queden el tiempo que quieran en su palacio.

No pensaba que los aztecas tuvieran ciudades tan bonitas …

¡Yo no me esperaba que los aztecas fueran tan ricos! ¿Dónde estarán los tesoros?

Creo que esta plaza es mucho más grande que la Plaza de San Martín en Salamanca …

Pero pronto empezaron los problemas …

treinta y siete 37

El Nuevo Mundo | La conquista de Tenochtitlan

2B

COMPRENSIÓN LECTORA

▶ KV 20

2 a Apunta si las frases siguientes son correctas, falsas o no están en el texto. Si son falsas, corrígelas.
▶ Selektives Leseverstehen, S. 132

1. Cortés fue un conquistador cubano.
2. Cuando Cortés llegó al territorio mexicano, tenía miedo y quería regresar a Cuba.
3. Los mensajeros de Moctezuma destruyeron los barcos de los españoles.
4. Los españoles dieron regalos a los aztecas.
5. Cortés sabía hablar náhuatl.
6. Malinche se enamoró de Cortés.
7. Moctezuma recibió a los españoles en Tenochtitlan con mucho respeto.
8. Los españoles se quedaron en Tenochtitlan para hacerse amigos de los aztecas.
9. En la Noche Triste los aztecas mataron a Moctezuma.
10. Después de un año, Cortés y sus hombres se marcharon de Tenochtitlan.

b Busca en el texto los acontecimientos que corresponden a las fechas siguientes. ▶ Selektives Leseverstehen, S. 132

c Presenta los acontecimientos de la conquista de Tenochtitlan con ayuda de tus apuntes del ejercicio **2a** y **b**. No olvides usar enlaces. ▶ Etwas präsentieren, S. 138

3 Mira los dibujos 1 y 3 (p. 37). ¿Qué piensa Cortés en estas situaciones? Apunta ideas y escribe un texto.
▶ Den Schreibprozess organisieren, S. 141

> No lo puedo creer:
> ¡este templo es …!

COMPRENSIÓN AUDITIVA

4 a Vas a escuchar cuatro situaciones sobre el tema de la conquista de Tenochtitlan. Relaciona cada situación con un dibujo del cómic (p. 37/38) y justifica tus respuestas.

b Escucha las situaciones otra vez y cuenta lo que has entendido.

LA LENGUA

Parafrasear vocabulario

5 Muchas veces, al hacer una presentación, usas palabras que tus compañeros/-as no conocen y tienes que parafrasearlas. Elige cinco de las palabras siguientes y explícalas a tu compañero/-a sin decirlas. Tu compañero/-a dice la palabra que corresponde a tu explicación.
▶ Wörter umschreiben, S. 126

> desear que   ordenar que   el gobernador   huir de   marcharse de   rebelarse contra
> la retirada   acompañar   el tesoro   proteger   el mensajero   tranquilizar   confiar   el líder   el oro

Practicar el imperfecto de subjuntivo ▶ Resumen 4

▶ GH S. 29–30/9

6 a Busca en el texto (p. 37/38) frases que expresan deseos y sorpresa y apúntalas. ¿Qué forma verbal te recuerdan[1]?

[1] recordar *erinnern*

2B

b ¿Presente de subjuntivo o imperfecto de subjuntivo? Elige la forma correcta y di por qué.

▶ WB

1. Moctezuma tenía miedo de que los españoles *sean / fueran* mensajeros del dios Quetzalcoatl.
2. Cortés (a sus soldados): «Es importante que *continuemos / continuáramos* hacia Tenochtitlan.»
3. Los conquistadores querían que los aztecas les *den / dieran* sus tesoros.
4. Diego de Velázquez ordenó que Hernán Cortés *busque / buscara* oro en México.
5. A los españoles les sorprendió que la capital azteca *sea / fuera* tan grande.
6. Cortés (a Moctezuma): «¡Pídele a tu pueblo que se *tranquilice / se tranquilizara*!»

c Jugad con un dado practicando las formas del imperfecto de subjuntivo.
▶ Los verbos, p. 170

· yo
· tú
___

| rebelarse | ser | estar | tener | dar | continuar | hablar | aprender | creer |
| recibir | querer | leer | irse | ordenar | proteger | tranquilizar | venir |

7 Después de volver a Cuba, un soldado español cuenta de sus impresiones en México y cómo se sentía. Utiliza el imperfecto de subjuntivo.   ▶ GH S. 30/9.2

▶ 27|4
▶ 28|5

Tenía miedo de que   Cortés (destruir) los barcos.
(No) me gustaba que   los mensajeros de Moctezuma nos (dar) tantos regalos de oro.
Me impresionó que   la ciudad de Tenochtitlan (ser) tan grande.
Me llamó la atención que   Moctezuma nos (recibir) en su palacio.
No creía que   la intérprete[1] de Cortés, Malinche, (saber) hablar dos lenguas.
Era fantástico que   al principio los aztecas nos (tratar) con mucho respeto.
Me parecía increíble que   (poder / nosotros) fácilmente formar alianzas[2] con otros pueblos indígenas.
                            (matar / nosotros) a tantos indígenas.
                            los aztecas nos (poder) matar.
                            (tener que / nosotros) dejar el oro al huir de la ciudad.

[1] el/la intérprete *der/die Dolmetscher/in*
[2] la alianza *das Bündnis*

EXPRESIÓN ORAL   ▶ M

8 Eres mexicano/-a (**A**). Un/a amigo/-a tuyo/-a (**B**, p. 117) pasó un año de intercambio en Alemania. Le preguntas por sus impresiones y experiencias. Empieza el diálogo.

> **A**
> – Du fragst deine Freundin / deinen Freund, wie es in Deutschland gewesen sei.
> – Du willst wissen, ob er/sie nicht Angst gehabt habe, dass er/sie sich nicht gut mit seiner Gastfamilie verstehen würde.
> – Du fragst, ob es stimmt, dass die Deutschen so ernst[1] seien.
> – Du fragst nach dem Wetter und ob es stimmt, dass es in Deutschland viel regne.
> – Du möchtest wissen, was ihm/ihr besonders aufgefallen sei.
> – Du möchtest wissen, welche Orte ihn/sie besonders beeindruckt haben.
> – Du sagst, dass alles sehr interessant klingt, dass er/sie dir demnächst mehr erzählen und Fotos zeigen soll, und du verabschiedest dich.
> – ___.

[1] ernst *serio/-a*

9 a Recuerda una experiencia muy especial que hayas vivido en los últimos meses. Toma notas.

el examen de ___   la excursión a ___   el encuentro con ___

El Nuevo Mundo | La conquista de Tenochtitlan **2B**

b Cuenta a tus compañeros/-as tu experiencia.
▶ Erzählen, S. 135

▶ WB

Tenía miedo de que
(No) me gustaba que
Me impresionó que
Me llamó la atención que
No creía que
Me parecía increíble que

+ *imperfecto de subjuntivo*

▶ GH S. 30/9.2

Pensaba que
Creía que

+ *pretérito imperfecto*

> primero
> cuando ___
> además
> después/luego/entonces
> al cabo de ___
> al final

BÚSQUEDA DE INFORMACIÓN

10 a ¿Qué personaje del texto (p. 37/38) te parece más interesante? Busca información sobre su biografía y toma notas sobre los siguientes aspectos. ▶ Informationen sammeln und auswerten, S. 139
▶ Pequeño Diccionario, S. 158

▶ WB

Malinche   Cortés   Moctezuma

– año y lugar de nacimiento
– familia/juventud
– tres experiencias y acontecimientos importantes en su vida

b Escribe la biografía de la persona que elegiste usando tus apuntes y enlaces útiles.
▶ Den Schreibprozess organisieren, S. 141

c Intercambia tu biografía con tu compañero/-a y, si es necesario, corrige su texto. Después presenta a tu personaje en clase. ▶ Fehler selbst korrigieren, S. 146, Charla de un minuto, S. 138

COMPRENSIÓN AUDIOVISUAL

▶ DVD-KV 4–6

DVD 11 Mira las escenas del DVD.

EXPRESIÓN ESCRITA / YA LO SÉ

12 Elige a un personaje en una escena del cómic (p. 37/38). ¿Qué estará pensando en ese momento? Escribe su monólogo interior. ▶ Den Schreibprozess organisieren, S. 141

Al escribir un monólogo interior piensa en las siguientes preguntas:
– ¿En qué situación se encuentra la persona?
– ¿Dónde y con quién está?
– ¿Cómo es su relación con las otras personas?
– ¿Qué está haciendo / acaba de hacer / va a hacer?
– ¿Cómo se siente en este momento?
– ¿De qué tenía miedo? ¿Qué (no) quería?
– ¿Qué le sorprendió?

Hoy es el tercer día que paso con Cortés. Al principio tenía miedo de que no lo entendiera porque habla muy rápido. Pero ahora ...

b Intercambiad vuestros textos y, si es necesario, corregidlos. ▶ Fehler selbst korrigieren, S. 146

c Lee tu texto a tus compañeros/-as. Ellos tienen que adivinar de qué personaje se trata.

cuarenta y uno **41**

ALGO MÁS

Un descendiente maya cuenta sobre la situación de los indígenas:

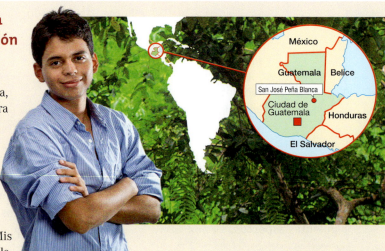

Soy de San José Peña Blanca, un pequeño pueblo en la sierra donde no hay electricidad ni agua corriente y donde vivimos unas 20 familias de origen maya. Cuando yo era pequeño, tardaba casi una hora en llegar caminando a la escuela – ¡y esto bajo un sol fuertísimo! Mis padres ni siquiera tuvieron la oportunidad de ir a la escuela y son analfabetos. Es que a nosotros, los indígenas, todavía se nos trata como a gente de «segunda clase». Pero espero que pronto podamos cerrar esta etapa que empezó con los conquistadores españoles. Aunque ya pasó mucho tiempo, todavía hoy se pueden ver los resultados de una política de discriminación en nuestra situación económica y social.

Pero siento que desde hace un tiempito cambian algunas cosas: ahora hay una escuela en mi pueblo. Las clases son en español y también en kekchí, nuestro dialecto maya. Además, allá se empieza a enseñar los valores mayas, por ejemplo el respeto por la naturaleza y el cultivo de plantas tradicionales de acá, como el maíz y el tomate. Es que el maíz es la base de nuestra comida principal, las tortillas y siempre fue muy importante en la cultura maya.

Bueno, yo, aunque tengo que ayudar a mis padres por la tarde en el campo, trato de estudiar mucho por la noche y de aprender bien el español y el inglés. Sé que esas lenguas me harán falta para poder estudiar en la universidad. Me gustaría ser ingeniero y ayudar a mejorar las condiciones de vida en los pueblos mayas, por ejemplo construyendo plantas solares para que tengan electricidad o planificando calles, ferrocarriles y puentes que hagan más fácil el transporte entre los pueblos y las ciudades …

Aníbal

7 el agua corriente *fließendes Wasser, Leitungswasser* **14** ni siquiera *nicht einmal* **21** el valor *der Wert* **21** el cultivo *der Anbau* **28** el ferrocarril *die Eisenbahn*

Fuente:
© Eduardo del Río: La interminable conquista de México, Ed. Grijalbo, 1984

1 el/la salvaje *der/die Wilde*

Antes, el 12 de octubre era el Día de la Raza y celebraba la llegada de Colón y la cultura europea. Ahora es el Día del Respeto a la Diversidad Cultural, en homenaje a los pueblos originarios.

Los primeros americanismos

Ni footing, ni relax, ni marketing, ni sándwich: el primer americanismo de nuestra lengua fue la
5 palabra «canoa». Aparece por primera vez en un fragmento del diario que comenta el primer viaje a América de Cristóbal Colón. El segundo vocablo taíno incor-
10 porado al español fue «hamaca», seguido de otros muchos como «patata», «tomate», «jaguar», «chocolate» … La mayoría de estas palabras proceden de lenguas
15 autóctonas como el náhuatl, el quechua, el aimara o el guaraní, que todavía hoy cuentan con un gran número de hablantes.

Fuente: Muy Interesante, texto adaptado, marzo 2011

5 la canoa *das Kanu* **9** el taíno *Sprache der Ureinwohner Kubas* **10** la hamaca *die Hängematte*

Natalio Hernández

Yo soy indio *(versión abreviada)*

Yo soy indio: porque así me nombraron los hombres blancos
cuando llegaron a esta tierra nueva.

Yo soy indio: por ignorancia de los hombres blancos
al llegar a las tierras que gobernaban mis abuelos.

5 Yo soy indio: porque así me señalaron los hombres blancos
para justificar su dominio y discriminación.

Yo soy indio: porque así nos llamaron los blancos
a todos los hombres de este Continente.

Yo soy indio: ahora me enorgullece esta palabra
10 con la que antes se mofaban de mí los hombres blancos.

Yo soy indio: ahora no me avergüenza que así me llamen,
porque sé del error histórico de los blancos.

Yo soy indio: ahora sé que tengo mis propias raíces
y mi propio pensamiento.

15 Yo soy indio: ahora sé que tengo rostro propio,
mi propia mirada y sentimiento.

Yo soy indio: ahora sé que soy verdaderamente mexicano,
porque hablo el idioma mexicano,
la lengua de mis abuelos.

20 (…)

Yo soy indio: ahora puedo escuchar
la palabra de los ancianos.

Yo soy indio: ahora vuelve a enraizarme la tierra:
nuestra madre tierra.

Fuente: © Natalio Hernández, Canto nuevo de Anahuac, Ed. Diana, 1994

6 el dominio *die Herrschaft* **9** enorgullecer *jdn Stolz machen* **10** mofarse de alguien *sich über jdn lustig machen* **11** avergonzar a alguien *jdn beschämen* **13** la raíz *die Wurzel* **15** el rostro = *la cara* **23** enraizarse *jdm Wurzeln geben*

2

HABLAR DE TEXTOS

Un descendiente maya cuenta …

1 a Lee el comentario de Aníbal (p. 42) y contesta las siguientes preguntas:

1. ¿Qué cuenta Aníbal sobre la situación de los descendientes de los mayas en Guatemala?
2. ¿En qué acontecimiento histórico ve la causa[1] de la situación actual?
3. ¿Qué cuenta sobre el tema de la educación?
4. ¿Qué quiere hacer después de terminar la escuela y por qué?

[1] la causa *die Ursache*

b Tu profesor de geografía quiere saber qué cuenta Aníbal sobre la situación actual en Guatemala. Cuéntaselo en alemán.

Los primeros americanismos

2 a Explica lo que puede ser un americanismo en la lengua española.

b Lee el texto y explica cuál es la diferencia entre los americanismos «marketing» y «patata».

▶ KV 21 **c** Busca en Internet los países y las regiones donde se hablan o se hablaban estas lenguas: taíno, náhuatl, quechua, aimara y guaraní.

Yo soy indio

3 a Busca el significado de las siguientes palabras. Después parafraséalas a tu compañero/-a.
▶ KV 22 Él/Ella dice la palabra que corresponde a tu explicación.

> nombrar   gobernar   el error   el pensamiento   la mirada   el sentimiento   los ancianos

b Leed el poema en grupos y trabajad las tareas siguientes. Después intercambiad vuestros
▶ KV 23 resultados con los otros grupos.   ▶ Lyrische Texte erschließen, S. 133

1. ¿De qué trata el poema? Resumid el contenido con vuestras propias palabras.
2. ¿Quién es el «yo lírico» y cómo se siente?
3. ¿Qué os llama la atención del contenido y en la estructura del poema? Haced apuntes en una tabla.
4. ¿A qué se refiere el «error histórico de los blancos» (l. 12)?

c Da tu opinión sobre el poema.   ▶ ¿Cuál es tu opinión sobre el texto?, S. 154

HABLAR DE IMÁGENES   ▶ M

4 a Describe la caricatura y explica qué situación representa.   ▶ Ein Bild beschreiben, S. 136

b Comenta la frase «Creo que los salvajes somos nosotros».

c Explica el mensaje de la caricatura.

| El/la caricaturista | tiene la intención de
quiere | criticar ___
explicar ___
llamar la atención sobre ___
denunciar[1] ___ |

[1] denunciar *anklagen*

2 PUNTO FINAL: CREAR UNA PRESENTACIÓN

▶ Folie 8

Vais a crear una presentación en el ordenador con al menos seis diapositivas[1] sobre un aspecto de las culturas precolombinas[2].

1 la diapositiva *hier: die Folie eines Präsentationsprogramms*
2 precolombino/-a *präkolumbisch*

- las ciudades de los mayas
- el arte de los aztecas
- la medicina de los incas
- el calendario de los mayas
- los dioses de una cultura precolombina

a Preparar la presentación

1. Elige un tema y pregunta en tu clase quien más se interesa por tu tema. Formad grupos de tres.
2. Apuntad los aspectos que más os interesen de vuestro tema y decidid quién de vosotros va a buscar información sobre qué aspecto.

> Los textos de la unidad 2, los ejercicios p. 30/3b, p. 33/5, p. 36/10b, 11a, p. 39/5 y el Pequeño Diccionario (p. 158) os pueden ayudar para preparar la presentación.

b Crear la presentación

1. Busca ahora información, dibujos, fotos etc. sobre tus aspectos en Internet, en enciclopedias, en revistas y periódicos y toma notas. No olvides apuntar las fuentes de la información que has encontrado.   ▶ Informationen sammeln und auswerten, S. 139; Das Wörterbuch benutzen, S. 128
2. Ahora ordena la información y piensa qué dibujo o foto y qué información quieres poner en cada diapositiva.
3. Reuníos en vuestro grupo, presentaos la información que cada uno ha encontrado y decidid qué queréis poner en la presentación y cuántas diapositivas queréis presentar.
4. Apuntad en una chuleta las palabras que son nuevas para vuestros compañeros/-as de clase. Tendréis que explicárselas antes de la presentación.
5. Preparad las diapositivas y las chuletas que vais a usar para hablar en clase.
   ▶ Etwas präsentieren, S. 138

c Presentar y evaluar

1. Preparad una ficha de evaluación con los criterios que os parezcan importantes.   ▶ Evaluierung, S. 139
2. Exponed vuestra información en clase. No olvidéis explicar las palabras nuevas y dar una pequeña introducción al tema (p. ej. explicar por qué lo habéis elegido.)
3. Evaluad las exposiciones de vuestros/-as compañeros/-as.

▶ KV 24

RESUMEN

FAKTEN PRÄSENTIEREN

1 Hoy <u>el maíz</u> **se utiliza** para preparar muchos platos mexicanos.
En el territorio maya **se hablaban** <u>cientos de dialectos diferentes</u>.
Aquí no **se puede** <u>entrar</u>.
Se sabe <u>que</u> los incas estaban muy avanzados en el campo médico.

DAS BENÖTIGST DU

eine unpersönliche Konstruktion mit **se** + Verb

se	habla/n utiliza/n	+ Sustantiv
se	puede	+ Verb
se	sabe dice	que

▶ GH 28|7

SEINEN SCHREIBSTIL VERBESSERN

2 En América Central viven <u>muchos indígenas</u> **quienes** hasta hoy hablan 44 lenguas mayas diferentes.
<u>Hernán Cortés, a</u> **quien** Moctezuma recibió en Tenochtitlan, tenía planes de buscar oro.
<u>Malinche, con</u> **quien** Hernán Cortés llegó a Tenochtitlan, era una esclava indígena.
<u>Los aztecas, de</u> **quienes** Cortés recibió regalos, pensaban que los españoles eran dioses.

DAS BENÖTIGST DU

das Relativpronomen **quien/es**, das als Objektpronomen immer mit einer Präposition steht.

a	
con	
de	quien
para	quienes
por	
___	

▶ GH 28|8.1

3 En el centro de Tenochtitlan había <u>un palacio en</u> **el cual** había más de 100 habitaciones.
México, Belice, Guatemala y Honduras son <u>los países en</u> **los cuales** vivían los mayas.
Los incas hacían <u>operaciones complicadas con</u> **las que** ayudaban a muchos enfermos.

Tenochtitlan era <u>una ciudad muy grande</u> **donde** vivían unas 250.000 personas.

eine Präposition, einen bestimmten Artikel sowie **cual/es**

⚠ al cual

a		
con	el	
por	la	cual
en	los	cuales
durante	las	
___		

Ist das Bezugswort ein Ort, kann auch **donde** stehen. ▶ GH 29|8.2

AUFFORDERUNGEN, WÜNSCHE USW. IN DER VERGANGENHEIT ÄUSSERN

4 Diego de Velázquez <u>quiso que</u> Cortés lo **acompañara** en la conquista de <u>Cuba</u>.
Cortés habló con Moctezuma <u>para que</u> **tranquilizara** a su pueblo.
Moctezuma <u>quería que</u> Cortés y sus soldados **se quedaran** en su palacio.

DAS BENÖTIGST DU

einen Auslöser des **subjuntivo** und das **imperfecto de subjuntivo**.

	pasar	comer	vivir
Sg.	pasara pasaras pasara	comiera comieras comiera	viviera vivieras viviera
Pl.	pas**á**ramos pasarais pasaran	comi**é**ramos comierais comieran	vivi**é**ramos vivierais vivieran

Hernán Cortés <u>ordenó que</u> sus soldados **destruyeran** sus barcos.

A los españoles les <u>gustaba</u> la idea de que los aztecas **tuvieran** tanto oro.
Los aztecas <u>no se esperaban</u> que los españoles **fueran** tan agresivos.
<u>No creían</u> que **quisieran** destruir Tenochtitlan.

⚠ Verben mit orthografischen Besonderheiten im **pretérito indefinido** haben diese auch im **imperfecto de subjuntivo**, z. B. **leer** → **leyó** → **leyera**

⚠ Verben mit unregelmäßigen Formen des **pretérito indefinido** haben diese Unregelmäßigkeiten auch im **imperfecto de subjuntivo**:

seguir	→ siguiera	estar	→ estuviera
pedir	→ pidiera	tener	→ tuviera
decir	→ dijera	poder	→ pudiera
hacer	→ hiciera	poner	→ pusiera
querer	→ quisiera	ser/ir	→ fuera
venir	→ viniera		

▶ Los verbos, p. 170   ▶ GH 29|9

TESTE DEINE GRAMMATIKKENNTNISSE   ▶ Lösungen, S. 122

1 Completa las frases con construcciones impersonales (se + verbo).   ▶ GH 28|7

1. En España *(hablar)* cuatro lenguas.
2. En la casa de mis tíos no *(poder)* entrar con zapatos.
3. En el siglo XV, en Europa todavía no *(conocer)* las patatas y el chocolate.
4. En este restaurante siempre *(comer)* muy bien.
5. Antes de la llegada de los españoles, en Tenochtitlan *(vivir)* muy bien.
6. En el Nuevo Mundo *(fundar)* muchas ciudades con el nombre de Santiago.

2 Une las frases siguientes con formas de los pronombres relativos quien/-es o el/la cual y las preposiciones a, de, con y en.   ▶ GH 28|8

1. El emperador azteca, [¿] [¿] Cortés habló, se llamaba Moctezuma.
2. La ciudad, [¿] [¿] se encontraron Moctezuma y Córtes, se llamaba Tenochtitlan.
3. Fueron los Reyes Católicos [¿] [¿] Colón les pidió dinero para su viaje.
4. Fue el año 1492 [¿] [¿] Colón llegó a América.
5. Es Hernán Cortés [¿] [¿] se le llama hoy el conquistador de México.
6. Malinche traducía para Cortés [¿] [¿] se enamoró después.

3 Completa las frases con la forma adecuada del verbo en el imperfecto de subjuntivo.   ▶ GH 29|9

1. Pablo no esperaba que Elena le *(escribir)* tan pronto.
2. ¡Os pedí que me *(contestar / vosotros)* en seguida!
3. Los padres de Aníbal querían que su hijo no *(irse)* de su pueblo.
4. No podía creer que me *(dar / tú)* el dinero para el concierto.
5. Nos gustó muchísimo que Isabel y Ana *(poder)* ir con nosotros a Guatemala.
6. Mi familia de intercambio quería que *(sentirse / yo)* bien.

DAS KANN ICH JETZT!   ▶ Para comunicarse, p. 188

▶ Erzähle einem Spanier etwas über die Geschichte deiner oder der nächstgrößeren Stadt.
▶ Berichte einem spanischsprachigen Freund über ein seltsames Erlebnis in der Vergangenheit. Erwähne, was du alles nicht glauben konntest, was du nicht erwartet hast, was du (nicht) wolltest etc …

REPASAR LA LENGUA 2

GRAMÁTICA

Repasando el pretérito indefinido

1 Cuenta lo que hizo Federico el primer día de su viaje y qué le pasó utilizando el pretérito indefinido.

La primera noche, Federico no pudo dormir bien …

> Hola, ¿qué tal?
> No he podido dormir muy bien esta noche con el jetlag y todo … pero hoy hemos pasado un día estupendo. Por la mañana hemos ido a la oficina de información turística de la ciudad y nos han dicho que en este periodo hay muchas fiestas indígenas en la región. Qué suerte, ¿no? Después hemos desayunado en un bar y hemos leído los folletos que nos han dado en la información. No hemos traído una guía de viaje y no hemos tenido tiempo para comprar una. Pero seguro vamos a necesitarla. Ya conoces a mi padre … ha venido para verlo todo …
> Por la tarde hemos dado una vuelta por la ciudad. Claro, todavía no lo hemos visto todo, falta muchísimo. Pero ya veo que este país es impresionante …
> Te voy a contar más cuando pueda. Un abrazo,
> Federico

Repasando el pretérito indefinido y el pretérito imperfecto

2 Lee el texto sobre la vida de Cristóbal Colón y complétalo con los verbos en pretérito indefinido o pretérito imperfecto.
▶ Folie 13, 15 A+B

Cristóbal Colón *(nacer)* en 1451 en la ciudad de Génova, como hijo de un tapicero[1]. De joven, *(vivir)* en la ciudad de Lisboa, en Portugal, donde *(ganarse)* la vida como marinero[2]. Le *(interesar)* mucho los mapas de aquellos tiempos porque nadie *(saber)* qué *(haber)* al oeste de Portugal. Muchos marineros viejos *(hablar)* de nuevos continentes, otros *(contar)* historias de monstruos[3] en el océano, pero nadie *(saber)* la verdad. Colón *(querer)* ir hacia el oeste para descubrir una nueva ruta a las Indias, de donde *(venir)* a Europa perfume, especias[4], seda[5] y otros productos ricos. Un día le *(hablar)* de su proyecto al Rey Juan II de Portugal, pero el Rey no *(querer)* ayudarle. Por eso Colón les *(exponer)* varias veces sus planes a los Reyes Católicos, y el 17 de abril de 1492 la reina Isabel por fin *(aprobar)* su proyecto y lo *(financiar)*. Colón *(ir)* a Palos de Moguer, un pequeño puerto en el sur de España, y allí *(preparar)* su expedición. No *(ser)* fácil encontrar marineros porque todos *(tener)* miedo de morir de hambre o de sed en el mar abierto, pero finalmente *(conseguir)* reunir a unos 90 hombres. Y por fin, el 3 de agosto de 1492 *(salir)* de Palos en tres carabelas: la Pinta, la Niña y la Santa María.

[1] el tapicero *der Polsterer* [2] el marinero *der Seemann* [3] el monstruo *das Monster* [4] la especia *das Gewürz*
[5] la seda *die Seide*

Repasando las preposiciones desde, desde hace y hace

3 Paul recibió esta carta de una ONG en Guatemala. Completa las frases con las preposiciones desde, desde hace y hace y conjugando los verbos. ¡Ojo con los tiempos verbales!

> Hola Paul:
> [¿] un año nos *(mandar)* un e-mail para participar en nuestro proyecto. Entonces no teníamos puestos libres pero [¿] algunos meses *(estar)* organizando un proyecto nuevo y [¿] el 1 de agosto *(estar)* buscando jóvenes para el próximo año. [¿] algunos días *(encontrar)* tu e-mail y cómo me parece muy interesante, quería informarte que [¿] el lunes pasado uno se *(poder)* registrar en nuestra página web. [¿] poco tiempo también *(haber)* la posibilidad de invitar a otros amigos a participar vía nuestra página web. Si estás interesado te invito a contactarme o registrarte.
> Un saludo, Esperanza

Repasando el subjuntivo

4 Completa las frases con la forma correcta de los verbos en el indicativo, el presente de subjuntivo o el imperfecto de subjuntivo y justifica tu decisión.

1. No creo que esta tarea *(ser)* tán difícil.
2. Ana siempre deseaba que sus padres la *(llevar)* a Palenque.
3. Omar tenía miedo de que sus amigos no lo *(esperar)* delante del cine.
4. A Marta le fascina que su abuela *(cantar)* canciones en Náhuatl.
5. Es verdad que María no *(estudiar)* mucho.
6. A Raúl no le importaba que Adrián *(llegar)* tarde.
7. Te lo digo para que me *(entender)*.
8. Está claro que no *(haber)* otra posibilidad.

5 Laura estuvo un año de intercambio en Argentina. Después de volver cuenta de sus experiencias. Completa el texto con las formas del imperfecto de subjuntivo. ▶ Resumen 4

¿Que si me gustó? ¡Fue fenomenal! Sabes, antes tenía un poco de miedo de que el vuelo *(ser)* demasiado largo, sabes que a mí no me gusta nada ir en avión. Y además tenía miedo de que mi familia argentina no *(ser)* simpática. Pero ya desde el primer momento me entendí superbien con mi ellos. Me impresionó que todos *(ser)* tan abiertos y que *(comunicarse)* libremente conmigo, aunque todavía no me conocían bien. ...

Bueno, me llamó mucho la atención que los argentinos *(beber)* mate todo el día. Y me fascinó que el fútbol *(ser)* importantísimo, es algo sagrado para los argentinos. Además me gustó que los argentinos *(ayudarse)* mucho, me parecieron muy solidarios.

¿La ciudad más interesante? Es Buenos Aires. Buenos Aires es increíble. No creía que la ciudad *(ser)* tan bonita, es una maravilla.

VOCABULARIO

Sistematizar el vocabulario

6 a Relaciona los antónimos.

primero/-a   vivir   llegar   el imperio   histórico/-a   la respuesta   falso/-a   nuevo/-a
irse   moderno/-a   la pregunta   último/-a   la república   antiguo/-a   morir   correcto/-a

b Busca en el texto p. 29 sinónimos de las siguientes palabras.

el camino   importante   el barco   la región   la excursión   el tiempo   ocupar

7 Busca para cada palabra al menos dos palabras del mismo campo semántico.

Ejemplo: la ciudad – los habitantes

ciudad   calendario   palacio   guerra   cálculo
ceremonia   civilización   escritura   operación
imperio   creador   religión

1 el campo semántico *das Wortfeld*

8 Prepara dos campos semánticos para «la conquista» y «las culturas precolombinas».
▶ Wortschatz lernen, S. 126

BALANCE 1

Hier kannst du überprüfen, was du in den Unidades 1 und 2 gelernt hast.

COMPRENSIÓN AUDITIVA

1 a Vas a escuchar un texto con el título «El sueño de un joven inca». ¿Qué esperas escuchar y qué temas habrá según tu opinión?

el sol: la moneda del Perú
(1 sol = 0,27 €)

b Escucha al chico por primera vez y di de qué temas habla.
▶ Globales Hörverstehen, S. 130

el trabajo   el tiempo libre   los amigos   el clima
el futuro   el dinero   el día a día

c Vuelve a escuchar al chico dos veces más y apunta para cada tema una información que te parece importante. Luego añade más detalles.
▶ Detailgenaues Hörverstehen, S. 130

	información central	más información
tema 1: ___		
tema 2: ___		

2 Explica por qué el chico estudia seis meses y trabaja seis meses al año.

EXPRESIÓN ORAL

3 Presenta al joven inca basándote en tu tabla del ej. **1c**.

4 Describe el cuadro y cuenta qué momento histórico representa y qué asociaciones evoca en ti.
▶ Ein Bild beschreiben, S. 136

¿Quién? ¿Dónde?
¿Cuándo? ¿Qué?
¿Por qué?

COMPRENSIÓN LECTORA

5 a Lee el texto y trata de encontrar el significado de las siguientes palabras por el contexto o con ayuda de otras lenguas. ▶ Wörter erschließen, S. 124

| el continente | aceptar | justo | respetar | avanzar |

¿Descubrimiento o encuentro?

¿Cómo se puede hablar del «descubrimiento» de un continente que ya existía y donde había civilizaciones muy avanzadas? Tal vez los europeos lo vean así pero para los indígenas, la historia de América empezó siglos antes de 1492. El 12 de octubre de 1492 fue el principio de la «conquista» de sus tierras donde vivían hace miles de años, pero no el descubrimiento.
Yo personalmente prefiero ver esta fecha como «encuentro de dos mundos» que no solo cambió la vida de los indígenas sino también todo el mundo.
Algunos de nosotros creemos que la civilización indígena habría avanzado más sin la llegada de los europeos, pero la verdad es que no lo sabemos. Además es imposible cambiar la historia, pero podemos aceptarla y luchar para que nuestro continente sea más justo. Tenemos orígenes diferentes y es importante que respetemos todas las lenguas y tradiciones.

Fuente: Yahoo Latinoamérica, texto adaptado, 2011

b Lee la entrada de blog y elige las respuestas correctas justificándolas con citas del texto.

1. El/La autor/a del texto es
   a … español/a.
   b … europeo/-a.
   c … latinoamericano/-a.

2. Para él/ella, en 1492
   a … se descubrió América.
   b … se encontraron dos culturas diferentes.
   c … se conquistó todo un continente.

3. El autor opina que sin el «descubrimiento»
   a … la vida de los indígenas hoy sería diferente.
   b … la vida en todo el mundo hoy sería diferente.
   c … la vida de los indígenas hoy sería mucho mejor.

4. El autor piensa que lo más importante es
   a … aceptar la historia y luchar por un futuro mejor.
   b … cambiar la imagen que tienen los europeos del descubrimiento.
   c … respetar las diferencias entre los europeos y los latinoamericanos.

MEDIACIÓN

6 Un amigo tuyo que no habla español se interesa por el tema de la conquista de América. Resúmele en alemán el contenido del texto del ejercicio **5** (cuatro frases). ▶ Sprachmittlung, S. 148

EXPRESIÓN ESCRITA

7 Según tu opinión, ¿cómo ven los indígenas de América Latina el 12 de octubre de 1492 hoy? ¿Es día de fiesta para ellos o no? Basándote en los textos de la Unidad 2 y en el texto del ejercicio **5** escribe tu opinión que puedes justificar con citas de los textos. ▶ Den Schreibprozess organisieren, S. 141

> Yo creo/pienso/opino que + *inf.*
> No creo/pienso/opino que + *subj.*
> Para mí ___ .
> Lo bueno/malo es que ___ .
> Según mi opinión (los indígenas) ___ .

cincuenta y uno **51**

3 CONTRASTES ANDALUCES

¡ACÉRCATE!

LERNZIEL
▶ Gegensätze darstellen
▶ Überraschung ausdrücken (Wh.)

ACTIVIDAD DE PREAUDICIÓN

1 a ¿Qué sabes de Andalucía?

▶ KV 25 **b** Busca las fotos que forman contrastes y di por qué.

ANDALUCÍA
Comunidad Autónoma de España con 8 provincias
capital: Sevilla
superficie: 87.268 km² (17,2 % de España)
habitantes: 8.424.102
lengua oficial: español
temperatura media por año: 16 °C

3

cincuenta y tres 53

3

COMPRENSIÓN AUDITIVA

2 a Escucha el reportaje y explica de qué temas habla el reportero. Después ponlos en orden cronológico.

> la naturaleza   el clima   la gente   el cine   los turistas   la ropa   las corridas de toros
> la música   la arquitectura   el deporte

b Escucha otra vez y apunta para cada expresión el contraste mencionado[1] en el reportaje.

1. los pueblos blancos – [¿]
2. los señoritos ricos dando vueltas en coches de superlujo – [¿]
3. una mezcla enorme entre un mundo tradicional y – [¿]
4. personas llevando una vida muy agradable – [¿]
5. escuchar cantaores de flamenco – [¿]
6. gente que defiende las corridas de toros – [¿]
7. hacer surf y tomar el sol en las playas – [¿]
8. un paraíso rico en agua – [¿]

[1] mencionado *erwähnt*

c ¿Qué te sorprende o qué te parece interesante de los temas del ejercicio **2b**? Explica por qué.

BÚSQUEDA DE INFORMACIÓN / EXPRESIÓN ORAL ▶ M

3 En grupos de cuatro buscad información sobre las ocho provincias de Andalucía. Cada uno/-a presenta dos provincias. Podéis usar el mapa (p. 230), el Pequeño Diccionario (p. 158), el vocabulario temático e Internet.   ▶ Para hablar de una región, S. 183, Para hablar de economía, S. 195

> por un lado ___, por otro lado ___
> en cambio
> mientras que
> frente a
> aunque
> tanto ___ como ___
> igual ___ que ___

- la ubicación[1]
- el paisaje y el clima
- los lugares interesantes (p. ej. las ciudades importantes)
- la economía / los productos típicos
- las personas famosas
- las fiestas tradicionales

[1] la ubicación *die Lage*

YA LO SÉ

4 a Basándote en la información que tienes ahora, prepara seis preguntas para un cuestionario sobre Andalucía.

En Andalucía puedes esquiar en …	
A … los Pirineos	B … Sierra Nevada
C … Sierra de Grazalema	D … el Parque Nacional de Doñana

b Haced el cuestionario en clase.

3A NI BLANCO NI NEGRO

LERNZIEL
- Bedingungen formulieren
- etwas vergleichen / Vorteile und Nachteile abwägen

ACTIVIDAD DE PRELECTURA

1 ¿De qué tipo de texto se trata? ▶ Textsorten erkennen, S. 131

Cualquier español conoce los estereotipos de los andaluces alegres y fiesteros. Pero durante mi último viaje conocí a mucha gente más bien seria, preocupándose por la situación actual. Con uno de ellos, Salvador Romero (23 años), charlé sobre las ventajas y desventajas de vivir en la
5 Comunidad Autónoma más poblada de España.

Periodista: Se dice que Andalucía tiene algo especial …
Salvador: Andalucía es fantástica: hay montañas, el Mediterráneo, el Atlántico y cientos de horas
10 de sol al año. Pero como en cualquier región: ni todo es blanco ni todo es negro. Hay problemas como en cualquier lugar: el paro, que aquí afecta especialmente a los jóvenes, problemas sociales, …
15 *Periodista:* ¿No son los mismos problemas que existen en otras regiones de España?
Salvador: Parecidos, pero quizás aquí más graves, porque aquí casi no hay industria y en el campo tenemos además el problema de las sequías. Así
20 que Andalucía vive casi solo del turismo, pero esto también trae problemas consigo. Durante el boom inmobiliario se construyeron tantos hoteles y casas en la costa que al final hemos destruido nuestro paisaje. Y mientras se gasta muchísima
25 agua en regar los campos de golf, los campesinos no tienen agua para sus campos secos.
Periodista: O sea, por un lado el turismo es importante porque trae dinero a Andalucía, pero por el otro lado causa problemas al medio am-
30 biente en la región. Parece ser un círculo vicioso.

Pero aparte de los problemas, el turismo también crea empleo, ¿verdad?
Salvador: Sí, el sector turístico es uno de los pocos sectores donde todavía se puede conseguir
35 trabajo. Sin embargo, con los sueldos que pagan casi no se puede vivir. Tengo amigos que trabajan ocho o nueve horas diarias por 600 o 700 euros al mes. Por eso, muchos españoles se van a otros países para poder tener un trabajo más digno.
40 *Periodista:* ¿Crees que es una buena opción?
Salvador: No sé, pero los comprendo porque aquí hay pocas posibilidades. A no ser que conozcas a alguien que te ayude, es muy difícil encontrar trabajo. La mayoría de los compañeros que ter-
45 minaron la carrera conmigo ahora no tienen trabajo. Yo sé que si tuvieran un trabajo se quedarían para estar cerca de la familia y de los amigos. Pero como no consiguen empleo, se van. Un primo mío tuvo suerte: hasta ahora ha ganado muy
50 poco como profesor en una escuela de lenguas. Acaba de fundar un portal de publicidad en Internet y ahora gana bastante dinero, pero es una excepción.
Periodista: Y tu situación, ¿cómo es? ¿También
55 piensas emigrar o tienes un buen trabajo?

3A

▶ WB

Salvador: Pues, yo he acabado la carrera y tengo una beca para hacer mi doctorado en la universidad, pero tampoco me llega. Si mis padres no me ayudaran económicamente, no podría continuar
60 con mis estudios. Aunque me llevo genial con ellos, si tuviera más dinero, me gustaría alquilar un piso para tener más independencia. No sé cómo estará la situación laboral cuando termine el doctorado, pero yo curraría en lo que fuera
65 para quedarme en Andalucía.
Periodista: Según las estadísticas, el 37 % de los jóvenes andaluces no acaba la ESO y más del 50 % de los menores de treinta años no tiene trabajo. ¿Crees que los jóvenes no están motivados para
70 estudiar porque piensan que no vale la pena?
Salvador: Claro que es frustrante. Lo que pasa es que después de estudiar las empresas nos piden experiencia, pero ¿cómo la vamos a tener si nadie nos contrata?
75 *Periodista:* Otro círculo vicioso … ¿Y qué crees tú qué se podría hacer para resolver el problema del desempleo?
Salvador: No es fácil, pero es necesario conseguir que los jóvenes entren en el mercado laboral des-
80 pués de sus estudios. Si hubiera más ayudas del Estado, así quizás algunos intentarían fundar su propia empresa. En los últimos años muchos jóvenes se han movilizado para pedir mejores condiciones para hacerlo. Si todos nos movilizára-
85 mos juntos, tal vez podríamos conseguir cambios y ventajas económicas para que las empresas contraten a más jóvenes. Si consiguiéramos resolver el problema del desempleo y si además cuidáramos mejor el medio ambiente, en Andalucía se
90 podría vivir mucho mejor.

2 fiestero = con ganas de hacer fiesta **19** la sequía *die Dürre, die Trockenheit* **22** el boom inmobiliario = época en la que se construyeron muchísimos hoteles y edificios **25** regar = dar agua a algo **30** el círculo vicioso *der Teufelskreis* **32** el empleo = el trabajo (en una empresa) **57** la beca *das Stipendium* **57** hacer el doctorado *eine Doktorarbeit schreiben* **61** alquilar *mieten* **64** currar en lo que fuera *fam.* = trabajar en cualquier sector **77** el desempleo ≠ el empleo, el trabajo

COMPRENSIÓN LECTORA

▶ WB **2 a** ¿Qué temas trata el texto? ▶ Texte gliedern, S. 132

👥
▶ 37|1 **b** Busca en el texto las palabras y expresiones claves para cada tema e indica las líneas que dan la información más importante. ▶ Texte über Schlüsselbegriffe erschließen, S. 132

 3 «Pero yo curraría en lo que fuera para quedarme en Andalucía.» (l. 64/65) Comenta lo que quiere decir Salvador con esta frase.

LA LENGUA ▶ Folie 18

▶ WB **Sistematizar el vocabulario**

▶ 37|2 **4 a** Busca los antónimos de las siguientes palabras y forma parejas de palabras.
▶ Texto, p. 55/56, ▶ Das einsprachige Wörterbuch, S. 129

> humano   conectar   el interés   posible   útil
> creíble   agradable   el empleo   la justicia   la ventaja
> la igualdad   la paciencia   aparecer

56 cincuenta y seis

Contrastes andaluces | Ni blanco ni negro   **3A**

b Ordena los antónimos según sus prefijos en una tabla. ¿A qué prefijos alemanes corresponden los prefijos españoles des-, in- e im-?   ▶ KV 29

5 Transforma las frases con las siguientes expresiones.

> Por un lado ___ por otro lado ___.   No es ni blanco ni negro.   A no ser que + *subj*.
> La ventaja es ___, la desventaja es ___.   Aparte de + *sust*.

1. Lo bueno es que Andalucía tiene paisajes superbonitos, lo malo es que existen muchos problemas.
2. No tienes posibilidades de encontrar un buen trabajo si no conoces a alguien que te ayude.
3. Hay muchos hoteles de cinco estrellas para los turistas, pero también hay muchos inmigrantes que llevan una vida bastante pobre.
4. Vivir en Andalucía tiene muchas facetas. No es solo malo y no es solo bueno.
5. Hay mucho paro. Además hay problemas de medio ambiente.

Expresar condiciones irreales en el presente (II)   ▶ Resumen 1

6 a Busca en el texto las frases que expresan condiciones (l. 46/47, l. 58/59, l. 61/62, l. 80/82, l. 84–86). ¿Qué formas de verbo necesitas para formarlas?   ▶ GH S. 32/12

b Transforma las frases en oraciones condicionales, según el ejemplo.

Ejemplo: Muchos jóvenes andaluces no consiguen empleo porque no tienen experiencia laboral.
→ Si tuvieran experiencia laboral, muchos jóvenes andaluces conseguirían empleo.

1. Muchos jóvenes españoles no encuentran trabajo en España. Por eso se van a otros países.
2. No conseguimos resolver nuestros problemas. Por eso, en Andalucía actualmente muchos jóvenes no viven muy bien.
3. Se gasta muchísima agua en los campos de golf, pero los campesinos no pueden regar su tierra.
4. A muchos jóvenes les gustaría fundar una empresa, pero no tienen dinero para hacerlo.
5. Hay pocas posibilidades de encontrar trabajo. Por eso, para los jóvenes la situación es frustrante.
6. El primo de Salvador tiene un portal de publicidad en Internet. Por eso ahora gana mucho dinero.

7 ¿Qué haríais si …? Hablad de vuestros planes. Cada uno/-a tiene que transformar el final de la última frase en la condición de la frase que va a decir.

> Si tuviera mucho dinero, viajaría a América Latina.

> Si viajara a América Latina, iría a los Andes.

> Si fuera a los Andes ___.

8 ¿Qué haríais en estas situaciones? En grupos de cuatro intercambiad vuestras ideas.   ▶ GH S. 32/12

Si (ser / yo) un político importante, ___.
Si (encontrar / tú) 500 € en la calle, ¿___?
Si en Alemania (hacer) mucho calor todos los días, ___.
Si (poder ir / mis amigos y yo) a Andalucía, ___.
Si (saber / vosotros) hacer magia[1], ¿___?
Si mis padres me (dejar) ir a América Latina, ___.
___.

> Podéis inventar otras frases.

[1] hacer magia *zaubern*

3A

9 a Cuenta con qué sueña María usando *ojalá* + imperfecto de subjuntivo.

▶ WB

(facultativo) b ¿Y con qué sueñas tú? Cuéntaselo a tu compañero/-a.

saber tocar la guitarra
no *hacer* tanto calor en los meses de verano
tener más dinero para poder viajar
pasar unas semanas en Guatemala
mis amigos y yo *ir* juntos a Sierra Nevada en invierno
poder estudiar lenguas
encontrar un buen trabajo
no *haber* tantos jóvenes sin trabajo
ninguno de mis amigos *emigrar* a otro país
—

COMPRENSIÓN AUDITIVA / MEDIACIÓN

🎧 1|27 **10** a Manuel, el reportero, va a la Feria de Abril en Sevilla donde entrevista a dos jóvenes. Escucha la entrevista y apunta lo que es la Feria de Abril, cuándo tiene lugar y cuánto tiempo dura.

las casetas   las bombillas

🎧 1|27 b Escucha la entrevista otra vez y cuenta a un amigo que no habla español lo que se hace en la Feria de Abril y dale información sobre los siguientes temas:

el origen de la Feria   las casetas   la ropa   los toros y los caballos[1]

1 el caballo *das Pferd*

COMPRENSIÓN AUDIOVISUAL

▶ DVD-KV 7+8

DVD **11** Mira la escena del DVD.

MEDIACIÓN

12 a Un amigo tuyo español tiene algunas preguntas sobre la situación de los jóvenes españoles que emigraron a Alemania para encontrar trabajo. Busca la información en el siguiente artículo.

¿Cómo es la situación laboral para españoles en Alemania?

¿Qué piensan los alemanes de los españoles?   ¿Cómo se sienten los españoles en Alemania?

¿No tienen problemas con la lengua y no echan de menos España?

Contrastes andaluces | Ni blanco ni negro **3A**

b Haz apuntes en español para poder contestar a tu amigo. Si te faltan palabras, explícalas con tus propias palabras o usa sinónimos. ▶ Wörter umschreiben, S. 126

c Escribe un e-mail a tu amigo contestándole sus preguntas en español (6–8 frases). ▶ Folie 9
▶ Wiedergeben von Inhalten in der jeweils anderen Sprache, S. 148

Junge spanische Fachkräfte in Deutschland willkommen

Deutsche Unternehmen umwerben junge Spanier in deren Heimat. Vor allem Ingenieure sind gefragt. Für viele Spanier ist das Ausland die einzige Chance auf eine feste Anstellung.

Ana Mercedes Campos ist aufgeregt: In wenigen Minuten hat die 25-jährige Industrie-Ingenieurin zwei Bewerbungsgespräche. [...]

Vertreter von neun deutschen Unternehmen sind nach Madrid gereist, um unter 150 spanischen Bewerbern auszusuchen, wer nach Deutschland kommen kann. Hier entscheidet sich möglicherweise auch Anas Zukunft. [...] Für viele Spanier ist dies derzeit die einzige Chance auf eine feste Anstellung, denn in Spanien bewegt sich angesichts der schwersten Wirtschaftskrise rein gar nichts mehr. Dabei ist keine Generation von Spaniern so gut ausgebildet wie diese, doch die Jugendarbeitslosigkeit liegt bei dramatischen 45 Prozent. Die Rekrutierungsveranstaltung richtet sich diesmal an Ingenieure. „Ich muss es einfach schaffen, wer weiß, ob man uns diese Chance noch mal bietet", sagt Ana. Der Andalusier Ildefonso López hat schon alles hinter sich. Der 27-Jährige trägt eine Visitenkarte einer großen deutschen Firma in der Hand und lächelt zufrieden. Nun hofft er auf einen festen Job in Erlangen. Die deutsche Sprache ist für Ildefonso, der aus Jaén stammt, kein Problem: Er hat in der Schweiz und in Österreich studiert.

„Wir sind erstaunt, wie hoch motiviert und gut qualifiziert die jungen Spanier sind, die hierherkommen, zum Teil höher als deutsche Mitbewerber", sagt der zuständige ZAV[1]-Teamleiter, der eigens aus Bonn angereist ist.

[...] Die Gespräche finden auf Englisch statt. Doch fast alle Bewerber lernen Deutsch oder beherrschen die Sprache bereits. Nur Ana muss sich noch sputen. Sie lebt zurzeit in Sheffield und bringt ihr Englisch auf Vordermann. „Wenn ich jetzt meinen ersten richtigen Job in Deutschland finde, dann lerne ich Deutsch im Eilverfahren, ich liebe Sprachen." Selbst das Wetter in Deutschland wäre für Ana kein Hindernis: „Ich brauche die Sonne nicht jeden Tag."

Ihr Landsmann Ildefonso ist da anders gestrickt. „Ich liebe meine Heimat Andalusien, ihr wunderbares Licht, die Tapas und den Lebensstil", schwärmt er. Ein Leben im Norden Europas das ganze Leben lang kann er sich nicht vorstellen. Seine Traumstadt ist Málaga.

[1] ZAV *Zentrale Auslands-und Fachvermittlung* Fuente: Die Welt, texto adaptado, 2011

YA LO SÉ / EXPRESIÓN ORAL ▶ M

13 a Manuel, el reportero, quiere escribir un artículo sobre la situación de los jóvenes en tu región. ¿Qué preguntas haría y qué contestarías tú o tu compañero/-a? Formulad al menos ocho preguntas y preparad una entrevista.

> ni todo es blanco ni todo es negro
> por un lado ___ por otro (lado) ___
> No es fácil, pero ___
> Lo que pasa es que ___
> a no ser que + *subj.*
> No sé cómo estará la situación cuando termine los estudios, pero ___
> Si tuviera/s el tiempo / el dinero / la oportunidad[1] ___
> Ojalá + *imperfecto de subjuntivo*
> Me gustaría + *inf.*

▶ Dialogisches Sprechen, S. 134, ▶ Para hablar de la situación laboral, S. 195   [1] la oportunidad *die Gelegenheit*

b Representad la entrevista en clase.

3B LAS CORRIDAS: ¿ARTE O VIOLENCIA?

> **LERNZIEL**
> ▶ eine Argumentationslinie aufbauen / seine Meinung verteidigen
> ▶ Argumente bewerten

ACTIVIDAD DE PRELECTURA

1 ¿Qué sabes de las corridas de toros?

Antonio Hinojosa, 32 años, está a favor de las corridas de toros.

Pero ¿es que realmente son necesarios argumentos para justificar lo que todo el mundo conoce como «La fiesta nacional» española? ¿No es suficiente decir que se trata de una antigua tradición de una cultura milenaria?
Hoy vivimos en una sociedad globalizada, donde se pierden cada vez más las diferencias entre los pueblos. Pronto desaparecerán nuestras costumbres más antiguas a no ser que intentemos conservarlas. Y el toro forma parte de nuestra cultura y nuestras tradiciones.
Grandes artistas, pintores y escritores como Goya, Picasso, Hemingway o García Lorca han sido aficionados a los toros y los han tematizado en sus obras.

Muchas personas hablan a menudo del maltrato animal. Pero al mismo tiempo compran carne de cría intensiva de animales. El toro, por lo menos, vive prácticamente en libertad antes de que se le lleve a la plaza. Ahí es el protagonista de un antiguo ritual de lucha entre hombre y animal en una mezcla de arte y baile. Por esta razón me parece hipócrita hablar de crimen animal.
También tenemos que mencionar su importancia económica: la industria taurina crea empleo y miles de familias viven de ella. Además, si no hubiera corridas en Andalucía, la región perdería un gran atractivo turístico.
Realmente la corrida de toros es una muestra de respeto al toro, a su fuerza, y cualquiera puede ver que nadie quiere más al toro que nosotros, los defensores de este gran arte.

Francisco Iglesias, 23 años, está en contra de las corridas.

¿Arte? ¿Es que se puede hablar de arte o cultura cuando un toro es torturado por un torero?
Cualquier persona inteligente ve que se trata de una auténtica tortura. ¿Realmente necesitamos ver la sangre de esos pobres animales como en el Coliseo en la antigua Roma?
Realmente, los argumentos de cualquier aficionado a los toros son ridículos. ¿Atractivo turístico? ¡Por favor! La mayoría de los turistas creen que las corridas son algo inhumano y los pocos que van salen de la plaza total-

mente horrorizados. En realidad, si lo analizáramos bien, seguramente podríamos decir que son una mala publicidad para España. Además, es absolutamente absurdo identificar España con una sola tradición. Muchísimos españoles estamos en contra de las corridas y nos avergonzamos de la tauromaquia.
Casi todas las semanas vemos en los periódicos artículos sobre manifestaciones contra la cultura taurina. En Canarias y en Cataluña las corridas ya están prohibidas y seguramente pronto otras comunidades también dejarán de permitir este espectáculo de violencia absurda. Ahora nos toca decir a nosotros: ¡Basta ya!

Contrastes andaluces | Las corridas: ¿arte o violencia? **3B**

COMENTARIOS

Cristina D.
«Estoy harta de escuchar los viejos argumentos de siempre. A mí no me gusta el fútbol, pero no pido que lo prohíban, aunque en los estadios haya mucha más violencia que en los toros. Si no quieren ir a la plaza, que no vayan, pero que nos dejen en paz. ¡Que cada uno haga lo que quiera!»

Gonzalo M.
«Estoy de acuerdo con Antonio. Debemos ser tolerantes y respetar nuestras antiguas costumbres. Y a quien no le guste, que no vaya a los toros.»

Xacobe S.
«¿Los toros? Yo soy gallego y no me identifico en absoluto con la ‹fiesta nacional›. Nunca he estado en una plaza de toros ni pienso ir nunca.»

Marga G.
«¿Estamos locos o qué? ¡Estamos en el siglo XXI y las corridas son una auténtica tortura! O ¿es que si en Italia recuperaran a los gladiadores deberíamos también respetarlo por ser una tradición milenaria?»

7 milenario = de mil o más años
16 el maltrato *die Misshandlung*
17 la cría intensiva *die Massentierhaltung* 24 taurino/-a *Stier- (+ Subst.)*
29 la fuerza = el fuerte 36 ser torturado por *gequält/gefoltert werden von* 37 el/la torero/-a *der Stierkämpfer* 53 avergonzarse de algo/alguien *sich schämen für etw./jdn*
54 la tauromaquia *etwa: die Leidenschaft für den Stierkampf* 93 el gladiador *der Gladiator*

ENTRE CULTURAS

La corrida de toros es un espectáculo que nació en España en el siglo XII. Se practica también en Portugal, sur de Francia y en diversos países de Hispanoamérica, como México, Colombia, Perú, Venezuela, Ecuador, Costa Rica, Panamá y Bolivia.

COMPRENSIÓN LECTORA

2 a ¿Qué significan para Francisco y Antonio las corridas de toros? **A** apunta los argumentos de Francisco, **B** los de Antonio. Después intercambiad vuestros resultados.

Francisco	Antonio

b ¿Qué argumento te parece el más importante en la argumentación de Francisco y Antonio?

c ¿Qué opinas tú de las corridas?

(No) estoy de acuerdo con ___ . Me parece interesante/___ .
(No) pienso/creo que ___ . Para mí, ___ tiene razón¹ porque ___ .
(No) veo las cosas como___ .

1 tener razón *Recht haben*

COMPRENSIÓN AUDITIVA

▶ Folie 10 A + B

3 a Actividad de preaudición: imagina que te presentan estas preguntas en la calle. ¿Qué dirías?

1. ¿La corrida de toros es un deporte o un arte?
2. ¿Se deberían prohibir las corridas?
3. ¿Qué piensan los jóvenes españoles de las corridas?
4. ¿Sería mejor que el toro no tuviera que morir en las corridas?
5. ¿Por qué hay tan pocas mujeres en las corridas de toros?

b Ahora escucha las respuestas de las personas y apunta a qué pregunta se refieren.

	pregunta 1	pregunta 2
entrevista 1		
entrevista 2		

c Vuelve a escuchar a las personas y apunta sus argumentos. ▶ Notizen machen, S. 130

▶ KV 30

3B

LA LENGUA

Repasar oraciones condicionales irreales en el presente ▶ Resumen 1

▶ GH S. 32/12

4 ¿Qué harías tú? Cuéntaselo a tus compañeros.

| Si | yo
tú
mi hermano/-a / mi amigo Daniel / ___
nosotros / mis amigos y yo / ___
vosotros / tus hermanos y tú / ___
mis amigos / mis hermanos / mis padres / ___ | *poder* ir a Andalucía,
tener mucho dinero,
ser político,
*regalar*me una entrada para [¿],
saber tocar bien un instrumento,
hacer más deporte, | ___. |

▶ KV 31 **La posición de los adjetivos** ▶ Resumen 4

▶ GH S. 32/13

5 a Completa las frases siguientes poniendo los adjetivos en su posición correcta y explica su significado.

▶ WB
⏵ 43|8
⏵ 49|5

1. [¿] artistas [¿] de Andalucía, como Picasso y García Lorca, han tematizado la corrida de toros en sus obras. (grande)
2. Andalucía es una [¿] región [¿] pero también es una [¿] región [¿]. (grande, pobre)
3. Mucha gente opina que los toros son unos [¿] animales [¿]. (pobre)
4. Córdoba es una [¿] ciudad [¿]. (antiguo/-a)
5. La [¿] mezquita[1] [¿] de Córdoba es una catedral. (antiguo/-a)
6. Jeannette Bleeker es la [¿] torera [¿] alemana. (único/-a)
7. Muchos dicen que Picasso fue un [¿] artista [¿]. (único/-a)

[1] la mezquita *die Moschee*

Pablo Picasso: Corrida de toros (1933)

b Inventa cuatro frases como en el ejercicio 5a con los adjetivos *nuevo* y *viejo*.

Repasar y practicar construcciones con infinitivo

6 Lisa está haciendo un curso[1] de español en una escuela de lenguas en Cádiz. Le escribió un e-mail a su amigo Jorge en Madrid. Completa el e-mail con las expresiones siguientes.

| dejar de
me toca
acabar de
ponerse a
tener ganas de
aprender a
volver a | + inf. |

[1] el curso *der Kurs*
[2] la ola *die Welle*

Hola, Jorge:
¿qué tal? ¡Yo estoy superbién aquí en Cádiz! Son las 11 de la mañana y [¿] terminar las primeras horas del curso de español. El profesor me encanta, aunque habla superrápido. ¿Sabes qué? Desde que estoy aquí [¿] [¿] hacer surf. ¡Es que hace mucho viento y el mar tiene olas[2] muy grandes! El problema es que Lena, la chica que comparte el cuarto conmigo, no [¿] preguntarme si yo no quería hacer un curso de flamenco con ella. No es que no me guste esa música, pero es algo típico de aquí, no creo que lo vaya a bailar nunca en Alemania … De todas formas, Lena [¿] escuchar flamenco a cualquier hora del día y a veces me siento como en un verdadero «tablao» …
Bueno, nos vemos en dos semanas en Madrid y ahí te cuento más, ¿vale? Es que ahora [¿] hacer los deberes para el curso de la tarde …
Un beso, Lisa

Contrastes andaluces| Las corridas: ¿arte o violencia?

3B

Sistematizar el vocabulario temático

7 a Organiza el vocabulario de la Unidad **3b** o en una red de palabras o en una ficha de vocabulario y ordénalas según su clase de palabra (sustantivos, colocaciones, verbos, adjetivos etc.). Puedes añadir más palabras que están relacionadas con el tema. ▶ Wortschatz lernen, S. 126

b Intercambia tus resultados con tu compañero/-a.

Presentar argumentos y expresar su opinión

8 Trabajad en cuatro grupos. En cada grupo buscad un máximo de expresiones para los siguientes puntos. Si conocéis más expresiones, podéis añadirlas[1]. ▶ Diskutieren, S. 135   ▶ Folie 17

aceptar[2] una opinión	rechazar[3] una opinión	expresar[4] su opinión	acentuar[5] su opinión
Estoy de acuerdo con …	Los argumentos son ridículos.	Realmente …	¿Estamos locos o qué?

1 añadir *hinzufügen* 2 aceptar *akzeptieren* 3 rechazar *ablehnen* 4 expresar *ausdrücken* 5 acentuar *bekräftigen*

EXPRESIÓN ORAL   ▶ M

9 En 2011, se prohibieron las corridas de toros en Cataluña. Discutid si se las deberían prohibir en toda España. Tú (**A**) estás en contra, **B** (p. 118) está a favor. **A** empieza la discusión.

Usa las expresiones del ejercicio 8.

A
– Du fragst **B**, ob er schon gehört hätte, dass in Katalonien die Stierkämpfe verboten worden sind.
– Du reagierst erstaunt und findest, dass **B** ein bisschen toleranter sein könne; schließlich wäre es schade, wenn eine alte spanische Tradition verboten wird.
– Du sagst, dass du nicht verstehst, warum die Leute so viel über Stierkampf diskutieren, schließlich führt der Stier doch bis zum Kampf ein gutes Leben.
– Du findest dieses Argument sehr scheinheilig und fragst, ob es **B** gar nicht stört, dass täglich tausende Tiere in Massentierhaltung gequält werden und nur ein sehr kurzes Leben haben.
– Du sagst, dass das für dich nicht in Frage kommt. Aber zurück zum Stierkampf: vielleicht sollte man es in Spanien so halten wie z. B. in Venezula: dort gibt es zwar Stierkämpfe, aber die Tiere sterben dabei nicht.
– ___ .

YA LO SÉ / EXPRESIÓN ESCRITA

10 a ¿Comer carne o no? Buscad argumentos en clase. Un grupo busca argumentos a favor del consumo de carne, el otro en contra.

b Escribe una opinión según el modelo del texto (p. 60) sobre el consumo de carne utilizando elementos del ejercicio **8**.

ALGO MÁS

Las huellas de Al-Ándalus

¿Te imaginas un viaje a Oriente sin salir de Europa? Al-Ándalus fue un califato en el sur de España que duró casi 800 años, construido por los moros musulmanes de origen árabe y bereber. Ellos, junto a judíos y cristianos, desarrollaron una sociedad muy avanzada y con gran tolerancia religiosa. Gracias a sus matemáticos, astrónomos, médicos, filósofos y científicos, los habitantes de Al-Ándalus tenían una cultura muy desarollada para su época. En 1492, los musulmanes y judíos fueron expulsados de España por los Reyes Católicos, pero hasta hoy en día, se pueden encontrar sus huellas no solo en las ciudades de Andalucía sino también en la vida cotidiana de toda España.

Las ciudades

Durante la Edad Media Córdoba llegó a tener 300.000 habitantes y era, junto a Constantinopla y Bagdad, una de las tres ciudades más grandes del mundo.
La antigua mezquita de Córdoba fue convertida en una catedral católica después de la Reconquista.

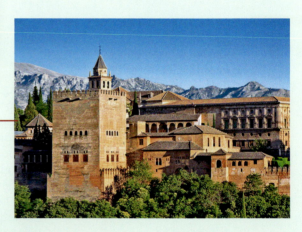

La Alhambra

La Alhambra es una fortaleza árabe en Granada. Allí terminó la historia árabe en España en el año 1492.
Hoy en día la Alhambra es muy famosa en todo el mundo. Más de dos millones de turistas visitan cada año sus patios, jardines y salones.

Las primeras saunas

A los habitantes de Al-Ándalus, a diferencia de los otros europeos, les gustaba mucho bañarse y se dice que preferían gastar su dinero en jabón que en pan. Debido a que no había baños grandes en todas las casas, mucha gente iba a los *hammam*, que eran baños públicos adonde iban los hombres por la mañana y las mujeres por la tarde. ¡En Córdoba había 600 *hammam* en el siglo X!

1 la huella *die Spur* **2** el Oriente *der Orient* **3** el califato *das Kalifat* **5** los moros *die Mauren (Bezeichnung für Muslime arabischer und berberischer Herkunft, die vom 8. bis zum 15. Jh. in Spanien lebten)* **5** bereber *berberisch, Berber- + S.* **6** los judíos *die Juden* **7** la sociedad *die Gesellschaft* **7** avanzado = moderno **12** expulsar *vertreiben* **16** la Edad Media = época entre los siglos VI y XV **21** la mezquita *die Moschee* **22** la Reconquista *die Rückeroberung Spaniens von der maurischen Besatzung* **32** bañarse *sich waschen, baden* **33** el jabón *die Seife* **24** la fortaleza *die Festung*

Algo más

3

La gastronomía

Los moros también enriquecieron la cocina española y europea con gran variedad de especias y recetas. ¿Has probado el turrón, que los españoles comen en Navidad? Gracias a los moros se usan almendras y canela en los dulces y se toman sorbetes de limón o naranja en verano.

 ¿Sabías que en Al-Ándalus estaba la biblioteca más grande de toda Europa de aquella época? ¡Tenía más de 10.000 libros!

Los números

¿Sabías que los números que utilizamos hoy son árabes? Antes de la llegada de los moros en Al-Ándalus solo se utilizaban los números romanos. Gracias a los árabes utilizamos hoy el sistema decimal y el cero.

romano	árabe
III	3
VIII	8
XXXVIII	38
MMIII	2003

español	árabe
hola	U Alá
el dibujo	dibaj
el barrio	barrá
el azúcar	súkkar
el limón	limún
la naranja	naranya
hasta	hattá
la taza	tassa
ojalá	U xa Alá
el arroz	roz

Las palabras

Después de tantos siglos en España, los moros también influyeron la lengua. Hay una gran cantidad de palabras en español que provienen del árabe.

La música

¿Te puedes imaginar hoy un grupo de música sin guitarra? Fueron los moros que trajeron un instrumento parecido a Europa. En aquella época se llamaba «Ud» que quiere decir «pieza de madera» y era un instrumento muy popular en las fiestas de Al-Ándalus.

La Tarara

Federico García Lorca

Tiene mi Tarara un vestío verde,
lleno de volantes y de cascabeles,
ay Tarara sí, ay Tarara no,
ay Tarara niña de mi corazón.

Ay Tarara loca mueve la cintura,
para los muchachos de la aceituna.
Ay Tarara sí, ay Tarara no,
ay Tarara niña de mi corazón.

Baja mi Tarara por la cuesta abajo,
con una peineta de color rosao.
Ay Tarara sí, ay Tarara no,
ay Tarara niña de mi corazón.

Luce mi Tarara un mantón de seda
entre la retama y la hierbabuena.
Ay Tarara sí, ay Tarara no,
ay Tarara niña de mi corazón.

«La Tarara» es una canción popular española. Existen varias versiones de letra, pero la que se hizo más famosa es la de Federico García Lorca, un poeta andaluz muy importante del siglo XX.

---

40 enriquecer *bereichern* 41 la especia *das Gewürz* 43 la almendra *die Mandel* 43 la canela *der Zimt* 44 el dulce *die Süßigkeit, die Süßspeise* 58 influir *beeinflussen* 69 la madera *das Holz*

3 el vestío = el vestido 7 la cintura *die Taille* 8 la aceituna *die Olive* 11 la cuesta *der Abhang* 12 la peineta *der Steckkamm* 15 lucir = mostrar 15 el mantón *das Tuch* 15 la seda *die Seide* 16 la retama *der Ginster* 16 la hierbabuena *die Minze*

sesenta y cinco **65**

HABLAR DE TEXTOS

Las huellas de Al-Ándalus

DELE 1 Lee el texto y di cuáles de las siguientes informaciones son correctas.

1. Al-Ándalus
   - a ... fue un califato en el sur de Europa.
   - b ... es una región en España.
   - c ... fue un califato en África.

2. Los moros fueron
   - a ... todos los habitantes de Al-Ándalus.
   - b ... musulmanes españoles.
   - c ... musulmanes de origen árabe y bereber.

3. En Al-Ándalus
   - a ... había una sola religión.
   - b ... había tres religiones principales.
   - c ... no había religión ninguna.

4. A los moros
   - a ... les gustaba comer pan en los *hammam*.
   - b ... les gustaba bañarse con jabón.
   - c ... no les gustaba bañarse.

5. Los moros
   - a ... aprendían de los españoles a tocar la guitarra.
   - b ... trajeron a Europa un instrumento a partir del cual los españoles desarrollaron más tarde la guitarra.
   - c ... trajeron la guitarra a Europa.

6. Los moros dejaron sus huellas sobre todo en
   - a ... la arquitectura.
   - b ... la religión.
   - c ... la cultura en general.

2 Relaciona los siguientes números con la información del texto.

> 10.000   1492   800   300.000   dos millones   cero

3 a Prepara siete preguntas sobre Al-Ándalus y haz las preguntas a tus compañeros.

> ¿Dónde se encuentra la Alhambra?
> ¿Qué ___?

b Cuenta a tu compañero/-a lo que te sorprende en el texto y lo que no sabías antes.

> Yo no sabía que ...

4 Resume lo que sabes de la vida en Al-Ándalus y sus habitantes. Puedes preparar una ficha con algunos apuntes.

HABLAR DE UNA CANCIÓN

La Tarara ▶ La canción, S. 155

5 Lee la letra de la canción y di de qué trata.

6 a Escucha la canción y describe la música. ▶ La canción, S. 155

| La melodía es | alegre. triste. emocionante. ___ . | El ritmo es | vivo. lento. repetitivo. ___ . |

b ¿Te gusta este tipo de música? Explica por qué (no).

3 PUNTO FINAL: HACER UN DEBATE

▶ M

Vais a hacer un debate sobre el consumo de carne.

a Preparar el debate.

1. Reúne todos los argumentos a favor y en contra de comer carne. Puedes utilizar tus apuntes del ejercicio **10a** en la página 63 y un diccionario bilingüe. ▶ Das Wörterbuch benutzen, S. 128
2. Busca ocho expresiones de interacción que quieras usar en el debate. Apúntalas en papelitos y apréndelas de memoria. ▶ Diskutieren, S. 135, ▶ p. 63, ej. 8
3. Formad grupos de cuatro alumnos. Intercambiad vuestros argumentos y completad la lista.

a favor de	en contra

Estoy de acuerdo.

¿Me entiendes?

b Hacer y evaluar el debate.

▶ KV 32

1. Formad grupos de cuatro. Dos participan directamente en el debate, los otros dos son **observadores**[1]. Los dos **participantes** («**a favor**» y «**en contra**») se sientan cara a cara y ponen sus apuntes en la mesa. Los dos observadores reciben los papelitos con las expresiones de interacción para controlar si los participantes las utilizan. Luego empieza el debate.

   > Si usas muchas palabras nuevas, preséntalas y explícalas a tus compañeros antes de empezar el debate.

2. **El participante «a favor»** empieza presentando un argumento.
   El participante «en contra» tiene que decir si está de acuerdo o no. Luego añade otro argumento y el participante **«a favor»** tiene que reaccionar etc. Los dos participantes deberían utilizar todas las expresiones de interacción que han apuntado en sus papelitos.
   El primer observador siempre pone un papelito al lado cuando un participante haya utilizado una de las expresiones apuntadas. Si al final del debate sobran más de seis papelitos, los participantes tienen que volver a hacer el debate.
   El segundo observador mira la lista de los argumentos. Durante el debate va marcando todos los argumentos mencionados. Si al final sobran más de dos argumentos, los participantes tienen que volver a hacer el debate.
3. Después del debate, los dos observadores evalúan a los dos participantes. ▶ Evaluierung, S. 139
4. Luego cambiad de papel: los observadores se convierten en participantes y los participantes en observadores.

▶ KV 33

[1] el/la observador/-a *der/die Beobachter/in*

RESUMEN

BEDINGUNGEN FORMULIEREN

1 Si **tuviera** más dinero, **podría** vivir en un piso propio.
Si **quisieras** vivir en España, **tendrías** que aprender español.
Si Pablo **encontrara** un trabajo, se **quedaría** en Andalucía.
Si **tuviéramos** tiempo, ¿qué **haríamos**?
Si **siguierais** estudiando, **pasaríais** el examen.
Si mis amigos **quisieran** algo de mí, lo **dirían**.

DAS BENÖTIGST DU

einen irrealen Bedingungssatz mit **si** + einem Verb im **imperfecto de subjuntivo** und einen Hauptsatz mit einem Verb im **condicional simple**.

Imperfecto de subjuntivo ▶ Resumen 4, p. 46
Condicional simple ▶ Resumen 5, p. 24

▶ GH 32|12

ETWAS ALS BELIEBIG DARSTELLEN

2 Yo trabajaría en **cualquier** empresa.
¡Cómprate **cualquier** cosa!
La situación laboral de los jóvenes no es un problema **cualquiera**.
Cualquiera puede aprender a bailar flamenco.
Esto lo entiende **cualquiera**.

DAS BENÖTIGST DU

den unveränderlichen Indefinitbegleiter **cualquier**.

Steht der Begleiter nach dem Substantiv, lautet er immer **cualquiera**.

⚠ Unterscheide ihn vom Pronomen **cualquiera**.

▶ GH 31|10

MEHRERE DINGE AUSSCHLIESSEN

3 **Ni** en Portugal **ni** en Brasil se habla español.
Ni Pablo **ni** Paula hablan alemán.
Federico **no** va **ni** al cine **ni** al parque.

DAS BENÖTIGST DU

die Verneinungspartikel **(no) … ni … ni**.

▶ GH 31|11

ETWAS NÄHER BESTIMMEN UND BESCHREIBEN

4
Ana es mi **antigua** profesora de español.
Roma es una ciudad **antigua**.
Víctor es un **viejo** compañero de trabajo.
Con sus 80 años Paco es un hombre **viejo**.
Este es un **gran** actor.
Las Ventas es una plaza de toros **grande**.
La **nueva** novia de Marco es muy simpática.
¿Tienes una bicicleta **nueva**?
Juan no tiene padres. ¡**Pobre** niño!
Honduras es un país **pobre**.
La **única** cosa que le interesa Pablo es el fútbol.
¡El viaje a Andalucía fue una experiencia **única**!

DAS BENÖTIGST DU

ein voran- oder nachgestelltes Adjektiv

Adjektiv	vor dem Subst.	nach dem Subst.
antiguo/-a	ehemalig	antik/alt
viejo/-a	langjährig	alt
grande	großartig/bedeutend	groß
nuevo/-a	neu (aktuell, jetzig)	neu (neuwertig)
pobre	arm (bedauernswert)	arm (bedürftig)
único/-a	einzig	einmalig

▶ GH 32|13

TESTE DEINE GRAMMATIKKENNTNISSE ▶ Lösungen, S. 122

1 Completa las frases utilizando el condicional simple. ▶ GH 25|2

1. Yo, la verdad, no *(saber)* contestar a esta pregunta.
2. ¿*(salir / tú)* conmigo el sábado?
3. Sin la mesa *(haber)* más espacio en mi habitación.
4. Mi hermano y yo estamos de acuerdo: nunca *(poner)* cuadros antiguos en nuestra habitación.
5. ¿*(venir / vosotros)* a mi fiesta?
6. Sé que mis amigos me *(decir)* siempre la verdad.

2 Forma frases utilizando el imperfecto de subjuntivo. ▶ GH 29|9

1. Era necesario que *(hacer / nosotros)* algo en contra de las corridas de toros.
2. Era importante que *(escuchar)* los opiniones diferentes.
3. Era bueno que los politicos *(prohibir)* las corridas en Cataluña.
4. Era un problema que muchos *(ver)* las corridas como una tradición importante.
5. Me pareció triste que muchos *(creer)* que no se trataba de un crimen animal.
6. Era increíble que *(haber)* tanta gente a la que le gustan las corridas.

3 Vervollständige die folgenden Satzgefüge. ▶ GH 32|12

1. Si en Alemania *(llover)* menos, no *(pasar)* tantos alemanes sus vacaciones en España.
2. No nos *(ir)* a trabajar a Alemania si *(encontrar)* un trabajo con un sueldo digno aquí.
3. Si Pilar no *(tener)* novio aquí, le *(ser)* más facil trabajar en otro lugar.
4. *(Poder)* vivir más estudiantes en su propio piso si el estado *(ofrecer)* más becas.
5. Si *(hacer)* más sol en Alemania, Alfonso *(poder)* imaginarse quedarse aquí.
6. Si *(haber)* más industria en Andalucía, *(haber)* más empleo.

4 Completa las frases con las formas de antiguo, grande, nuevo, único, pobre y viejo. ▶ GH 32|13

1. Sevilla es la [¿] capital [¿] de Al-Ándalus.
2. Muchas [¿] personas [¿] viven en la calle.
3. La [¿] canción [¿] de Juanes no me gusta mucho.
4. Federico García Lorca fue un [¿] autor [¿].
5. Ayer he comprado unas [¿] gafas [¿].
6. Jorge es el [¿] amigo [¿] de Matilda.
7. Los Rodríguez tienes cuatro hijos: es una [¿] familia [¿].
8. Ese [¿] coche [¿] es del año 1963.
9. La Sagrada Familia es una iglesia de [¿] arquitectura [¿].
10. Quiero presentarte mi [¿] amigo [¿] José. Somos amigos desde cuando éramos niños.
11. La Alhambra es un [¿] palacio [¿].
12. La [¿] Ana [¿] está enferma, no puede venir a la fiesta.

DAS KANN ICH JETZT! ▶ Para comunicarse, p. 194

▶ Sind Schulnoten notwendig? Formuliere Vor- und Nachteile und stelle gegensätzliche Meinungen dazu dar.
▶ Was wäre, wenn …? Sprich über einige deiner Träume.
▶ Beschreibe eine Person näher und sage, was du von ihr hältst.

REPASAR LA LENGUA 3

GRAMÁTICA

Repasando el condicional

1 ¿Cómo sería vivir en el «país de Janja[1]»? Sueña un poco y di lo que harías.

> En el país de Janja, comería chocolate todos los días.

| decir | haber | preferir | poder | tener que |
| leer | hacer | pasar | ___ |

[1] el país de Janja *das Schlaraffenland*

Repasando oraciones condicionales reales en presente

2 **A** tiene un examen y está un poco nervioso/-a. **B** (p. 118) le da consejos. **A** empieza el diálogo.

A

Du sagst/fragst:
– dass du in ein paar Tagen eine Prüfung hast und ein bisschen nervös bist.
– dass du die letzten Nächte nicht schlafen konntest und immer gelernt hast.
– was du tun könntest, falls du diese Nacht wieder nicht schlafen kannst.
– dass, wenn du Sport machst, du hinterher bestimmt Kopfschmerzen hast.
– dass das eine gute Idee ist. Falls **B** morgen Zeit hat, würdest du gern ins Kino gehen.
– dass du gegen um 6 Zeit hast. Falls du nicht kommen kannst, rufst du **B** noch einmal an.
– ___ .

Repasando el uso de ser y estar

3 ¿*Ser* o *estar*? Completa las frases con la forma del verbo que convenga. ¡Ojo a los tiempos de verbo!

1. Tienes que probar las tapas, ¡[¿] riquísimas!
2. ¡Vaya coche! Esta señora tiene que [¿] muy rica.
3. – ¿Pepe ayer [¿] enfermo?
   – Creo que sí, pero no [¿] segura.
4. Mejor volvemos a casa, ya [¿] muy tarde. Y no me parece que [¿] un barrio muy seguro.
5. Esta semana he visto un concierto de Che Sudaka. [¿] muy bueno.
6. Hola Fede, ¿qué tienes? ¿[¿] mal?
7. ¿Cómo podéis escuchar esa música? ¡[¿] tan mala!
8. Mañana es mi fiesta de cumpleaños y quiero que [¿] perfecta.
9. Tengo miedo de que Raúl no [¿] en casa.
10. No digo que [¿] verdad, pero es lo que me han dicho los otros.
11. – ¿Me podrías ayudar en la traducción?
    – Lo siento, no [¿] muy bueno en inglés ...
12. No creo que [¿] muy difícil aprender italiano.
13. Normalmente Pablo [¿] muy alegre. Pero hoy [¿] un poco nervioso porque tiene un examen.

Repasando ojalá (que) + presente de subjuntivo

4 José va a visitar a sus amigos en Granada. ¿Qué está pensando? Utiliza **ojalá (que) + presente de subjuntivo**.

Ojalá

(*poder* / nosotros) ir un día a la playa.
no (nosotros / *ir*) a ver una corrida de toros.
(*tener* / yo) bastante dinero.
(*saber* / ellos) dónde hay conciertos esta semana.
(*ver* / yo) también a Federica.
(*venir*) mis primos de Málaga.
(*hacer*) buen tiempo.

Repasando cualquier y algún ▶ Resumen 2

5 Completa el texto utilizando las formas de **cualquier** y **algún**.

El arte de «tapear»

Tapear significa ir de bar en bar para comer tapas al mediodía, por la tarde, antes de cenar – ¡a [¿] hora del día! En los bares y restaurantes de [¿] ciudad española sirven estos piscolabis[1] con las bebidas. Hay [¿] tapas muy famosas como las patatas bravas, el jamón ibérico o la tortilla, pero también hay especialidades de cada región, como los pinchos[2] en el País Vasco o el pulpo[3] a la gallega. Y estos son solo [¿] ejemplos, hay muchísimos más.
Pero tapear no es una tradición [¿]. Para [¿] las tapas forman parte de la identidad española. ¡[¿] puede ver, por qué!

1 el piscolabis *der Snack* **2** el pincho *kleiner Spieß mit Häppchen* **3** el pulpo *der Tintenfisch*

VOCABULARIO

Expresar contrastes

6 Completa el texto con los conectores siguientes. ▶ Folie 14

| en cambio   mientras que   sin embargo   por un lado   por otro lado   ni ___ ni ___ |

Pensando en España, parece que no hay cosa más española que el flamenco. [¿], el flamenco es un estilo[1] de música y baile andaluz. [¿] algunos ven las raíces en la música gitana[2], otros creen que tiene sus orígenes en la cultura musulmana. Para la mayoría de los andaluces forma parte de su cultura hasta hoy. [¿] muchos españoles del norte [¿] lo saben bailar [¿] cantar.
[¿] en ciudades como Granada o Sevilla, el flamenco significa un gran atractivo turistico. Así que hay muchos conciertos pequeños y cursos de baile. [¿] también hay sesiones[3] espontáneas de flamenco por las calles, con guitarras, el cante[4] y las palmas[5].

1 el estilo *der Stil* **2** gitano/-a *zur spanischen Untergruppe der Roma gehörig* **3** la sesión *die Vorstellung* **4** el cante *der Gesang* **5** las palmas *hier: das Händeklatschen*

4 DESAFÍOS GLOBALES

¡ACÉRCATE!

LERNZIEL
- Themenwortschatz *desafíos globales*
- seinen Standpunkt äußern / Statistiken auswerten (Wh.)

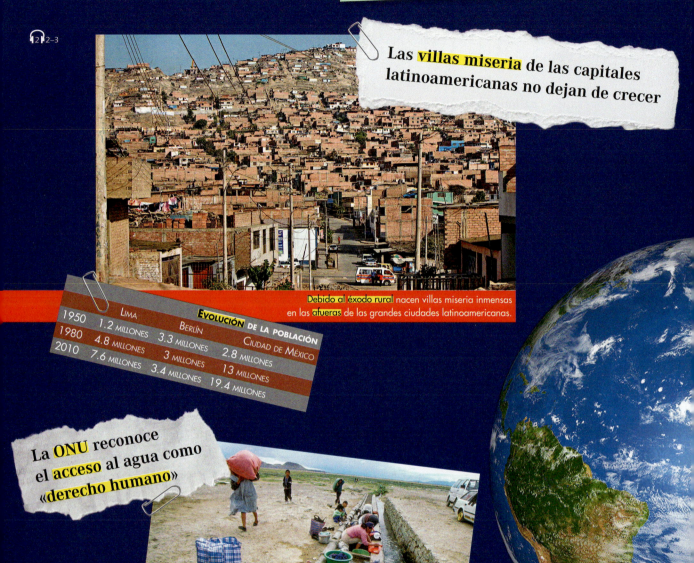

Las **villas miseria** de las capitales latinoamericanas no dejan de crecer

Debido al **éxodo rural** nacen villas miseria inmensas en las **afueras** de las grandes ciudades latinoamericanas.

EVOLUCIÓN DE LA POBLACIÓN

	LIMA	BERLÍN	CIUDAD DE MÉXICO
1950	1.2 MILLONES	3.3 MILLONES	2.8 MILLONES
1980	4.8 MILLONES	3 MILLONES	13 MILLONES
2010	7.6 MILLONES	3.4 MILLONES	19.4 MILLONES

La **ONU** reconoce el **acceso** al agua como «**derecho humano**»

Mucha gente todavía no tiene acceso al **agua potable** en sus casas.

Consumo de **litros** de agua por persona y día

	litros de agua
ESTADOS UNIDOS	295
ESPAÑA	270
ALEMANIA	122
BOLIVIA	75

Niños de la calle

En el mundo: 80-100 millones
En América Latina: 40 millones
En Colombia: 30.000

Se estima que hay entre 80 y 100 millones de niños de la calle en todo el mundo.

Cada vez hay más pobreza infantil en España

Pobreza infantil
En España: 26 %
En Alemania: 15 %
En Colombia: 68 %

El ecoturismo tiene mucho futuro

El turismo destruye cada vez más la naturaleza.

4

COMPRENSIÓN AUDITIVA

1 Actividad de preaudición: Vas a escuchar a cuatro personas que hablan de «desafíos globales». Relaciona las expresiones con los temas mencionados y explica por qué van con el tema.

el éxodo rural	el acceso al agua	los niños de la calle	el ecoturismo

> el agua potable   pedir dinero   buscar trabajo en la capital   un derecho humano   sobrevivir
> el acceso al agua corriente   productos de la región   los aguas residuales   el campesino
> aprender a leer y a escribir   no tener formación   respetar el medio ambiente   la criminalidad
> la villa miseria   alimentar a la familia   problemas familiares   un futuro digno   la naturaleza

2 a Escucha los testimonios¹ y elige para cada testimonio la frase que mejor resume el contenido.

1. Albino Cuahana, un campesino peruano, cuenta que
   a … ya no podía vivir del trabajo en el campo y que por eso buscó trabajo en Lima.
   b … le gustaba mucho la vida en el campo, pero su familia quería irse a Lima.

2. Roberta Guaranca explica que
   a … en Bolivia solo la mitad de los habitantes tienen acceso al agua potable.
   b … que en Bolivia el acceso al agua es un gran problema para la gente en el campo.

3. Onelio Márquez cuenta que los niños de la calle en Colombia
   a … reciben ayuda del estado y pueden hacer una formación.
   b … pueden vivir en casas de ONGs, donde van a la escuela y hacen una formación.

4. Lucía García piensa que el ecoturismo
   a … no tiene mucho futuro porque es solo una moda para la gente de la ciudad.
   b … ofrece posibilidades para conocer mejor una región, su paisaje y sus productos.

1 el testimonio *die Aussage*

b Vuelve a escuchar los testimonios y contesta las preguntas.

1. ¿Por qué Albino Cahuana decidió ir a la capital?
2. Para Roberta Guaranca, ¿cuál es el problema más importante en Bolivia?
3. ¿Por qué cree Onelio Márquez que su trabajo en la ONG *Pies descalzos* es tan importante?
4. ¿Qué es el ecoturismo?

HABLAR / YA LO SÉ

3 a Formad grupos de cuatro y repartid los cuatro «desafíos globales». Tened también en cuenta las estadísticas de la página 72/73.
▶ Para hablar de desafíos globales, S. 201

> Pensad también en lo que ya habéis aprendido sobre los temas en las clases de Geografía.

b Ahora contaos lo que sabéis de los «desafíos globales» y discutid sobre qué desafíos os parecen más importantes y por qué.

> Desde mi punto de vista ___.   Yo pienso/opino que ___.   Desgraciadamente ___.
> Lamentablemente ___.   A mí me parece que ___.   Por lo menos, yo lo veo así.

1 añadir *hinzufügen*

4A ¡EL AGUA ES VIDA!

> **LERNZIEL**
> ▶ Bedingungen in der Vergangenheit ausdrücken

ACTIVIDAD DE PRELECTURA / BÚSQUEDA DE INFORMACIÓN ▶ Folie 11

1 ¿Qué podría ser una «guerra del agua»? ¿Por qué razones y en qué regiones la podría haber?

2 Infórmate en el Pequeño Diccionario (p. 158) y en Internet sobre la película «También la lluvia» y sobre el papel del actor Juan Carlos Aduviri.

▶ WB

En muchas regiones de América Latina el acceso al agua corriente es todavía hoy un gran problema, como por ejemplo en Bolivia. Para miles de familias aimaras que viven a 4.000 metros de altitud al pie de las montañas más impresionantes de Bolivia, el agua es un **recurso** tan **valioso** como lejano.

5 La **llamada** «Guerra del agua» empezó en 2000, cuando, en medio de una gran **crisis** económica, el **presidente** de Bolivia **firmó** un **contrato** con una empresa estadounidense y **privatizó** el servicio comunal de agua de Cochabamba, la tercera ciudad más grande del país.
10 Pocas semanas después, la empresa **subió** los precios del agua potable hasta un 300 %, por lo que la cuenta del agua a final de mes llegaba al 20 % del **total** de los ingresos familiares en ese tiempo. Muchos indígenas no la podían pagar por su **insegura** situación laboral, sin ingresos **regulares**. Además, la **ley** prohibía a los campesinos conservar el agua de la lluvia
15 con sus **métodos** tradicionales. Como **consecuencias** empezaron una serie de manifestaciones y **protestas** de los **aimaras** en las calles de Cochabamba, en las que hubo seis **muertos** y más de 170 heridos. Los aimaras **solo** terminaron sus protestas cuando el gobierno boliviano canceló el contrato con la empresa, que después tuvo que retirarse de Bolivia.

Dirigido por un equipo español, en 2011 nace el pro-
20 yecto para la película «También la lluvia». **Rodada** en Bolivia, trata la «Guerra del agua» y el descubrimiento de América, dos **conflictos históricos** que están muy **relacionados**. La película fue premiada con diferentes **premios** internacionales. Juan Carlos Aduviri
25 trabajó como actor en ella y **da vida al** líder indígena que dirige las protestas de los aimaras. Él mismo piensa que **si** los indígenas **no hubieran creído** desde la **colonización** que eran menos **fuertes** que los españoles, el **desarrollo habría sido** diferente y la situación hoy
30 sería otra: «Bolivia es pobre porque desde la colonización han dicho de nosotros que éramos unos indios, **ignorantes** e **inútiles**, y nos lo hemos creído. Ahora somos libres y la única manera de alejarnos de todo ello y de ser ricos es cambiando nuestra **mentalidad**.
35 Somos un país rico en recursos y nos **merecemos** una oportunidad».

4A

¿Cómo habría sido el desarrollo de los países latinoamericanos si los colonizadores españoles no los hubieran explotado? ¿Cómo sería la situación de los indígenas hoy si hubieran tenido la oportunidad de determinar su futuro? Nadie lo sabe, pero la verdad es que durante muchos
40 años los colonizadores y sus descendientes explotaron los recursos naturales mientras la población indígena, actualmente el 10 % del total en América Latina y el 50,5 % en Bolivia, vivía en pobreza.
Cuando Evo Morales ganó las elecciones en Bolivia en 2006 se convirtió en el primer presidente indígena de América Latina. Una vez llegado al poder, su gobierno empezó a defender los
45 derechos e intereses de la población indígena. Creó un Ministerio de Agua, donde se promulgó una nueva ley de servicios de agua, llamada «Agua para la vida». La ley garantiza el acceso al agua potable a todos los habitantes y prohibe su privatización. Una resolución, presentada por Bolivia, de reconocer el acceso al agua potable como «derecho humano básico» fue aceptada por la ONU en 2010.

3 el recurso *das Vorkommen* 4 lejano = muy lejos 7 estadounidense = de los Estados Unidos 8 el servicio comunal de agua *die gemeinschaftliche Wasserversorgung* 12 los ingresos familiares = los sueldos de toda la familia 17 el/la herido/a *der/die Verletzte* 17 cancelar = terminar/romper 18 retirarse = irse 23 premiar *prämieren* 31 los indios = palabra que inventó Cristobal Colón para los indígenas en América, creyendo que estaba llegando a la India 33 alejarse de = ir lejos 35 merecer *verdienen* 38 explotar *ausbeuten* 39 determinar = decidir sobre algo 45 promulgar *verkünden, erlassen* 47 la resolución *der Beschluss*

COMPRENSIÓN LECTORA ▶ M

3 Relaciona los siguientes subtítulos con los párrafos del reportaje. ¿En qué lugar los pondrías?
▶ 51|1

- Un contrato con consecuencias fatales
- El agua – un derecho humano
- La «guerra del agua» en el cine
- Un recurso lejano
- La situación de los indígenas desde la colonización hasta hoy

4 a Busca las palabras clave del texto y basándote en ellas, expón lo que sabes de la situación de los aimaras en Bolivia. ▶ Texte über Schlüsselbegriffe erschließen, S. 132

 b «La película, rodada en Bolivia, trata la ‹Guerra del agua› y el descubrimiento de América, dos conflictos históricos que están muy relacionados.» (p. 75, l. 20–23) Comenta esta frase.

La opinión de Juan Carlos Aduviri (p. 75) y la información de la Unidad 2 te pueden ayudar.

MEDIACIÓN

 5 Tu profesor/a de Geografía que no habla español se interesa mucho por el contenido del reportaje (p. 75/76). Resúmeselo en alemán.

Desafíos globales | ¡El agua es vida! **4A**

COMPRENSIÓN AUDIOVISUAL

6 a Después de haber visto juntos «También la lluvia», tres chicos españoles están hablando de la peli. Escúchalos: ¿de qué escena está hablando cada chico/-a? ¿Qué más le impresionó a cada uno/-a en esa escena?

▶ Hör-/Sehverstehen, S. 131

b Mira la escena del DVD.   ▶ DVD-KV 9–12

LA LENGUA

Practicar el vocabulario

7 Completa las frases con las siguientes palabras.
1. Para todos los que no tienen [¿], el agua es un [¿].
2. El proyecto de [¿] en Bolivia en 2000 llevó a la «Guerra del Agua».
3. Muchos indígenas [¿] según sus métodos tradicionales.
4. Desde hace un tiempo, los aimaras luchan por ser [¿], como lo es el agua.
5. En 2010, el [¿] fue declarado [¿].

> *conservar* el agua de la lluvia   acceso al agua corriente   recurso muy valioso   derecho humano
> acceso al agua portable   dueños de sus recursos naturales   *privatizar* el servicio de agua

La voz pasiva

8 a ¿Cómo dirías las siguientes frases en alemán?

1. La película **fue premiada** con diferentes premios internacionales.
2. Una resolución, presentada por Bolivia, de reconocer el acceso al agua potable como «derecho humano básico» **fue aceptada** por la ONU en 2010.

> La voz pasiva se usa sobre todo en la lengua escrita.

b Reformula las frases utilizando se + verbo.

setenta y siete **77**

4A

Abreviar frases con el participio y el gerundio ▶ Resumen 5

9 ▶ WB 55|6

Reescribe las frases utilizando el participio o el gerundio, como en el ejemplo. ▶ Resumen 5

Ejemplo: La película «También la lluvia» trata de la Guerra del agua en Bolivia. Fue rodada en 2011.
→ La película «También la lluvia», **rodada** en 2011, trata de la Guerra del agua en Bolivia.

1 (re-)utilizar *(wieder-)verwenden* **2** la agricultura *die Landwirtschaft* **3** contaminado/-a *verunreinigt* **4** la escasez *der Mangel*

DATOS SOBRE EL AGUA EN EL MUNDO

1
La falta de agua es un problema que también preocupa a más del 90 % de los europeos, sobre todo en España, Portugal e Italia. Por eso, muchos países han empezado a reutilizar[1] el agua que sale de los baños y cocinas, que se conoce como «agua gris» para regar los campos y jardines o para limpiar.

2
Actualmente la agricultura[2] utiliza el 70 % y la industria, el 20 % del agua que se consume en todo el mundo.

3
Aproximadamente 1.200 millones de personas en el mundo no tienen acceso al agua potable. Por eso, las personas que están afectadas por este problema, tienen que caminar grandes distancias para conseguir agua o dependen de vendedores que la venden a un precio muy alto.

4
Más de 5,3 millones de personas mueren cada año en el mundo debido a enfermedades que son causadas por agua contaminada[3].

5
Cuando ahorramos agua podemos luchar contra su escasez[4] porque solo el 3 % de toda el agua del planeta es agua potable.

Practicar condiciones irreales en el pasado I ▶ Resumen 1

▶ GH S. 33/16

10 **a** 54|5 65|3 65|4

¿Qué expresa la siguiente frase? Busca otra frase según este modelo en el texto (p. 76, l. 37/38).

Si los indígenas no hubieran creído que eran menos fuertes, el desarrollo habría sido diferente. (l. 27–29)

b S. 116

Convierte las frases en oraciones condicionales irreales según el modelo.

En 2000, el gobierno boliviano privatizó el servicio de agua. Por eso los precios subieron.
→ Si el gobierno no hubiera privatizado el servicio de agua, los precios no habrían subido.

1. En aquella época, la ley prohibía a los campesinos conservar el agua de la lluvia. Por eso muchas familias tuvieron que pagar hasta el 20 % de los ingresos familiares por la cuenta del agua.
2. Muchos indígenas eran pobres, por eso no podían pagar la cuenta del agua.
3. Las protestas contra los precios fueron fuertes. Por eso la empresa norteamericana se fue de Bolivia.

c S. 116

¿Qué habría pasado si …? Piensa en cuatro situaciones de los últimos días y cuéntaselas a tu compañero/-a.

Si

yo
tú
mi vecina / ___
mis amigos y yo / ___
vosotros / ___
mis amigos / mis padres / ___

> Si hubiera llamado a Lola, a lo mejor habría salido con ella.

Desafíos globales | ¡El agua es vida!

4A

EXPRESIÓN ORAL

11 a Durante un intercambio en España, trabajáis en grupos sobre las posibilidades de ahorrar agua. Leed primero el gráfico siguiente y buscad el significado de las palabras desconocidas.
▶ Wörter erschließen, S. 124/125, Das Wörterbuch benutzen, S. 128

b Ahora intercambiad vuestras propias experiencias con el consumo de agua. ¿En qué situaciones estáis gastando agua? Qué creéis, ¿cuántos litros de agua gasta cada uno/-a de vosotros/-as al día?

c Pensad en qué sectores podríais ahorrar agua en día a día. Si os faltan palabras en español, buscadlas en un diccionario. Apuntad vuestras ideas y presentadlas en clase.
▶ Arbeit mit dem Wörterbuch, S. 128

NUESTRO CONSUMO DE AGUA

En la cocina se emplea el 5 % del agua consumida en los hogares. La lavadora supone un 20 % más. Una lavadora emplea 170 litros / cada lavado. El lavavajillas emplea 50 litros / cada lavado.

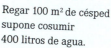

Cuando lavas el coche con manguera cosumes 375 litros de agua.

Regar 100 m² de césped supone cosumir 400 litros de agua.

En el cuarto de baño se emplea el 75 % del agua consumida en los hogares. El baño, ducha y lavabo suponen un 30 %, el váter supone un 45 %.

Si te bañas gastas unos 300 litros, si te duchas durante 5 minutos, 100. Al lavarte los dientes empleas 15 litros si no cierras el grifo. Cada vez que vacías el depósito del váter cosumes 40 litros.

En los países desarrollados se consume mucha más agua de la que se necesita. Consumimos de media 350 litros por persona y día cuando en realidad solo necesitamos entre 20 y 50 litros.

¡CUIDA EL AGUA!

Fuente: OSE

YA LO SÉ

12 a La semana pasada tú (**A**) pasaste por algunas situaciones difíciles. Presenta las situaciones y tus reacciones a un/a compañero/-a (**B**, p. 118) y pregunta qué habría hecho él/ella.

> Ayer encontré un monedero con 150 € en el supermercado. Se lo di a la vendedora y …
>
> Yo que tú, lo *habría llevado* a ___ .

> Para expresar lo que habrías hecho tú, puedes utilizar:
> «Yo que tú, …»
> «Si yo hubiera estado en tu lugar, …»
> «Yo en tu lugar, …»

A
– Du hast ein Portemonnaie mit 150 € im Supermarkt gefunden. Erzähle, was du damit getan hast.
– Außerdem hast du gesehen, wie Carlos den Supermarkt verlassen hat, ohne bezahlt zu haben. Sage, wie du reagiert hast.
– Du wolltest gestern auf eine Geburtstagsparty gehen, aber deine Eltern wollten das nicht, da sie sehr spät begann. Erzähle, wie du reagiert hast.
– ___ .

b Ahora tu compañero/-a (**B**) también te presenta algunas situaciones a ti. Dile qué habrías hecho tú en su lugar.
▶ GH S. 33/16

4 B UNA CIUDAD PARA TODOS

LERNZIEL
- wiedergeben, was jemand gesagt hat (Wh. und Erweiterung)
- Aufforderungen in der Vergangenheit wiedergeben (Erweiterung)

Hasta el año 2004, Esteban Juárez tenía que caminar dos horas desde su barrio hasta el centro de la ciudad de Medellín. Su casa no está lejos, pero hasta la puesta en marcha del Metrocable, no existía ningún medio de transporte urbano para conectar su barrio en la parte alta de Medellín con el centro.
Esteban nos pidió que lo visitáramos en el Parque Biblioteca España, lugar donde trabaja. Allí nos dijo que Medellín había sido la primera ciudad en el mundo con un sistema de teleférico con proyección social, ya que el Metrocable debería ser el medio de transporte para la población más pobre. El teleférico integra los barrios de difícil acceso con el metro de la ciudad. Durante las «horas pico» y por un precio muy bajo, el Metrocable conecta cada cuatro minutos la parte alta de Medellín con el centro.

Para la entrevista también pudimos contar con Luis Pérez, un ingeniero que participó en el proyecto. Pérez afirmó que el transporte era un problema importante en las grandes ciudades latinoamericanas, debido a que el número de habitantes de las ciudades ya había superado a la población rural. Nos dijo además que la población urbana a nivel mundial llegaría a un 75% en el año 2050.

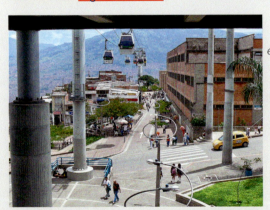

¿Cuáles son los grandes problemas de una ciudad como Medellín?
Esteban J.: Aunque Medellín no es tan grande como otras ciudades latinoamericanas tiene problemas similares, porque ha crecido mucho en los últimos años, sobre todo por la inmigración de la población rural que llega buscando empleo. Aunque estos trabajadores buscan mejorar su futuro, la realidad es que muchos viven en las villas miseria de las afueras que han nacido sin ninguna planificación.
Por esta razón pronto aparecen problemas con el transporte, el tráfico, la basura y los servicios. En estos barrios no hay, por ejemplo, escuelas o centros de salud. Las villas miseria son centros de crisis, conflictos sociales o políticos, criminalidad y catástrofes naturales.
Luis P.: Actualmente más de un 10% de la población mundial vive en una megaciudad, es decir en una ciudad de más de 10 millones de habitantes. Aunque no llega a los 4 millones de habitantes, Medellín se ha convertido en los últimos años en el gran modelo en la lucha contra las diferencias sociales en las grandes ciudades latinoamericanas. Todas esas ciudades son lugares de grandes contrastes, donde conviven muy cerca las oficinas de empresas internacionales y barrios de lujo con las villas miserias.

¿Qué se ha hecho o puede hacer para solucionar estos problemas?
Luis P.: Nuestro Programa Urbano Integral (PUI), con el Metrocable y el Parque Biblioteca España ha intentado unir las zonas de la ciudad más pobres con el centro de la ciudad, en tanto que se han mejorado el transporte público, la movilidad y los lugares públicos.

Desafíos globales | Una ciudad para todos

4B

Comparado con la situación de los años 80 y 90, ahora hay menos criminalidad y violencia. El Metrocable y el Parque cambiaron la realidad del barrio.
Esteban J.: El Metrocable y el Parque mejoraron la autoestima de los habitantes más pobres de la ciudad. Se crearon nuevas oportunidades de trabajo y empezaron a llegar visitantes al Parque Biblioteca España. La biblioteca es un centro donde los jóvenes pueden leer, estudiar, jugar o navegar en Internet.
Luis P.: El Parque se ha convertido en el símbolo de la nueva Medellín, de tal forma que hoy en día es uno de los lugares turísticos de la ciudad. Y los turistas llegan – ¡en metrocable!

---

4 la puesta en marcha *die Inbetriebnahme* **11** el teleférico *die Seilbahn* **11** la proyección social *die soziale Ausrichtung* **16** las «horas pico» = las horas cuando la mayoría de la gente va al trabajo o a casa **24** superar *übertreffen* **39** la basura *der Müll* **61** la movilidad *die Mobilität, die Beweglichkeit* **63** comparar *vergleichen* **68** la autoestima *das Selbstwertgefühl*

COMPRENSIÓN LECTORA ▶ M

1 Relaciona la información de texto utilizando **de (tal) forma que**.

▶ 57|1

El Metrocable conecta la parte alta pobre de Medellín con el centro de la ciudad	a	1 La realidad de los barrios pobres empezó a cambiar.
Algunas de las grandes ciudades latinoamericanas han crecido mucho en los últimos años	b	2 Han nacido zonas que son centros de problemas sociales.
Proyectos como el Metrocable el el Parque Biblioteca España hicieron posible el contacto directo entre los barrios pobres de Medellín y el centro	d	3 Los habitantes de las zonas más pobres tienen un acceso más fácil a la vida urbana.

2 a El reportaje habla de dos proyectos realizados en la ciudad colombiana de Medellín, concretamente del Metrocable y del Parque Biblioteca España. Presenta lo que sabes de ellos.

b Describe los problemas que tienen muchas ciudades latinoamericanas. (l. 30–55)

c Basándote en la información del texto, presenta por qué la ciudad de Medellín «se ha convertido en los últimos años en el gran modelo en la lucha contra las diferencias sociales en las grandes ciudades latinoamericanas». (l. 48–51)

LA LENGUA

Explicar el vocabulario

3 a Explícale a tu compañero/-a una de las palabras siguientes sin decir la palabra. Puedes usar sinónimos, antónimos, palabras de la misma familia, palabras de otras lenguas o dar una definición. ▶ Wörter umschreiben, S. 126

▶ 59|4

> la oportunidad   el medio de transporte   rural   el acceso   la emigración   convivir   crear
> la identificación   la movilidad   la planificación   el recurso   el visitante   aceptar
> integrar   comparar   el contrato   inseguro   la colonización   explotar   la elección
> el agua potable   la formación   el producto regional   urbano   el abastecimiento   prohibir
> la ley   el dueño   el desarrollo   dirigir   el derecho humano   determinar   la villa miseria

4B

b Ordena el vocabulario para hablar de desafíos globales en una red de palabras. Apunta para un máximo de palabras sinónimos, antónimos o palabras de la misma familia que ya conoces.

▶ KV 34

- moverse — la movilidad
- la emigración — emigrar
- **desafíos globales**
- el acceso al agua
- el agua potable

Practicar el estilo indirecto del pasado (indirekte Auforderung) ▶ Resumen 4

▶ GH S. 35/18

4 Al preparar el reportaje sobre la nueva Medellín, el periodista llamó a varias personas a las que quería entrevistar. Al día siguiente el periodista le cuenta al jefe de redacción lo que dijeron. ¿Qué dice?

▶ 82|3

dijo que
quiso que   + imperfecto
me pidió que   de subjuntivo
propuso que

Ejemplo: → Esteban Juárez dijo que lo visitara en el Parque Biblioteca España.

▶ Folie 12

1 Esteban Juárez
Visíteme la semana que viene en el Parque Biblioteca España.

2 Esteban Juárez
Por favor, escríbame un e-mail con la fecha de la entrevista.

3 Pablo Echevarría
¿Por qué no quedamos delante de la estación del Metrocable, en el centro?

4 Pablo Echevarría
¡Traiga una buena cámara! La vista desde el Metrocable es fantástica.

5 Juana Amoros
Vuelva a llamarme mas tarde porque en este momento no tengo tiempo. ¿Vale?

5 Luis Pérez
Preséntese en mi oficina el lunes que viene al mediodía. Entonces hablaremos. ¿De acuerdo?

7 Carmen Montes
¡No me venga con entrevistas! Tengo otras cosas que hacer.

Practicar el estilo indirecto del pasado ▶ Resumen 3

▶ GH S. 34/17

5 ¿Qué han dicho Luis Pérez y Esteban Juárez? Transforma las siguientes frases del texto al estilo directo.

▶ WB

1. Esteban Juarez dijo que Medellín había sido la primera ciudad en el mundo con un sistema de teleférico con proyección social. (l. 10–12)
2. Luis Pérez afirmó que el transporte era un problema importante en las megaciudades latinoamericanas. (l. 22–24)
3. Dijo además que la población urbana a nivel mundial llegaría a un 75% en el año 2050. (l. 26–27)

Desafíos globales | Una ciudad para todos **4B**

6 Al redactar el texto de su reportaje, el reportero transforma las citas de la entrevista con Luis Pérez y Esteban Juárez al estilo indirecto. Escribe su texto usando las siguientes expresiones.

Luis Pérez afirmó que con su programa …

añadió[1] que   afirmó que   explicó que   aseguró[2] que   ___

[1] añadir *hinzufügen*
[2] asegurar *versichern*

1. «Con nuestro programa hemos mejorado mucho la movilidad de los habitantes. Antes la gente de los barrios pobres tenía que caminar dos horas para llegar al centro, pero desde que pusimos en marcha el Metrocable, solo son diez minutos.»
2. «Estoy seguro de que la situación en los barrios pobres seguirá mejorando en los próximos años. Habrá cada vez menos criminalidad y violencia.»
3. «El mayor problema de las megaciudades es el éxodo rural. En los últimos años han llegado muchísimos campesinos con sus familias a los centros urbanos, buscando empleo. Por eso han nacido barrios sin la infraestructura necesaria, sin planificación, donde hay muy malas condiciones de vida.»
4. «Nuestro programa ayuda a que los habitantes de las zonas pobres se identifiquen más con sus barrios.»

▶ GH S. 34/17

7 a El periodista también fue a entrevistar a personas en el Parque Biblioteca España. Después, en la redacción, cuenta lo que preguntó a los personas y lo que le dijeron. Formula sus frases.

¿Es la primera vez que está usted aquí?

¿Visitas a menudo el Parque Biblioteca España?

¿Para qué vienes aquí?

Me gusta mucho la arquitectura.

Estoy aquí casi todos los fines de semana.

No, ya he subido varias veces.

En casa no tenemos ni ordenador ni acceso a Internet.

Yo vengo siempre para escribirles e-mails a mis amigos.

b Inventad más preguntas y respuestas que después reformuláis al discurso indirecto. Podéis utilizar las siguientes expresiones:

Me preguntaron si ___   Les dije que ___
Les pedí que ___   Yo les pregunté ___

▶ GH S. 34–35/17–18

ochenta y tres **83**

4B

EXPRESIÓN ESCRITA

▶ M

8 Resume la entrevista (p. 80/81, l. 30–78) citando a Luis y Esteban de manera indirecta como en la primera parte del texto. ▶ Eine Zusammenfassung schreiben, S. 144

En la entrevista Esteban dijo que …

Puedes usar las expresiones del ejercicio 6, p. 83.

COMPRENSIÓN AUDITIVA

9 a Actividad de preaudición: Cuenta lo que ya sabes sobre el Parque Biblioteca España en Medellín (p. 80–81). ▶ Pequeño Diccionario, p. 158

b Escucha la entrevista con una empleada de la biblioteca y di cuáles de las siguientes frases son correctas.

1. El Parque Biblioteca España es
   a … un lugar con diferentes actividades culturales para los vecinos del barrio.
   b … una biblioteca para para los niños y jóvenes del barrio.

2. Muchos turistas vienen a visitar el Parque Biblioteca España porque
   a … tiene una arquitectura espectacular.
   b … desde allí tienen una buena vista de la ciudad.

3. Es una de las bibliotecas más impresionantes porque
   a … tiene una arquitectura única.
   b … se encuentra en unos de los barrios más pobres.

4. Gracias al Parque Biblioteca España
   a … el barrio se ha convertido en el centro cultural de Medellín.
   b … el barrio tiene una nueva imagen entre los habitantes de Medellín.

c Escucha otra vez la entrevista y explica cómo era la situación en el barrio antes y por qué ha mejorado tanto después de la construcción del Parque Biblioteca España.

10 Escucha la entrevista otra vez, concentrándote en el estilo de hablar. ¿Cómo se diferencia de una conversación entre amigos?
▶ KV 35

MEDIACIÓN

11 a Al buscar información para una presentación sobre la ciudad de Medellín, has encontrado este artículo sobre las escaleras eléctricas[1] que se construyeron en 2011. Léelo y resume la información más importante de cada párrafo en alemán con tus propias palabras.

[1] la escalera eléctrica *die Rolltreppe*

– No traduzcas las frases. Busca en cada párrafo la información principal y explícala con tus propias palabras.
– Concéntrate en las preguntas ¿quién?, ¿qué?, ¿cuándo?, ¿dónde?, ¿por qué / para qué?

b Basándote en tus apuntes en alemán, haz apuntes en español. Si no conoces las palabras exactas, busca sinónimos o explícalas.

c Resume el contenido del artículo en español con tus propias palabras (seis frases).
▶ Sprachmittlung, S. 148

Desafíos globales | Una ciudad para todos

4B

Per Rolltreppe durch Medellíns Armenviertel

Dienstag, 27. Dezember 2011

Die Einwohner eines der gewalttätigsten Viertel der kolumbianischen Stadt Medellín erhalten mehr Mobilität: Sie können die steilen Strecken der am Hang liegenden „Comuna 13" neuerdings über Rolltreppen zurücklegen. Die Regierung verspricht sich davon auch einen Beitrag zur Befriedung des Viertels.

Die „Comuna 13" liegt am Rande der Millionenstadt Medellín und ist in den vergangenen Jahrzehnten immer weiter die steilen Hänge hoch gewachsen. Dicht gedrängt leben dort heute über 135.000 Menschen.

Vom Fuße bis zum höchsten Punkt sind es hunderte Meter – ein Höhenunterschied vergleichbar mit einem 28-Stockwerk-Gebäude, sagen die Behörden.

Nun hat der Bürgermeister im Beisein von Bewohnern die „ersten Freiluft-Rolltreppen in einem Armenviertel" eröffnet, wie die Stadt mitteilt. Die Treppen sind in sechs Sektionen aufgeteilt und haben eine Länge von fast 400 Meter. Sie verkürzt den über halbstündigen Fussweg auf noch sieben Minuten. Die zweitgrösste Stadt Kolumbiens legt viel Wert auf mehr Mobilität in der von Armut und Kriminalität geplagten „Comuna 13". Bereits vor vier Jahren baute sie eine Seilbahn über das riesige Viertel, damit die Einwohner schneller und sicherer in die Innenstadt gelangen.

Während die Seilbahn für längere Strecken nützlich ist, ersetzen die Rolltreppen nun das mühsame Treppensteigen innerhalb des Viertels – besonders auch älteren und kranken Menschen, die das Viertel sonst kaum verlassen können. Für diese neue Lebensqualität hat die Stadtverwaltung rund 6,7 Millionen Dollar in die Hand genommen.

Für Bürgermeister Salazar Jaramillo sind die Rolltreppen aber auch ein wichtiges Symbol: „Veränderung und Frieden für die Comuna 13". Und es sende ein gutes Signal nach außen: „Bereits haben Behörden aus Rio de Janeiro einen Besuch bei uns angemeldet. Sie wollen prüfen, ob solche Rolltreppen auch für die an den steilen Hängen liegenden Favelas in Rio eine nützliche Sache sein könnten", verkündet der Bürgermeister stolz.

Fuente: Tagesschau SF, texto adaptado, 2011

EXPRESIÓN ORAL / YA LO SÉ

▶ GH S. 34/17

12 a Leíste los siguientes comentarios de habitantes de la Comuna 13 sobre las escaleras eléctricas en Medellín. Cuenta a un amigo español lo que dijeron las personas.

1 Olga, 73 años
«Los habitantes muy mayores del barrio, como yo, vivíamos encerrados en nuestras casas. No podíamos salir del barrio ni ir al centro de la ciudad porque no teníamos forma de hacerlo. Ahora podremos bajar al centro. Es un sueño hecho realidad.»

2 Pedro, 37 años
«Ahora la situación del barrio mejorará. Creo que habrá más seguridad, y menos criminalidad. Estoy seguro de que pronto mis hijos podrán estar en la calle por la noche sin tener miedo.»

3 Carmen, 23 años
«El proyecto va a cambiar radicalmente la vida en nuestro barrio. No solo para nosotros ahora es más fácil bajar al centro, sino que también subirá mucha gente. Así verán también esta parte de la ciudad. Estas escaleras son un proyecto de integración, de comprenderse mejor, de quitar el miedo y los estereotipos.»

b En tu instituto de intercambio en España preparan un reportaje sobre proyectos sociales en ciudades grandes. Escribe un artículo en el cual presentas los proyectos de Medellín y di por qué (no) te parecen interesantes. También puedes presentar otros proyectos, por ejemplo de tu región. ▶ Den Schreibprozess organisieren, S. 141

ALGO MÁS

¡HAY QUE HACER ALGO!

¿Quieres participar como voluntario en una experiencia inolvidable ayudando a personas en otro país mientras ganas seguridad en ti mismo y abres tus perspectivas?

Fundación Pies Descalzos

La Fundación Pies Descalzos nació a finales de los años 90 en Colombia, en Barranquilla, cuando Shakira, con tan solo 18 años, mostró su compromiso social ayudando en la educación, la alimentación y la salud de los más débiles: LOS NIÑOS Y LAS NIÑAS.

En Colombia muchas familias viven en la pobreza y los niños no tienen acceso a la educación y servicios básicos, que son imprescindibles para un mundo mejor. Por esta razón, trabajamos para defender el derecho a una educación de calidad, ayudando a las familias a mejorar sus condiciones de vida.

Actualmente la Fundación cuenta con cinco escuelas en diferentes regiones de Colombia: donde más de 4.000 niños y niñas reciben educación, alimentos y ayuda psicológica.

Shakira es la fundadora de la Fundación. La famosa cantante es, además, embajadora de Unicef.

¡Conviértete en voluntario en la Fundación Pies Descalzos!

El programa de voluntariado de la Fundación Pies Descalzos busca el intercambio de experiencias del voluntario con los niños, sus familias y la comunidad en un ambiente de interculturalidad y aprendizaje.

▎*¿Qué es el voluntariado?*
El voluntariado es un trabajo gratuito y solidario que realizas para la comunidad sin esperar nada a cambio. Es una buena posibilidad de ayudar a los demás.

▎*¿Cómo puedes solicitar una plaza de voluntario/a?*
Primero tienes que mandar tu currículum vítae a voluntarios@fundacionpiesdescalzos.org explicando cuánto tiempo tienes para el voluntariado. Una vez enviado el currículum vítae, ingresarás en la base de datos de voluntarios de la Fundación Pies Descalzos.
La Fundación Pies Descalzos te enviará las fechas y la información concreta sobre uno de los cinco colegios al que mejor se adapta tu perfil.

Preguntas frecuentes

▎*¿Quiénes son los voluntarios?*
Tenemos voluntarios de Italia, Alemania, Estados Unidos, Francia... Tantos orígenes enriquecen con perspectivas y experiencias diferentes.

¿Cómo se financia el voluntariado?
Cada voluntario es responsable de sus gastos durante el voluntariado (transporte, vivienda, alimentación…).

¿Es necesario saber español?
Sí, por lo menos defenderse con el idioma, hablar y entender conversaciones cotidianas.

¿Cuánto tarda la respuesta desde que mando mi currículum vítae?
Tendrás respuesta de la Fundación dentro de 10 y 15 días.

¿Puedo ser voluntario con un amigo(a), pareja o familiar?
Sí, podéis hacer el voluntariado juntos.

¿Puedo ser voluntario si soy menor de edad y tengo autorización de mis padres?
Sí, si tienes todos los permisos.

¿Me ayuda la fundación a buscar hospedaje?
La fundación te pone en contacto con posibles lugares de hospedaje pero el resto es tarea personal de cada voluntario.

¿Puedo ayudar de otra forma?
También puedes apadrinar a un niño de la fundación.

Testimonios

Ana Yamba (38 años) Yo vengo de una familia pobre de Barranquilla. Gracias a la Fundación Pies Descalzos mis dos hijas pueden ir hoy a la escuela y tienen todas las oportunidades que yo de niña no tuve.

Gabriela López (12 años) Nuestra escuela es un paraíso, un paraíso completo, un sueño para todos los niños de Barranquilla, y existe gracias a Shakira.

Niklas T. (20 años) Acabo de regresar a Alemania después de seis meses como voluntario en la escuela de la Fundación Pies Descalzos en Barranquilla. He ayudado sobre todo en las clases de inglés e informática y ha sido una experiencia fantástica en un «multicolegio» que es un orgullo de niños y padres, con una labor social muy importante.

Shakira Si no educamos a nuestros niños, si no atendemos sus necesidades más básicas, yo creo que no podremos progresar como nación. Proteger y cuidar de nuestros niños es asegurarnos un mejor futuro, no solo para Colombia, sino para todo el mundo.

Fuente: Fundación Pies Descalzos, 2010

10 el compromiso social *das soziale Engagement* 12 débil *adj. schwach* 25 el/la embajador/a *der die Botschafter/in* 31 la comunidad *hier: die Gesellschaft* 51 enriquezer *bereichern* 60 tardar = durar 69 el hospedaje *die Unterkunft* 74 apadrinar a alguien *für jdn eine Patenschaft übernehmen*

4

MEDIACIÓN

1 a Búsqueda de información: ¿Qué es una ONG? Busca información en el Pequeño Diccionario (p. 158) y en Internet.

b Un amigo tuyo que todavía no habla español quiere participar como voluntario en una ONG que ayude a niños y niñas en Latinomamérica. Habéis oído hablar de la Fundación Pies Descalzos y os informáis en la página web (p. 86/87). ¿Qué es y qué hace la Fundación Pies Descalzos? Explícaselo en alemán.

c Ahora tu amigo tiene muchas preguntas. Contéstaselas en alemán.

> Wie alt muss ich sein, um als Freiwilliger bei *Pies Descalzos* zu arbeiten?

> Muss ich Spanisch können? Muss ich vorher noch einen Kurs machen?

> Wie finde ich eine Unterkunft?

> Was sind meine Aufgaben als Freiwilliger?

> Bekomme ich irgendeine Vergütung? Wer zahlt Flug, Verpflegung und Unterkunft?

> Wie kann ich mich bewerben?

BÚSQUEDA DE INFORMACIÓN

2 a ¿En qué tipo de ONG te interesaría trabajar como voluntario/-a? ¿Por qué?

▶ WB

- Mejorar la educación
- Proteger el medio ambiente
- Luchar por los derechos humanos
- Luchar contra el hambre
- Ayudar a los niños de la calle

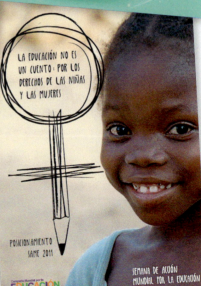

Algo más **4**

b Mira el mapa (p. 231) y elige un país o una región hispanohablante donde te gustaría trabajar en una ONG. Después infórmate en Internet sobre las ONGs que hay en este país y elige la que más te interese. Toma apuntes sobre su trabajo.

nombre ONG
¿en qué país?
¿qué hace?
¿conocimientos de español?
¿mi trabajo?
___

Algunas ONGs muy importantes son p. ej. *Plan España, Acción contra el hambre, Educación sin fronteras.*

c Presenta la ONG que elegiste a tu clase. ▶ Charla de un minuto, p. 138

ESCRIBIR ▶ M

3 Quieres escribir una solicitud a la ONG que elegiste. Para eso necesitas también un CV. Escríbelo haciendo hincapié[1] en las actividades que le podrían interesar a la organización.
▶ Eine Bewerbung schreiben, S. 142

1 hacer hincapié en algo *etw. betonen, unterstreichen*

4 PUNTO FINAL: ESCRIBIR UNA CARTA DE SOLICITUD

Decides solicitar una plaza de voluntario en la ONG que elegiste en el ejercicio **2b** y vas a escribir un CV y una carta de solicitud.

a ¿En qué consiste el trabajo de voluntario? ¿Con qué condiciones tienes que cumplir? ¿Hay proyectos que te llaman la atención? ¿Cómo ponerte en contacto con la organización? Toma apuntes.
▶ Das Wörterbuch benutzen, S. 128

b Ahora escribe tu CV y una carta de solicitud.
▶ Eine Bewerbung schreiben, S. 142

En la carta explica
– a qué oferta de plaza te refieres (si contestas a una oferta).
– tus motivos / tu motivación para ser voluntario/-a.
– lo que estás haciendo actualmente.
– si ya tienes experiencia.

Tu CV del ejercicio 3 te puede servir de modelo.

No olvides ni el saludo inicial ni la fórmula de despedida.

c Intercambiad vuestros documentos de solicitud y corregid las faltas si es necesario.

RESUMEN

BEDINGUNGEN IN DER VERGANGENHEIT AUSDRÜCKEN

DAS BENÖTIGST DU

1 ... OHNE AUSWIRKUNGEN AUF DIE GEGENWART

Si Evo Morales no **hubiera ganado** las elecciones, no **habría cambiado** la situación de los indígenas.

Si los niños de la calle **hubieran tenido** la oportunidad **habrían vuelto** con sus familias.

¿Cómo **habría terminado** la guerra del agua **si** la empresa norteamericana no se **hubiera retirado** de Bolivia?

¿Qué **habría hecho** Albino Cuahana **si** no **hubiera encontrado** trabajo en Lima?

einen irrealen Bedingungssatz im **pluscuamperfecto de subjuntivo** + einen Hauptsatz im **condicional compuesto**

si	*haber*		+ part.	+	*haber*	+ part.
	hubiera				habría	
	hubieras				habrías	
	hubiera				habría	
	hubiéramos				habríamos	
	hubierais				habráis	
	hubieran				habrían	

⚠ Beachte die unregelmäßigen Partizipien.
▶ Los verbos, p. 170 ▶ GH 33|14, GH 33|15, GH 33|16

2 ... MIT AUSWIRKUNGEN AUF DIE GEGENWART

Si los indígenas se **hubieran rebelado** más, hoy **vivirían** mejor.

¿Cómo **vivirían** los indígenas hoy **si** los españoles nunca **hubieran llegado**?

einen irrealen Bedingungssatz im **pluscuamperfecto de subjuntivo** + einen Hauptsatz im **condicional simple**

▶ Resumen 5, p. 90

▶ GH 25|2, GH 33|14, GH 33|16

WIEDERGEBEN, WAS JEMAND GESAGT HAT

DAS BENÖTIGST DU

3

die indirekte Rede in der Vergangenheit, d. h. einen Einleitungssatz wie:

**dijo
comentó
contó   que __
contestó
opinó/pensaba**

sowie einen Nebensatz in der Vergangenheit mit Zeitverschiebung:

futuro simple → condicional simple

Ana: «**Iré** a la biblioteca.»
Ana contó que **iría** a la biblioteca.

Ana y Hugo: «¡Nunca nos **iremos** de Medellín!»
Ana y Hugo dijeron que nunca se **irían** de Medellín.

Belén: «**Deberíamos** participar en una ONG.»
Belén opinó que **deberíamos** participar en una ONG.

⚠ Das **condicional simple** bleibt unverändert.

▶ GH 34|17

Resumen 4

AUFFORDERUNGEN IN DER VERGANGENHEIT WIEDERGEBEN

DAS BENÖTIGST DU

4 María: «**Pasad** por mi casa.»
María nos dijo que **pasáramos** por su casa.

Raúl: «**Llámame** mañana.»
Raúl me dijo que lo **llamara** al día siguiente.

Jorge: «Dile a Manuel que me **escriba** un mensaje.»
Jorge me dijo que le **escribieras** un mensaje.

die indirekte Aufforderung in der Vergangenheit:

| dijo esperaba quería/quiso | que | + Nebensatz im **imperfecto de subjuntivo** |

▶ GH 35|18

SEINEN SCHREIBSTIL VERBESSERN

DAS BENÖTIGST DU

5 Cristóbal Colón, **que se conoce** como …
→ Cristóbal Colón, **conocido** como el descubridor de América, era italiano.

Cuando habían pasado las vacaciones, …
→ **Pasadas** las vacaciones, empecé a estudiar.

das Partizip.
Es verkürzt Nebensätze mit **que** oder **cuando**.

▶ GH 35|19

TESTE DEINE GRAMMATIKKENNTNISSE ▶ Lösungen, S. 122

1 Completa las frases con las formas del pluscuamperfecto de subjuntivo y del condicional compuesto o condicional simple. ▶ *GH 25|2, GH 33|14, GH 33|15, GH 33|16*

1. Si el año pasado (*tener / yo*) más tiempo, (*ir*) a Colombia.
2. Si me (*decir / tú*) antes que tengo que preparar la cena, ya lo (*hacer / yo*).
3. Si (*ver / nosotros*) a Andrés ayer, le (*decir / nosotros*) que viniera a vernos.
4. Si en el pasado (*ahorrar / vosotros*) más dinero, (*poder*) hacer este año un viaje a Chile.

2 Pon las frases en el estilo indirecto del pasado. ▶ *GH 34|17*

1. Irene: «Marcos me llamará el miércoles.» → Irene dijo ___
2. Ruben: «Volveré a Bolivia algún día.» → Ruben contó ___
3. Iker: «Sí, participaría en una ONG en América Latina.» → Iker me contestó ___
4. Alba y Antonio: «Claro, iríamos también a Medellín.» → Alba y Antonio dijeron que ___

3 Transforma los imperativos en el estilo indirecto del pasado. ▶ *GH 35|18*

1. Natalia: «Ayúdame.» → Natalia me pidió que ___
2. Elena y Sofia: «Escribidnos.» → Elena y Sofia querían que ___
3. Mi madre: «Volved antes de las ocho.» → Mi madre quería que ___
4. Mi padre: «Llama también a tus abuelos.» → Mi padre me dijo que ___

DAS KANN ICH JETZT! ▶ Para comunicarse, p. 201

▶ Erzähle, was deiner Meinung nach die größte globale Herausforderung ist und begründe deine Meinung.

noventa y uno **91**

REPASAR LA LENGUA 4

GRAMÁTICA

Repasando condiciones irreales en el presente

1 A Marco le gustaría participar en un proyecto de una ONG. ¿Qué está pensando? Formula frases usando el imperfecto de subjuntivo y el condicional.

1. Si (*empezar* / yo) un voluntariado ahora (*tener* que) repetir el año escolar.
2. Si ya (*saber* / tú) si también quieres participar ya (*poder*) mandar un e-mail a la ONG.
3. Si mi mejor amigo (*venir*) conmigo (*ser*) más divertido.
4. Si (*irse* / nosotros) a Bolivia (*mejorar*) mucho nuestro español.
5. Si me (*visitar* / vosotros) ahí (*hacer* / nosotros) un viaje juntos.
6. Si mis padres me (*pagar*) el viaje no (*trabajar* / yo) en mi tiempo libre.

Repasando condiciones irreales en el pasado ▶ Resumen 1

2 ¿Qué habrías hecho tú en esas situaciones? Haced diálogos como en el ejemplo.

▶ WB

65|3
65|4

> *ver* la novia de Juan con otro chico en el cine / no *hacer* nada
> *descubrir* que el próximo miércoles tenemos un examen / *decir*lo a todos
> *volver* demasiado tarde a casa / *explicar*lo a mis padres
> María *escribir*me un mensaje / *responder*le   Raúl *invitar*me a su fiesta / *ir*
> Antonio *mandar*me un e-mail / *leer*lo   ___

> Ayer encontré 100 € en la calle.

> **Si yo hubiera** encontrado 100 € en la calle, habría invitado a mis amigos a comer.

3 Trabajad en grupos de cuatro. Poneos en una mesa.

1. Cada uno empieza una frase condicional en el pasado en una hoja suelta.
2. Luego todos pasan sus hojas a la derecha y terminan la frase en la hoja que les llega.
3. Luego todos vuelven a pasar sus hojas a la derecha. En la hoja que les llega, empiezan otra frase con «si» que debe recoger la idea de la anterior.

   etc.

> Si hubiera tenido tiempo,
>
> habría ido a la fiesta.
>
> Si hubieras ido a la fiesta
>
> ___

Repasando al + inf., después de + inf. y antes de + inf.

4 Paula participó en un proyecto de una ONG y cuenta su experiencia. Completa las frases con **antes de**, **después de** o **al + inf.**

55|6

[¿] terminar el bachillerato decidí participar en un proyecto de una ONG. Hay muchísimos proyectos y posibilidades de ayudar pero [¿] hablar con mis padres y mis amigos mandé mi CV a una ONG en Bolivia. ¡Fue una experiencia increíble!
[¿] llegar a Cochabamba conocí a los otros voluntarios del proyecto. Algunos se convirtieron en muy buenos amigos y sigo en contacto ellos. [¿] irme no sabía dónde iba a vivir durante los tres meses pero para conocer la cultura no hay nada mejor que vivir con una familia. También el trabajo me gustó mucho. [¿] participar en el proyecto no me imaginaba en qué condiciones vive la gente más

pobre del país y lo fácil que puede ser ayudar. Así, [¿] volver apadriné¹ a una niña con algunos amigos. Cada uno paga como 2 euros al mes. Para nosotros es muy poco dinero, pero para ella significa un futuro mejor.

1 apadrinar *eine Patenschaft für jdn übernehmen*

Repasando las oraciones impersonales

5 Forma frases impersonales con **se** + verbo.

1. En Peru, los precios del azúcar bajaron tanto
2. *(estimar)* que hay entre 80 y 100 millones
3. La Fundación Pies Descalzos
4. Con el «Metrocable»

(crear) nuevas oportunidades de trabajo.
(fundar) a finales de los años 90 en Colombia.
que ya no *(poder)* sobrevivir en el campo.
niños de la calle en todo el mundo.

Repasando el participio ▶ Resumen 5

6 Para evitar frases largas en el folleto, reescríbelas utilizando un participio, como en el ejemplo.

La Ciudad de las Artes y de las Ciencias es un centro cultural en Valencia <u>que se construyó</u> entre el año 1996 y 2006.
→ La Ciudad de las Artes y de las Ciencias es un centro cultural en Valencia <u>construido</u> entre el año 1996 y 2006.

El **L'Hemisfèric**, que se abrió al público en 1998, es el edificio más conocido. En el edificio hay un planetario¹ y un cine IMAX.

El **Palau de les Arts Reina Sofía** ofrece cuatro grandes salas, que están dedicadas³ a la música y al arte.

El **Museu de les Ciències Príncep Felip** es famoso por su forma, que es parecida al esqueleto² de un dinosaurio. ¡En el año 2010 más de 2.500.000 personas visitaron el museo!

En el **Oceanogràfic**, que se conoce como el acuario⁴ más grande de Europa, viven más de 45.000 animales diferentes.

1 el planetario *das Planetarium* 2 el esqueleto *das Skelett* 3 dedicar *widmen* 4 el acuario *das Aquarium*

BALANCE 2

Hier kannst du überprüfen, was du in den Unidades 3 und 4 gelernt hast.

COMPRENSIÓN AUDITIVA

1 a Escucha el reportaje de radio. Apunta cúal es el tema principal, cuántas personas hablan y qué relación hay entre ellas.

b Vuelve a escuchar y apunta qué opinión tienen las personas sobre el tema principal.

EXPRESIÓN ORAL

2 Imagina que la foto y las tareas siguientes forman parte de un examen oral (= la primera parte). Tienes 20 minutos de preparación, luego tendrás que hacer una presentación de tres minutos.
▶ Ein Bild beschreiben, S. 136; Etwas präsentieren, S. 138

1. Indica el tema de la foto.
2. Describe y explica la foto.
3. ¿Qué quieren los jóvenes? Indica posibilidades para solucionar sus problemas.

COMPRENSIÓN LECTORA

3 Actividad de prelectura: Busca las siguientes palabras en el texto y encuentra su significado con las estrategias que ya conoces.
▶ Wörter erschließen, S. 124

> la variedad   climático   lluvioso   separar
> la separación   malgastar   redistribuír
> acumular   el método   el jardín

El agua siempre ha sido y sigue siendo un problema en nuestro país: España tiene una gran variedad climática: existe la España verde, húmeda[1], lluviosa, en el norte, y la España seca, en el sur. Los ríos que más agua llevan son los del norte, y su agua se acumula en embalses[2] y pozos[3], y después se redistribuye – del norte hacia el sur. El norte hace que haya agua suficiente para el sur, para el riego de los campos, para las ciudades, los pueblos y las zonas turísticas. El 80% del agua en España se usa para el riego[4] de los campos. El derroche[5] de agua en la agricultura es enorme – se calcula que si se cambiaran los métodos de riego antiguos por otros más modernos, se podría ahorrar el 30% del agua utilizada.
Pero también cada uno de nosotros puede utilizar el agua de forma más responsable con unos simples cambios en su día a día. No tenemos agua – ¡no la malgastemos!

Fuente: 20 minutos, 2012

1 húmedo ≠ seco **2** el embalse der Stausee **3** el pozo der Brunnen **4** el riego die Bewässerung **5** el derroche die Veschwendung

4

a Elige cuál es el tema principal del texto (1) y a quién se dirige 2).

1. a El riego de los campos en España
   b La variedad climática en España y sus consecuencias
   c El derroche de agua en España

2. a a los campesinos
   b a todos los españoles
   c a los turistas que vienen a España

b ¿Qué llegas a saber sobre el problema del agua en España?

c Formula un título para el texto teniendo en cuenta a quién se dirige.

MEDIACIÓN

5 Un amigo tuyo español ha encontrado este artículo sobre el trabajo en los invernaderos[1] de Andalucía. Le interesa mucho lo que se escribe en la prensa alemana sobre el tema y te hace algunas preguntas. Contéstaselas en español.

[1] el invernadero *das Treibhaus, das Gewächshaus*

> ¿Qué dice el artículo sobre la región de Almería?

> ¿Qué dice el artículo sobre los sueldos de los trabajadores?

> Según el artículo, ¿qué nacionalidad tiene la mayoría de los trabajadores?

> ¿Y qué se sabe sobre las condiciones de trabajo?

Die südspanische Region Andalusien, zu der die Provinz Almería gehört, ist vermutlich das größte Gewächshaus Europas. Hier wachsen Gurken, Tomaten, Salat, Paprika oder auch Melonen für nordeuropäische Supermärkte. Der Anbau ist der wichtigste Wirtschaftsfaktor Almerías und Europa ist der beste Kunde.

Das Gemüsegeschäft mit Europa zu Dumpingpreisen funktioniert auch deswegen so gut, weil die ca. 100.000 Arbeitskräfte schlecht bezahlt werden. Der offizielle Stundenlohn für die harte Arbeit liegt zwischen 5,50 und sechs Euro. Etwa zwei Drittel der Arbeiter seien spanischer Nationalität, heißt es beim regionalen Bauernverband, der Rest Immigranten. Früher, berichtet ein Verbandssprecher weiter, sei es schwierig gewesen, unter den Einheimischen Landarbeiter zu finden, weswegen man viele Immigranten anwerben musste. „Dies hat sich mit dem Auftreten der Wirtschaftskrise geändert." Heimische Arbeitslose, die in anderen Sektoren beschäftigt waren, sind aufs Feld zurückgekehrt." Illegale Einwanderer seien auf den spanischen Plantagen die „absolute Ausnahme".

Die andalusische Landarbeitergewerkschaft SOC, die sich vor allem um die Einwanderer kümmert, stellt fest, dass die Not der Afrikaner in der Region von den Bauern ausgenutzt werde. Die afrikanischen Tagelöhner würden oft unter Tarif bezahlt, hätten keine Rechte noch soziale Absicherung und müssten vor allem die Schmutzarbeit in großer Hitze leisten.

Fuente: Spanien Live, texto adaptado, 2011

EXPRESIÓN ESCRITA

6 Escribe un comentario personal sobre uno de los temas siguientes.
▶ Den Schreibprozess organisieren, S. 141

> Ser voluntario en una ONG

> Las corridas de toros – ¿arte o crimen?

EL EXAMEN DE DELE

En estas páginas encuentras ejercicios que se parecen a los que se utilizan en los exámenes del «Diploma de Español como Lengua Extranjera».

COMPRENSIÓN LECTORA

1 Lee el siguiente texto e indica las respuestas correctas.

El debate de los toros cruza el océano y llega a Sudamérica

Los defensores de los animales en América Latina han aplaudido la prohibición de las corridas de toros en Cataluña, mientras toreros y aficionados a la fiesta taurina se quejaron de lo que consideran un atentado a la libertad y una medida motivada más por la «política» que por el amor a los toros.

«Es una aberración, un atentado contra la libertad de expresión, contra la cultura, el arte, las tradiciones», declaró Antonio Urrutia, líder de la Asociación de Matadores de Toros de México.

«El pueblo ha hablado: la crueldad con los animales – disfrazada de ‹tradición› – ya no se tolera», afirmó, por el contrario, el grupo de Personas por el Trato Ético de los Animales, más conocido por las siglas PETA.

La decisión que convierte a Cataluña en la segunda región de España que prohíbe las corridas – la primera fue Canarias en 1991 – fue tomada por el Parlamento catalán por 68 votos a favor, 55 en contra y 9 abstenciones, un resultado que demuestra la división existente en la sociedad sobre este asunto.

En América Latina hay países donde esa misma decisión se tomó hace más de un siglo, como Argentina y Uruguay, donde la tauromaquia también tuvo su espacio, como en la mayoría de la región, desde tiempos de la colonia española. Hubo plazas, algunas hasta para 10.000 espectadores, en Buenos Aires y Montevideo.

Fuente: El Referente, 2012

1 Las corridas de toros …
a están prohibidas en México.
b son para PETA una tradición respetable.
c son defendidas también en América Latina como expresión de arte y cultura.

2 En Cataluña …
a se quieren prohibir las corridas de toros.
b se prohibieron las corridas después de Canarias.
c casi todos los políticos están a favor de las corridas de toros.

3 En América Latina …
a se prohibieron las corridas en algunos países en el pasado.
b hay plazas de toros para 10.000 espectadores en Buenos Aires y Montevideo.
c existe una colonia española que lucha por las corridas de toros.

EXPRESIÓN ESCRITA

2 Estás en Buenos Aires con unos amigos y escribes una postal a un/a amigo/-a en España para contar cómo estás y qué has hecho hasta ahora. No olvides saludar y despedirte.
▶ Eine Postkarte schreiben, S. 142

¡Hola Javi!
Buenos Aires es una ciudad increíble …

GRAMÁTICA Y VOCABULARIO

3 Rellena los huecos con una de las tres opciones que se proponen.

La crisis envía a miles de jóvenes españoles a Argentina

[¿] **1** 1.200 jóvenes de entre 25 y 35 años emigran cada mes [¿] **2** España para buscar en Argentina la alternativa laboral que su país no les ofrece. Elena Díaz es una de ellos. Nació en Madrid [¿] **3** 30 años, y en enero decidió viajar a Buenos Aires para encontrar un trabajo.

Elena tenía una amiga en Buenos Aires cuando se decidió a viajar. [¿] **4** llegar a la capital argentina, descubrió que la gigantesca ciudad le permitía encontrar trabajo como dibujante, algo que siempre había soñado. «Desde hacía tiempo tenía ganas [¿] **5** irme de España. Ahora [¿] **6** que me voy a quedar porque es muy interesante lo que estoy haciendo. Además, aquí la gente te ayuda, no como en España».

De España no le llegan buenas noticias. «[¿] **7** que me cuentan es que hay una negatividad general muy grande, y que lo peor está todavía por venir. Me aconsejan que no [¿] **8** », admite. «En menos de un año más de la mitad de mis amigos se han quedado en paro, y esto nunca había pasado», destaca.

Fuente: Público, 2010

1	**2**	**3**	**4**	**5**	**6**	**7**	**8**
a Algunos	a desde	a antes de	a Cuando	a de	a decidí	a Todos	a vuelve
b Muchos	b a	b hace	b Al	b a	b decido	b El	b vuelva
c Unos	c en	c desde hace	c Para	c con	c he decidido	c Lo	c volver

COMPRENSIÓN AUDITIVA

4 Escucha la siguiente llamada telefónica e indica qué información es correcta.

1 Cris no ha leído el mensaje de Paula porque
a … había perdido su móvil.
b … había cambiado de número de móvil.
c … Paula lo había mandado a otro número.

2 Cris no está segura
a … cuando es la fiesta de Eva.
b … si está invitada a la fiesta de Eva.
c … dónde está la fiesta de Eva.

3 ¿Qué deciden comprar las chicas para Eva?
a la última novela de Mendoza
b una mochila
c algo de ropa

4 Las chicas quedan
a … a las ocho y media en la Plaza de Vigo.
b … a las ocho y media en la Placa de Galicia.
c … a las ocho y cuarto en la Plaza de Vigo.

EXPRESIÓN ORAL

5 Describe las viñetas del siguiente cómic y narra la acción del cómic desde la primera hasta la última viñeta. Tienes 10 minutos de preparación.

1 2 3 4

EL PLACER DE LEER

POEMAS ▶ Lyrische Texte erschließen, S. 133

El mar. La mar.

El mar. La mar.
El mar. ¡Sólo la mar!
¿Por qué me trajiste, padre,
a la ciudad?

¿Por qué me desenterraste
del mar?

En sueños, la marejada
me tira del corazón.
Se lo quisiera llevar.

Padre, ¿por qué me trajiste
acá?

Fuente: © Rafael Alberti,
Marinero en tierra,
Madrid, 1972

1 la mar = el mar en el lenguaje poético **6** desenterrar *ausgraben* **8** la marejada *der hohe Seegang* **9** tirar de algo *an etw. ziehen*

Quién fuera

Ay, quién fuera pez
y poder nadar
hasta recorrer
el fondo del mar.

O quién fuera ave,
de esas viajeras
y correr el mundo
sobre mares, tierras.

O ser una nave
que a otros mundos llega
para ir de visita
a algunas estrellas.

Fuente: © Concha Méndez,
Vida o río,
Madrid, 1979

2 el pez *der Fisch* **3** nadar *schwimmen* **4** recorrer *hier: bereisen* **5** el fondo del mar *der Meeresgrund* **6** el ave *der Vogel* **10** la nave *hier: das Raumschiff*

Al oído de una muchacha

No quise.
No quise decirte nada.

Vi en tus ojos
dos arbolitos locos.

De brisa, de risa y de oro.

Se meneaban.

No quise.
No quise decirte nada.

Fuente: © Federico García Lorca,
Canciones (1921–1924),
Madrid, 1982

1 el oído *das Gehör, das Ohr* **6** la brisa *die Brise* **6** la risa *das Lachen* **7** menearse = moverse de un lado a otro

Lectura

Rafael Alberti: El mar. La mar.

ANTES DE LA LECTURA

1 Cuenta lo que significa para ti el mar.

COMPRENSIÓN, ANÁLISIS, COMENTARIO

2 Lee el poema y explica la situación del «yo lírico[1]». ¿Cómo se siente? **1** el yo lírico *das lyrische Ich*

> *querer* volver/regresar a un lugar   *soñar* con algo/alguien   *sentirse* mal/bien   *necesitar* algo
> *pensar* en algo/alguien   *hacerle* falta algo a alguien para + *inf.*
> *echar* de menos a alguien   *imaginarse* algo   no *poder* olvidar algo / a alguien

3 a Los recursos estilísticos: ¿Por qué crees que el «yo lírico» repite tantas veces la palabra «mar»?
▶ El lenguaje / El estilo, p. 153

b ¿Le gusta al yo lírico el lugar donde está ahora? ¿Cómo lo sabes? Indica los versos correspondientes en el poema.   ▶ El lenguaje / El estilo, p. 153

4 Comenta la situación del «yo lírico». ¿Puedes entender sus sentimientos? Piensa también en las razones que puede haber tenido el padre para irse a la ciudad.
▶ ¿Cuál es tu opinión sobre el texto?, p. 154

ACTIVIDADES CREATIVAS

5 ¿Hay algún lugar adonde te gustaría escaparte[1] a veces? Escribe tu poema sobre ese lugar. Puedes utilizar el diccionario.   ▶ Das Wörterbuch benutzen, S. 128   **1** escaparse *weglaufen*

Concha Méndez: Quién fuera

ANTES DE LA LECTURA

1 Si pudieras transformarte en un animal u objeto, ¿qué serías? Explica tus razones.

COMPRENSIÓN, ANÁLISIS, COMENTARIO

2 a Lee el poema. ¿Cuál es el tema?   ▶ El contenido, p. 153

b Según tu opinión, ¿cuál de estas palabras refleja mejor el contenido[1] del poema? Justifica tu repuesta.

1 el contenido *der Inhalt*
2 la libertad *die Freiheit*

> los viajes   la libertad[2]   el sueño   la amistad   la aventura   el caos   la naturaleza
> las fronteras   la independencia   el miedo   el paraíso

Lectura

3 Describe la estructura del poema.
▶ La estructura del texto, p. 153

> El poema se divide en
> La primera/segunda/___ estrofa consta de
> El poeta utiliza
> ___
>
> ___ estrofas.
> ___ versos (libres).
> ___ rimas.
> ___.

4 ¿Te gusta el poema? Justifica tu opinión.
▶ ¿Cuál es tu opinión sobre el texto?, p. 154

el ambiente   las ideas   el ritmo   la estructura

ACTIVIDADES CREATIVAS

5 ¿Hay colores o melodías que asociáis[1] con el poema? Buscad fotos y haced un collage. También podéis buscar melodías y hacer un collage de sonidos[2]. Presentad vuestra collage en clase.
▶ Etwas präsentieren, S. 138

1 asociar *assoziieren, verbinden* **2** el collage de sonidos *die Klangcollage*

6 Y a ti, ¿qué te gustaría ser? Escribe una estrofa según el modelo del poema.

Federico García Lorca: Al oído de una muchacha

COMPRENSIÓN, ANÁLISIS, COMENTARIO

1 ¿Cómo es la relación entre el «yo lírico[1]» y la muchacha?

1 el yo lírico *das lyrische Ich*

2 Describe la estructura y el estilo del poema. ▶ La estructura del texto, p. 153, ▶ El lenguaje / El estilo, p. 153

> El poema   se divide en   ___ estrofas.
> La primera/segunda/___ estrofa   consta de   ___ versos (libres).
> El autor   utiliza   rimas/descripciones/repeticiones/___.
> La palabra ___ en la línea ___   es un/a   símbolo/metáfora/___.
> El lenguaje   se caracteriza por   un estilo claro/ romántico/dramático/___.
> ___   ___

3 ¿Por qué el «yo lírico» no quiso decirle nada a la muchacha? Imagina sus razones y comenta por qué las entiendes o no.

ACTIVIDADES CREATIVAS

4 Elige una de las siguientes actividades.

1. Escribe un poema desde el punto de vista de la muchacha. Puedes empezar así: «¿Por qué no quisiste?»
2. Escribe un cuento corto o una escena sobre la situación del poema desde el punto de vista de un narrador omnisciente[1].

1 el narrador omnisciente *der allwissende Erzähler*

ZACARÍAS Y JEREMÍAS ▶ Narrative Texte erschließen, S. 133

ANTES DE LA LECTURA

1 Si tienes hermanos: ¿Cómo es tu relación con ellos? Descríbela y cuenta lo que (no) hacéis juntos y lo que (no) compartís. Si no tienes hermanos: ¿Por qué (no) te gustaría tenerlos?

2 Mira el texto. ¿Qué tipo de texto es? ▶ ¿De qué tipo de texto se trata?, p. 150, ▶ Textsorten erkennen, S. 131

> Como ya sabes, los argentinos usan los pronombres **vos** en lugar de **tú** y **ustedes** en lugar de **vosotros**. Pero también hay algunas diferencias en la conjugación de los verbos (2ᵈᵃ ps. sing. ind.):
>
> | | (tú) | eres | oyes | encuentras | puedes | tienes | piensas | quieres | haces | llamas |
> |---|---|---|---|---|---|---|---|---|---|---|
> | | (vos) | sos | oís | encontrás | podés | tenés | pensás | querés | hacés | llamás |

 15–18

I

El teléfono sonó siete veces antes de que Jeremías decidiera bajar el volumen del televisor y estirar el brazo en dirección al tubo. Estaba acostado en un sillón, tapado hasta la barbilla con una frazada escocesa, y el esfuerzo de sacar el brazo de debajo de la manta y llevar el auricular hacia su oído lo hizo resoplar.
– ¿Qué? – dijo Jeremías, incorporándose un poco y abandonando sobre la palma de la mano el peso de su
5 cabeza.
– ¿Jeremías, sos vos? – preguntó una voz femenina del otro lado de la línea.
– No, soy el Pato Donald …
– ¿Ésa es manera de atender el teléfono?
Jeremías agarró el control remoto y subió el volumen del televisor.
10 – Te hice una pregunta – insistió la voz de la mujer.
– ¿Cómo querés que atienda?
– Un simple «hola» no estaría nada mal.
– Simple «hola».
– ¿Qué hace tu hermano?
15 – Creo que está haciendo barras paralelas …
La mujer guardó silencio durante unos instantes.
– Te dije mil veces que no me gusta que hagas esos chistes.
– ¡Está acá, mamá! – explotó Jeremías – ¿Qué va a estar haciendo? Estamos mirando la tele.
– ¿Ya comieron?
20 – Sí.
– ¿Zacarías comió?
– Sí, comió.
– ¿Pero comió todo?
– Casi … – murmuró Jeremías iniciando una rápida excursión por el resto de los canales.
25 – ¿Qué significa «casi»? – inquirió la mujer.
Jeremías elevó los ojos hacia el cielo raso y dejó caer el control remoto sobre la manta.
– Comió el setenta y ocho por ciento de lo que le serví en el plato.

1 estirar *ausstrecken* **2** el tubo *hier: der Hörer* **2** tapado/-a *zugedeckt* **2** la barbilla *das Kinn* **2** la frazada escocesa *die Schottendecke* **3** el esfuerzo *die Anstrengung* **3** la manta *die Decke* **3** el auricular *der Hörer* **3** resoplar *schnaufen* **4** incorporarse *sich aufrichten* **4** abandonar *hier: abstützen* **7** Pato Donald *Donald Duck* **15** la barra paralela *der Barren (Sport)* **25** inquirir *hier: nachbohren* **26** elevar *hier: verdrehen* **26** el cielo raso *die Zimmerdecke*

Un nuevo silencio interrumpió el interrogatorio. Jeremías miró a su hermano sentado en una silla frente al televisor. Desde el sillón en donde estaba acostado, Jeremías podía oír con claridad la respiración agi-
30 tada de Zacarías y, por encima de ese sonido, el crujido de la silla de madera.
– Mirá, Jere – dijo la mujer –, ya sos bastante grande como para entender la situación. No me gusta salir a trabajar y tener que dejarte a cargo de Zacarías, pero las cosas, por el momento, son así. Sabés que no estamos bien de plata como para que Elsa se quede con tu hermano también todas las tardes, y me pare-ce que lo menos que podés hacer es colaborar un poco y no hablarme de esa manera cada vez que llamo
35 para saber cómo están …
– Ése es el problema, que llamás diez veces para hacer siempre las mismas preguntas. No te digo que no llames una, si querés dos, tres veces por tarde, pero no diez. Estamos perfectamente bien, mirando la televisión, y Zac comió casi todo lo que le serví. ¿Algo más? Ahora, si puede ser, nos gustaría seguir mi-rando la tele …
40 – Tu hermano se llama Zacarías, no «Zac». Y vos, ¿ya hiciste tu tarea?
– Todavía no, voy a hacerla más tarde.
– ¿Más tarde cuándo?
– ¡Por favor, mamá …!
– Está bien, está bien …
45 Jeremías volvió a tomar el control remoto y prosiguió su búsqueda de algún programa interesante.
– Escuchame … – dijo la mujer – Pato Donald, ¿me oís?
– Sí.
– Acordate de llevar a Zacarías un rato a la plaza, que no sea muy tarde así no toma frío.
– Bueno.
50 – Y cuando llegue papá decile que prepare la comida …
– Bueno, chau.
– ¿Me estás oyendo?
– Sí.
– Si tenés ganas leele algo a tu hermano. ¿Puede ser?
55 – No, no tengo ganas, sabés que no me gusta leer …
– Leer un rato no te va a hacer mal, los libros no muerden. ¿Le vas a leer algo?
– Sí.
– ¿Qué le vas a leer?
– No sé.
60 – Un beso, te quiero mucho.
– Yo no – dijo Jeremías. Y cortó.
Jeremías volvió a taparse con la manta y subió el volumen del televisor. Zacarías se hamacaba hacia ade-lante y hacia atrás, con los brazos cruzados, apretados contra el pecho. Tenía el pelo lacio y de color cas-taño, exactamente igual que Jeremías, su hermano mellizo.
65 – Mamá te manda un beso – dijo Jeremías en dirección a la silla.
El teléfono volvió a sonar. Jeremías pateó la frazada; la frazada se enredó entre sus pies, al otro extremo del sofá. Se sentó y levantó el tubo.
– ¿Jere …? – comenzó a decir la voz de su madre.
– Era un chiste mamá, sí te quiero, te quiero mucho. Chau, voy a llevar a Zac a la plaza …

28 el interrogatorio *die Befragung* **29** la respiración agitada *die hektische Atmung* **30** el crujido *das Knarren* **30** la madera *das Holz* **45** proseguir *fortsetzen* **56** morder *beißen* **61** cortar *hier: auflegen* **62** hamacar *schaukeln* **63** cruzado/-a *gekreuzt* **63** apretado/-a *gepresst* **63** el pecho *die Brust* **63** lacio/-a *glatt* **64** el hermano mellizo *der Zwillingsbruder* **66** patear *treten* **66** enredarse *sich verheddern* **66** el extremo *das Ende* **68** comenzar *beginnen*

II

Jeremías y Zacarías caminaban en dirección a la plaza. Jeremías había abrigado a su hermano con una campera, un gorro y una bufanda azul.
– «Jeremías» – murmuraba Jeremías mientras avanzaban – ¿A quién se le puede ocurrir ponerle a sus hijos Jeremías y Zacarías? Encima se enoja cuando te digo «Zac»; «Zac el Hinchapelotas», así te voy a decir de ahora en adelante. Ir a la plaza con este frío, ¿a quién se le puede ocurrir? A ella nada más.
Jeremías se detuvo, apretó el brazo de su hermano y esperó a que el semáforo le diera paso. Después, arrastrando a Zacarías de la mano, se apresuró a recorrer el espacio que los separaba de la vereda opuesta.
– Jeremías y Zacarías – repitió, mientras negaba con la cabeza –. El Gordo y el Flaco, Abbott y Costello, Batman y Robin, Tom y Jerry, cualquiera de esos nombres son mejores que los nuestros …
Cruzaron la última calle que los separaba de la plaza. Detrás de los árboles, se alzaba el muro del cementerio. Se internaron por una de las veredas y llegaron a un banco. Jeremías se sentó y Zacarías, aún de pie, clavó los ojos en un grupo de chicos que jugaba al fútbol sobre el césped. […]
Una chica avanzaba hacia ellos, por uno de los caminos laterales de la plaza. Jeremías no la vio llegar.
– Hola – dijo ella cuando estuvo junto al banco. Tenía puesto un jean, un *sweater* rojo y un *montgomery* color marrón. De su espalda colgaba una mochila amarilla.
– Eh … hola, ¿cómo estás? – preguntó Jeremías.
– Yo bien, ¿vos?
– Bien.
– Vengo de lo de Sonia – informó la chica. […]
– ¿Y qué hicieron en lo de Sonia? – preguntó Jeremías […].
– ¿Quién es? – preguntó entonces la chica en voz baja, dirigiendo sus ojos hacia Zacarías.
– Es … mi hermano. […]
– ¿Me puedo sentar? Hola, soy Eugenia … – dijo dirigiéndose a Zacarías, quien continuó hamacándose, ignorando el saludo.
– No te va a contestar – dijo Jeremías.
– ¿Por qué?
– Porque es un genio. ¿Y qué hicieron en lo de Sonia?
– Nada – contestó Eugenia –. Estuvimos ensayando.
– ¿Ensayando qué?
– La obra de teatro, para la representación de la semana que viene. ¿Y por qué es un genio, si se puede saber?
– ¿Él? – preguntó Jeremías señalando con un movimiento de cabeza a su hermano.
– Ajá …
– Qué sé yo, porque sí. Vos sos mujer, ¿sabés por qué? No. Él es un genio, no sé por qué.
– Bueno, pero qué hizo para que vos digas que es un genio.
– ¿Qué hizo?
– Sí, qué hizo. Se supone que un genio es un tipo que hace cosas geniales.
– Puede ser, pero no siempre. Ahora está … meditando.
– ¿Y qué medita?
– ¡Cómo puedo saber yo qué medita! Si lo supiera yo también sería un genio.
– Que sepas lo que medita no te convierte a vos en genio – dijo Eugenia.

---

70 abrigar *warm anziehen* **71** la campera *lat. am. die Jacke* **71** la bufanda *der Schal* **72** ocurrirse *einfallen* **73** enojarse *sich aufregen* **73** el Hinchapelotas *etwa: der Nervtöter* **75** detenerse *anhalten* **75** el semáforo *die Ampel* **76** arrastrar *mitschleifen* **76** apresurarse *sich beeilen* **76** recorrer *zurücklegen* **76** la vereda opuesta *der gegenüberliegende Bürgersteig* **79** el cementerio *der Friedhof* **80** internarse *eindringen* **81** clavar *fixieren* **82** lateral *seitlich* **84** colgar *hängen* **90** dirgirse hacia alguien *sich in die Richtung von jdm wenden* **101** señalar *andeuten* **101** el movimiento *die Bewegung* **106** suponer *annehmen* **107** meditar *nachdenken, meditieren*

– Medita sobre muchas cosas.
– Pero ahora, sobre qué medita …
Jeremías miró a su alrededor y sus ojos se clavaron en la pared del cementerio.
– Creo que … sobre la resurrección de los muertos – contestó.
– ¿Qué?
– Eso.
– Y por qué no le preguntas.
– ¿Qué cosa?
– Lo que piensa sobre la resurrección de los muertos.
– Porque no nos va a contestar.
– ¿Cómo se llama?
– Zac – dijo Jeremías –, Zacarías.
– Zacarías – dijo Eugenia deslizándose sobre el banco en dirección a él –, ¿qué pensás sobre la resurrección de los muertos?
Zacarías continuó hamacándose impasiblemente.
– Te dije que no te iba a contestar. En realidad ni te escucha. Está tan sumido en sus meditaciones que no tiene tiempo de prestar atención a otras cosas.
– Ya veo – comentó Eugenia.
– ¿Qué es eso de la obra? – preguntó de pronto Jeremías.
– Es un trabajo que estamos haciendo con la profe de Historia, un trabajo sobre los griegos. Pero ¡si vos ya sabés! La propuso hace dos semanas, en clase.
– Ah, eso.
– Dijo que a los que participaran en la obra les iba a poner un diez de concepto. Pero es un secreto, se supone que nadie debe saberlo. Pero yo no lo hago por la nota. Me gusta el teatro. Cuando termine el colegio voy a estudiar teatro.
– ¿Y para qué?
– Y para qué va a ser, para actuar: voy a ser actriz.
– Yo lo haría por la nota.
– Y dale, nos falta un personaje.
Jeremías dejó que una sonrisa asomara a sus labios.
– No … no sé – dijo.
– Tendrías que hacer el papel de Tiresias.
– ¿Ti … qué?
– Tiresias, es un adivino ciego. Su parte es muy corta.
– No, no voy a poder – dijo Jeremías negando con la cabeza.
– Cómo que no, es una pavada. Mirá, tomá el libro – dijo Eugenia mientras abría su mochila –. Leé tu parte, vas a ver que es corta. Mañana hablamos.
– No voy a poder, es ridículo …
– Pero te digo que sí, que es fácil. Pensá en el diez y, además, en el placer de compartir el escenario conmigo …
Eugenia le entregó el libro a Jeremías mientras se ponía de pie.
– Cuando yo sea famosa vas a poder decir que alguna vez actuaste conmigo en el mismo escenario.
– Seguro – dijo Jeremías tomando el libro sin ganas.

114 la resurrección *die Auferstehung* **123** deslizarse *rutschen* **125** impasible *gleichmütig* **126** sumido/-a *vertieft* **127** prestar atención *beachten* **130** los griegos *die Griechen* **133** la nota de concepto *etwa: die Note für Mitarbeit* **140** la sonrisa *das Lächeln* **140** asomar *erscheinen* **140** los labios *die Lippen* **145** el adivino ciego *der blinde Wahrsager* **146** una pavada *ein Kinderspiel* **151** entregar *geben*

Eugenia se colgó la mochila a la espalda, se inclinó y besó la mejilla de Jeremías. Después apoyó la palma
155 de su mano sobre la cabeza de Zacarías y, con un rápido movimiento, le sacó el gorro y lo despeinó.
– Chau, genio … – murmuró.
Mientras se alejaba, Eugenia gritó, sin darse vuelta:
– Quedate con el libro, yo tengo dos …
Eugenia apuró el paso. Jeremías la vio cruzar la avenida, doblar en una esquina y desaparecer.
160 Durante un rato, Jeremías quedó absorto en la contemplación de aquella esquina. Luego se puso de pie. Sacudió la cabeza como queriendo alejar algún pensamiento absurdo. […]

III

– Aunque tú seas rey, te contestaré lo mismo …, lo mismo que si fuera, que si fuera tu igual, pues tengo derecho, no, pues … derecho tengo a ello …
165 Jeremías, con el libro abierto entre sus manos, caminaba en círculos por el living. En un rincón, el televisor sin sonido despedía una tenue luz azulada. Zacarías se hamacaba frente a la pantalla, envuelto en la manta escocesa. La silla crujía.
– No soy esclavo tuyo, sino de Apolo, de Apolo; de modo que el patronato de Ceronte para nada lo he de, lo he de tener … […]
170 Jeremías arrojó el libro contra la pared. Algunas hojas se desprendieron y revolotearon en el aire, posándose luego desordenadamente sobre el piso. Jeremías se tiró boca abajo sobre el sofá. «Es imposible», murmuró. Apretó el rostro contra un almohadón y permaneció en aquella posición, hasta que el teléfono lo hizo reaccionar. Levantó el tubo:
– ¿Qué?
175 – Cuántas veces te dije …
– … que no atiendas el teléfono de esa forma – completó Jeremías remedando la voz de su madre.
– No sé por qué me hacés decir las cosas veinte veces. ¿Qué hacen?
– Nada.
– ¿Cómo nada, algo deben estar haciendo?
180 – ¿Querés que invente?
– Quiero que me digas qué hacen, no que inventes.
– Acabo de prender fuego a la casa …
– Suficiente. Sos imposible. Cuando vuelva a casa vamos a hablar, ¿me oís, Jeremías?
Jeremías colgó. Miró a su hermano.
185 – Me tiene harto – dijo –, te lo juro. Vos sí te salvaste. ¿Por qué no intercambiamos papeles por unos días? No es justo que la tenga que aguantar yo solo todo el tiempo.
El teléfono volvió a sonar. Jeremías negó con la cabeza.
– No pienso atender – dijo, terminante.
El teléfono continuaba sonando. Jeremías apretó las mandíbulas. Cerró los ojos y se tapó los oídos con las
190 manos. Pero el sonido persistía, rebotaba en las paredes de su cráneo como una pelota de tenis. Finalmente atendió:
– ¿Qué mierda querés? – gritó.
Silencio, del otro lado de la línea. Después, una voz preguntó:

---

154 inclinarse *sich beugen* 154 la mejilla *die Wange* 155 despeinar *das Haar zerzausen* 159 apurar el paso *sich beeilen*
159 doblar *abbiegen* 160 absorto/-a *verblüfft* 160 la contemplación *das Betrachten* 161 sacudir *schütteln* 165 el rincón
die Ecke 166 despedir *ausstrahlen* 166 tenue *schwach* 166 la pantalla *der Bildschirm* 168 el patronato *der Schutzpatron*
170 arrojar *werfen* 170 desprenderse *sich lösen* 170 revolotear *flattern* 171 tirarse *sich werfen* 172 el rostro *das Gesicht*
172 el almohadón *das Kissen* 172 permanecer *verharren* 176 remedar *nachäffen* 180 inventar *erfinden* 182 prender fuego
Feuer legen 185 jurar *schwören* 185 salvarse *sich retten* 188 terminante *fest entschlossen* 189 el mandíbulo *der Kiefer*
190 persistir *anhalten* 190 rebotar *abprallen* 190 el cráneo *der Schädel*

Lectura

– ¿Jeremías?
195 – ¿Quién habla? – dijo Jeremías revolviéndose en el sofá.
– Eugenia …, ¿sos vos, Jeremías?
– Eh, sí …, disculpame, es que, no sabía que tenías mi teléfono …
– Casi me matás de un infarto, estúpido – gritó Eugenia.
– Perdoname, es que estoy nervioso por la obra …
200 – Está bien: ¿cómo vas?
– Bien, ya lo sé como el Padrenuestro. […] ¿Y vos, ya sabés todo? – preguntó Jeremías […].
– Hace rato.
– Ahh … quería preguntarte, quería …
– ¿Qué vas a hacer el viernes? – lo interrumpió Eugenia.
205 – Nada, ¿por?
– ¿Querés ir al cine?
– Bueno.
– Está bien, mañana después de la obra arreglamos la hora, ¿te parece?
– Sí, perfecto.
210 – Ahora seguí estudiando. ¿Van tus padres?
– ¿Adónde, al cine?
Eugenia lanzó una carcajada. Jeremías cerró los ojos.
– No, tonto, a la obra – explicó ella.
– Sí, en realidad quise decir eso, sí van, por supuesto.
215 – Bueno, Tiresias, hasta mañana. Si no me encontrás, pedile a alguien que te ayude.
– ¿Y por qué no te voy a encontrar?
– Porque sos ciego, bobo. Chau. […]

IV

A las siete de la tarde, el salón de actos del colegio estaba repleto de gente. Padres, hermanos, profesores
220 y autoridades deambulaban entre las sillas saludándose y buscando buenas ubicaciones. Zacarías y sus padres encontraron lugar en la sexta fila. Algunos chicos corrían por el lugar, intentaban subir al escenario y espiar detrás del telón.
En una sala contigua al escenario, Jeremias repasaba sus líneas intentando ignorar la excitación general de sus compañeros. Sudaba. Hundía sus dedos en los oídos para crear así una atmósfera artificial de si-
225 lencio. Leía y releía las líneas, una y otra vez. Se perdía, volvía a comenzar, murmuraba, miraba al cielo raso.
Poco después, la profesora de Historia apareció frente al telón cerrado, se presentó ante el público y anunció que la obra comenzaría en dos minutos. Jeremías se resignó y cerró el libro. Mordiéndose las uñas, subió con el resto de los actores los escalones que conducían a un costado oculto del escenario. Buscó a
230 Eugenia entre sus compañeros. Estaba a dos metros de él, conversando con las chicas del coro. Eugenia lo vio y le guiñó un ojo. Jeremías no pudo ni siquiera sonreír.
En la sala, los ruidos y murmullos se apagaban lentamente.
– ¿Dónde está Edipo? – preguntó la profesora, recorriendo los grupos.
Un chico alto, de ojos como huevos duros se adelantó.

---

195 revolverse *sich wälzen* 201 el Padrenuestro *das Vaterunser* 208 arreglar *regeln* 213 el tonto *der Dummkopf* 217 el bobo *der Trottel* 219 repleto/-a *prall gefüllt* 220 deambular *herumstreifen* 220 la ubicación *der Sitzplatz* 222 el telón *der Vorhang* 223 contiguo/-a *angrenzend* 224 sudar *schwitzen* 224 hundir *hineindrücken* 224 el dedo *der Finger* 228 resignar *aufgeben* 228 la uña *der Fingernagel* 229 conducir *führen* 229 el costado oculto *die verborgene Seite* 231 guiñar *zwinkern* 231 sonreír *lächeln* 232 apagarse *hier: verstummen* 234 de ojos como huevas duros *mit Glubschaugen*

235 – Atentos … – anunció la profesora.

Las luces se apagaron. El telón se abrió. Edipo entró en escena.

Un aplauso cerrado recibió al actor. Edipo caminó hacia el centro del escenario, agradeció al público moviendo repetidas veces la cabeza y comenzó a declamar.

En la oscuridad, Jeremías sudaba. El segundo personaje, un sacerdote, hizo su aparición, y después fue el
240 turno de Creonte. A un costado del escenario, la profesora oficiaba de apuntadora. Ahora entraba el coro. Jeremías tenía la impresión de que todo se desarrollaba demasiado rápido, como una película proyectada a alta velocidad. Intentó recordar sus primeras líneas. No lo consiguió. Escuchó que la profesora lo llamaba y se acurrucó en un rincón. Un brazo lo arrastró al borde del escenario y dos manos lo empujaron en el momento justo en que debía entrar en escena.

245 Una luz blanca y caliente le dio de lleno en la cara. Jeremías parpadeó. Escuchó unas risas ahogadas. De pronto recordó que interpretaba a un ciego, entrecerró los ojos y avanzó con las manos extendidas hacia el centro del escenario. Temblaba. Si hubiese podido, habría seguido caminando hasta salir por el extremo del escenario y habría corrido hasta su casa. Pero tenía que hablar. El silencio ya era demasiado prolongado. Jeremías abrió la boca y, con cierta sorpresa, se escuchó pronunciar las palabras correctas en el
250 orden indicado. Edipo replicó, Tiresias volvió a hablar.

Poco a poco, Jeremías fue ganando confianza. Las frases navegaban mansamente por sus labios y, salvo por algunos pequeños huecos que pudo reemplazar con otras palabras, todo fue bien hasta llegar al parlamento más extenso. Allí, la incertidumbre volvió a apoderarse de él. Un traspié, cerca de la mitad del párrafo, y luego Tiresias logró alcanzar la orilla opuesta sin ahogarse. Entonces, Edipo dijo:

255 ¿Tales injurias he de tolerar yo de este hombre? ¿Cómo no mando que lo maten enseguida? ¿No te alejarás de aquí y te irás a casa?

Tiresias abrió la boca para replicar. La boca quedó abierta, sin emitir sonido alguno.

Jeremías buscó las palabras en su cerebro pero, a medida que los segundos corrían, el silencio de la sala inundaba su cabeza. Jeremías dio unos pasos nerviosos hacia Edipo. Edipo miró de reojo al público y
260 luego clavó sus ojos imperativos en Tiresias. La profesora, a un costado del escenario, susurraba con insistencia las líneas que seguían, pero Tiresias estaba obnubilado, perdido, definitivamente vencido. Y cuando Tiresias había aceptado ya la derrota y abría los ojos, Zacarías se levantó de su silla, recorrió caminando el espacio que lo separaba del escenario, subió por una escalera lateral, se detuvo junto a su hermano y dijo:

265 Yo nunca habría venido si tú no me hubieses llamado.

Después, Zacarías regresó a su silla y continuó hamacándose hacia adelante y hacia atrás. Y la silla crujía.

---

237 agradecer *danken* 238 declamar *vortragen* 239 el sacerdote *der Priester* 240 oficiar de apuntadora *als Souffleuse fungieren* 242 a alta velocidad *mit Hochgeschwindigkeit* 243 acurrucarse *sich zusammenkauern* 245 parpadear *blinzeln* 245 la risa ahogada *das unterdrückte Lachen* 247 temblar *zittern* 250 replicar *erwidern* 251 la confianza *das Vertrauen* 251 mansamente *gefügig* 252 el hueco *die Lücke* 253 el incertidumbre *die Unsicherheit* 253 el traspié *das Stolpern* 254 logró alcanzar la orilla opuesta sin ahogarse *metaphorisch etwa: er schaffte es, seine Sätze ohne Fehler aufzusagen* 255 la injuria *die Beleidigung* 257 emitir *abgeben* 258 el cerebro *das Gehirn* 258 inundar *überfluten* 260 susurrar *flüstern* 261 obnubilado/-a *benebelt* 261 vencido/-a *besiegt* 262 la derrota *die Niederlage*

Fuente: © Diego Muzzio, Mockba – Cuentos, Buenos Aires, 2007

Lectura

Parte I: l. 1–69

COMPRENSIÓN, ANÁLISIS, COMENTARIO

2 ▶ KV 36 Lee la parte I hasta la línea 61 y apunta la información sobre los personajes en tu cuaderno.

	Jeremías	?	?
¿Dónde está?			
¿Qué está haciendo?			
¿Qué tiene que hacer más tarde?			

3 a Los protagonistas: Qué crees, ¿cuántos años tendrán Jeremías y Zacarías? ¿Cómo será la relación entre los dos hermanos? Haz suposiciones y describe la relación que parece haber entre ellos.
▶ Los personajes, p. 152

Creo/Pienso que Jeremías/Zacarías es ___
No creo/pienso que + *subj.* ___
Seguro que ___
Parece que ___

el hermano mayor/menor porque ___.
porque (en la línea XX) ___.
___.

La relación que hay entre ellos es
El problema es que ___

diferente/normal/difícil/___ porque ___.
___.

b Lee la parte I hasta el final (l. 69). Después compara la información de esta parte con tus suposiciones del ejercicio **3a**. ¿Qué te sorprende?

4 Comenta la reacción de Jeremías ante su madre: ¿Te parece justificada? ¿Cómo reaccionarías tú?

MEDIACIÓN

5 El grupo de teatro de tu instituto quiere transformar el cuento en una obra de teatro y presentarla en alemán. Escribe la primera llamada telefónica (l. 4–60) para el grupo en alemán.
▶ Das Wörterbuch benutzen, S. 128; Übersetzen, S. 149

ACTIVIDADES CREATIVAS

6 Trabajad en parejas. Escenificad la conversación telefónica entre Jeremías y su madre haciendo un juego de roles. ▶ Rollenspiele, S. 135

Parte II: l. 70–161

COMPRENSIÓN, ANÁLISIS, COMENTARIO

1 a (DELE) Lee la segunda parte del cuento y termina las siguientes frases con la opción que te parezca correcta.

1. Zacarías y Jeremías van
   a al cementerio.
   b a la plaza.
   c a la escuela.
   d a hacer la compra.

2. La chica a quien encuentran es
   a una amiga de Zacarías.
   b una compañera de clase de Jeremías.
   c una actriz de teatro.
   d la novia de Jeremías.

3. Cuando Eugenia ve a Zacarías
   - a no se interesa por él.
   - b siente curiosidad[1] por él.
   - c se burla[2] de él.
   - d hace muchas preguntas sobre él.

4. Jeremías dice que Zacarías medita sobre la resurrección de los muertos porque
   - a no quiere hablar de su hermano.
   - b no puede explicar cómo es su hermano.
   - c quiere que Eugenia lo deje en paz.
   - d se avergüenza de su hermano.

5. Jeremías va a representar un papel[3] en la obra de teatro porque
   - a siempre quiso ser actor.
   - b se interesa por Eugenia.
   - c quiere sacar una buena nota.
   - d le interesa la Historia.

[1] sentir curiosidad *neugierig sein* [2] burlarse de alguien *sich über jdn lustig machen* [3] representar un papel *eine Rolle spielen*

b Compara tus respuestas con las de tu compañero/-a. Si no estáis de acuerdo, puede ser que el texto contenga varias opciones correctas. Buscad las frases / los párrafos en el texto.

Parte III: l. 163–217

COMPRENSIÓN, ANÁLISIS, COMENTARIO

1 Resume la situación descrita en unas diez frases.

> Jeremías ___ mientras Zacarías ___. Jeremías está de mal humor porque ___. De repente ___. Primero ___, después ___. Eugenia le pregunta si ___. Al final ___.

2 Comenta la frase siguiente (l. 185/186): ¿Por qué Jeremías lo dice? ¿Estás de acuerdo con él?

> «– Me tiene harto – dijo –, te lo juro. Vos sí te salvaste. ¿Por qué no intercambiamos papeles por unos días? No es justo que la tenga que aguantar yo solo todo el tiempo.»

Parte IV: l. 219–266

COMPRENSIÓN, ANÁLISIS, COMENTARIO

1 a Lee la parte IV hasta la línea 261 y resume la situación.

¿Quién/es?   ¿Dónde?   ¿Por qué?   ¿Cuándo?   ¿Qué?   ¿Cómo?

b ¿Cómo crees que va a terminar el cuento? ¿Por qué lo crees? Formula una hipótesis.

c Lee el final (l. 262–266) y compáralo con tu respuesta de 1b. ¿Qué te parece el final del texto?

A mí, el final | resulta sorprendente / me parece lógico / (no) me gusta (mucho) | porque ___.

2 La siguiente frase (l. 265) tiene un doble sentido. Discutid qué podría significar y tratad de interpretarla.

> «Yo nunca habría venido si tú no me hubieses llamado.»

Lectura

DESPUÉS DE LA LECTURA / COMPRENSIÓN, ANÁLISIS, COMENTARIO

1 a Ordena cronológicamente las siguientes acciones y añade los nombres de los protagonistas.

> *proponerle* actuar en la obra de teatro del instituto   siempre *estar* preocupada
> *tener* que ciudar del hermano   *escuchar* al hermano ensayando su texto   *ver* la tele
> *llamar* por teléfono   *querer* sacar una buena nota   *ir* al parque   *estar* nervioso   no *hablar*
> *olvidar* las palabras   *ensayar* el papel   *estar* frustrado   *ir* a ver la obra
> *subir* al escenario y *decir* la frase de su hermano   *cruzarse* con una amiga

b Escribe el resumen utilizando tus resultados del ejercicio **1a**.   ▶ Eine Zusammenfassung schreiben, S. 144

> ¿dónde? ¿quiénes? ¿qué? ¿cuándo?
> ¿por qué? ¿cómo?

> primero   después
> por eso   al final

2 Habrá una presentación de «Jeremías y Zacarías» en tu instituto. Escribe un breve resumen del cuento en alemán para el programa. Ten en cuenta que se quiere despertar el interés[1] del público y que no se revela[2] el final.

1 el interés *das Interesse*
2 revelar *enthüllen*

3 a Caracterizar a los protagonistas: Elige a uno de los personajes del cuento. Descríbelo y caracterízalo con al menos cinco frases utilizando los adjetivos de al lado. También puedes consultar un diccionario.   ▶ Los personajes, p. 152;   ▶ Eine Personenbeschreibung verfassen, S. 144

Jeremías   Zacarías   Eugenia   la madre

[¿] es/está ___
Parece ___
El autor describe a [¿] como una persona ___

divertido/-a
responsable
tranquilo/-a
estricto/-a
gracioso/-a
serio/-a
preocupado/-a
___

porque ___ .

b Indica frases o párrafos en el texto que reflejen mejor la caracterización de tu personaje para justificar tu opinión.

4 Analiza el estilo del cuento. ¿Qué lenguaje usa el autor? Busca ejemplos en el texto.
▶ El lenguaje / El estilo, p. 153

el lenguaje escrito/hablado/cotidiano/complejo/___
las frases cortas/largas/___

5 Cuenta si el texto te gusta o no y justifica tu opinión.   ▶ ¿Cuál es tu opinión sobre el texto?, p. 154

los personajes   el tema   el lenguaje / el estilo

ACTIVIDADES CREATIVAS

6 Ponte en el lugar de Jeremías, Zacarías, Eugenia o la madre y narra la historia desde su punto de vista.

LA ABUELA DE FEDE ▸ Dramatische Texte erschließen, S. 134

ANTES DE LA LECTURA

1 ¿Cómo son normalmente las abuelas? ¿Dónde y cómo pueden vivir? Hablad de vuestras experiencias familiares y comparadlas.

FEDE: Vaya tarde que me espera. *(Lo dice mientras está tumbado en el sillón, con los cascos puestos y un cómic en la mano.)* Fiesta en casa de Luis. No hay nada como los cumpleaños. Debería haber uno cada semana. Porque cada día, sería mucho pedir. Pero eso ya se saldría. *(Pausa, Fede sigue leyendo, de vez en cuando se mueve en el sillón como si bailara.)* Además, hoy seguro que ligo. Luis ha invitado a
5 Susana. Susana, Susana, quién estuviera en tu cama, por la noche y por la mañana. Susanita, Susanita, quién te tuviera cerquita, aunque fuera en, en … una mezquita.
(Entra la madre de Fede, Federica, exageradamente arreglada.)
FEDERICA: Fede, cariño, Fede. *(Subiendo la voz.)* Fede. *(Subiendo más la voz todavía. Como no la ha oído, se acerca y le deja caer una zapatilla. Gran susto de Fede.)*
10 FEDE: Joder, mama, qué susto. *(Se quita los auriculares, se incorpora y apaga el casete.)* ¿Qué quieres?
FEDERICA: Quiero un novio joven, rico, guapo, sensible …
FEDE: Papá no está tan mal …
FEDERICA: No, pero no es joven, ni rico, ni guapo, ni sensible.
FEDE: Ya vale, mamá. Que qué quieres de mí.
15 FEDERICA: ¿Quién yo?
FEDE: No, la vecina. Venga, suéltalo, que me voy a preparar.
FEDERICA: ¿A preparar? *(Dramática.)* No, hijo, por favor, no me hagas eso. No te vayas.
FEDE: ¡Mamá! Es el cumple de Luis. ¿No te acuerdas, te lo dije ayer?
FEDERICA: Ayer podías ir, pero hoy no puedes.
20 FEDE: ¿Por qué?
FEDERICA: Tengo que salir.
FEDE: *(Dirigiéndose hacia su habitación.)* De eso nada. Yo me voy. *(La madre le agarra, le hace una extraña llave y le tumba en el suelo.)*
FEDERICA: Te tienes que quedar con la abuela.
25 FEDE: *(Revolviéndose inmovilizado en el suelo, intentando escapar. Con gritos de desesperación.)* ¡Nooooooo! ¡Con la abuela no, te lo suplico! No, déjame. Con la ab … *(La madre le tapa la boca al darse cuenta de que la abuela atraviesa la habitación. No se verá el rostro de la abuela, tapada con una toquilla.)*
ABUELA: Eso me gusta, hija, que juegues con tu niño. Voy a por un vaso de leche.
FEDERICA: Muy bien, madre. *(Se va la abuela. Federica sigue inmovilizando a Fede, pero le quita la mano
30 de la boca.)*
FEDE: Va a ir Susanita al cumple, mamá. Y ya sabes lo que pasó la última vez que me quedé con la abuela. Tres semanas en el hospital.
FEDERICA: Eso no volverá a ocurrir. Se ha tomado las pastillas.
FEDE: Bueno, suéltame y seguimos hablando, que me haces daño. *(La madre le suelta. Fede se sienta,
35 dolorido. Federica camina nerviosa de un lado a otro.)* No sé qué tendrás que hacer, pero este cumpleaños es muy importante para mí. Va a ir Susanita. Además me da miedo quedarme con la abuela. Si se … *(La madre vuelve a taparle la boca al entrar la abuela.)*

1 estar tumbado/-a *liegen* 1 los cascos *die Kopfhörer* 4 ligar con alguien *mit jdm flirten* 7 arreglado/-a *zurechtgemacht* 9 el susto *der Schreck* 10 ¡Joder! *Verdammt!* 10 incorporarse *sich aufrichten* 10 apagar *ausschalten* 16 soltar *loslassen* 23 una extraña llave *ein merkwürdiger Griff* 23 tumbar en el suelo *auf den Boden werfen* 25 el grito de desesperación *der verzweifelte Schrei* 26 suplicar *anflehen* 27 atravesar *durchqueren* 27 la toquilla *das Tuch* 33 ocurrir *passieren* 33 la pastilla *die Tablette* 34 hacer daño *weh tun*

Lectura

ABUELA: Qué bien que sigáis jugando. Si yo tuviera fuerzas jugaría con vosotros, pero hoy tengo la reúma en todos los huesos de mi cuerpo. Ah, Federica, hay que comprar leche, que se está acabando.

40 *(La abuela sale.)*

FEDERICA: Sí, madre, ahora compro. *(Suelta a Fede.)*
FEDE: ¿Se puede saber qué tienes que hacer tú tan importante esta tarde, para que hagas eso a tu hijo?
FEDERICA: He quedado.
FEDE: Y yo.
45 **FEDERICA:** Con un hombre.
FEDE: Y yo con varios.
FEDERICA: He quedado con Alejandro Sanz.
FEDE: Ya, y yo con la reina Sofía.
FEDERICA: Pues si no te lo crees, peor para ti.
50 *(Entra Lola, la hermana de Fede y la hija de Federica. Llega muy cansada. Trae un montón exagerado de libros bajo el brazo. Casi no puede con ellos.)*
LOLA: ¡Ay qué cansada estoy! *(Deja los libros en el suelo y se sienta agotada.)* Hola.
Fede y **FEDERICA:** Hola. *(Se miran con complicidad.)*
FEDE: Qué guapa estás hoy, hermanita.
55 **LOLA:** Pues todo el mundo dice que tengo unas ojeras espantosas. Anoche estuve estudiando hasta las seis y a las ocho me he levantado. Claro, la vida está tan difícil, que hay que estudiar, estudiar, estudiar, competir, competir, competir. No descansar, no descansar. *(Se levanta y coge un libro con intención de ponerse a estudiar.)*
FEDERICA: No hija, tienes que parar un poco. Si no, te vas a volver más loca todavía. Fede, tráele algo
60 a tu hermana. *(Fede sale corriendo.)* Sabes, yo he quedado esta tarde con Alejandro Sanz.
LOLA: No me extraña, mami, cada día estás más guapa. Todo el mundo lo dice, pareces más joven que yo. Y sin operación alguna de esas: estiramientos, liftins. La verdad, no sé cómo yo he podido salir tan fea.
FEDERICA: Habrás salido a tu padre.
65 **LOLA:** Pues qué suerte.
FEDE: *(Que ha entrado con un plato con aceitunas y una horchata.)* Toma, hermanita guapa, que estás hoy guapísima.
LOLA: Que no, que te he dicho que tengo ojeras porque ayer sólo he dormido dos horas, porque hay que estudiar, estudiar … *(Fede la corta abrazándola y le da un beso.)*
70 **FEDE:** ¡Qué exagerados son tus amigos! Yo te veo guapísima.
LOLA: Vale ya. ¿Qué quieres tú, enano?
FEDE: *(Cerrando los ojos de forma muy impulsiva.)* Que te quedes esta tarde con la abuela.
LOLA: Con la … *(Cae al suelo desmayada.)*
FEDERICA: Hijo, has sido un poco brusco. Ya sabes cómo lleva tu hermana lo de la abuela.
75 *(Cogen entre los dos a Lola y la llevan dentro. Sigilosamente entra el padre. Un señor bastante feo. Se llama Urpiano.)*
URPIANO: Creo que he oído algo de quedarse con la abuela. Tengo que inventarme algo rápidamente. Si no, soy hombre muerto. *(Camina desesperado por el escenario. Se afloja la corbata. Se quita la chaqueta …)* ¡Ya lo tengo! *(Entran Fede y Federica.)*
80 **FEDERICA:** Hola, Urpi. *(Mira con complicidad a Fede.)* Cariño. ¡Qué buen aspecto tienes hoy!
FEDE: Hola, papi, qué bien te sienta esa corbata. Cuando sea mayor me la tienes que dejar. O mejor, hoy mismo, para el cumpleaños que tengo esta tarde.
URPIANO: *(Se la quita y se la da a su hijo.)* Encantado, toma, toda tuya. Yo cogeré otra.
FEDERICA: ¿Para qué?, ¿es que vas a volver a salir?

---

39 el hueso *der Knochen* 52 cansado/-a *müde* 52 agotado/-a *erschöpft* 53 con complicidad *verbündet* 55 las ojeras *die Augenringe* 55 espantoso/-a *grässlich* 57 competir *wetteifern* 61 extrañar *verwundern* 62 el estiramiento *die Straffung* 66 la aceituna *die Olive* 66 la horchata *die Mandelmilch* 69 abrazar *umarmen* 71 el enano *der Zwerg* 73 desmayado/-a *ohnmächtig* 74 brusco/-a *schroff* 75 sigiloso/-a *geheim* 77 inventarse algo *sich etwas einfallen lassen* 78 aflojar *lockern*

85 **URPIANO:** Sí, no os lo vais a creer. ¿A que no sabéis quién ha llamado a la consulta para empastarse una muela?
FEDERICA: Ni idea.
URPIANO: Alejandro Sanz en persona. *(Madre e hijo se miran sorprendidos.)*
FEDERICA: *(Aparte a Fede.)* Aquí pasa algo.
90 **URPIANO:** He venido por si querías darme alguna foto para que os la dedique.
FEDERICA: Yo voy contigo. No me lo pierdo por nada del mundo.
URPIANO: Imposible. Me ha pedido que no hubiera nadie más que yo en la consulta. Le he tenido que decir a la auxiliar que se fuera. Imagínate, dice que le dan pánico los dentistas y que del miedo se hace pipí encima. Piensa qué pasaría si se supiera.
95 **FEDERICA:** Ya.
FEDE: Ya.
URPIANO: Bueno, si no me dais nada, yo me voy. Adiós. *(Sale corriendo sin ponerse la corbata.)*
FEDE: Nos ha oído.
FEDERICA: Menuda jeta tiene.
100 **FEDE:** ¿Y ahora qué hacemos? *(Fede se da la vuelta pensativo. Federica con sigilo exagerado, coge unos zapatos, el bolso y sale corriendo.)*
FEDE: *(Dándose la vuelta.)* Mamá, no se me ocu ... Mamá ... *(Mirando a todos lados. Gritando.)* ¡Mamaaaaaaaaá!
(Oscuro.)

85 la consulta *die Praxis* 85 empastar *füllen* 86 la muela *der Backenzahn* 90 dedicar *widmen* 93 el auxiliar *der Gehilfe* 93 el dentista *der Zahnarzt* 99 menuda jeta tiene *er ist unglaublich unverschämt* 100 el sigilo *die Heimlichkeit*

Fuente: © Maxi de Diego, La abuela de Fede y otras historias, Madrid, 2001

DESPUÉS DE LA LECTURA / COMPRENSIÓN, ANÁLISIS, COMENTARIO

2 Lee el resumen y después la escena. Luego busca los errores de contenido en el resumen y corrígelos.

Fede, un niño pequeño, quiere ir al cumpleaños de su amiga Susana. Pero resulta que no puede ir porque su madre le pide que se quede con la abuela. Su madre es una persona tranquila que quiere mucho a su marido. Fede explica que no quiere quedarse en casa con la abuela porque la última vez que se quedó con ella, ella tomó demasiadas pastillas[1] y por eso la llevaron al hospital.
Su madre dice que tampoco tiene tiempo para quedarse en casa porque ella tiene que ir al dentista[2]. Cuando entra la abuela ve que su hija y su nieto están hablando y piensa que están jugando. Más tarde entran la hermana y el padre que tampoco quieren quedarse con la abuela. El padre explica que tiene que volver a su trabajo porque tiene una cita con un periodista. Su hijo no se lo cree; sabe que su padre solamente dice esto como un pretexto[3] y para burlarse[4] de su mujer. Finalmente está claro que nadie va a quedarse con la abuela.

1 la pastilla *die Tablette* 2 el dentista *der Zahnarzt* 3 el pretexto *der Vorwand* 4 burlarse de alguien *sich über jemanden lustig machen*

3 a ¿Qué llegas a saber sobre la abuela? Compara la información con los resultados del ejercicio 1.

b Comenta el comportamiento de Fede, Federica, Lola y Urpiano ante la abuela.

Lectura

4 a Los protagonistas: Haz un asociograma para describir a esta familia. Utiliza símbolos como ♡, →, ☺, ... para mostrar sus relaciones.

b Apunta debajo de cada nombre toda la información que tienes sobre el personaje.

¿Cómo es?   ¿Qué pasa?

c Los protagonistas: Caracteriza a un personaje e imagina qué aspecto físico tiene.
▶ Los personajes, p. 152, ▶ Eine Personenbeschreibung verfassen, S. 144

> El personaje es/está ___.   Parece ___.   El autor describe a ___ como una persona ___.
> Creo que tiene un aspecto ___.   Lleva vestidos ___.

> egoísta   divertido/-a   solidario/-a   enamorado/-a   responsable   cansado/-a
> simpático/-a   tranquilo/-a   alegre   estricto/-a   gracioso/-a   raro/-a   inteligente
> serio/-a   rebelde   enfadado/-a   harto/-a

> viejo/-a   joven   guapo/-a   feo/-a   moderno/-a   pasado/-a de moda

ACTIVIDADES CREATIVAS

5 a Vais a presentar la escena en clase. Formad grupos de cinco y repartid los papeles. Con ayuda de vuestros apuntes del ejercicio **3**, discutid cómo se podría interpretar[1] la escena. Tened en cuenta:

- los gestos
- los movimientos
- el modo de hablar

[1] interpretar algo *etw. darstellen*

b Ensayad la escena y presentadla en clase.

6 Elige una de las siguientes actividades. ▶ Kreatives Schreiben, S. 145; Fehler selbst korrigieren, S. 146

1. Trabajad en parejas. Inventad a un miembro más de la familia (una hermana mayor, un tío, …) y escribid una escena nueva.
2. ¿Qué pasó la última vez que Fede/Lola se quedó con la abuela? Escribid un cuento corto desde el punto de vista de Fede, Lola o de la abuela.

ANEXO

DIFFERENZIERUNGSAUFGABEN

UNIDAD 1

  8 a Estás con tu familia una semana en Argentina. Cuenta lo que haríais juntos / lo que harías tú / lo que harían tus padres o tus hermanos, lo que comeríais y adónde iríais.

Ejemplo: El primer día por la mañana visitaríamos todos juntos ___ .

> *viajar* al fin del mundo / ___   *viajar* en el Tren de las Nubes
> *observar* ballenas / pingüinos   *ir* a Purmamarca / a Buenos Aires / a Mendoza / ___
> *comer* mucha carne   *tomar* mate   *ver* un show de tango   *aprender* a bailar tango
> *hacer* andinismo   *hablar* con muchos argentinos   *ponerse* un poncho
> *escuchar* tango electrónico   *salir* por la noche en Buenos Aires   *bailar* en locales de tango   ___

  b Seguro que hay cosas que nunca harías en tu vida. Di cinco ejemplos.

> Yo nunca comería pescado porque ___ . Además nunca me pondría pantalones blancos porque ___ .

> *hacer* los deberes por la noche   *ir* a ___
> *vivir* en otro lugar   *aprender* a ___   *hacer* andinismo
> *tomar* ___   *bailar* tango   *cantar* en la tele
> *participar* en un show de la tele   *ver* un partido de ___
> *hacer* deporte por la mañana   *ver* telenovelas en la tele
> *levantarse* a las 4 de la mañana   *ponerse* ropa negra

UNIDAD 2

 3 b Presenta los acontecimientos históricos.

1. En 1492 Colón *descubrir* América.
2. En 1519 Cortés *empezar* la conquista de México.
3. En 1521 el imperio de los aztecas *caer*.
4. En 1532 Francisco Pizarro *conquistar* el reino de los incas.
5. En el siglo XVI los conquistadores españoles *esclavizar*[1] y *cristianizar*[2] brutalmente a los indígenas.
6. Alrededor de 1790 el imperio español *tener* su mayor extensión territorial.
7. En el siglo XIX casi todas las colonias españolas en las Américas *llegar* a ser[3] independientes.
8. En 1898 España *perder* sus últimas colonias.

 7 Lee el siguiente artículo y complétalo con las preposiciones y pronombres que faltan.

> del cual   para los cuales   sin el cual   con los cuales   en las cuales   por la cual   a quien

UNIDAD 3

2 b Escucha otra vez y apunta para cada expresión el contraste mencionado en el reportaje.

1. los pueblos blancos – [¿]
2. los señoritos ricos dando vueltas en coches de superlujo – [¿]
3. una mezcla enorme entre un mundo tradicional y – [¿]
4. personas llevando una vida muy agradable – [¿]
5. escuchar cantaores de flamenco – [¿]
6. gente que defiende las corridas de toros – [¿]
7. hacer surf y tomar el sol en las playas – [¿]
8. un paraíso rico en agua – [¿]

> campesinos trabajando bajo un sol infernal   tierras desérticas
> personas trabajando duro para ganarse la vida   oír la música más actual
> esquiar (en Sierra Nevada)   ciudades modernas y dinámicas
> gente que dice que es un crimen brutal contra los animales   un mundo moderno

6 b Completa las frases con las formas de verbo que corresponden, según el ejemplo.

Ejemplo: → Si *(tener)* experiencia laboral, muchos jóvenes andaluces *(conseguir)* empleo.

1. Si los jóvenes españoles *(encontrar)* trabajo en España, no *(irse)* a otros países.
2. Si *(conseguir)* resolver nuestros problemas, muchos jóvenes de Andalucía *(vivir)* mejor.
3. Si no se *(gastar)* tanta agua en los campos de golf, los campesinos *(poder)* regar su tierra.
4. Si *(tener)* dinero, muchos jóvenes *(fundar)* una empresa.
5. Si *(haber)* más posibilidades de trabajo, la situación no *(ser)* tan frustrante para los jóvenes.
6. Si el primo de Salvador no *(tener)* un portal de publicidad en Internet, no *(ganar)* mucho dinero.

UNIDAD 4

10 b Convierte las frases en oraciones condicionales irreales según el modelo.

En 2000, el gobierno boliviano privatizó el servicio de agua. Por eso los precios subieron. →
Si el gobierno no <u>hubiera privatizado</u> el servicio de agua, los precios no <u>habrían subido</u>.

1. Si la ley no *(prohibir)* a los campesinos conservar el agua de la lluvia, muchas familias no *(tener que)* pagar hasta el 20% de los ingresos familiares por la cuenta mensual del agua.
2. Si los indígenas no *(ser)* pobres, *(poder)* pagar las cuentas de agua.
3. Si las protestas contra los nuevos precios no *(ser)* fuertes, la empresa norteamericana no *(irse)* de Bolivia.

c ¿Qué habría pasado si ...? Piensa en cuatro situaciones de los últimos días y cuéntaselas a tu compañero/-a.

> Si hubiera llamado a Lola, a lo mejor habría salido con ella.

yo tú mi vecina / hermano/-a / ___ mis amigos y yo mis padres/hermanos/___ vosotros/___ mis amigos/-as / padres / ___	(no)	*estudiar* para el examen *aprender* español *llamar* a ___ *dormir* hasta el mediodía *encontrar* a ___ en la calle *comer* tanto *salir* con ___ *ir* a ver la peli ___ ___

sentirse mejor
no *perder* el partido de fútbol
no *saber* quién es Aduviri
ir al cine con él/ella
llegar tarde en ___ / a ___
sacar una buena nota
no *poder* hablar con mis amigos bolivianos

PARTNERAUFGABEN

UNIDAD 1

9
S.14

Eres el padre / la madre (B) de Teresa (A) y eres de Argentina. Tu familia vive en Buenos Aires. A Teresa le gustaría mucho pasar un año allí pero a ti no te gusta mucho la idea.

B

Du sagst, dass …
- Argentinien weit weg, und der Flug *(el vuelo)* ganz schön teuer ist.
- man die vielen Landschaften aber gar nicht kennen lernen kann, wenn man zur Schule geht.
- Argentinien aber nicht Spanien ist: Die Argentinier haben ganz andere Probleme im Alltag.
- deine (Schwieger)Eltern aber schon recht alt sind.
- Mate dir nicht schmeckt und du keinen Tango magst!
- ein Jahr eine wirklich lange Zeit ist und fragst, ob nicht auch sechs Monate reichen würden?
- ___ .

UNIDAD 2

 8
S.40

Tú (B) eres mexicano/-a (A) y acabas de pasar un año en Alemania. Después de volver a México, le cuentas a un/a amigo/-a de tus experiencias. Tu amigo/-a empieza el diálogo.

1 ernst *serio/-a* **2** eine Art Hängezug *un tipo de tren suspendido* **3** die Mauer *el muro* **4** getrennt sein *estar dividido/-a*

B

Du sagst, dass …
- es toll gewesen ist.
- du schon ein bisschen Angst gehabt hast, aber dass du dich mit deiner Familie von Anfang an *(desde el primer momento)* sehr gut verstanden hast. Dich habe überrascht, dass alle freundlich gewesen seien.
- die Deutschen gar nicht so ernst[1] sind und dass dich beeindruckt hat, wie offen und neugierig die Leute gewesen sind, auch die Erwachsenen.
- das Wetter insgesamt nicht so gut ist wie in Mexiko. Am Anfang hat es dich gestört, aber später habe dir der viele Regen nichts mehr ausgemacht.
- dir aufgefallen ist, dass die Schule für die deutschen Schüler ziemlich wichtig ist. Zumindest wichtiger als für dich!
- deiner Meinung nach einer der interessantesten Orte Wuppertal ist. Die Stadt sei unglaublich! Da gibt es die „Schwebebahn", eine Art Hängezug[2]. Du konntest nicht glauben, dass man damit wirklich die Stadt besichtigen kann! Aber auch Berlin hat dich sehr beeindruckt und du wolltest nicht glauben, dass die Stadt mal durch eine Mauer[3] getrennt[4] war!

UNIDAD 3

9
S. 63

En 2011, se prohibieron las corridas de toros en Cataluña. Discutid si se deberían prohibir en toda España. Tú (**B**) estás a favor, **A** está en contra. **A** empieza la discusión.

Usa un máximo de expresiones del ejercicio 8.

B

- Du bejahst und findest, dass man ihn in ganz Spanien verbieten sollte
- Du bist entrüstet und sagst, dass es viele Spanier gibt, die gegen Stierkampf sind. Außerdem gibt es noch viele andere alte Traditionen.
- Du meinst, dass das vielleicht stimmt, aber dass es einfach schrecklich ist, ein Tier vor Publikum zu quälen.
- Du sagst, dass **A** recht hat. Aber dass du es eigentlich genauso traurig findest. Du isst aber sehr wenig Fleisch und denkst darüber nach, ganz damit aufzuhören.
- Du meinst, dass dies vielleicht eine Lösung sein könnte, auch wenn du weiterhin nicht verstehst, dass manche Menschen die Corrida als „Kunst" oder „Tanz" bezeichnen.

REPASAR LA LENGUA: 3

2
S. 70

A tiene un examen y está un poco nervioso/-a. **A** empieza y explica sus problemas y **B** le da consejos.

B

Du sagst/fragst, dass …
- du dir an seiner/ihrer Stelle keine Sorgen machen würdest. (Yo en tu lugar ___)
- falls **A** so weiter macht, er/sie alles vergessen wird.
- falls **A** nicht schlafen kann, er/sie ein bisschen Sport machen sollte.
- falls **A** keinen Sport machen will, ihr zusammen ins Kino gehen könntet.
- du Zeit hast und fragst, um welche Uhrzeit ihr euch treffen wollt.
- dir das auch passt und sagst **A**, dass du ihm/ihr das nächste Mal beim Lernen helfen könntest, falls er/sie das möchte.

UNIDAD 4

12 b
S. 79

Ahora le cuentas a tu compañero/-a (**A**) de situaciones difíciles por las que pasaste tú. Pregúntale lo que habría hecho él/ella en tu lugar.

B

- Du hast in einer Englischarbeit 38 von 50 Punkten erhalten. Deine Lehrerin hat die Punkte aber nicht richtig zusammengerechnet, eigentlich waren es nur 30. Erzähle, was du getan hast.
- Du hast beobachtet, wie ein Freund von dir in der Mathearbeit abgeschrieben hat. Erzähle, wie du reagiert hast.
- Du hast in deiner Straße beobachtet, wie sich zwei Jugendliche sehr brutal gestritten haben. Erzähle, wie du reagiert hast.
- ___ .

TRANSKRIPTE

UNIDAD 1

¡ACÉRCATE!

¡Bienvenidos a Argentina! Les invitamos a un viaje de 15 días de norte a sur!
Si buscan algo especial, descubran nuestro **maravilloso** país, con sus paisajes impresionantes.
5 Les ofrecemos un viaje con mucha **aventura** y cultura.
La primera parada nos **lleva** al **corazón** de Argentina, a Buenos Aires. En la capital del país viven más de tres millones de personas, y en la **provin-**
10 **cia** de Buenos Aires más de 15 millones.
Es **imprescindible** dar un paseo por el barrio de San Telmo donde nació el **tango**. Además no se pierdan la Avenida 9 de Julio que con 140 metros es una de las más **anchas** del mundo. Allá tam-
15 bién van a ver el **Obelisco**, el **símbolo** de la ciudad.
Si **continúan hacia** el noreste del país, en la frontera con Brasil, pueden visitar las Cataratas del Iguazú. La Garganta del Diablo tiene una altura
20 de 80 metros y es un **espectáculo** impresionante de la **naturaleza**.
Nuestra **próxima** parada nos lleva al noroeste del país, a las provincias de Jujuy y Salta que formaron parte del **imperio inca** y donde todavía hoy
25 vive población indígena. Les **recomiendo que suban** al «Tren a las Nubes», que sale de Salta y sube la Cordillera de los Andes. Llega a 4.200 metros de **altitud**.

En Talampaya pueden **disfrutar** de otro gran
30 espectáculo de la naturaleza. Les **aconsejo que vayan** a ver el Valle de la Luna. Allá, los arqueólogos han encontrado **restos** de los primeros dinosaurios en la tierra.
¿Les gustan las montañas? Pues en la provincia
35 de Mendoza, les va a encantar el Aconcagua, la montaña más grande de **América**, con casi 7.000 metros.
Si creen que ya lo han visto todo: ¡**están equivocados**! En Patagonia, en la Península Valdés,
40 las ballenas ofrecen un espectáculo impresionante. ¡Les **propongo que vayan** allá para no perdérselo!
Y si después continúan hacia el sur del país tendrán que visitar el **glaciar** Perito Moreno, uno de
45 los más grandes del mundo.
Nuestro viaje termina prácticamente en el **fin** del mundo, en Tierra del Fuego. Ushuaia es la ciudad **más al sur** del planeta, donde en invierno casi no hay **luz**.
50 ¡**Vengan a** descubrir Argentina con nosotros!

14 allá *arg.* = allí **32** el/la arqueólogo/-a *der/die Archäologe/-in* **33** el dinosaurio *der Dinosaurier* **40** la ballena *der Wal*

A ASÍ NOS VEMOS

¿Qué significa para mí ser **argentino**? Sobre todo mi familia, mi barrio, mis amigos, Messi, el **asado** … Además creo que los argentinos sabemos vivir con problemas. Por ejemplo:
5 **Anoche cortaron la luz** otra vez – ¡ya fue la tercera vez en este mes! Y si una semana no cortan la luz, seguro que hay **paro** de choferes y **te quedás** esperando horas en la parada y no entendés que pasa. Pero los problemas nos
10 hacen creativos y **espontáneos**. Acá nunca te aburrís.

Vivo en Buenos Aires y mi barrio, San Telmo, es famoso por sus **locales** de tango. Hay turistas de todo el mundo que vienen para ver un
15 espectáculo de tango. A veces ya me **molestan** un poco; ¡son **demasiados**! Pero para salir con mis amigos los fines de semana, San Telmo es bárbaro porque **hay mucha movida**.
Estaría bien ir un año a España para estudiar.
20 Además, cerca de Málaga, mi vieja tiene familia. Y me **gustaría** conocer Polonia porque allá también viven unos tíos míos …

10 acá *arg.* = aquí **17** bárbaro *arg.* = estupendo **20** mi vieja *arg.* = mi madre

ciento diecinueve **119**

UNIDAD 2

¡ACÉRCATE!

Locutor de radio: Buenas tardes, bienvenidos al programa «Nuestra historia». Hoy nuestro invitado es Eduardo Sánchez, profesor de historia y Doctor por la Universidad de la UNAM, en Ciudad de México. ¡Buenos días, profesor Sánchez!
Prof. Sánchez: ¡Buenos días! Gracias por la invitación.
Locutor de radio: Gracias a usted. Nuestro tema de hoy es «El descubrimiento del Nuevo Mundo». Cuando hoy se habla de la historia de América Latina, casi siempre se empieza hablando del año 1492.
Prof. Sánchez: Sí, en 1492 llegaron los conquistadores españoles a América, pero no podemos olvidar que ahí ya vivían diferentes pueblos indígenas.
Locutor de radio: ¿Cómo nació la idea de este viaje?
Prof. Sánchez: Todos sabemos que se reconoce a Cristóbal Colón como el descubridor de América. Él quería descubrir otra ruta a Asia porque pensaba que la tierra era redonda.
Locutor de radio: ¿Era ese el principal objetivo de su expedición?
Prof. Sánchez: Sí, encontrar una nueva ruta comercial a la India. Colón pensaba que navegando hacia el oeste llegaría a la India. Los reyes de Portugal no querían apoyar el proyecto de Colón, pero los Reyes Católicos, Isabel y Fernando, decidieron pagar su viaje.
Locutor de radio: ¿No era peligroso?
Prof. Sánchez: Por supuesto. Mucha gente pensaba que Colón estaba loco, pero el 3 de agosto de 1492 finalmente partió del Puerto de Palos en Andalucía con tres barcos.
Locutor de radio: Las famosas carabelas de Colón …
Prof. Sánchez: La Pinta, La Niña y La Santa María. Cuando el 12 de octubre de 1492 Colón llegó a territorios americanos, empezó la conquista de América.
Locutor de radio: ¿Qué pueblos vivían en América en aquella época?
Prof. Sánchez: Bueno, había muchísimos pueblos indígenas diferentes. Por ejemplo en México vivían los mayas y los aztecas. Más al sur, en los Andes, en Perú, vivían los incas …
Locutor de radio: ¿Y cómo reaccionaron los indígenas cuando llegaron los españoles?
Prof. Sánchez: Algunos casos son muy interesantes. Especialmente el de Hernán Cortés, el conquistador de México.
Locutor de radio: ¿Puede explicarnos por qué?
Prof. Sánchez: Cuando Hernán Cortés llegó a Tenochtitlan, la capital del imperio azteca, los indígenas pensaron que era el dios Quetzalcoatl, que debía regresar en aquella época según una profecía.
Locutor de radio: ¿Cómo? ¿Los aztecas pensaron que Cortés era un dios?
Prof. Sánchez: Sí. Moctezuma, el emperador de los aztecas, recibió a los españoles con regalos …
Locutor de radio: ¿Y qué hizo Cortés?
Prof. Sánchez: Conquistó todo su imperio esclavizando a sus habitantes …
Murieron muchísimos indígenas: La población de México pasó de 25 a 2 millones desde 1521 a 1580 debido a las guerras, los trabajos durísimos y las enfermedades nuevas que los españoles llevaron a América.
Locutor de radio: Una catástrofe para la población azteca … Algunos de nuestros oyentes tienen preguntas, profesor Sánchez …

58 la profecía *die Prophezeiung* **65** esclavizar *versklaven*
69 debido a + sust. *auf Grund von + Subst.*

UNIDAD 3

¡ACÉRCATE!

Locutor de radio: ¡Hola y bienvenidos al programa «Viajar por España»! Hoy tenemos aquí a Manuel, un joven reportero que hace poco hizo un viaje por Andalucía. ¿Podrías contarnos tus impresiones de ese viaje?

Manuel: Hola, Sí, claro. Pues, Andalucía, ¡qué mezcla de contrarios! Aunque yo ya sabía que Andalucía era tierra de contrastes, en mi último viaje pude verlo con mis propios ojos: los pueblos blancos donde parece que el tiempo se

paró hace 50 años frente a ciudades modernas y dinámicas como Sevilla o Málaga. En la misma Sevilla me sorprendieron los contrastes arquitectónicos que te hacen viajar entre los siglos XII y
15 XXI. O la plaza de toros de Málaga en medio de un barrio de edificios modernos. Lo que más me sorprendió fueron los contrastes entre personas llevando una vida muy agradable y gente luchando duro para ganarse la vida: En la Costa de Sol,
20 por ejemplo, puedes ver a inmigrantes africanos vendiendo artículos para turistas a pocos metros de hoteles de cinco estrellas y centros comerciales gigantescos. También llama mucho la atención ver a los señoritos ricos dando vueltas en
25 coches de superlujo mientras en sus tierras trabajan campesinos bajo un sol infernal. Además hay una mezcla enorme entre el mundo tradicional y el mundo moderno: Igual puedes escuchar a cantaores de flamenco o ver gente bailando
30 sevillanas en las ferias que oír la música más actual en las grandes discotecas. Preguntando a la gente por las corridas de toros, tienes por un lado a los que las defienden con pasión diciendo que es un arte y por el otro a los que dicen que
35 es un crimen brutal contra los animales.
En Andalucía todo es posible. Tanto puedes hacer surf y tomar el sol en sus playas fantásticas, como esquiar en Sierra Nevada. Mientras el parque nacional de Doñana, rico en agua es un paraíso para
40 los pájaros, te mueres de calor en Almería con sus tierras desérticas.
Andalucía tiene algo especial. Pero lo mejor de mi viaje fueron los encuentros y las conversaciones. Al entrar en un bar, tomando unas tapas,
45 en seguida la gente se pone a hablar contigo y después de unos minutos te sientes como en casa. Así lo pude ver también en las entrevistas que hice …

Locutor de radio: Muchísimas gracias, Manuel,
40 por esas impresiones de un viaje tan interesante …

UNIDAD 4

¡ACÉRCATE!

(Albino Cahuana, 42 años, Lima, Perú:)
Yo, como muchos campesinos en el Perú, vivía del trabajo en el campo gracias a la industria del azúcar; pero los precios bajaron tanto que ya no
5 se podía sobrevivir como campesino … Por eso decidí irme a la capital a buscar trabajo. Primero vine solo y al principio todo fue muy difícil, porque no es fácil encontrar un empleo para un campesino sin formación. Cuando por fin encon-
10 tré trabajo en una obra, traje a mi mujer y a mis cuatro hijos. Aunque es realmente duro, ahora gano más que trabajando en el campo.
Por ahora vivimos en una casa muy pequeña que hemos construido nosotros mismos en las afue-
15 ras de la ciudad, en un barrio donde viven muchos campesinos que han venido a Lima buscando mejores oportunidades. Desde mi punto de vista, las condiciones de vida aquí no son buenas y hay bastante criminalidad, pero por lo menos
20 puedo alimentar a mi familia.

(Roberta Guaranca, 29 años, Bolivia:)
En mi opinión, uno de los grandes problemas del país sigue siendo el acceso al agua corriente, ya que todavía muchas familias, sobre todo en
25 el campo, tienen que transportarla a sus casas. Hoy ocho de cada diez habitantes tienen agua potable en su casa, pero solo la mitad de la población está conectada con el sistema de aguas residuales. Cada 22 de marzo celebramos el Día
30 Mundial del Agua acordándonos que el acceso al agua es un derecho humano y que tenemos que garantizar su abastecimiento a todos los habitantes en nuestro país.

**(Onelio Márquez, 33 años, colaborador de la
35 ONG Pies Descalzos, Colombia:)**
Según UNICEF, más de 30.000 niños colombianos viven en la calle. Desgraciadamente aquí no existen buenos servicios sociales como en algunos países europeos, por eso es muy importante
40 que haya organizaciones que ayudan a esos chicos. La mayoría de ellos conocen desde pequeños problemas familiares bastante graves y por eso viven en la calle. En nuestros colegios, ayudamos a estos chicos a salir de sus problemas
45 y les ofrecemos la oportunidad de aprender a escribir y a leer y a hacer una formación profesional. Así les garantizamos una vida digna en el futuro.

(Lucía García, 21 años, **voluntaria** en la **restauración** de un antiguo molino en **Archez**, España:)
Soy estudiante y durante las vacaciones de verano he decidido ayudar en un proyecto de ecoturismo como voluntaria. Con los vecinos del pueblo estamos **restaurando** un viejo **molino** del siglo XIX, que además también **funcionará** como albergue para turistas, donde ellos mismos podrán trabajar en su propio **huerto**.

Desde hace unos años vienen muchos turistas de las grandes ciudades con ganas de pasar unas vacaciones diferentes. Buscan el **contacto directo** con la naturaleza; respetan el medio ambiente y se interesan por los productos **regionales**. El ecoturismo tiene mucho futuro. Por lo menos, yo lo veo así.

LÖSUNGEN

Teste deine Gramatikkenntnisse.

UNIDAD 1

1 1. gustaría; 2. beberíais; 3. podrías; 4. haría

2 1. Al llegar a Buenos Aires, los chicos primero buscaron un hotel.
Als die Jugendlichen in Buenos Aires ankamen, suchten sie als erstes ein Hotel.
2. Al llegar a Buenos Aires, llámame.
Ruf mich an, sobald du in Buenos Aires ankommst.
3. Muchos porteños pasean por la ciudad en bus leyendo.
Viele Einwohner aus Buenos Aires lesen, wenn sie mit dem Bus durch die Stadt fahren.
4. En este barrio ves a mucha gente bailando tango en la calle.
In diesem Viertel siehst du viele Leute auf der Straße Tango tanzen.

3 1. cuyos; 2. cuya; 3. cuyo; 4. cuyas

UNIDAD 2

1 1. se hablan; 2. se puede; 3. se conocían; 4. se come; 5. se vivía; 6. se fundaron

2 1. con el cual; 2. en la cual; 3. a quienes; 4. en el cual; 5. a quien; 6. de quien

3 1. escribiera; 2. contestarais; 3. se fuera; 4. dieras; 5. pudieran; 6. me sintiera

UNIDAD 3

1 1. sabría; 2. Saldrías; 3. habría; 4. pondríamos; 5. Vendríais; 6. dirían

2 1. Era necesario que hiciéramos algo en contra a las corridas de toros.
2. Era importante que escucharamos las opiniones diferentes.
3. Era bueno que los politicos prohibieran las corridas en Cataluña.
4. Era un problema que muchos vieran las corridas como una tradición importante.
5. Me pareció triste que muchos creyeran que no se trate de un crimen animal.
6. Era increíble que hubiera tanta gente a que le gustan las corridas.

3
1. lloviera, pasarían
2. iríamos, encontráramos
3. tuviera, sería
4. Podrían, ofreciera
5. hiciera, podría
6. hubiera, habría

4
1. la antigua capital
2. Muchas personas pobres
3. la nueva canción
4. un gran autor
5. unas gafas nuevas
6. el único amigo
7. una familia grande
8. ese coche viejo
9. una arquitectura única
10. mi viejo amigo
11. un palacio antiguo
12. la pobre Ana

UNIDAD 4

1
1. hubiera tenido, habría ido
2. hubieras dicho, habría hecho
3. hubiéramos visto, habríamos dicho
4. hubierais ahorrado, podríais

2
1. Irene dijo que Marcos la llamaría el miércoles.
2. Ruben contó que volvería a Bolivia algún día.
3. Iker me contestó que participaría en una ONG en América Latina.
4. Alba y Antonio dijeron que también irían a Medellín.

3
1. Natalia me pidió que le ayudara.
2. Elena y Sofia querían que les escribiéramos.
3. Mi madre quería que volviéramos antes de las ocho.
4. Mi padre me dijo que también llamara a mis abuelos.

QUIZ / EXAMEN DE DELE

Quiz, p. 29

1a; 2b; 3b; 4a; 5b; 6b; 7c; 8a; 9a; 10a

El examen de DELE, p. 96

1 1c; 2b; 3a

3 1c; 2a; 3b; 4b; 5a, 6c; 7c; 8b

4 1b; 2b; 3c; 4c

METHODEN

Auf den folgenden Seiten findest du eine Zusammenstellung der wichtigsten Lern- und Arbeitstechniken. Viele sind dir schon aus anderen Fremdsprachen sowie aus dem Deutschunterricht vertraut.

WORTSCHATZ

1 Wörter erschließen ▶ S. 32/2, S. 51/5a

Wenn du ein neues Wort entdeckst, musst du nicht gleich im Wörterbuch nachschlagen. Mit ein paar einfachen Tricks kannst du die Bedeutung vieler spanischer Wörter herausfinden. Du kannst unbekannte Wörter erschließen …

… mit Hilfe anderer Sprachen ▶ S. 22/4b, S. 30/3a

Viele spanische Wörter sind verwandt mit Wörtern aus Sprachen, die du schon kennst. Oft haben sie dieselbe oder eine ähnliche Bedeutung.

Spanisch	Deutsch	Englisch	Latein	Französisch
teatro	Theater	theatre	theatrum	théâtre

▶ Was bedeuten die folgenden Wörter? Welche Wörter aus anderen Sprachen haben dir geholfen?
comercial, dinámico, rápido, la publicidad, la condición, la importancia

Merke: Trotz dieser Verwandtschaften kann es Unterschiede in Aussprache und Betonung, Schreibung, im Genus und manchmal auch in der Bedeutung geben!

⚠ Achte auf so genannte „falsche Freunde" („falsos amigos").

la carta (der Brief)   die (Post)Karte (= la tarjeta, la postal)
la batería (= das Schlagzeug)   die Batterie (= la pila)

Manche Wörter sind „teilweise falsche Freunde", d. h. es gibt teilweise Übereinstimmungen in der Bedeutung des deutschen und des spanischen Wortes, teilweise aber nicht. Du solltest deshalb immer auf den Kontext achten bzw. alle Bedeutungen eines Wortes lernen.

el compás (= der Takt, der Rhythmus; der Kompass [Seefahrt])   der Kompass (= la brújula; el compás)
el tacto (= der Tastsinn; das Taktgefühl)   der Takt (= el compás)

… über Wortfamilien ▶ S. 94/3

Manchmal kennst du ein anderes Wort derselben Familie. An typischen Endungen kannst du außerdem die Wortart des unbekannten Wortes erkennen. Beides hilft dir, seine Bedeutung zu erschließen.

mirar → la mirada (= der Blick)
dormir → el dormilón, la dormilona (= die Schlafmütze)
oscuro/-a → la oscuridad (= die Dunkelheit)
conocer → el conocimiento (= die Kenntnis)

Manchmal ändert sich der Stamm entsprechend der Verbkonjugation im Präsens bzw. im Partizip Perfekt, z. B.

encontrar (ue) → el encuentro   probar (ue) → la prueba   ⚠ aber:
volver (ue) → la vuelta   jugar (ue) → el juego   doler (ue) → el dolor
soñar (ue) → el sueño   poner → el puesto

▶ Was bedeuten die folgenden Substantive? Von welchen Verben kannst du sie ableiten?
la muestra, el hecho, el cierre, el acuerdo

▶ Finde die Bedeutung der folgenden Wörter und erkläre, wie du darauf gekommen bist:
el artesano, el turismo, el enfado, viajar, la lista de espera, la creencia, aconsejar, cocinar, la simpatía, el interés, la invitación.

... mit Hilfe des Kontextes   ▶ S. 125/11a

Die Bedeutung vieler Wörter kannst du aus dem Kontext erschließen. Auch Abbildungen oder die Gestaltung des Textes können dir dabei helfen.

2 Die Bildung von Wörtern erkennen

Präfixe und Suffixe   ▶ S. 33/4a

Oft geben dir die Präfixe und Suffixe Auskunft über die Bedeutung des Wortes sowie über die Wortart und das Genus.

Präfixe		
	a-	nicht (atípico/-a)
	ante- *oder* pre-	vor (anteayer, prever)
	anti-	gegen (antihigiénico/-a)
	bi-	zwei (la bicicleta)
	co-/com-/con-	zusammen (colaborar)
	contra-	gegen (contradecir)
	e-/es-/ex-/extra-	hinaus, außer (enorme)
	des-/dis- *oder* i-/ir- *oder* im-/in-	gegensätzlich (la desventaja, irresponsable, imposible)
	pen-	fast (la península)
	pos-/post-	nach (la posguerra)
	pre-	vor(her)- (prever)
	re-	zurück-, wieder- (retraer, repasar) *oder als Verstärkung* (reseco/-a)
	sobre-	über (sobrevivir)
	sub-	unter (el subdesarrollo)

Suffixe		
	-dad/-tad/-tud	*feminine Nomen* (la ciudad, la mitad, la juventud)
	-ción/-sión	*feminine Nomen* (la afición, la decisión)
	-able/-ible	*Adjektive* (confortable, posible)
	-illo/-a / -ito/-a	*Diminutive* (la chiquilla, el cafecito)
	-ón/-ona / -azo/-a	*Augmentative* (la casona, el golpazo)
	-ante	*meist aus Verben abgeleitete maskuline und feminine Nomen* (el/la cantante, el/la dibujante)
	-dor/-dora *bzw.* -tor/-tora	*meist aus Verben abgeleitete maskuline bzw. feminine Nomen* (el vendedor/la vendedora, el trabajador/la trabajadora)
	-ista	*Adjektive bzw. daraus abgeleitete Nomen* (el especialista, el socialista, el optimista)

▶ Leite die Bedeutung der folgenden Wörter ab: reaparecer, la conservación, la identificación, renacer, intranquilo, desconectar, convivir.

Zusammengesetzte Substantive

Es gibt Substantive, die aus mehreren Wörtern zusammengesetzt sind.

⚠ Zusammengesetzte Substantive werden im Spanischen häufig nach dem Muster „Substantiv (+ *de*) + Substantiv" oder „Substantiv + Adjektiv" gebildet. Im Deutschen entspricht dem meist ein Wort (z. B. *la profesora de Historia* – die Geschichtslehrerin).

el cuarto de baño	(= das Badezimmer)
el fin de semana	(= das Wochenende)
el centro comercial	(= das Einkaufszentrum)
la fiesta sorpresa	(= die Überraschungsparty)

▶ *Finde die spanische Entsprechung für „die Spanischlehrerin" und „das Englischbuch".*

3 Wörter umschreiben
▶ S. 39/5, S. 81/3a, S. 84/11b

Wenn dir ein Wort nicht einfällt, versuche, das fehlende Wort zu umschreiben oder zu erklären, was es bedeutet.
Hier findest du einige Möglichkeiten zur Umschreibung:

> Es una persona / alguien que ___.
> Es una cosa / algo que ___.
> Es un lugar donde ___.
> Lo usas para ___.
> La palabra significa ___.
> Es otra palabra para / un sinónimo[1] de ___.
> Es un antónimo[2] / lo contrario de ___.

[1] el sinónimo *Synonym*
[2] el antónimo *Gegenteil*

4 Wortschatz lernen

Um dir Wörter besser zu merken, solltest du sie in Gruppen anordnen und dann lernen bzw. wiederholen. Diese Strukturierung des Wortschatzes kannst du nach verschiedenen Kriterien vornehmen:

Nach Sachgruppen/Themen ordnen ▶ S. 49/8, S. 63/7

Lege zu einem Oberbegriff, z. B. *los medios de transporte,* eine Vokabelkarte *(ficha de vocabulario)* oder ein Wortnetz *(Red de palabras)* an, auf der du alle Wörter und Ausdrücke zu einem Thema zusammenträgst.

Es ist sinnvoll, eine *ficha de vocabulario* bzw. eine Mindmap zu **strukturieren**, z. B. nach Unterthemen, nach Wortarten, (Gegensatz-)Paaren, Wörtern derselben Wortfamilie etc.
Es kann auch nützlich sein, Kollokationen (= ganze Wendungen) zu notieren, in denen ein Wort häufig verwendet wird.

▶ *Sammle alle Wörter und Ausdrücke, die zu den folgenden Oberbegriffen gehören:* la conquista, la región, la ciudad, el viaje.

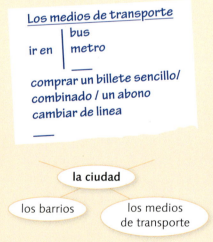

Nach Wortarten ordnen ▶ S. 63/7, Lista cronológica, S. 177

Du kannst alle Verben, Substantive oder Adjektive als Untergruppen einer *ficha de vocabulario* zusammenfassen.

Zu Wortfamilien ordnen ▶ S. 33/4c, Lista cronológica, S. 177

Fasse die Wörter, die zur selben Familie gehören, zusammen.

la cena – cenar	aburrido/-a – aburrirse
entrar – la entrada	el trabajo – trabajar

▶ *Finde Wörter derselben Wortfamilie:* la comunicación, el conocimiento, opinar, jugar.

Wortpaare bilden ▶ S. 56/4, Lista cronológica, S. 177

Bei manchen Wörtern bietet es sich an, sie paarweise nach Synonymen (= Worte mit gleicher Bedeutung) und Antonymen (= Worte mit gegensätzlicher Bedeutung) zu ordnen.

> hablar – charlar   el alumno ≠ el profesor
> nacer ≠ morir   ganar ≠ perder

▶ *Bilde Gegensatzpaare mit den folgenden Wörtern:* la mañana, el pueblo, mal, irse, feo, divertido.

Kollokationen / Ganze Wendungen lernen ▶ Lista cronológica, S. 177

Damit du Wörter im Kontext richtig verwendest, lerne den ganzen Ausdruck (= Kollokation), in dem ein Wort verwendet wird. Achte bei Verben auf den Anschluss der richtigen Präposition.

> sacar una buena nota   jugar al fútbol   tocar la guitarra   llegar a casa   ir de compras

Mit mehreren Sinnen lernen ▶ Lista cronológica, S. 177

Es kann hilfreich sein, wenn du dir zu einem Wort ein bestimmtes Bild oder Symbol einprägst und dieses auch auf der entsprechenden Karteikarte notierst.

Manche Wörter kannst du dir besonders gut merken, wenn du sie dir immer wieder laut vorsprichst und evtl. die dazu passende Geste ausführst.

5 Grammatik lernen ▶ Resumen, S. 24/25, S. 46/47, S. 68/69, S. 90/91

Beim **Einprägen** neuen Grammatikstoffs können dir folgende Tipps helfen:
- Arbeite mit **Merkhilfen** (z. B. Symbole wie Foto vs. Filmstreifen für *pretérito indefinido* vs. *pretérito imperfecto*, Bilder, Eselsbrücken, Reime, Merksprüche u. ä.).
- Präge dir **Beispielsätze** ein, in der die neuen Grammatikphänomene vorkommen.
- Hänge diese Beispielsätze an eine **Pinnwand** und hebe dabei das Wichtige **farbig** hervor. Im Klassenzimmer könnt ihr **Lernplakate** gestalten.
- Fertige selbst Übungen zum neuen Grammatikstoff an und notiere die Lösungen auf der Rückseite oder auf einem anderen Blatt. Bearbeite die Übungen nach einer Pause und vergleiche mit deinen Lösungen.
- Schreibe Grammatikregeln „neu", d. h. formuliere sie mit deinen eigenen Worten und ergänze sie mit einem Beispiel, das du dir gut merken kannst.
- Schreibe einen kurzen Text, in dem möglichst viele Beispiele für ein Grammatikkapitel vorkommen.

Beim **Wiederholen** eines Grammatikstoffs kannst du folgendermaßen vorgehen:
- Lies dir den entsprechenden Abschnitt im Grammatikteil des Buchs und im grammatischen Begleitheft durch.
- Mache die Übungen im Schülerbuch und vergleiche deine Lösungen mit denen im Grammatikheft. Mache außerdem die Übungen im *Autocontrol*-Teil des *Cuaderno de ejercicios*.
- Bilde weitere Beispielsätze, die das entsprechende Phänomen enthalten.
- Suche in dem Lektionstext, in dem das Phänomen neu eingeführt wurde, Sätze, in denen es vorkommt. Übersetze sie ins Deutsche und schreibe die deutschen Sätze auf. Zwei Tage später übersetzt du diese Sätze wieder ins Spanische und vergleichst sie mit dem Lektionstext.

DAS WÖRTERBUCH BENUTZEN

1 Spanisch – Deutsch ▶ S. 22/4b, S. 108/5

Ein Wörterbucheintrag enthält verschiedene Informationen, die man entschlüsseln muss, um das Wörterbuch sinnvoll zu nutzen. Dazu muss man auch einige Abkürzungen kennen. Ihre Bedeutung findest du im Abkürzungsverzeichnis am Anfang/Ende deines Wörterbuchs.

Aussprache — **hora** ['ora] *f* **1.** *(de un día)* Stunde; — Bedeutung
Genus — **~ de consulta** Sprechstunde **2.** *(del* — verschiedene Bedeutungen
(wenn es sich um ein *reloj)* Uhrzeit; **¿qué ~ es?** wie viel des Wortes
Substantiv handelt) Uhr ist es? **3.** *(tiempo)* Zeit; **tener**
horas de vuelo sehr erfahren sein — Tilde (Dieses Zeichen ersetzt
das Wort, um das es geht.)

Weitere Hinweise für das Nachschlagen in einem spanisch-deutschen Wörterbuch:
- Finde zunächst die Wortart des unbekannten Wortes heraus (Substantiv? Verb? Adjektiv?). Konjugierte Verbformen (z. B. *juegan, entendí*), musst du auf den Infinitiv *(jugar, entender)* zurückführen, damit du sie im Wörterbuch findest.
- Beachte, dass das „ñ" im spanischen Alphabet ein eigener Buchstabe ist, der in Wörterbüchern an unterschiedlichen Stellen steht, z. B. nach „nz" oder hinter dem „n" und vor dem „o". Weitere Extrabuchstaben sind manchmal das „ch" (nach „cz" und vor „d") und das „ll" (nach „lz" und vor „m").
- Wenn du Zweifel bei der Aussprache hast, achte auf die Lautschrift in eckigen Klammern.

> **Tipps:**
> - Ein Wort kann mehrere Bedeutungen haben. Deshalb solltest du immer den ganzen Eintrag lesen, um die Bedeutung zu finden, die in „deinen" Kontext passt.
> - Mehrteilige Ausdrücke sind manchmal nur unter einem der Teile eingetragen. Wenn du z. B. *el grupo de música* nicht unter „grupo" findest, dann schaue unter „música" nach.

▸ *Finde mit Hilfe des Wörterbuchs heraus, welche Bedeutung* quedar *jeweils hat:*
1. Ana y Luis quedaron el sábado.
2. Los vaqueros rojos no le quedan muy bien a Jorge.
3. Lina quedó muy mal con su novio.
4. La fiesta quedó muy bien.

▸ *Finde mit Hilfe des Wörterbuchs heraus, welche Bedeutung* tomar *jeweils hat.*
1. María no reconoció Jorge. Lo tomó por Luis.
2. En la cena, mis padres siempre toman agua.
3. ¿Me tomas una foto?
4. Todavía no hemos tomado una decisión.

2 Deutsch – Spanisch ▶ S. 79/11a, S. 99/5, S. 110/3a

verschiedene **Uhr 1.** *(Gerät)* reloj *m* [re'lox]; **die ~ auf-** — Genus
Übersetzungen **ziehen** dar cuerda al reloj **2.** *(bei*
Zeitangabe) hora *f* ['ora]; **es ist genau** — Aussprache
spanische **acht ~** son las ocho en punto; **neun ~**
Entsprechung **drei** las nueve y tres minutos — Tilde (Dieses Zeichen ersetzt
das Wort, um das es geht.)

Wenn du für ein deutsches Wort die spanische Entsprechung nachschlägst, gelten folgende Regeln:
- Lies dir den Wörterbucheintrag so weit durch, bis du das passende spanische Wort gefunden hast. Beachte dabei Angaben wie *fam.* (= *familiar*); das bedeutet „umgangssprachlich".
- Ist in deinem Wörterbuch die Aussprache des spanischen Wortes nicht angegeben, nimm die Lautschrift im spanisch-deutschen Teil des Wörterbuchs zu Hilfe.
- Passe das ausgewählte spanische Wort in den Satz, den du formulieren möchtest, ein, d. h.:
  ¬ bei Substantiven: Bilde, wenn nötig, den Plural.
  ¬ bei Verben: Bilde die passende Verbform.
  ¬ bei Adjektiven: Gleiche sie dem Substantiv an.

Tipps:
- So kannst du überprüfen, ob du die passende spanische Entsprechung für ein deutsches Wort ausgewählt hast: Schlage einfach das spanische Wort im spanisch-deutschen Teil deines Wörterbuchs nach. Findest du dort das deutsche Wort, von dem du ausgegangen bist, wieder?
- Findest du ein zusammengesetztes Wort (z. B. Apfelsaft) nicht im Wörterbuch, suche unter den beiden Bestandteilen und bilde dann ein zusammengesetztes spanisches Substantiv (s. S. 128).

▸ *Welche spanischen Wörter entsprechen den unterstrichenen deutschen Wörtern? Suche im Wörterbuch.*

Die Uhr geht nicht.
Lisa lässt sich gehen.
Manuel geht ihr nicht mehr aus dem Kopf.

Der Supermarkt schließt um 22 Uhr.
Was schließt du aus diesem Text?
Daniel hat in Argentinien viele Freundschaften geschlossen.

3 Das einsprachige Wörterbuch   ▶ S. 33/5, S. 36/11a, S. 56/4a

Ein einsprachiges Wörterbuch
- zeigt dir die korrekte Schreibung und Aussprache eines Wortes.
- gibt Beispiele für den Gebrauch eines Wortes (Kontext; Kollokationen).
- enthält Synonyme (= Wörter mit gleicher Bedeutung) und Antonyme (= Wörter mit gegensätzlicher Bedeutung) eines Wortes.

In manchen Wörterbüchern sind die Einträge nach Wortfamilien geordnet. Wenn du ein Wort nicht findest, schaue unter einem anderen Wort derselben Wortfamilie nach.

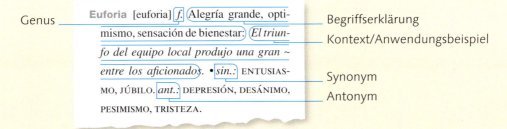

▸ *Bestimme mit Hilfe eines einsprachigen Wörterbuchs für das Wort* **felicidad**: *1. seine Wortart, 2. ggf. das Genus, 3. die Kontexte, in denen es verwendet wird, 4. mit welchen Verben es stehen kann, 5. Synonyme, 6. andere Wörter derselben Familie*

▸ *Suche im einsprachigen Wörterbuch: 1. Synonyme von* **alucinante** *und* **infernal**: *2. Antonyme von* **alegría** *und* **paz**, *3. Wörter, die zur Wortfamilie von* **inteligente** *und* **diferente** *gehören, 4. das Genus von* **agua**, **tema**, **mapa** *und* **mar**, *5. die Kontexte, in denen* **frío** *und* **hombre** *verwendet werden*

HÖREN

1 Globales Hörverstehen ▶ S. 50/1b

Beim Hören eines spanischen Textes brauchst du nicht immer jedes Wort zu verstehen. Wichtig ist, den Text in seiner Gesamtheit zu erfassen.

- **Vor dem Hören:**
  Beachte die Aufgabenstellung. Manchmal wird die Gesprächssituation bereits angegeben. Mache dir klar,
  ¬ worum es in dem Gespräch gehen könnte,
  ¬ wer spricht,
  ¬ was die Personen in dieser Situation sagen könnten.
  ¬ Nutze vorhandene Bildinformationen.
- **Achte beim Hören:**
  ¬ auf Hintergrundgeräusche (z. B. Verkehrslärm …),
  ¬ auf den Tonfall der Sprecher (z. B. aufgeregt, erfreut, verärgert),
  ¬ nur auf die Abschnitte, die wichtig sind, um die Aufgabenstellung zu bearbeiten. Die W-Fragen (Was?, Wer?, Wo[hin]?, Wann?, Wie?) helfen dir, die wichtigsten Informationen aus dem Hörtext zu entnehmen.
- Notiere die wichtigen Informationen in Stichpunkten. Am besten trägst du sie in eine Tabelle ein.
- Wenn du den Text mehrmals anhören kannst, konzentriere dich beim ersten Hören auf die Wörter, die du verstehst. Versuche beim nächsten Hören, auf diesen „Verstehensinseln" aufzubauen und weitere Informationen zu entschlüsseln.

> **Notizen machen** ▶ S. 63/3b
> - Notiere nur Stichwörter, schreibe keine ganzen Sätze.
> - Notiere jede neue Information in eine neue Zeile. Benutze dabei Spiegelstriche.
> - Kürze lange Wörter ab, lasse Artikel und Konjunktionen weg.
> - Benutze Abkürzungen und Symbole: p. ej. (por ejemplo), etc. (etcétera), –, +, =, ≠, → (für eine Folgerung). Du kannst dir auch eigene Abkürzungen ausdenken.

2 Selektives Hörverstehen ▶ S. 10/2b, S. 15/10b, S. 18/6, S. 50/1c

Oft geht es darum, einem Hörtext ganz bestimmte Informationen zu entnehmen.

Vor dem Hören:
- Lies dir die Fragestellung genau durch. Welche Informationen sollst du heraushören? Wenn die Fragestellung es nahelegt, bereite eine Tabelle vor, in die du die gesuchten Informationen später eintragen kannst.

¿Quién?	¿Qué hace por la tarde?	¿A qué hora?
Sandra	—	—
Daniel	—	—

Beim Hören:
- Konzentriere dich vor allem auf die für dich wichtigen Passagen.
- Mache dir, wenn nötig, Notizen oder trage die gesuchten Informationen in die Tabelle ein.

3 Detailgenaues Hörverstehen ▶ S. 18/5b, S. 50/1c

Manchmal ist es wichtig, mehrere Einzelheiten zu verstehen (z. B. bei einer Bahnhofsdurchsage oder bei der Angabe einer Adresse).
- Versuche beim ersten Hören, den Text global zu verstehen.
- Konzentriere dich bei jedem weiteren Anhören auf weitere Details.
- Notiere dir alle wichtigen Informationen, die du verstanden hast.

4   Hör-Sehverstehen   ▶ S. 18/5a, S. 77/6a

Wenn dir beim Hören zusätzlich Bilder zur Verfügung stehen oder wenn du einen Filmausschnitt siehst, erhältst du gleichzeitig mehrere Informationen: das Bild, die Sprache und die Geräusche bzw. Musik. Bilder ersetzen hier oft Worte; sie können die sprachlich dargebotenen Informationen stützen, ergänzen oder ihnen auch widersprechen.
Folgende Fragestellungen helfen beim Verstehen:
– Welche Figuren oder Gegenstände sind im Vordergrund, welche im Hintergrund? Was sagt dies über ihre Bedeutung aus?
– Welche Mimik, Gestik, Bewegungen weisen die Figuren auf? Was sagen sie über deren Gefühle oder Charakter aus?
– Welchen Ort/Hintergrund, welche Lichteffekte gibt es?
– Welche Funktion hat ggf. der Ton?

LESEN

1   Texte über ihre Gestaltung erschließen / Textsorten erkennen   ▶ S. 37/1, S. 55/1, S. 101/2

Bevor du einen Text liest, stelle erste Vermutungen über seinen Inhalt an.
– Was verrät dir das Druckbild über die Textsorte und ggf. auch die Zielgruppe des Textes (E-Mail, Blog, Beitrag aus einer Jugendzeitschrift, Zeitungsartikel, Rezept, Gebrauchsanweisung, Gedicht, Theaterstück usw.)?
– Welche Informationen geben dir Fotos oder Illustrationen (evtl. mit Bildunterschriften)?
– Was sagen Überschrift(en) und Zwischenüberschriften aus?
– Liefert die visuelle Gestaltung des Textes Hinweise auf die Textgliederung (Sinnabschnitte, Zwischenüberschriften, erzählende bzw. dialogische Passagen, stichpunktartige Informationen bzw. ausführliche Beschreibungen, Vorspann bzw. Zusammenfassung …)?
– Unterscheide zwischen fiktionalen und nichtfiktionalen Texten:
  ¬ Fiktionale Texte handeln von einer von einem Autor erdachten Welt. Man unterscheidet narrative Texte (z. B. *cuento, relato, novela*), lyrische Texte (*poema*) und dramatische Texte (*obras de teatro – comedia, tragedia, tragicomedia*). Der Autor wählt Figuren (*personajes*) aus und erzählt bzw. zeigt ihre Gefühlen und Handlungen, deren Motive und Hintergründe. Die Handlungen finden in einem oder mehreren Handlungsrahmen statt, z. B. an einem Ort, zu einer bestimmten Zeit und unter bestimmten Umständen. Die Ereignisse können aus verschiedenen Perspektiven erzählt werden (*desde un punto de vista*).
  ¬ Nichtfiktionale oder Sachtexte setzen sich mit der realen Welt auseinander. Hierzu gehören z. B. Presseberichte, wissenschaftliche Artikel, Aufsätze oder Kommentare. Hier informiert der Autor über ein Thema aus der Wirklichkeit oder nimmt dazu Stellung.

2   Globales Leseverstehen (Skimming)   ▶ S. 31/1, S. 37/1

Beim ersten Lesen genügt es, den Text im Großen und Ganzen zu verstehen, ohne sich auf Einzelheiten zu konzentrieren.
– Überlege schon vor dem Lesen, was du bereits zum Thema des Textes weißt.
– Um nach der Lektüre zu überprüfen, ob du den Textinhalt global verstanden hast, können dir die „W-Fragen" helfen.
– Stelle dir nach der Lektüre auch eine zusammenfassende Frage, z. B.: Worum geht es in dem Text? Was ist die Kernaussage / das Hauptproblem / der zentrale Konflikt?

Die W-Fragen

Wer?	¿Quién(es)?
Was?	¿Qué?
Wo(hin/her)?	¿Adónde? / ¿De dónde?
Wann?	¿Cuándo?
Wie?	¿Cómo?
Warum?	¿Por qué?

3 **Selektives Leseverstehen (Scanning)** ▶ S. 17/2a, S. 39/2a, b

Manchmal genügt es, einem Text nur bestimmte Informationen zu entnehmen.
Das erreichst du durch zielgerichtetes Lesen:
– Lies dir vor der Textlektüre die Fragestellung genau durch.
– Überlege dir, nach welchen Schlüsselbegriffen (→ S. 132/5) du im Text suchen kannst.
– Konzentriere dich beim Lesen nur auf die für dich wichtigen Passagen.

4 **Detailgenaues Leseverstehen** ▶ S. 17/3a, S. 32/3

Manche Texte musst du in jedem Detail verstehen (z. B. eine Gebrauchsanweisung).
– Gehe dabei von den Abschnitten aus, die du gut verstehst („Verstehensinseln").
– Kläre dann Schritt für Schritt die Bedeutung der noch fehlenden Teile. Versuche dabei, die Bedeutung jedes Satzes genau zu erschließen. Nutze dabei den Kontext oder eventuelle zusätzliche Informationsquellen (z. B. Illustrationen, Zwischenüberschriften o. Ä.). Zur Überprüfung kannst du versuchen, den Satz mit eigenen Worten auf Spanisch auszudrücken. Bei besonders komplizierten Sätzen hilft es dir, den Satz ins Deutsche zu übersetzen.
– Eventuell musst du ein Wörterbuch benutzen (→ S. 128).

5 **Texte über Schlüsselbegriffe erschließen** ▶ S. 56/2b, S. 76/4a

Finde im Text Schlüsselbegriffe oder -sätze für die wesentliche(n) Aussage(n) des Textes. Überprüfe:
– Gibt es Begriffe, die besonders wichtig sind (Schlüsselbegriffe)?
– Gibt es Sätze, die Textabschnitte zusammenfassen (oft am Anfang und am Ende eines Absatzes)?
– Notiere sie in dein Heft. Wenn du Kopien benutzt, kannst du sie auch farbig markieren.

6 **Texte gliedern** ▶ S. 56/2a, S. 76/3

Für das Verständnis ist es hilfreich, wenn du dir klar machst, in welche inhaltlichen Abschnitte (Sinnabschnitte) sich der Text gliedern lässt. Gib dazu den einzelnen Abschnitten Überschriften. Du verdeutlichst dir damit zugleich, welche Themen oder Einzelaspekte jeweils angesprochen werden.

1 el párrafo *Abschnitt*
2 la introducción *die Einleitung*
3 la parte central *der Hauptteil*

> El texto tiene ___ partes.
> El título de la primera parte / del primer párrafo[1] podría ser ___ .
> La introducción[2]
> La parte central[3]   va de la línea ___ hasta la línea ___ .
> La conclusión / El final

7 **Textinhalte in eigenen Worten wiedergeben** ▶ S. 17/3, S. 39/2, S. 66/3, 4

Du kannst dein Textverständnis überprüfen, indem du z. B.
– Inhalte mit eigenen Worten wiedergibst,
– Fragen dazu formulierst und sie deinem Partner stellst
– oder den Textinhalten vorgegebene Sätze oder Bilder zuordnest.

8 **Textinhalte visuell darstellen** ▶ S. 12/3b, S. 61/2

Zum genaueren Verständnis eines Textes kann es nützlich sein, die einzelnen Informationen nach bestimmten Oberbegriffen oder Kategorien zu ordnen, z. B. nach Informationen zu Personen, Aktivitäten, Argumenten. Die Textinformationen kannst du z. B.
– als Tabelle *(tabla)*
– als Mind-map *(asociograma)*
– als Diagramm oder Graphik *(diagrama/gráfico)* darstellen.

9 Literarische Texte erschließen ▶ El placer de leer, S. 98–114

Folgende Tipps können im Umgang mit literarischen Texten nützlich sein:
- Mit einer ersten globalen Lektüre (▶ Globales Leseverstehen, S. 131) verschaffst du dir zunächst einen Überblick über Thema und Inhalt, Gattung und Form des Textes: Worum geht es in dem Text? Um welche literarische Gattung (Prosa [= narrativer Text], Lyrik, Drama) handelt es sich?
- Lies den Text in einem zweiten Schritt detailgenau bzw. gezielt im Hinblick auf die im Aufgabenapparat enthaltenen Fragestellungen durch.
- Bei literarischen Texten stehen Form und Inhalt im Zusammenhang. Auffallende formale Aspekte können dir also Hinweise für die Deutung des Textes geben.

Narrative Texte erschließen ▶ S. 101–110

Narrative Texte erzählen erfundene oder wahre Geschichten. Die bestimmenden Elemente eines Erzähltextes sind Handlungen, Figuren, Zeit und Raum, in denen sich die Handlung abspielt. Die wichtigsten Gattungen sind Roman, Erzählung und Kurzprosa (z. B. Kurzgeschichten, Anekdoten, Märchen, Fabeln usw.).
- Verschaffe dir zunächst einen Überblick über den Inhalt des Textes (zentrales Thema, Zeit und Ort, Erzählperspektive, handelnde Personen, Situation, ggf. Konflikt und Lösung). Wenn möglich, gliedere den Text in Sinnabschnitte.
- Wenn du den Ich-Erzähler bzw. eine im Text vorkommende Figur charakterisieren sollst, so belege deine Charakteristik mit allen direkten und indirekten Informationen, die der Text enthält (z. B. Aussehen, Familie, Herkunft, Verhalten, Verhältnis zu anderen Figuren usw.). Diese Informationen können auch indirekt im Text enthalten sein. ▶ Los personajes, S. 152
- Untersuche dann die formalen und stilistischen Aspekte, die in Zusammenhang mit dem Inhalt und der Aussage des Textes stehen, und beschreibe ihre Wirkung und Funktion.
  ▶ El lenguaje / El estilo, S. 153

Lyrische Texte erschließen ▶ S. 98–100

Lyrische Texte sind sprachlich verdichtete Texte in kunstvoller Form. Untergattungen sind u. a. Lieder und Gedichte. Sieh dir zunächst die formalen Aspekte an:
- Besteht der Text aus Strophen? Wenn ja, aus jeweils wievielen Versen?
- Wie lässt sich der Rhythmus bzw. das Metrum, d. h. der Wechsel zwischen betonten und unbetonten Silben, beschreiben?
- Gibt es Reime?
- Wie lässt sich das Reimschema, also die Abfolge der Reime innerhalb einer Strophe, beschreiben?

Kläre anschließend die grundsätzlichen inhaltlichen Aspekte:
- Was erfährst du über das lyrische Ich *(yo lírico)*? An wen richtet sich der Text? Was ist Thema des lyrischen Textes?
- Untersuche die einzelnen Strophen oder Sinnabschnitte im Hinblick auf ihre Aussage: Enthalten sie beschreibende, auffordernde, erzählende bzw. argumentierende Strukturen?
- Die Botschaft eines lyrischen Textes kannst du erschließen, indem du auf auffällige Strukturen achtest (Wortfelder, Bilder, Wiederholungen, …).

Dramatische Texte erschließen ▶ S. 111–114

Dramatische Texte bestehen aus den Dialogen und ggf. Monologen der handelnden Figuren sowie Regieanweisungen. Im Gegensatz zu narrativen Texten gibt es im Drama keinen Erzähler. Die Hauptgattungen des Dramas sind Komödie, Tragödie und Tragikomödie.

- Sieh dir zunächst die Regieanweisungen (acotaciones) und ggf. den Vorspann an. Sie geben Aufschluss über Ort und Zeit und die handelnden Personen.
- Der erste Akt eines Dramas enthält normalerweise die Exposition, d. h. den grundlegenden Konflikt, der im weiteren Verlauf des Dramas aufgelöst wird.
- Die Charaktere der Handelnden, ihre Standpunkte und Beziehungen kannst du aus den Dialogen (bzw. Monologen) sowie den Regieanweisungen erschließen.
- Beim szenischen Lesen eines dramatischen Textes wird der Text ausdrucksstark vorgetragen (bewusst eingesetzte Betonung, variable Lautstärke) und dadurch gleichzeitig interpretiert.

Wichtige Stilmittel erkennen ▶ S. 99/3, S. 100/2, S. 110/4

Die wichtigsten Stilmittel sind dir sicherlich aus dem Deutschunterricht und dem Unterricht in den anderen Fremdsprachen bekannt. Auf Seite 153/154 findest du ihre spanischen Bezeichnungen. Denke immer daran, das es wichtig ist, ein Stilmittel nicht nur zu benennen, sondern in einem zweiten Schritt seine Funktion bzw. seine Wirkungsweise zu beschreiben.

DIALOGISCHES SPRECHEN

1 Gespräche führen ▶ S. 59/13a

Um in Gesprächssituationen gut klarzukommen, helfen dir die *Para-comunicarse*-Kästen in der chronologischen Liste (ab S. 177).

Hier findest du eine Zusammenstellung wichtiger Ausdrücke für häufige Gesprächssituationen:

nachfragen und um Erklärungen bitten
No entiendo la pregunta / la palabra / la frase.
Más despacio, por favor.
¿Puede/s repetirlo, por favor?
¿Puedes hablar más alto, por favor?
«___», ¿qué significa?
¿Cómo se dice «___» en inglés/alemán/francés?
¿Puede/s ayudarme?

sich entschuldigen
¡Perdona!
¡Disculpa!
Lo siento.[1]

Zeit gewinnen
Pues ___.
Bueno ___.
Espera (un momento).

jemanden beglückwünschen
¡Felicidades!
¡Feliz cumpleaños!

Freude/Begeisterung zeigen
¡Qué genial!
¡Es una pasada!

Einverständnis erklären
¡De acuerdo!
¡Vale!
¡Claro que sí!

1 Lo siento. *Es tut mir Leid.*

2 Diskutieren ▶ S. 63/8, S. 67/PF

- Notiere auf einem Zettel: Was fällt dir spontan zum Thema ein (Denke dabei an die W-Fragen, s. S. 131)? Was ist deine eigene Meinung dazu?
- Bereite Argumente für deine Position vor. Kannst du konkrete Beispiele nennen?
- Während der Diskussion: Sprich klar und deutlich. Formuliere gut verständliche Sätze. Lass die anderen ausreden; bleibe höflich und sachlich.

Hier findest du wichtige Redemittel, die du in einer Diskussion verwenden kannst:

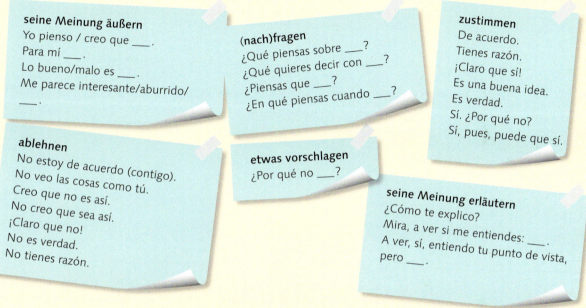

seine Meinung äußern
Yo pienso / creo que ___.
Para mí ___.
Lo bueno/malo es ___.
Me parece interesante/aburrido/ ___.

(nach)fragen
¿Qué piensas sobre ___?
¿Qué quieres decir con ___?
¿Piensas que ___?
¿En qué piensas cuando ___?

zustimmen
De acuerdo.
Tienes razón.
¡Claro que sí!
Es una buena idea.
Es verdad.
Sí. ¿Por qué no?
Sí, pues, puede que sí.

ablehnen
No estoy de acuerdo (contigo).
No veo las cosas como tú.
Creo que no es así.
No creo que sea así.
¡Claro que no!
No es verdad.
No tienes razón.

etwas vorschlagen
¿Por qué no ___?

seine Meinung erläutern
¿Cómo te explico?
Mira, a ver si me entiendes: ___.
A ver, sí, entiendo tu punto de vista, pero ___.

3 Rollenspiele ▶ S. 14/9, S. 40/8, S. 63/9, S. 70/2, S. 79/12, S. 108/6

- Überlege: Wen stellst du dar und was verlangt deine Rolle von dir? In welcher Stimmung bist du?
- Mache dir einen Stichwortzettel bzw. notiere in kurzen Sätzen bzw. Stichpunkten, was du sagen möchtest.
- Überlege dir, was dein/e Dialogpartner/in antworten könnte/n und bereite mögliche Antworten darauf vor.
- Übe das Rollenspiel mehrmals mit deiner Gruppe. Versuche dabei, deinen Stichpunktzettel so wenig wie möglich zu benutzen.

Sprich nie mit dem Rücken zum Publikum.

MONOLOGISCHES SPRECHEN

1 Erzählen ▶ S. 35/9, S. 41/9b

Erzähle die Vorgänge möglichst chronologisch. Verwende dabei die entsprechenden Adverbien zur Textgliederung.

primero – después – luego – entonces – al final

- Achte auf die richtige Verwendung der Zeiten.

Tempus	pretérito indefinido	pretérito imperfecto	pretérito perfecto
Funktion	erzählen, was in der Vergangenheit geschah und abgeschlossen ist	– beschreiben, wie etwas war (Hintergrund) – sich wiederholende Handlungen / Routine beschreiben	erzählen, was geschehen ist und für die Gegenwart noch von Bedeutung ist
Signalwörter	ayer el año pasado en 1965 hace (dos días)	(como) siempre todos los días cuando (era niño) todo el tiempo	esta mañana / semana / ___ este año hoy ya todavía no

– Je nach Situation wird deine Erzählung eher lebendig, spannend oder nüchtern sein sollen. Dies kannst du mit verschiedenen Mitteln erreichen:

Adjektive oder Vergleiche zur Veranschaulichung	enorme statt grande minúsculo[1] statt pequeño me aburrí como una ostra statt me aburrí mucho
Konnektoren	de repente un poco más tarde (poco) después por la tanto sin embargo no obstante
Ausrufe	¡Qué horror! ¡Ay qué miedo (tuvimos)! ¡Qué pasada! ¡Qué pena! ¡Me he quedado a cuadros!

[1] minúsculo *winzig*

2 Ein Bild beschreiben ▶ S. 36/10a, S. 44/4a, S. 50/4, S. 94/2

Definiere zuerst, um welche Art von bildlicher Darstellung es geht *(una foto, un afiche, una publicidad, un colage, un folleto, un cuadro, la viñeta, la caricatura)*.
– Nenne das Thema, worum es auf dem Bild geht.
– Beginne deine Beschreibung mit den auffälligsten Elementen des Bildes. Diese befinden sich meist im Vordergrund und der Mitte des Bildes.
– Beschreibe anschließend die weniger auffälligen Elemente und den Hintergrund.
– Versuche bei deiner Beschreibung sinnvolle Zusammenhänge zu schaffen und springe dabei nicht hin und her.
– Achte bei deinen Formulierungen auf den Gebrauch von *estar* (sich befinden) und *hay* + unbestimmter Artikel / Mengenangaben (entspricht im Deutschen häufig „ist/sind" statt dem wörtlichen „es gibt").
– Wenn auf dem Bild Personen sind, beschreibe ihr Aussehen. Willst du deren Handlungen beschreiben, verwende *estar + gerundio*.
– Nach der Beschreibung folgt die Interpretation des Bildes: Was soll ausgedrückt werden? Wie wirkt das Bild? Was für ein Effekt soll erzielt werden?
– Du kannst am Ende auch deine eigene Meinung äußern.

	un cuadro¹ de ___.	(El cuadro) muestra/presenta/expresa ___.
Aquí veis	una foto.	Me parece bonito/-a / feo/-a / interesante /
Os presento	un folleto.	genial / aburrido.
Este/-a es	un mural de ___.	(No) me gusta/n ___.
	un autorretrato² de ___.	
	un dibujo³.	

Cerca		
Detrás	del ___	hay / está/n ___.
Delante	de la ___	puedes/podéis ver___.
Al lado		

al fondo⁴ — en el centro — atrás
a la izquierda — a la derecha
en el primer plano⁵ — adelante

1 el cuadro *das Gemälde* **2** el autorretrato *das Selbstbildnis* **3** el dibujo *die Zeichnung* **5** al fondo *im Hintergrund* **5** en el primer plano *im Vordergrund*

3 Eine Statistik erstellen und auswerten ▶ S. 22/2a

Daten, Zahlen und Entwicklungen lassen sich gut in Statistiken *(estadísticas)* und Graphiken *(un cuadro, un gráfico de barras, un gráfico de curvas, un diagrama circular)* darstellen.

Un cuadro

1990	2000	2001
13.000	15.000	14.000

Un gráfico de barras

Un gráfico de curvas

Un diagrama circular

ciento treinta y siete **137**

Beachte im Spanischen den Artikelgebrauch bei Prozentzahlen sowie die Tatsache, dass das Verb im Singular steht!

> **el** 44,5 (cuarenta y cuatro coma cinco) por ciento (= genau 44,5 %)
> **un** 30 por ciento (= ungefähr 30 %)
>
> la mitad = el 50 %
> el/un tercio = el/un 33 %
> el/un cuarto = el/un 25 %
> la/una quinta parte = el/un 20 %
>
> la minoría / la mayoría

4 Etwas präsentieren *(charla de un/dos minuto/s / presentación)*

▶ S. 10/5a, S. 30/4b, S. 30/5b, S. 39/2c, S. 41/10c, S. 45/PF, S. 89/2c, S. 94/2, S. 100/5

Vorbereitung

- Sammle die für das Thema nötigen Ausdrücke und Redewendungen (evtl. mit Hilfe eines Mind-Maps, eines Stichwortgeländers oder einer Tabelle).
- Formuliere deinen Text zunächst aus. Denke dabei an deine Zuhörer/innen:
  ¬ Was ist für sie interessant?
  ¬ Welche Reihenfolge bietet sich für die Darstellung der Informationen an?
  ¬ Falls du unbekanntes Vokabular verwenden möchtest, bereite Erklärungen für deine Mitschüler/innen vor.
- Fertige anschließend einen Stichwortzettel an, so dass du deinen Vortrag möglichst frei, am besten auswendig, halten kannst.
- Überlege dir, ob sich eine visuelle Unterstützung für deine Präsentation anbietet, z. B.:
  ¬ ein Plakat, eine Collage, eine Skizze, eine Overhead-Folie o. Ä. oder
  ¬ eine kleine Präsentation mit Computer und Beamer.
- Denke bei der Gestaltung visueller Medien daran, deine Darstellung nicht zu überladen – sie soll übersichtlich und einprägsam wirken. Formuliere Textteile deshalb am besten in aussagekräftigen Stichpunkten. Schriftliche Teile ebenso wie Abbildungen müssen groß genug dargestellt sein.
- Wenn du eine Computer-Präsentation verwendest, soll dein gesprochener Text dennoch eigenständig formuliert sein. Beschränke dich also nicht auf das Ablesen deiner Folien, sondern erläutere, kommentiere sie und stelle sie in Zusammenhänge. Halte dabei Blickkontakt mit deinen Zuhörern.

Durchführung

- Sprich laut, langsam, deutlich und so frei wie möglich.
- Halte Blickkontakt mit deinen Zuhörern/-innen.

Folgende Formulierungen können Dir helfen:

Einführung des Themas
Hoy voy a hablar sobre (Menorca / Argentina / mi película favorita ___).
El tema de mi charla es ___.
Quiero presentar (a) mi grupo de música/artista favorito ___.
¿Ya sabéis algo sobre ___?

Strukturierung des Kurzvortrags
Primero os quiero hablar/presentar ___.
Después os voy a dar más información sobre ___.
Para terminar / Al final ___.
Para preguntar algo, levantad[1] la mano, por favor.

[1] levantar *heben*

Evaluierung ▶ S. 10/5b, S. 23/PF, S. 36/11b, S. 45/PF, S. 67/PF

Bei der Beurteilung einer *charla* bzw. einer *presentación*, oder auch einer Diskussion, kann ein Evaluierungsbogen helfen. Beispiel:

	sí	no	más o menos
La charla es interesante.	☐	☐	☐
La charla tiene una estructura clara.	☐	☐	☐
El/La compañero/-a da la información importante.	☐	☐	☐
Usa frases cortas y claras.	☐	☐	☐
Explica las palabras nuevas.	☐	☐	☐
Habla despacio.	☐	☐	☐
Mira a la clase y contesta las preguntas.	☐	☐	☐

Dieses Muster eines Evaluierungsbogens kann um beliebige Kriterien, die ihr gemeinsam festlegt, ergänzt werden. Z. B. sollte bei einer Ausstellung u. a. auch die Bildauswahl bewertet werden.

5 Informationen sammeln und auswerten
▶ S. 30/4a, S. 36/11a, S. 41/10a, S. 45/PF

Informationen sammeln

Grenze das Thema genau ein. Welche Informationen brauchst du unbedingt?
– Überlege dir bereits vor dem Lesen von schriftlichen bzw. dem Hören/Sichten von mündlichen Quellen, welche Informationen du für deine Zwecke benötigst.
– Damit du die Übersicht behältst, strukturierst du dir dein Thema am besten vor, indem du dir z. B. verschiedene Aspekte als Überschriften für deine Notizen überlegst (denke an die W-Fragen, S. 131) oder dir bereits vorab eine Gliederung für deinen Text oder deine Präsentation überlegst.

> **Recherche im Internet**
> – Welche Suchbegriffe führen dich zu den für dich wichtigen Informationen?
> – Sind die Seiten, die du gefunden hast, verlässliche Quellen? Überprüfe Informationen, die du im Internet gefunden hast, mit Hilfe einer weiteren Quelle.

Benutze mehrere Quellen für deine Informationssuche:
– das Lehrbuch (z. B. Lektionstexte oder Anhang),
– Nachschlagewerke (z. B. Enzyklopädien, Geschichtsbücher, Atlanten …) oder das Internet.
– Presseerzeugnisse, die auch online verfügbar sind:
   ¬ Tageszeitungen *(periódicos diarios)*, die in der Regel auch im Internet verfügbar sind, z. B.: *El País, La Vanguardia, El Mundo* (Spanien); *Reforma* (México), *Últimas Noticias* (Venezuela), *El Tiempo* (Colombia), *El Comercio* (Perú), *Clarín* (Argentinien), *El Mercurio* (Chile)
   ¬ Zeitschriften *(revistas)*, z. B. *Cambio* und *Tiempo* (politische Wochenzeitschriften aus Spanien), *Muy interesante* und *Quo.es* (populärwissenschaftliche Magazine aus Spanien), *National Geographic en español, Geo ES* (spanischsprachige Ausgaben der geopolitischen Magazine) u. v. m.
– Rundfunk- und Fernsehsender, bei denen neben livestreams auch podcasts zu verschiedenen Sendebeiträgen abgerufen werden können:
   ¬ TV aus Spanien z. B.: *RTVE, CNN+, Telemadrid, Antena 3* bzw. aus Lateinamerika z. B. *Venezolana de Televisión, 24 horas canal de noticias* (Argentina) u. v. m.
   ¬ Rundfunksender in spanischer Sprache, z. B. *Radio Exterior, Cadena Ser, Onda Cero* (Spanien) u. v. m.

Überlege, ob es Personen oder Organisationen gibt, die dir Auskünfte erteilen oder Informationsmaterial zur Verfügung stellen können.

Wichtiges herausschreiben (exzerpieren)

- Sichte das Material und unterscheide, welche Informationen du tatsächlich verwenden möchtest.
- Dabei kannst du folgendermaßen vorgehen:
  - ¬ Markiere dir Wichtiges im Text oder
  - ¬ schneide dir die entsprechenden Passagen aus und klebe sie auf deine Übersicht oder
  - ¬ kopiere dir elektronisches Material in entsprechende Ordner oder
  - ¬ schreibe dir Wichtiges heraus. Unterscheide dabei Textpassagen, die du wörtlich herausschreibst (kennzeichne diese durch Anführungszeichen) und sinngemäßen Exzerpten, bei denen du deine eigenen Worte verwendest.
- Unterscheide bei deiner Informationsentnahme generell zwischen sachlichen Informationen (also Tatsachen) und persönlichen Meinungen des jeweiligen Verfassers.
- Notiere dir immer die genaue Fundstelle deiner Materialien.

Informationen zusammenführen, auswerten und verarbeiten

- Sichte deine Notizen, bevor du sie für deinen eigenen Text/deine Präsentation verwendest:
  - ¬ Streiche Doppelungen und Unnötiges.
  - ¬ Haben sich Widersprüche ergeben? Dann prüfe den Wahrheitsgehalt deiner Rechercheergebnisse anhand weiterer Quellen.
- Erstelle nun deinen eigenen Text. Achte darauf, dass er nicht wie eine Montage aus vielen Zitaten wirkt oder du ihn einfach aus verschiedenen Quellen abschreibst. Formuliere stattdessen deinen eigenen Text mit deinen eigenen Worten und Gedankengängen. Strukturiere deinen Text sinnvoll und drücke dich so klar und verständlich wie möglich aus.
- An geeigneten Stellen kannst du deine eigene Argumentation mit einer Expertenaussage oder einem Zitat aus einer Quelle belegen bzw. abwechslungsreicher gestalten. Bei einer mündlichen Präsentation kündigst du ein Zitat jeweils vorher an.
  - ¬ Besonders aussagekräftige Sätze, die du recherchiert hast, kannst du unter genauer Angabe der Quelle als direkte Zitate in deinen eigenen Text übernehmen. Denke aber daran, dass zu viele oder zu lange Zitate den Zuhörer/Leser eher ermüden.
  - ¬ Wenn du Recherchiertes mit deinen eigenen Worten umschreibst, musst du ebenfalls den Fundort deiner Information angeben.
  - ¬ Auch beim Verwenden von Abbildungen, Statistiken o. Ä. muss die Quelle genannt werden.
- Wenn du eine graphische Darstellung auswerten sollst (z. B. Tabelle, Diagramm) drücke mit deinen eigenen Worten aus, was darauf dargestellt ist.
- Liegt dir ein Text mit vielen Zahlen vor, kannst du versuchen, diese graphisch darzustellen.
- Gib am Ende deiner Ausführungen immer alle Informationsquellen an, die du verwendet hast.

La novela «El mal de Gutenberg» de Jesús Carazo termina con la frase: «Y es que ya no era difícil imaginar cómo terminaría todo aquello.» (Jesús Carazo, El mal de Gutenberg, Ediciones SM: Madrid 2002.)

Los aztecas usaban una escritura de dibujos que se parecía al cómic moderno. Esos libros se llamaban códices[1]. Gracias a los códices sabemos muchas cosas sobre el día a día de los aztecas.

1 Richard Platt, Aztecas. El fin de un imperio, Ediciones SM: Madrid 2000, p. 11.

SCHREIBEN

1 Den Schreibprozess organisieren ▶ S. 19/12b, S. 23/PF, S. 39/3, S. 41/10b, S. 51/7, S. 85/12b, S. 95/6

Für jegliche Art von Schreibaufgaben ist es hilfreich, nach bestimmten Schritten vorzugehen:
- Mache dir die **Situation** klar: Was sollst du schreiben (Textsorte) und wie lang soll der Text sein? Für wen schreibst du (Adressat)? Warum schreibst du (Grund)? Was willst du erreichen (Ziel)?
- Analysiere die **Themenformulierung** genau: Sollst du beschreiben/erzählen/berichten/zusammenfassen? Geht es um Gründe/Ursachen/Folgen …?
- Sammle **Ideen** für deinen Text *(lluvia de ideas*, W-Fragen …) und **ordne** sie (Tabelle, Mind-map, Schlüsselbegriffe …).
- Schreibe einen ersten **Entwurf**:
  ¬ Verwende dabei Redewendungen aus den Lehrbuchtexten und den *Para comunicarse*-Kästen der chronologischen Liste (ab S. 177).
  ¬ Variiere die Ausdrucksweise und den Satzbau, um den Text abwechslungsreich zu gestalten.
  ¬ Verwende Konnektoren *(enlaces)*, um logische Zusammenhänge zu verdeutlichen und deinen Text klar zu gliedern.
- **Überarbeite** deinen Entwurf:
  ¬ Vergleiche dein Ergebnis mit deinen ersten Überlegungen: Enthält dein Text alles Wesentliche? Entspricht er dem Schreibziel? Wie wird der Adressat auf diesen Text reagieren?
  ¬ Wo müsstest du kürzen / ausführlicher werden / mit mehr Beispielen arbeiten?
  ¬ Korrigiere dich auch sprachlich, z. B. mit der Fehlercheckliste auf S. 146.

Konnektoren (Enlaces)

primero – después/luego/entonces – además – al final	a no ser que + *subj*.
por una parte – por otra parte	en realidad
por un lado – por otro lado	además
por ejemplo	sea como sea
porque / por lo tanto / por lo cual	debido a ___
pero / en cambio / aunque	por más que ___
cuando	tanto como
sin embargo / no obstante	

---

2 Kommunikationsmedien für Brief- und Austauschkontakte nutzen ▶ S. 89/3, S. 89/PF

Um Kontakte zu Spanischsprachigen in aller Welt zu bekommen, kannst du die elektronischen Medien nutzen (E-Mail, Chatrooms, Soziale Netzwerke und Dateiaustausch in jeglicher Form). Vielleicht führt ihr in der Klasse auch ein gemeinsames Projekt mit Hilfe elektronischer Medien durch.
Nützliche Informationen für die Suche nach einem europäischen Austauschpartner findest du auf der Internetseite von Schulen ans Netz e. V. unter dem Link *eTwinning*.

Tastaturkombinationen für spanische Sonderzeichen

ALT 0241	→	ñ	ALT 0161	→ ¡
ALT 0209	→	Ñ	ALT 0171	→ «
ALT 0191	→	¿	ALT 0187	→ »

3 Eine Postkarte / Einen Brief / Eine E-Mail schreiben ▶ S. 96/2

		Barcelona, 21 de diciembre de 2012
Anrede für eine/n Freund/in / oder eine/n Bekannte/n	Hola, Adrián: Querido Jaime / Querida Ana:	Ort und Datum
formelle Anrede	Estimados señores y señoras[1]:	
Beispiel für einen Brief an eine/n Freund/in oder eine/n Bekannte/n	¿Qué tal? Voy a pasar las vacaciones en casa de mi tía. Estoy muy contento/-a porque me gusta mucho estar con mis primos. Y tú, ¿qué vas a hacer en las vacaciones?	
Beispiel für einen Brief zur Anforderung von Informationsmaterial	Mi familia y yo vamos a pasar las vacaciones de verano en La Habana / Cuba. ¿Podrían[2] mandarme folletos[3] sobre la ciudad / el país?	
Du beendest den Brief an eine/n Freund/in	Besos / Un abrazo	
an eine/n Bekannte/n	(Muchos) saludos	
an einen Unbekannten	(Muy) atentamente[4]	
Du lässt Grüße an jemanden ausrichten	Muchos saludos a tus padres / a Isabel Dale recuerdos a tu amiga Sandra	

[1] Estimados señores y señoras *Sehr geehrte Damen und Herren* [2] podrían *könnten Sie* [3] el folleto *die Broschüre*
[4] Atentamente *Mit freundlichen Grüßen*

Abkürzungen bei der Adresse

C/	Calle	Straße
Avda.	Avenida	Allee
Pza.	Plaza	Platz
2º	segundo	zweiter Stock
pta. bja.	planta baja	Erdgeschoss
3ª	tercera puerta	dritte Tür

4 Eine Bewerbung schreiben ▶ S. 89/3, S. 89/PF

Zu einem Bewerbungsschreiben gehören ein Lebenslauf *(currículum vitae / CV)* mit Foto und ein begleitender Brief *(carta de solicitud)*.
- Ein tabellarischer Lebenslauf nennt Angaben zur Person (Name, Geburtsdatum, Adresse …), schulische Bildung, Ausbildung, Berufserfahrung bzw. berufsvorbereitende Erfahrung (z. B. Praktika), weitere Kenntnisse (z. B. Sprachen, Computerkenntnisse) und Freizeitaktivitäten (auch ehrenamtliche Tätigkeiten).
- Das Begleitschreiben beginnt mit dem Bezug auf eine Stellenanzeige, ein vorangegangenes Gespräch oder eine andere Form der Kontaktaufnahme. Anschließend erläuterst du knapp, warum du dich für die Tätigkeit interessierst und dich dafür besonders eignest.

CURRÍCULUM VITAE

INFORMACIÓN PERSONAL

Nombre: Alejandro García Gallardo
Dirección: Calle de la Paz, 26
49006 Zamora
Teléfono: 980508733
E-Mail: alejandro93@terra.es
Fecha de nacimiento: 23 de abril de 1992
Nacionalidad: española

EDUCACIÓN Y FORMACIÓN

Estudios: bachillerato
Lenguas: español (C2)
inglés (B2)
alemán (A1)
Conocimientos de informática: Word y Excel

INTERESES PERSONALES

La fotografía, tocar la guitarra, viajar

Barcelona, 29 de agosto de 2012

Alejandro García Gallardo

Alejandro García Gallardo
Calle de la Paz, 26
49006 Zamora

A la atención de: Cristina López
Sandea S.A.
Calle de Gran Vía, 43
37012 Salamanca

29 de agosto de 2012

Asunto: Su anuncio en «La Opinión»

Estimada señora López:

Me dirijo a Ud. con motivo de la oferta de trabajo publicada en el diario «La Opinión» el 26 de agosto. Me interesa mucho su oferta y creo reunir las condiciones requeridas.

El año pasado hice prácticas durante seis meses en la empresa de informática Red X en Valencia. En este momento trabajo en la recepción del Hotel Goya en Salamanca.

Según la información en su página web, su empresa dispone de un programa de producción muy innovador. Por eso me gustaría mucho empezar mi carrera profesional con ustedes. Además estoy convencido de la calidad de sus productos.

Estoy disponible para realizar una entrevista con ustedes en las próximas semanas y con mucho gusto voy a responderles todas sus preguntas.

En espera de sus noticias, le saluda muy atentamente

Alejandro García Gallardo

Adjunto: Currículum Vitae

5 Eine Zusammenfassung *(resumen)* schreiben ▶ S. 84/8, S. 110/1b

Eine Zusammenfassung enthält in knapper und sachlicher Form die wichtigsten Informationen des Ausgangstextes. Diese findest du, indem du
- bei einem erzählenden Text die W-Fragen stellst (Wer? Was? Wann? Wo? Wie? Warum?)
- bei einem informativen Text nach dem Textthema, den Hauptinformationen bzw. -argumenten und einer möglichen Schlussfolgerung fragst.

Folgende Regeln helfen dir beim Verfassen einer Zusammenfassung:

Ein *resumen*
- ist immer deutlich kürzer als der Ausgangstext.
- beginnst du mit einem einleitenden Satz zum Thema des Ausgangstextes.
- verfasst du in der 3. Person Präsens.
- schreibst du mit eigenen Worten.
- enthält nur Fakten aus dem Text, keine direkte Rede, keine Zitate und keine eigenen Wertung.

> ¿quién?   ¿dónde?   ¿cuándo?   ¿qué?   ¿por qué?   ¿cómo?

> Un descendiente maya cuenta sobre la situación de los indígenas
> Aníbal es es un joven maya que vive en el pueblo San José de le Peña en Guatemala. En el texto cuenta de la vida de los indígenas en Guatemala antes y hoy. Dice que desde la conquista se ha tratado a los indígenas como a gente de segunda clase pero que las cosas están cambiando desde hace poco tiempo. También cuenta de su día a día en el pueblo y que los mayas empiezan a redescubrir sus valores y su lengua. Al final del texto dice que quiere ser ingeniero un día para ayudar a mejorar las condiciones de vida en su pueblo.

6 Eine Personenbeschreibung verfassen ▶ S. 110/3a, S. 114/4c

Insbesondere für die Analyse literarischer Texte sind Personencharakteristiken wichtig.
- Lies dir den Ausgangstext genau durch und notiere dir in gegliederter Form alle Informationen des Textes zum Aussehen, zum sozialen Umfeld (Familie, Freunde, Ausbildung/Beruf, Hobbys …) sowie zum Charakter und Verhalten der Figur. Achtung: Diese Informationen sind manchmal auch implizit im Text enthalten, z. B. in Äußerungen anderer über die Figur oder in Reaktionen, die die Figur zeigt.
- Beginne deine Personenbeschreibung mit grundlegenden Informationen über die Figur (z. B. Name, Alter, Wohnort).
- Beschreibe ihr Äußeres und ihr persönliches Umfeld.
- Gehe dann auf das Verhalten und den Charakter der Figur ein. Um deine Aussagen zu belegen, kannst du hier Zitate aus dem Ausgangstext anführen.
- Schreibe deinen Text im Präsens.
- Stichpunktartig kannst du die Informationen zu einer Figur in einer *ficha de identidad* festhalten. Diese kann Ausgangspunkt für eine ausformulierte Personenbeschreibung, aber auch Gedächtnisstütze für die weitere Arbeit sein. ▶ Los personajes, S. 152

7 Textinhalte erläutern ▶ S. 99/3, 4, S. 108/4, S. 109/2 (Mitte), S. 110/4

Aufgaben, bei denen Textinhalte analysiert werden sollen, erkennst du meist an bestimmten Signalwörtern, z. B. *Explica ___, Analiza ___, Compara ___, Comenta ___, ¿Por qué ___?*. Hier geht es nicht nur darum, dass du – wie bei Aufgaben zum Textverständnis *(comprensión)* – Textinhalte mit eigenen Worten wiedergibst, sondern dass du in einem zweiten Schritt auch ihre Bedeutung erklärst oder Zusammenhänge aufzeigst.

> Esto quiere decir que ___ .
> Este párrafo[1] demuestra[2] que ___ .
> El autor/la autora utiliza muchas comparaciones[3] ___ .
>
> El texto convence[4] a los lectores[5] porque ___ .
> El objetivo de esta frase es ___ .
> En este párrafo, el autor/la autora habla de ___ / se trata de ___ .
> En mi opinión, ___ .

[1] el párrafo *der Absatz*
[2] demostrar *aufzeigen*
[3] la comparación *der Vergleich*
[4] convencer a jdn *überzeugen*
[5] el/la lector/a *der/die Leser/in*

8 Einen Kommentar verfassen ▶ S. 63/10b

In einem Kommentar nimmst du zu einer Frage, einer These oder einem Problem persönlich Stellung, formulierst deine eigene Meinung und bringst deine eigene Erfahrungen ein. Die Aufgaben enthalten häufig Aufforderungen wie: *Justifica tu opinión. / ¿Por qué (no) crees que ___?* . Bei manchen Aufgabenstellungen ist es notwendig, sich dabei auf den Ausgangstext zu beziehen, z. B. wenn es darum geht, vorgegebene Fakten mit deiner eigenen Situation zu vergleichen. Bei anderen Aufgaben kannst du frei assoziieren und argumentieren. Folgende Hinweise können dir beim Verfassen eines Kommentars helfen:

- Brainstorming: Notiere dir zunächst stichpunktartig Pro-und Kontra-Argumente, bilde dir deine eigene Meinung und wähle dann die Argumente aus, die du für stichhaltig hältst.
- Aufbau: Mit einer knappen Einleitung *(introducción)* führst du zum Thema hin. Im Hauptteil solltest du wenigstens drei Argumente oder Aspekte eines Themas ausführen. Mit einer kurzen *conclusión* am Ende bringst du deine Position zusammenfassend auf einen Punkt.
- Argumentation: Bemühe dich, logisch und nachvollziehbar zu argumentieren und deine Argumente, wenn möglich, mit einem Beispiel zu belegen. Besonders überzeugend wirkt dein Kommentar, wenn du das wichtigste Argument als letztes ausführst.
- Sprache: Schreibe im Präsens. Dein Text wirkt flüssig und klar gegliedert, wenn du die Sätze durch entsprechende Ausdrücke verbindest ▶ Konnektoren, S. 141.

> Para empezar ___ / Al principio ___
> No creo que / No pienso que + *subj*.
> Es verdad / cierto que ___ pero ___ / mientras que ___ / en cambio ___ .
> (No) estoy de acuerdo con (la idea de ___ / este argumento / lo que dice [X] ___) porque ___ .
> Me parece que ___ .
> Estoy a favor de / en contra de ___ .
> Para terminar / en conclusión ___ .

9 Kreatives Schreiben ▶ S. 22/5, S. 95/5, S. 99/5, S. 114/6, S. 114/5

Beim kreativen Schreiben sollst du häufig vorgegebene Texte umschreiben. Du kannst z. B. einen Dialog zu einer Geschichte erfinden, den Text aus der Perspektive einer bestimmten Person erzählen oder einen Schluss für eine Geschichte schreiben.

- Nutze die Informationen des Ausgangstextes.
- Wenn du die Perspektive einer bestimmten Person schilderst, überlege, wie diese sich fühlt, was sie denkt, wie sie reagieren könnte.
- Mache dir Notizen (s. S. 130). Ordne sie dann und überlege dir, wie du deinen Text aufbaust.
- Beachte auch die Schreibregeln von S. 165.

10 Einen Text bewerten ▶ S. 15/11c, S. 36/11b

Bei der Beurteilung eines Texts eines/-r Mitschülers/-in hilft dir ein **Evaluierungsbogen**. Beispiel:

1 el contenido *der Inhalt*
2 la presentación *die Gestaltung* 3 adecuado/-a *angemessen*

	sí	no	más o menos
El contenido[1]:			
El texto / La historia / El folleto / ___ es interesante.	☐	☐	☐
Están todas las informaciones importantes.	☐	☐	☐
La presentación[2] es adecuada[3]/original.	☐	☐	☐
La forma es creativa.	☐	☐	☐
La lengua:			
Tiene una estructura clara.	☐	☐	☐
Hay enlaces adecuados.	☐	☐	☐
(Casi) no hay errores.	☐	☐	☐

11 Fehler selbst korrigieren ▶ S. 23/PF, S. 36/11a, S. 41/10c, S. 41/12b, S. 114/6

Um die Anzahl deiner Fehler zu verringern, stelle dir eine eigene Fehlersuchliste aus den folgenden Vorschlägen zusammen.

Tipp: Achte bei jedem Lesdurchgang jeweils nur auf **eine** bestimmte Fehlerquelle. So findest du mehr Fehler.

1. Hast du auf die Rechtschreibung geachtet?

inte**res**ante
el **t**ema
¿Qui**é**nes?

2. Sind die Artikel, Begleiter und Adjektive dem Genus und dem Numerus des Nomens angepasst?

l**o**s problemas
much**as** ide**as**
los zapato**s** bonito**s**

3. Hast du an die Verschmelzung von Präposition und Artikel gedacht?

Es el libro **del** profe.
Dale la cazadora **al** chico.

4. Stimmen die Verbformen mit ihren Subjekten überein?

La **gente** can**ta**.
Los padres cre**en** que no.

5. Hast du dich vergewissert, dass du „ser", „estar" und „hay" richtig verwendet hast?

José **es** estudiante. **Es** de Vigo.
Está en Madrid. **Está** enfermo.
En la mesa **hay** un mensaje.

6. Hast du auf die Unregelmäßigkeiten bestimmter Verben/Verbformen geachtet?

¿Qui**e**res ir al cine?
S**i**gue esta calle todo recto.
Lo **hice** yo.

7. Hast du an die richtige Stellung der Adjektive gedacht?

un jersey **verde**
una **mala** idea

8. Hast du an die Verkürzung mancher Adjektive vor Sustantiven gedacht?

un **buen** ejemplo
un **mal** día
el **tercer** piso

9. Stimmen die Pronomen in Genus und Numerus mit den Wörtern überein, die sie ersetzen?

Conozco a **Miguel**. **Le** gusta mucho bailar.
¿**Fernanda y Sofía**? **Las** vi ayer.

10. Hast du die richtige Vergangenheitsform verwendet?

Ayer **fui** al cine.
Esta mañana me **he levantado** temprano.

11. Hast du den richtigen Modus verwendet?

Quiero que no me **hables** así.
Pienso que **es** verdad.
No pienso que **sea** verdad.

KOOPERATIVES LERNEN

1 ¡Piensa, discute y comparte! („Think – pair – share") ▶ S. 22/2

¡Piensa, discute y comparte! ist eine Arbeitsform in drei Schritten:
1. *Piensa*: Bearbeite die Aufgabe zunächst alleine und mache dir, wenn nötig, Notizen (→ S. 130).
2. *Discute*: Besprecht zu zweit, was ihr euch überlegt habt bzw. was ihr vorbereitet habt. Korrigiert euch dabei gegenseitig.
3. *Comparte*: Tragt anschließend eure Ergebnisse eurer Gruppe bzw. der Klasse vor.

2 Expertenpuzzle ▶ S. 12/3c

Mit Hilfe dieser Methode werdet ihr in Kleingruppen zu Experten für ein Thema und informiert euch anschließend gegenseitig über alle anderen behandelten Themen.

1. Ihr bildet Gruppen, z. B. vier Gruppen mit je 4 Schülern. Jede Gruppe erhält eine andere Aufgabe und bearbeitet diese.

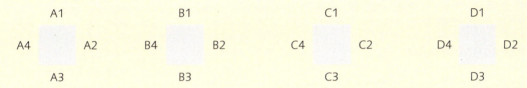

2. Von jeder Gruppe verteilen sich drei Schüler auf die anderen Gruppen. Der am Platz gebliebene Schüler (der „Experte" für sein Thema) informiert nun seine „Gäste" über die Arbeitsergebnisse seiner Gruppe aus Phase 1. Seine „Gäste" fragen so lange nach, bis sie selbst zu Experten des neuen Themas geworden sind.

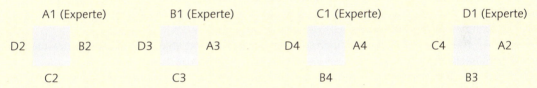

3. Alle gehen in ihre Ursprungsgruppe zurück und informieren ihre Gruppenmitglieder über die neuen Erkenntnisse, sodass am Schluss alle über alles informiert sind: A2 informiert seine A-Gruppe (also A1, A3 und A4) über das Thema B, A3 informiert die anderen (A1, A2 und A4) über das Thema C usw.

3 Arbeiten in der Gruppe ▶ S. 12/3, S. 22/2, S. 23/PF, S. 44/3b, S. 45/PF, S. 67/PF, S. 74/3

Gutes Arbeiten in der Gruppe bedeutet, dass jede/r so viel wie möglich zu einem gemeinsamen Ergebnis beiträgt. Achtet darauf, dass alle aus der Gruppe in die Arbeit eingebunden sind. Mögliche Aufgaben sind z. B.:
– Notizen mit den Ergebnissen anfertigen,
– auf das Zeitlimit achten,
– die sprachliche Korrektheit der Notizen (Vokabular, Grammatik) überprüfen,
– sicherstellen, dass alle in der Gruppe ihre Aufgabe so gut wie möglich ausführen.
Am Ende soll jedes Gruppenmitglied die Ergebnisse vor der Klasse vortragen können.

4   Kugellager ▶ S. 63/10a

Ein Kugellager ist sinnvoll, um gemeinsam Dialoge zu üben oder um sich mündlich über ein bestimmtes Thema auszutauschen:
1. Euer Lehrer/Eure Lehrerin bespricht als erstes mit euch die Aufgabenstellung.
2. Stellt euch dann in einem Kreis auf: Jede/r zweite tritt nach innen, so dass sich ein äußerer und ein innerer Kreis bildet.
3. Die sich jeweils gegenüber stehenden Schüler/innen beginnen nun ihren Dialog.
4. Auf ein Signal eures Lehrers / eurer Lehrerin hin bewegt sich der äußere Kreis um eine Person weiter, so dass sich neue Gesprächspaare finden.
5. Das könnt ihr so oft wiederholen, bis ihr wieder eurem/-r Ausgangspartner/in gegenüber steht.

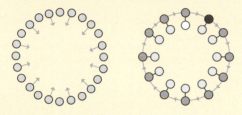

SPRACHMITTLUNG

1   Wiedergeben von Inhalten in der jeweils anderen Sprache
▶ S. 15/10c, S. 18/6, S. 23/6, S. 44/1b, S. 51/6, S. 84/11, S. 95/5, S. 110/2

Hier geht es um eine sinngemäße bzw. zusammenfassende Wiedergabe eines Textes.
– Überlege dir vorher, welche Informationen für deine/n Partner/in von Bedeutung sind: nur Teile des Ausgangstextes oder ein Gesamtüberblick.
– Lies den Ausgangstext durch bzw. höre ihn an. Unbekannte Wörter erschließe dir mit Hilfe der bekannten Techniken (▶ Wörter erschließen, S. 124).
– Überprüfe mit Hilfe der W-Fragen, worauf es in dem Text ankommt. Achte dabei auch auf Schlüsselbegriffe.
– Notiere dir evtl. die wichtigsten Aussagen stichpunktartig.
– Fasse diese Informationen dann sinngemäß in der anderen Sprache zusammen. Nur in Einzelfällen kann es sinnvoll sein, Ausdrücke oder (Teil-)Sätze wörtlich zu übersetzen.
– Lies dann deinen Text nochmals durch bzw. höre ihn nochmals an, um zu überprüfen, ob er alle wichtigen Informationen enthält und sinnvoll aufgebaut ist.

2   Dolmetschen ▶ S. 36/10b

Beim Dolmetschen musst du in einem Gespräch einzelne deutschsprachige Äußerungen ins Spanische und umgekehrt übertragen.
– Mache dir klar, was die Person, für die du dolmetschst, sagen möchte.
– Verwende evtl. einen Notizzettel, auf dem du dir Stichpunkte notierst.
– Übertrage dies dann sinngemäß ins Deutsche bzw. Spanische. Normalerweise ist es nicht nötig, Wort für Wort zu übersetzen.
– Wenn dir ein Wort nicht einfällt oder du es nicht kennst, so umschreibe es mit einfachen Wörtern (▶ Wörter umschreiben, S. 126), nenne Beispiele oder nimm Gestik und Mimik zu Hilfe.

3 Übersetzen ▶ S. 108/5

Ein Übersetzungstext soll die Aussage, aber auch den Stil und die Formulierungen des Originals so genau wie möglich wiedergeben. Dabei darf er aber nicht holperig – eben „übersetzt" – klingen, sondern muss sich flüssig lesen lassen. Denke also an die Faustregel: „So nah am Originaltext wie möglich, so frei wie nötig."

Arbeitsschritte bei einer Übersetzung:
1. Lies dir den Text mehrmals durch und versuche, seine Gesamtaussage zu erfassen.
2. Markiere dir schwierige Passagen oder unbekannte Wörter und schlage diese nach.
3. Übersetze den Text Satz für Satz auf einem Entwurfszettel. Lass Platz für Verbesserungen.
4. Bevor du den Text ins Reine schreibst, gehe ihn noch einmal durch und überprüfe
 – die Vollständigkeit (Sind auch alle „kleinen" Wörter wie *ya*, *todavía*, *sin embargo* usw. übersetzt?),
 – den Zusammenhang und die Verständlichkeit (Ergibt dieser Abschnitt einen Sinn?),
 – den Stil und die Idiomatik (Klingt der Text flüssig und „richtig"?).

Achte beim Übersetzen auf folgende Besonderheiten:
– Im Spanischen besteht eine Tendenz zur Verbalisierung, im Deutschen drückt man vieles eher mit Nominalisierungen oder Adverbien aus.

¿Te gusta hacer senderismo?	Wanderst du gerne?
Acabo de llegar.	Ich bin gerade/soeben angekommen.
Estamos comiendo.	Wir sind gerade beim Essen / wir essen gerade.

– Die Vergangenheitstempora im Spanischen werden im Deutschen manchmal durch unterschiedliche Verben wiedergegeben.

Ya lo **sabía**.	Ich wusste es schon.	Lo **supe** ayer.	Ich habe es gestern erfahren.
Lo **teníamos**.	Wir hatten es.	Lo **tuvimos**.	Wir bekamen es.
La **conocía** ya.	Ich kannte sie schon.	La **conocí** en una fiesta.	Ich lernte sie auf einem Fest kennen.

– Bei festen Redewendungen verwenden die beiden Sprachen oft sehr unterschiedliche Bilder und Redewendungen, die nicht wörtlich übersetzt werden dürfen.

tomarle el pelo a alguien	jemanden auf den Arm nehmen
estar hasta la coronilla	die Nase voll haben

PARA HABLAR DE UN TEXTO

¿DE QUÉ TIPO DE TEXTO SE TRATA?

un artículo de periódico / de revista	Artikel
una entrevista / un diálogo	Interview / Gespräch
un reportaje / una encuesta	Reportage / Umfrage
un texto informativo	Sachtext
una carta privada/formal	privat/formell
un diario	Tagebuch
una (auto-)biografía	(Auto-)Biografie
un comentario	Kommentar
un cómic	Comic
una fotonovela	Fotoroman
la letra de una canción	Liedtext
una leyenda	Legende
un relato / un cuento	Erzählung
un cuento de hadas	Märchen
una pieza/obra de teatro	Theaterstück
un poema	Gedicht

	histórica	Historischer Roman
	policíaca	Kriminalroman
una novela	de amor	Liebesroman
	de ciencia ficción	Science-Fiction-Roman
	de aventuras	Abenteuerroman

LAS PARTES DE UN ARTÍCULO DEL PERIÓDICO

el título	Titel
el subtítulo	Zwischenüberschrift
el/la autor/a	Autorin
la agencia	Agentur
el fuente	Quelle
la foto	Foto
el pie de foto	Fotounterschrift

LAS PARTES DE UN LIBRO Y SU CONTENIDO

la cubierta	Buchcover
el nombre del autor / de la autora	Name des Autors / der Autorin
el título de la obra	Titel des Werkes
la crítica	Buchkritik
la recomendación	Empfehlung
la foto / la imagen	das Foto / das Bild
las explicaciones interesantes	interessante Erklärungen
el género literario (novela)	literarisches Genre
el nombre del/de la autor/a	Name des/der Autors/-in
el título de la obra	Titel des Werkes
la editorial	Verlag

EL/LA AUTORA

el/la periodista	Journalist/in
el/la narrador/a	Erzähler/in
el poeta, la poetisa	Dichter/in
el/la cantante	Sänger/in
el/la dibujante	Zeichner/in

el/la autor/a
- da su opinión sobre … — gibt seine/ihre Meinung über …
- expresa sus ideas sobre … — drückt aus …
- describe … — beschreibt …
- discute el problema de … — diskutiert das Problem …
- narra la historia de … — erzählt die Geschichte von …
- cuenta la vida de … — erzählt das Leben von …
- empieza/termina por … — beginnt/endet mit …
- llega a la conclusión de (que) … — kommt zu dem Schluss, dass …
- hace una crítica de … — kritisiert …
- destaca … — hebt hervor …
- señala … — zeigt …
- acentúa … — betont …
- afirma que … — behauptet, dass ….
- explica el hecho de que … — erklärt die Tatsache, dass …
- demuestra … — zeigt, dass …

quiere
- divertir — unterhalten
- sorprender — überraschen
- provocar — provozieren
- llamar nuestra atención sobre … — uns aufmerksam machen auf …

EL/LA NARRADOR/A

el/la narradora	Erzähler/in
el yo lírico	lyrisches Ich

- habla en 1ª persona. — spricht in der 1. Person
- es testigo/-a — Zeuge/-in
- es protagonista. — Protagonist/in
- es narrador/a omnisciente — allwissende/r Erzähler/in

LOS PERSONAJES

	el/la protagonista / el personaje principal		Hauptfigur
	En el texto están mencionados (tres) personajes/protagonistas		werden erwähnt

el personaje principal el chico / la chica la figura	se llama tiene … años es de origen … vive en … lleva (+ ropa) … se comporta … se siente … se lleva como los demás	heißt ist … Jahre alt kommt aus … lebt in … trägt (+ Kleidung) verhält sich … fühlt sich … führt sich auf wie die meisten

el personaje principal el chico / la chica la figura	es	gordo/-a | delgado/-a alto/-a | bajo/-a guapo/-a | feo/-a rubio/-a | moreno/-a joven | viejo/-a simpático | antipático/-a interesante | aburrido/-a amable | pesado/-a serio | divertido/-a natural | artificial paciente | impaciente tradicional | moderno/-a inteligente | tonto/-a pobre | rico/-a alegre | triste	dick | schlank groß | klein hübsch | hässlich blond | dunkelhaarig jung | alt sympathisch | unsympathisch interessant | langweilig freundlich | nervig ernst | lustig natürlich | künstlich geduldig | ungeduldig traditionell | modern intelligent | dumm arm | reich fröhlich | traurig
		lleva gafas tiene el pelo largo/-a | corto/-a tiene los ojos azules | verdes	trägt eine Brille hat langes | kurzes Haar hat blaue | grüne Augen

vive con … / solo/-a / en casa de …	lebt mit … / allein/bei …
es estudiante de …	Student/in
el comportamiento / la actitud / las reacciones	Verhalten/Reaktionen
La relación entre …	Beziehung
Primero uno se entera de que …	man erfährt, dass
Después / Luego la protagonista …	danach / später
Al final	am Ende
A la protagonista le gusta / molesta / interesa …	gefällt / nervt / interessiert
Eso significa / muestra que …	heißt / zeigt
Por eso hay que decir que …	muss gesagt werden
Se puede suponer que …	annehmen
Así que está claro que …	ist klar

LA ESTRUCTURA DEL TEXTO

El texto El primer/segundo capítulo	consta de está dividio en	(tres)	escenas. partes. parráfaros.	enthält Szenen ist unterteilt in enthält Absätze
	contiene (no) tiene		introducción. conclusion.	Einleitung Schlussfolgerung

El poema La canción	consta de	un título. versos (libres). tres estrofas. rimas. un estribillo.
		Titel (freie) Verse Strophen Reime Refrain

(En) el/la	primer/a segundo/-a tercer/a cuarto/-a quinto/-a …	párrafo estrofa verso	se presenta (a) se trata de explica cuenta sobre ilustra (a)	el motivo … la situación … el cambio en … cómo … por qué… …
				präsentiert handelt von erklärt erzählt über veranschaulicht

EL CONTENIDO

El lugar y el tiempo del texto

El lugar de acción es …   Ort der Handlung
La acción / el argumento está situada / se desarolla en …   die Handlung spielt
(En) este texto / … (se) trata de …   handelt (sich) um/von

La palabra La idea El tema	principal clave	del texto es …	Schlüsselbegriff/-thema

el argumento   Handlung

EL LENGUAJE / EL ESTILO

El lenguaje se caracateriza por   Die Sprache zeichnet sich aus durch

un estilo	claro romántico irónico complicado dramático realista	klaren romantischen ironischen komplizierten dramatischen realistischen	Stil
ritmo	lento dinámico	langsamen dynamischen	Rhythmus

El texto contiene El autor / la autora utiliza		elementos dramáticos / cómicos expresiones como … descripciones de … detalles / imágenes / repeticiones enumeraciones / comparaciones preguntas retóricas metáforas símbolos ironía	dramatische / komische Elemente Ausdrücke wie … Beschreibungen über … Details / Bilder / Wiederholungen Aufzählungen / Vergleiche rhetorische Fragen Metaphern Symbole Ironie
Predomina/n		las frases cortas / largas / complicadas …	Es überwiegen/überwiegt …	Sätze
	el lenguaje	escrito hablado cotidiano crítico complejo polémico sobrio barroco	geschriebene gesprochene Alltags- kritische komplexe polemische nüchterne überladene	Sprache
	el registro familiar		Umgangs-	
un monólogo interior expresiones cultas / vulgares un estilo literario			innerer Monolog gebildete / vulgäre Ausdrücke literarischer Stil	

¿CUÁL ES TU OPINION SOBRE EL TEXTO?

A mí	me encanta/n me impresiona/n (no) me gusta/n mucho (no) me gusta tanto / nada me sorprende/n	las ideas el ambiente la línea «…» la/s frase/s «…» el ritmo la estructura la expresión	del texto porque …	Ideen Atmosphäre Textzeile Satz Rhythmus Struktur Ausdruck
A mí	el texto (todo) el texto la introducción el final la conclusión	me parece	alegre triste	Text Gesamttext Einführung Ende

aburrido/-a	langweilig	provocador	provokant
bien escrito/-a	gut geschrieben	raro/-a	selten
bonito/-a	schön	realista	realistisch
bueno/-a	gut	romántico/-a	romantisch
exagerado/-a	übertrieben	sentimental	sentimental
fascinante	faszinierend	vivo/-a	lebendig
interesante	interessant	estructurado/-a	strukturiert
malo/-a	schlecht	excepcional	außergewöhnlich

LA CANCIÓN

la música pop	Popmusik	la música clásica	klassische Musik
el rock	Rockmusik	la canción folclórica	Volkslied
el jazz	Jazz	el villancico	Weihnachtslied
el rap	Rap		

el/la cantante	Sänger/in	la guitarra	Gitarre
el grupo	Gruppe	el piano	Klavier
la banda	Band	la percusión	Schlagzeug
la orquesta	Orchester	la flauta	Flöte
el coro	Chor	el violín	die Geige
la grabación	Aufnahme		

La canción | suena bonita / alegre / …   klingt
            | me parece triste / lenta /…   erscheint mir

la canción se compone de / se divide en …   setzt sich zusammen aus
estrofas   Strophen
un estribillo   Refrain

El ritmo es …   Rhythmus
sencillo   einfach
marchoso   schwungvoll
complicado   kompliziert
dinámico   dynamisch
lento   langsam
repetitivo   wiederholend
rápido   schnell
tranquilo   ruhig
vivo   lebendig
monótono   monoton

La melodía es …   Melodie
alegre   fröhlich
triste   traurig
sentimental   sentimental
emocionante   bewegend
pegadiza   einprägsam
romántica   romantisch

La melodía molesta   nervt

(No) me gusta la canción / melodía / voz del cantante ___ porque

Me | impresiona   beeindruckt
     | entusiasma   begeistert
     | pone nervioso / triste / melancólico/-a / alegre   stimmt mich nervös / traurig / melancholisch / fröhlich

La canción	refleja …	spiegelt wider
	expresa …	drückt aus
	resume…	fasst zusammen
	ilustra…	veranschaulicht
	pone de relieve …	betont

En la canción destaca(n) …   hervorstechen

EL CINE

el guión — das Drehbuch
el/la guionista — der/die Drehbuchautor/in
el/la director/a de una película — der/die Regisseur/in
el actor / la actriz — der/die Schauspieler/in

una película	de amor	Liebesfilm
	de horror	Horrorfilm
	de acción	der Actionfilm
	de aventura	der Abenteuerfilm
	de ciencia ficción	Science Fiction-Film
	de dibujos animados	Zeichentrickfilm
	policíaca	Kriminalfilm
	del oeste	Western
	de crítica social	sozialkritischer Film

una comedia — eine Komödie
un drama — ein Drama

un	vídeo	Video(clip)
	cortometraje	Kurzfilm
	documental	Dokumentarfilm

la fotograma — Standbild

el plano		Kameraeinstellung
	primer plano	Nahe
	plano medio	Halbnahe
	plano entero	Halbtotale
	plano general	Totale
	gran plano general	Extreme Totale

HISTORIA DE ESPAÑA

10.000–1.000 a. C.	Los pueblos íberos y tartesios habitan la Península.
1.000–200 a. C	Otros pueblos como los celtas, los fenicios, los griegos y los cartaginenses llegan a la Península y fundan diversas ciudades.
siglo II a. C.–siglo IV d. C	Los romanos dominan toda la Península Ibérica.
siglo IV–siglo V d. C.	Primeras invasiones de los bárbaros y fin de la presencia romana
siglo V–siglo VII d. C.	Llegada de los visigodos a la Península Formación de reinos cristianos
711 d. C.	Llegada de los árabes a Gibraltar y comienzo de su expansión
siglo XI	Los reinos musulmanes pierden fuerza. Los reinos cristianos empiezan la Reconquista.
1037	Formación del Reino de Castilla, que ocupa casi todo el norte de la Península.
1143	Independencia de Portugal del Reino de Castilla
1492	Los Reyes Católicos terminan la Reconquista con la toma de Granada. Descubrimiento de América
1516–1556	Carlos de Austria, Rey de España. Une los reinos de la Península Ibérica y hereda territorios en Italia, los Países Bajos y el imperio austríaco.
1700–1746	Felipe V, primer rey borbón de España. España pierde importancia internacional a favor de Inglaterra.
1713	Fundación de la RAE (Real Academia Española)
1811–1821	Independencia de la mayoría de las colonias españolas de América
1812	Primera Constitución Española
1879	Creación del PSOE (Partido Socialista Obrero Español)
1898	España pierde sus últimas colonias: Cuba, Filipinas y Puerto Rico.
1936–1939	Guerra Civil Española
1939–1975	Dictadura del General Franco: prohibición de partidos políticos; prohibición de la libertad de expresión; prohibición del catalán, gallego y vasco.
1975	Juan Carlos I, Rey de España.
1977	Primeras elecciones democráticas después de la dictadura franquista
1978	Nueva Constitución Española
1982	Entrada en la OTAN
1986	Entrada en la CEE
1992	Juegos Olímpicos de Barcelona
2002	Introducción del euro

Los Reyes Católicos

Felipe V de España

Juan Carlos I

Los Juegos Olímpicos 1992

PEQUEÑO DICCIONARIO DE CULTURA Y CIVILIZACIÓN

ESPAÑA

Lugares

Almería (aprox. 700.000 hab.)
Provincia en el sureste de España en → Andalucía. Capital: Almería. Importante centro turístico por su clima muy seco y con mucho sol. En el interior de la provincia está la Plataforma Solar de Almería, un centro de energía solar. ▶ U3/Ac

Andalucía (aprox. 8,5 mill. de hab.)
Comunidad Autónoma en el sur de España. Capital: → Sevilla. El nombre viene del árabe Al-Ándalus y significa «Tierra de los Vándalos». Es una de las regiones más grandes de España y la más poblada. La agricultura, la pesca y el turismo son las actividades económicas más importantes de la región. ▶ U3/Ac

Costa del Sol (aprox. 300 km de largo)
Costa en el sur de → Andalucía. Por su buen tiempo y sus playas es uno de los centros turísticos más importantes de España. Una de las ciudades más famosas es Marbella porque mucha gente famosa pasa allí el verano. ▶ U3/Ac

el Parque Nacional de Doñana (aprox. 550 km²)
Parque en el suroeste de → Andalucía, donde termina el Guadalquivir, uno de los ríos más grandes de España. El parque está lleno de pequeños ríos y lagos y en invierno hay muchos pájaros que huyen del frío de otros países europeos. ▶ U3/Ac

los pueblos blancos
Nombre de algunos pueblos de la Sierra de Cádiz, en el suroeste de → Andalucía. Sus casas son de color blanco y sus calles son muy estrechas. Algunos de los más grandes son Ubrique y Arcos de la Frontera. ▶ U3/Ac

Sevilla (aprox. 700.000 hab.)
Capital de → Andalucía en el suroeste de España. Fue fundada en el s. VIII a.C. Muchos pueblos vivieron en Sevilla, como los romanos o los árabes (s. VII – s. XIII). Hoy en día Sevilla es una ciudad moderna pero con edificios históricos, como la Giralda, la Torre del Oro o la Catedral. Sevilla también es conocida por su Semana Santa y por la Feria de Abril. ▶ U3/Ac

Sierra Nevada (aprox. 90 km de largo)
Sierra en el sureste de → Andalucía. El pico más alto es el Mulhacén (3.478 m) y está muy cerca de la ciudad de Granada. En Sierra Nevada hay una de las zonas más grandes para esquiar de España. ▶ U3/Ac

Personajes

Fernando II de Aragón (1451–1504) e
Isabel I de Castilla (1452–1516)
Reyes Católicos de España. Después de casarse en 1469 unieron sus territorios (Castilla y Aragón) y se convirtieron en Reyes de España. En 1486 decidieron pagar el viaje a la India de → Colón. Con el dinero que los españoles trajeron de América consiguieron que España fuera uno de los países más importantes del mundo. También son conocidos por ganar la guerra contra los árabes y unir → Andalucía a España. ▶ U2/Ac

Hernán Cortés (1485–1547)
Conquistador español de Badajoz, Extremadura. En 1519 viajó desde la isla La Española hasta el actual territorio de México. Desde allí y con la ayuda de unos 600 hombres empezó la conquista del imperio azteca, que terminó con la conquista de → Tenochtitlan. ▶ U2/Ac

Federíco García Lorca (1898–1936)
Poeta y escritor español de Fuente Vaqueros, → Andalucía. Es uno de los escritores españoles más importantes del s. XX y formó parte del movimiento literario de «La Generación del 27». En su

poesía, prosa y obras de teatro utilizó la lengua culta y el lenguaje popular. Durante la Guerra Civil Española fue asesinado por sus ideas políticas y por su homosexualidad. ▶ U3/B

Francisco de Goya (1746–1828)
Pintor español que nació en Fuendetodos, Aragón. En 1799 empezó a trabajar como pintor del rey de España. En sus cuadros Goya tematizó las tradiciones y los problemas de la sociedad española. Sus cuadros más famosos son «Los fusilamientos del 3 de mayo» o «Los toros de Burdeos». ▶ U3/B

Los toros de Burdeos

Francisco Pizarro (1478–1541)
Conquistador español de Trujillo, Extremadura. En 1502 viajó desde España a Panamá, donde se convirtió en gobernador. En 1531 hizo una expedición hacia Perú donde conquistó el imperio inca. En 1535 fundó la capital de Perú, Lima. ▶ U2/Ac

Diego de Velázquez (1465–1524)
Conquistador español de → Sevilla. En 1493 viajó con → Colón a América. Desde la isla La Española viajó a Cuba donde se convirtió en gobernador. En 1518 viajó a México con → Cortés para empezar la conquista del imperio azteca. ▶ U2/B

Otros

la Feria
Fiesta típica del sur de España. Tiene lugar en una gran área al aire libre, donde se construyen unas pequeñas «casetas» en las que la gente va para bailar → sevillanas, cantar, comer y beber. La feria más importante es la Feria de Abril de → Sevilla. ▶ U3/Ac

el flamenco
Baile y música típicos de → Andalucía. Nació en el s. XVIII como mezcla de la cultura árabe, judía, cristiana y gitana. El instrumento principal del flamenco es la guitarra, que se acompaña con palmas y zapateos. Las personas que cantan flamenco se llaman «cantaores» y las personas que bailan «bailaoras». ▶ U3/Ac

las sevillanas
Forma del flamenco típico de → Sevilla, que se canta y se baila sobre todo en la → Ferias. ▶ U3/Ac

AMÉRICA LATINA

Lugares

el cerro Aconcagua (6.964 m)
Montaña más alta de la → Cordillera de los Andes y también el pico más alto de América. ▶ U1/Ac

Argentina (aprox. 40,1 mill. de hab., 2.780.400 km²)
Segundo país más grande de América del Sur. Capital: → Buenos Aires. La población es en su mayoría de origen europeo; aproximadamente el 3% es de origen indígena. Tiene paisajes muy diferentes: desiertos en el noreste, costa en el este, glaciares en el sur. La economía de Argentina también es la segunda de América del Sur. Exporta sobre todo soja, cereales, carne, productos químicos y petróleo. El español de Argentina es diferente al de España, sobre todo por el uso del voseo. ▶ U1/Ac

Bolivia (10,4 mill. de hab., 1.098.581 km²)
País en el centro-oeste de América del Sur. Capital: Sucre. El 69% de la población es de origen indígena y un 22,5% tienen antepasados indígenas y europeos. Aunque Bolivia cuenta con grandes reservas de metales y gas natural, es el país más pobre de América Latina porque no tiene grandes industrias. ▶ U1/A, U4/A

Buenos Aires (aprox. 3 mill. de hab.)
Capital de → Argentina en la costa del Océano Atlántico, también conocido como «Baires». Fue fundada en el 1538 por el conquistador español Pedro de Mendoza. Centro económico y cultural del país. En los barrios fuera de Buenos Aires viven más de 15 millones de personas. ▶ U1/Ac

el Cerro de los Siete Colores
Cerro en el pueblo de → *Purmamarca*, provincia de → *Jujuy*, → *Argentina*. Famoso por la diversidad de colores, sobre todo el rojo, de las rocas. ▶ U1/A

Cochabamba (aprox. 650.000 hab.)
Ciudad en el centro de → *Bolivia*. Tradicionalmente fue un centro económico gracias a la agricultura. Hoy en día es una ciudad moderna con industrias importantes como las del petróleo o del gas. La Universidad Mayor de San Simón es una de las más antiguas del país. ▶ U4/A

Colombia (aprox. 46,6 mill. de hab., 1.141.748 km²)
País en el norte de América del Sur. Capital: Bogotá. Tiene su nombre en honor a → *Colón*. Exporta sobre todo petróleo, las flores, el café y las bananas. También sigue siendo el mayor productor de cocaína y por eso es uno de los países más peligrosos del mundo. Shakira, Juanes y Gabriel García Márquez son artistas colombianos famosos en todo el mundo. ▶ U4/Ac, U4/B

la Cordillera de los Andes (aprox. 7.500 km de largo)
Cadena de montañas más larga del mundo. Recorre → *Argentina*, → *Bolivia*, Chile, → *Colombia*, Ecuador, Perú y parte de Venezuela. Ofrece muchas posibilidades de esquiar, escalar, hacer rafting u otros deportes. El punto más alto es el → *Aconcagua* (6.964 m). ▶ U1/Ac

Córdoba (1,3 mill. de hab.)
Ciudad en el centro de → *Argentina*, fundada en 1573. Su universidad, del 1631, es la más antigua del país. Aquí tiene lugar durante nueve noches el festival Cosquín, el festival más importante de música folclórica de Argentina. ▶ U1/A

Cuzco (aprox. 350.000 hab.)
Ciudad en el sur del Perú. Fue la capital de la cultura maya. La Plaza de Armas era el centro de la ciudad donde estaban los palacios de los jefes mayas. Después de la conquista se convirtió en la capital del Virreinato (territorio español en América del Sur). Todavía se pueden ver muchos edificios históricos de la época inca y de los españoles. ▶ U2/A

Jujuy (aprox. 670.000 hab.)
Provincia en el noroeste de → *Argentina*. Capital: San Salvador de Jujuy. El 10,5 % de la población son indígenas. La provincia es rica en alimentos como el azúcar, la banana o el tabaco y también en minerales como el hierro, cobre, oro o plata. ▶ U1/Ac

La Boca
Barrio de → *Buenos Aires* al lado del puerto donde se fundó Buenos Aires en 1536. Durante la época colonial en este barrio vivían sobre todo esclavos y en el s. XIX los inmigrantes italianos. Famoso por sus casas originales y el equipo de fútbol → *Boca Juniors*. ▶ U1/B

Medellín (aprox. 2,8 mill. de hab.)
Ciudad en el noroeste de → *Colombia* situada en un valle a 1.400 m de altura. Por sus temperaturas entre 16 y 30 grados se llama también la «Capital de la eterna primavera». Centro económico gracias a la industria textil, el tabaco y las flores. ▶ U4/B

Mendoza (aprox. 114.800 hab.)
Ciudad en el oeste de → *Argentina* al pie de los → *Andes*, fundada en 1561. Tiene un clima seco, pero gracias a canales pequeños es una ciudad verde. Hay muchos bares al aire libre y cibercafés, por lo cual en 2005 fue elegida la ciudad más digital de América Latina. ▶ U1/Ac

la Patagonia
Región en América del Sur. Chile y → *Argentina* forman parte de esta región. Recibe muchos turistas interesados por las actividades deportivas y la naturaleza, sobre todo los glaciares. ▶ U1/Ac

el Parque nacional Talampaya (2.150 km²)
Parque nacional en el noroeste de → *Argentina*. Es una zona de montañas y desierto con un clima muy seco. En el parque se pueden ver diferentes animales como zorros y aves rapaces. El «Cañón de Talampaya» y la «Ciudad perdida», con sus laberintos, son las zonas más visitadas del parque. ▶ U1/Ac

la Península Valdés (3.625 km²)
Península en el sureste de → *Argentina*. Importante por la diversidad de plantas, flores y animales, sobre todo de ballenas, delfines y pingüinos. ▶ U1/Ac

Purmamarca (aprox. 2.100 hab.)
Pequeño pueblo en la provincia de → *Jujuy*, → *Argentina*. Se encuentra a 2.300 m de altura. En la lengua aimara «purma» significa «desierto» y «marca» «ciudad». Recibe a siempre más turistas por el tradicional y tranquilo estilo de vida, el estilo arquitectónico y el → *Cerro de los Siete Colores*. ▶ U1/A

el Río de la Plata (aprox. 300 km de longitud; 220 km de anchura máxima)
Río en América del Sur. Separa → *Argentina* y Uruguay. Los puertos más importantes son → *Buenos Aires* y Montevideo. Se llama de la «plata» porque durante la época colonial era el camino para llegar a Potosí, → *Bolivia,* ciudad donde había mucha plata.
▶ U1/B

Salta (aprox. 1,2 mill. de hab.)
Provincia en el noroeste de → *Argentina*. Capital: Salta. La población indígena es aproximadamente un 5 % de la población total. Es una de las provincias menos industrializadas del país. Su economía se basa en la agricultura y la ganadería. ▶ U1/Ac

San Telmo
Barrio de → *Buenos Aires*. Es uno de los más antiguos de la ciudad. Son típicas sus casas coloniales. Es muy famoso por los bailarines de → *tango*, músicos y otros artistas callejeros. El centro es la Plaza Borrego, donde los domingos tiene un lugar un mercado.
▶ U1/Ac

la Tierra del Fuego
Grupo de islas en el sur de la → *Patagonia*, dividido entre → *Argentina* y Chile. Es una zona con muchos lagos y glaciares. Se llama «Tierra del Fuego» porque cuando los conquistadores españoles llegaron en barco vieron las fogatas que hacían los indígenas.
▶ U1/Ac

Ushuaia (aprox. 56.000 hab.)
Capital de la provinicia de → *Tierra del Fuego*, → *Argentina*. Es la ciudad más cerca del polo sur. Fue fundada en 1869. Recibe a muchos turistas interesados por los deportes de invierno. ▶ U1/Ac

el Valle de la Luna (Parque Provincial de Ischigualasto) (8.000 km²)
Valle en el noroeste de → *Argentina*. Es una región de desierto y casi no hay plantas ni flores. Por eso se conoce como «Valle de la Luna». El nombre Ischigualasto significa «lugar de la muerte». ▶ U1/Ac

Atracciones turísticas

la Bombonera (Estadio Alberto Jacinto Armando)
Estadio de fútbol en el barrio → *La Boca*, → *Buenos Aires*. Aproximadamente tiene espacio para 57.000 personas. Tiene forma de D y la primera fila está a sólo 2 m del campo. Allí juega el → *Boca Juniors*.
▶ U1/B

Caminito
Calle del barrio de → *La Boca* en → *Buenos Aires*. Famosa por sus casas de madera de muchos colores, construidas por los inmigrantes italianos. Es como una «calle museo» donde se pueden ver obras de diferentes artistas. El músico argentino Juan de Dios Filiberto escribió un → *tango* con el mismo hombre: «Caminito». ▶ U1/B

la Casa Rosada
Edificio en el centro de → *Buenos Aires*, al lado de la → *Plaza de Mayo*. Sede del gobierno argentino. Se llama «casa rosada» porque es de color rosa.
▶ U1/B

las Cataratas de Iguazú / Garganta del Diablo
Cataratas en el noreste de → *Argentina*, en la frontera con Brasil. El nombre de «iguazú» viene de la lengua guaraní y significa «mucho agua». Por los 260 saltos pasan hasta 7.000 m³ de agua por segundo. El salto más grande se llama Garganta del Diablo (80 m). ▶ U1/Ac

el glaciar Perito Moreno (aprox. 250 km²)
Glaciar en el suroeste de → *Argentina*, en la región de la → *Patagonia.* Tiene 30 km de largo y 60 m de ancho. Es uno de los pocos glaciares que acrece.
▶ U1/Ac

el Hotel de Inmigrantes / el Museo de la inmigración
Edificio de → *Buenos Aires* de principios del s. XX. Fue el hotel en el que dormían los inmigrantes europeos que llegaban a la ciudad. Después se convirtió en el «Museo de la inmigración», que muestra cómo vivían los inmigrantes y cuenta la historia de la inmigración a Argentina. ▶ U1/B

Machu Picchu
Ruinas de una ciudad inca, fundada alrededor del año 1450. La ciudad era el lugar de vacaciones de los jefes incas. Está en el sur del Perú a 2.360 m de altura. Es especial por sus terrazas de cultivo. Había templos, pirámides y 216 casas en las que vivían hasta 1.000 personas. ▶ U2/A

el Metrocable
Teleférico de la ciudad de → *Medellín*, → *Colombia*. Fue construido para comunicar los barrios de la ciudad que están en las montañas. Además de su importancia social respeta el medio ambiente porque funciona también con energía solar. ▶ U4/B

el Parque Biblioteca España
Parque en → *Medellín*, → *Colombia*. Fue construido en 2007. Dentro del parque se encuentran 3 edificios enormes en los cuales hay una gran biblioteca, salas de ordenadores y salas para exposiciones y actividades culturales. El parque se ha convertido en un símbolo de la ciudad porque los edificios son tan grandes que se pueden ver desde casi todos los lugares. ▶ U4/B

la Plaza de Mayo
Plaza histórica en el centro de → *Buenos Aires*. En el s. XX fue el centro de manifestaciones políticas y sociales muy importantes. Una de las más famosas es la manifestación que desde 1977 hacen un grupo de mujeres, llamado «Madres de la Plaza de Mayo», para protestar por los desaparecidos durante la dictadura en → *Argentina* (1976–1983). ▶ U1/B

el Teatro Colón
Teatro de ópera de → *Buenos Aires*. Abrió en 1908. Por su acústica es uno de los teatros más importantes del mundo. ▶ U1/B

el Tren a las Nubes
Uno de los trenes más altos del mundo. Sale de → *Salta* (1.187 m), → *Argentina* y llega a Polvorilla (4.220 m). El tren recorre 217 km con una velocidad máxima de 35 km/h y tarda unas 16 horas. Más de 22.000 turistas viajaron en el tren durante el año 2011. ▶ U1/Ac

Personajes

Juan Carlos Aduviri (*1976)
Actor y profesor boliviano de El Alto. Interpretó al indígena Hatuey, un líder de las protestas durante la Guerra del Agua en la película «También la lluvia». Por este papel ganó un premio como mejor actor. ▶ U4/B

Cristóbal Colón (1436–1506)
Navegante italiano. De joven estudió geografía y aprendió lenguas. En 1492 salió con tres barcos y unos 80 hombres desde España y llegó a la isla de Guanahaní (actual Bahamas). Él pensaba que era la India, pero en realidad había descubierto América. Por eso es conocido como el descubridor de América. ▶ U2/Ac

La Malinche (1502–1529)
Esclava indígena que en 1519 fue regalada a → *Cortés*. Hablaba náhuatl y maya y aprendió a hablar español. Así se convirtió en la traductora y la amante de Cortés y con su ayuda los españoles ganaron la guerra contra los aztecas. ▶ U2/B

Lionel Messi (*1987)
Jugador de fútbol argentino. Nació en Rosario. De pequeño ya se interesaba por el fútbol. En 1998 se fue a vivir a Barcelona donde empezó a jugar en el F.C. Barcelona. Es uno de los mejores futbolistas del mundo. ▶ U1/A

Moctezuma II (1466–1520)
Emperador azteca que gobernó → *Tenochtitlan* entre 1502 y 1520. Durante diez años Moctezuma intentó extender el imperio hacia el sur. Quería evitar que los conquistadores españoles llegaran a la ciudad pero recibió a → *Cortés* en 1519. Perdió todo su poder y fue asesinado por los propios aztecas que estaban en contra de él. ▶ U2/Ac

Evo Morales (*1959)
Primer presidente indígena de → *Bolivia*, elegido en 2006. Viene de una familia de campesinos y ya de joven empezó a interesarse y luchar por los problemas de los campesinos y trabajadores. En 1997 empezó su carrera como político. ▶ U4/Ac

Otros

el asado
Especialidad de → *Argentina* y Uruguay. Es carne a la parilla que correctamente preparado, requiere varias horas de fuego y trabajo. Se come con la familia o amigos para celebrar algo especial. ▶ U1/A

Boca Juniors
Equipo de fútbol de → *Buenos Aires*. Fue fundado en 1905 por inmigrantes italianos. Son los rivales del equipo de → *River Plate* desde el s. XX cuando los dos equipos jugaban en el barrio de → *La Boca*. Fue el equipo argentino donde Diego Maradona jugó más años. ▶ U1/B

Chac
Dios maya de la lluvia. Los mayas lo imaginaban como un hombre viejo con una nariz larga. ▶ U2/A

las empanadas
Comida típica de América del Sur. Es una masa rellena con carne, queso etc. ▶ U1/B

las villas miserias
Nombre de barrios en las afueras de algunas ciudades de América Latina. Son barrios donde vive muchísima gente en muy poco espacio y donde a menudo no hay ni luz ni agua. ▶ U4/B

el mate
Bebida con cafeína que ayuda a la digestión. Se prepara con yerba mate, que crece en el sureste de América del Sur. Los indígenas ya tomaban esta bebida. El nombre «mate» viene del guaraní y significa «calabaza» ya que antes se bebía en una calabaza. Hoy en día se bebe en una especie de taza y se consume sobre todo en → *Argentina* y Uruguay. ▶ U1/A

la ONG
Una ONG (Organización no gubernamental) es una organización independiente de los gobiernos. Se dedica a actividades humanitarias con ayuda de voluntarios. Las ONGs existen desde 1840, pero en los últimos veinte años su número ha crecido mucho. Con su trabajo quieren ayudar en los sectores que no cubren los gobiernos.

Pachamama
Diosa de la tierra. Todavía hoy en día los indígenas hacen rituales a esta diosa para que la tierra sea mejor para cultivar. P. ej., antes de beber vuelcan un poco de vino diciendo: «Antes para la pacha.» ▶ U2/A

la Fundación Pies Descalzos
→ *ONG* fundada por la cantante Shakira en 1997. Ayuda a los niños pobres de ciudades de → *Colombia*, sobre todo de Barranquilla, donde nació Shakira. El objetivo de Pies Descalzos es alimentar a los niños y ofrecerles educación. ▶ U4/Ac

el poncho
Prenda de ropa típica de América del Sur. Fue inventado por los indígenas. Parece una chaqueta sin mangas. Los colores y las formas del poncho dependen de cada región. ▶ U1/A

Quetzalcoatl
Dios de los aztecas y mayas. Su nombre significa «serpiente emplumada». Así que representa el cuerpo (la serpiente) y el espíritu (el pájaro libre). ▶ U2/Ac

River Plate
Equipo de fútbol de → *Buenos Aires*. Fue fundado en 1901 en el barrio de → *La Boca*. Es conocido como el equipo de «los millonarios» porque en 1931/32 pagó los precios más altos para la compra de jugadores hasta este momento. ▶ U1/B

«También la lluvia» (2010)
Película española de la directora Icíar Bollaín. La película trata de un director de cine que viaja a → *Cochabamba*, → *Bolivia*, para rodar una película sobre el descubrimiento de América. Mientras el director y su equipo están en Cochabamba, empieza la Guerra del Agua. La película ha ganado varios premios de cine en España. ▶ U4/A

el tango
Baile y música tradicional de → *Argentina* y Uruguay. Nació a finales del s. XIX. Tiene influencias de músicas americanas, europeas y africanas. El bandoneón es el instrumento más importante. ▶ U1/Ac

ciento sesenta y tres **163**

el Templo Mayor
Templo en → *Tenochtitlan* de 60 m de altura. Fue el centro religioso y político de la ciudad donde tenían lugar desde fiestas hasta funerales. Los restos fueron descubiertos en 1978. ▶ U2/A

Tenochtitlan
Capital del imperio azteca, actual Ciudad de México. Estaba en un lago. Era una ciudad muy grande y muy bien organizada: tenía calles, grandes avenidas y canales de agua, por los cuales se podía ir en barca. Además tenía muchos templos y palacios. Era el centro económico y cultural del imperio azteca. ▶ U2/Ac

Viracocha
Dios inca. Su nombre significa «grasa» y «agua», símbolos de la energía y vida. Siempre estaba acompañado por un pájaro que conocía el presente y el futuro. ▶ U2/A

A
a la parilla *gegrillt*
acompañar *begleiten*
acrecer *vermehren*
la agricultura *die Landwirtschaft*
los alimentos *die Nahrungsmittel*
le/la amante *der/die Geliebte*
el/la artista (callejero) *der/die (Straßen-)Künstler/in*
asesinar *ermorden*
el ave rapaz *der Raubvogel*

B
los bárbaros *die Barbaren*
basarse en algo *auf etw. basieren*
borbón *bourbonisch (frz. Adelsgeschlecht)*

C
la cafeína *das Koffein*
la calabaza *der Kürbis*
cartaginense *karthagisch*
casarse *heiraten*
CEE = Comunidad Económica Europea
los celtas *die Kelten*
los cereales *das Getreide*
el cobre *das Kupfer*
el/la conquistador/a *der/die Eroberer/-in*
conquistar *erobern*
la constitución *die Verfassung*
la creación *die Gründung*
cubrir algo *etw. abdecken*
el cuerpo *der Körper*
cultivar *anbauen*

D
la digestión *die Verdauung*

E
el edificio *das Gebäude*
elegir *wählen*
escalar *klettern, bergsteigen*
el espíritu *der Geist*
la eterna primavera *der ewige Frühling*
la expansión *die Ausbreitung*

F
los fenicios *die Phönizier*
la fila *die Reihe*
la fogata *das Lagerfeuer*
la fundación *die Gründung*
fundar *gründen*
el funeral *die Beerdigung*

G
la ganadería *die Viehzucht*
gobernar *regieren*
la grasa *das Fett*

H
el hierro *das Eisen*

I
íbero/-a *iberisch*
la influencia *der Einfluss*
inventar *erfinden*

J
judío/-a *jüdisch*

L
la lengua culta *die Hochsprache*
el lenguaje popular *der Volksmund*
la libertad de expresión *die Redefreiheit*

M
la música folclórica *die Volksmusik*

N
la nariz *die Nase*
el/la navegante *der/die Seefahrer/in*

O
el oro *das Gold*
la OTAN *die NATO*

P
las palmas *das Händeklatschen*
la pesca *die Fischerei*
el petróleo *das Erdöl*
el/la pintor/a *der/die Maler/in*
la plata *das Silber*
la prenda de ropa *das Kleidungsstück*

Q
químico/-a *chemisch*

R
la reconquista *die Zurückeroberung*
el reino (musulmán) *das (muslimische) Reich*
rellenar *füllen*
la roca *der Felsen*
los romanos *die Römer*

S
el salto *der Wasserfall*
seco/-a *trocken*
la serpiente (emplumada) *die (gefiederte) Schlange*

T
los tartesios *die Tartessen*
la terraza de cultivo *die Anbauterrasse*

V
los vándalos *die Vandalen*
la velocidad máxima *die Höchstgeschwindigkeit*
volcar *vergießen*

Z
los zapateos *das Füßestampfen*
el zorro *der Fuchs*

BETONUNG, ZEICHEN, ZAHLEN

EL ALFABETO   Das Alphabet

a [ɑ]	e [e]	i [i]	m [eme]	p [pe]	t [te]	x [ekis]
b [βe]	f [efe]	j [xota]	n [ene]	q [ku]	u [u]	y [je]
c [θe]	g [xe]	k [ka]	ñ [eɲe]	r [ere]	v [uβe]	z [θeta]
d [de]	h [atʃe]	l [ele]	o [o]	s [ese]	w [doβle uβe]	

LOS SIGNOS DE PUNTUACIÓN   Die Satzzeichen

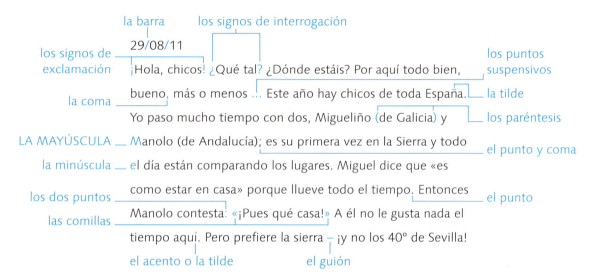

LA PRONUNCIACIÓN   Die Aussprache

Las consonantes | Die Konsonanten

- [β] nue**v**o, de**b**eres
- [b] **v**ecino, **v**asco, **B**arcelona, tam**b**ién
- [θ] **c**entro, **c**iudad, **z**apato, feli**z**
- [tʃ] **ch**ico
- [d] **d**eporte
- [ð] estu**d**iar
- [f] **f**oto
- [x] **g**ente, **h**ijo
- [g] **g**orra, in**g**lés, ale**g**re
- [ɣ] re**g**alo, ami**g**a
- [ʎ] **ll**amar, a**ll**í, ape**ll**ido (oft wie [j])
- [k] **c**alle, **qu**erer, **k**ilómetro
- [l] **l**ibro, ho**l**a
- [m] **m**onumento, ta**m**bién
- [n] **n**o, so**n**
- [ŋ] i**n**glés, le**n**gua, e**n**cuentro
- [ɲ] espa**ñ**ol, ma**ñ**ana
- [p] **p**adre, **p**ágina
- [ɾ] pe**r**o, cent**r**o
- [r] **r**ío, go**rr**a, guita**rr**a
- [s] **s**almantino, cla**s**e
- [t] fa**t**al, **t**ú
- [ks] e**x**amen
- [j] **y**oga
- [w] **w**indsurf

Las vocales | Die Vokale

- [a] **a**quí
- [e] **e**dad
- [i] **i**nstituto, mu**y**
- [o] h**o**la, ¿có**m**o?
- [u] **u**niversidad, est**u**diante

Los diptongos | Die Diphthonge

- [ai] h**ay**, b**ai**lar
- [au] **au**la, L**au**ra
- [ei] s**ei**s, v**ei**nte, vol**ei**bol
- [eu] **eu**ro
- [oi] v**oy**, h**oy**
- [j] b**i**en, s**i**empre, c**i**udad, estud**i**ante
- [w] leng**u**a, b**u**eno, c**u**idado

ciento sesenta y cinco **165**

Reglas de acento | Betonungsregeln

1. Wörter, die auf **n**, **s** oder Vokal enden, werden auf der vorletzten Silbe betont.

   chi|co
   pla|za
   bue|no
   len|gua

   mo|tu|**ris**|ta
   |ve|**ci**|no
   |nu|**men**|to

2. Wörter, die auf Konsonant (außer **n**, **s**) enden, werden auf der letzten Silbe betont.

   ver|**dad**
   ge|**nial**
   ha|**blar**

   u|ni|re|gu|**lar**
   ||ca|te|**dral**
   |ver|si|**dad**

3. Wörter, deren Betonung von dieser Regel abweicht, haben einen Akzent auf der betonten Silbe.

   tam**bién**
   vi**vís**
   a**llí**

   fútbol
   página
   ¡le**ván**tate!

LOS NÚMEROS   Die Zahlen

Los números cardinales | Die Kardinalzahlen

0 cero	18 dieciocho	101 ciento uno/-a, un
1 uno, una, un	19 diecinueve	135 ciento treinta y cinco
2 dos	20 veinte	200 doscientos/-as
3 tres	21 veintiuno/-a, -ún	300 trescientos/-as
4 cuatro	22 veintidós	400 cuatrocientos/-as
5 cinco	23 veintitrés	500 quinientos/-as
6 seis	26 veintiséis	600 seiscientos/-as
7 siete	30 treinta	700 setecientos/-as
8 ocho	31 treinta y uno/-a, y un	800 ochocientos/-as
9 nueve	32 treinta y dos	900 novecientos/-as
10 diez	33 treinta y tres	1 000 mil
11 once	40 cuarenta	2 000 dos mil
12 doce	50 cincuenta	10 000 diez mil
13 trece	60 sesenta	100 000 cien mil
14 catorce	70 setenta	200 000 doscientos/-as mil
15 quince	80 ochenta	500 000 quinientos/-as mil
16 dieciséis	90 noventa	1 000 000 un millón
17 diecisiete	100 cien, ciento	2 000 000 dos millones

Los números ordinales | Die Ordnungszahlen

1° el primero	1ª la primera	⚠ el **primer** piso
2° el segundo	2ª la segunda	
3° el tercero	3ª la tercera	⚠ el **tercer** piso
4° el cuarto	4ª la cuarta	
5° el quinto	5ª la quinta	
6° el sexto	6ª la sexta	
7° el séptimo	7ª la séptima	
8° el octavo	8ª la octava	
9° el noveno	9ª la novena	
10° el décimo	10ª la décima	

INDICACIONES PARA LOS EJERCICIOS

COMPRENDER

apuntar	notieren	Apunta lo que dice el locutor de «tus» fotos.
completar	vervollständigen	Completa las frases / las adivinanzas.
contar	erzählen	Cuenta a un amigo español lo que dijeron las personas.
corregir	korrigieren	Apunta si las frases siguientes son correctas. Si son falsas, corrígelas.
describir	beschreiben	Describe la caricatura y explica qué situación representa.
elegir	auswählen	Elige para cada testimonio la frase que mejor resume el contenido.
indicar	angeben	Indica a qué pueblos indígenas se refieren las frases.
poner en orden cronológico / ordenar	in die richtige Reihenfolge bringen	Pon los temas en orden cronológico.
presentar	präsentieren, vorstellen	Presentar la información en una ponencia de un minuto / los resultados en una estadística.
relacionar	zuordnen	Relaciona las explicaciones con los fotos.
resumir	zusammenfassen	Resume en alemán lo que sabes de la vida en Al-Ándalus.

ANALIZAR

analizar	untersuchen	Analiza el estilo del cuento.
caracterizar	charakterisieren	Caracteriza al personaje con al menos cinco frases.
comparar	vergleichen	Compara la información del texto con tus suposiciones.
explicar	erklären	Lee el texto y explica cuál es la diferencia entre los americanismos «marketing» y «patata».
exponer	darstellen	Expón la situación de los aimaras en Bolivia.
formular una hipótesis	eine Hypothese aufstellen	¿Cómo crees que va a terminar el cuento? Formula una hipótesis.
interpretar	interpretieren	Tratad de interpretar la última frase del cuento.

COMENTAR/CREAR

comentar	Stellung nehmen	Comenta la frase «Creo que los salvajes somos nosotros».
comparar	vergleichen	Comparad la información del texto con vuestras experiencas.
convencer	überzeugen	Te gustaría mucho pasar un año ahí y tratas de convencer a tus padres.
discutir	erörtern/diskutieren	Discutid si deberían prohibir las corridas en toda España.
escribir	schreiben	Escribe un pequeño artículo.
evaluar	bewerten	Evaluad vuestros artículos y haced una exposición en clase.
explicar	erläutern	Explica el mensaje de la caricatura. / Explica por qué (no) te gusta la canción.
expresar/dar la opinión	seine Meinung äußern	Expresa tu opinión sobre el poema utilizando elementos del ejercicio 8. Da tu opinión sobre la canción.
imaginar(se)	sich etw. vorstellen	Imagina las razones del yo lírico y coméntalas.
inventar	ausdenken	Inventad a un miembro más de la familia y escribid una escena nueva.
justificar	rechtfertigen	Justifica tu respuesta con citas del texto.

LOS PAÍSES DE LA UNIÓN EUROPEA (UE)

Europa — europeo/-a

País	Gentilicio	País	Gentilicio
Alemania	alemán/alemana	Irlanda	irlandés/irlandesa
Austria	austríaco/-a	Italia	italiano/-a
Bélgica	belga *inv.*	Letonia	letón/letona
Bulgaria	búlgaro/-a	Lituania	lituano/-a
Chipre *m.*	chipriota *inv.*	Luxemburgo *m.*	luxemburgués/luxemburguesa
Dinamarca	danés/danesa	Malta	maltés/maltesa
Eslovaquia	eslovaco/-a	Países Bajos *m. pl.*	neerlandés/neerlandesa
Eslovenia	esloveno/-a	Polonia	polaco/-a
España	español/a	Portugal *m.*	portugués/portuguesa
Estonia	estonio/-a	Reino Unido *m.*	británico/-a
Finlandia	finlandés/finlandesa	República Checa	checo/-a
Francia	francés/francesa	Rumanía	rumano/-a
Grecia	griego/-a	Suecia	sueco/-a
Hungría	húngaro/-a		

LOS PAÍSES DE AMÉRICA LATINA

América Latina — latinoamericano/-a

País	Gentilicio	País	Gentilicio
Argentina	argentino/-a	Honduras	hondureño/-a
Bolivia	boliviano/-a	México	mexicano/-a
Brasil	brasileño/-a	Nicaragua	nicaragüense *inv.*
Chile	chileno/-a	Panamá	panameño/-a
Colombia	colombiano/-a	Paraguay	paraguayo/-a
Costa Rica	costarricense *inv.*	Perú	peruano/-a
Cuba	cubano/-a	Puerto Rico	puertorriqueño/-a
Ecuador	ecuatoriano/-a	República Dominicana	dominicano/-a
El Salvador	salvadoreño/-a	Uruguay	uruguayo/-a
Guatemala	guatemalteco/-a	Venezuela	venezolano/-a
Haití	haitiano/-a		

VERBOS CON INFINITIVO

acabar de + *inf.*	*etw.* gerade getan haben
animar a *alguien* a + *inf.*	*jdn* ermutigen *etw.* zu tun
aprender a + *inf.*	lernen *etw.* zu tun
buscar + *inf.*	versuchen *etw.* zu tun
deber + *inf.*	sollen/müssen + *Inf.*
dejar de + *inf.*	aufhören *etw.* zu tun
desear + *inf.*	wollen + *Inf.*
empezar a + *inf.*	anfangen *etw.* zu tun
enseñar a *alguien* a + *inf.*	*jdm* beibringen *etw.* zu tun
hacer + *inf.*	*jdn etw.* tun lassen
hay que + *inf.*	*etw.* ist zu tun
ir a + *inf.*	gleich *etw.* tun wollen
intentar + *inf.*	versuchen *etw.* zu tun
parecer + *inf.*	den Anschein haben *etw.* zu tun / zu sein
pensar + *inf.*	vorhaben *etw.* zu tun
poder + *inf.*	können + *Inf.*
ponerse a + *inf.*	anfangen *etw.* zu tun
preferir + *inf.*	bevorzugen *etw.* zu tun
querer + *inf.*	wollen + *Inf.*
saber + *inf.*	wissen/können + *Inf.*
salir a + inf.	hinaus gehen um *etw.* zu tun
soler + *inf.*	*etw.* meistens tun
tener ganas de + *inf.*	Lust haben *etw.* zu tun
tener que + *inf.*	müssen + *Inf.*
tocar + *inf.*	an der Reihe sein *etw.* zu tun
venir a + *inf.*	kommen um *etw.* zu tun
volver a + *inf.*	*etw.* wieder tun

LA FORMACIÓN DE LOS VERBOS

Die spanischen Verbformen lassen sich leichter lernen, wenn man weiß, von welcher Form sie abgeleitet werden.

Vom **infinitivo** leiten sich ab:	**charlar**	*imperativo* (vosotros)	charl**ad**
		gerundio	charl**ando**
		participio	charl**ado**
		pretérito indefinido	charl**é**
		pretérito imperfecto	charl**aba**
		futuro inmediato	voy a **charlar**
		futuro simple	charlar**é**
		condicional	charlar**ía**
Vom **presente de indicativo** leiten sich ab:	charl**o** charl**as**	*presente de subjuntivo* *imperativo* (tú)	charl**e** charl**a**
Von der 3. Person Plural des **pretérito indefinido** leiten sich ab:	charl**aron**	*imperfecto de subjuntivo*	charl**ara**
Vom **presente de subjuntivo** leiten sich ab:	charl**e/n**	*imperativo* (usted/es) und alle Formen des verneinten Imperativs	charl**e/n** ¡No charl**es**!

LOS VERBOS

VERBOS AUXILIARES   Hilfsverben

infinitivo	ser	estar	haber	¡OJO!
presente	soy eres es somos sois son	estoy estás está estamos estáis están	he has ha hemos habéis han	hay
imperativo	sé sed	está estad		
gerundio	siendo	estando	habiendo	
participio	sido	estado	habido	
pretérito indefinido	fui fuiste fue fuimos fuisteis fueron	estuve estuviste estuvo estuvimos estuvisteis estuvieron	hube hubiste hubo hubimos hubisteis hubieron	hubo
pretérito imperfecto	era eras era éramos erais eran	estaba estabas estaba estábamos estabais estaban	había habías había habíamos habíais habían	había
futuro simple	seré serás será seremos seréis serán	estaré estarás estará estaremos estaréis estarán	habré habrás habrá habremos habréis habrán	
condicional	sería serías sería seríamos seríais serían	estaría estarías estaría estaríamos estaríais estarían	habría habrías habría habríamos habríais habrían	
presente de subjuntivo	sea seas sea seamos seáis sean	esté estés esté estemos estéis estén	haya hayas haya hayamos hayáis hayan	haya
imperfecto de subjuntivo	fuera fueras fuera fuéramos fuerais fueran	estuviera estuvieras estuviera estuviéramos estuvierais estuvieran	hubiera hubieras hubiera hubiéramos hubierais hubieran	hubiera

LOS VERBOS REGULARES EN -AR/-ER/-IR   Die regelmäßigen Verben auf *-ar/-er/-ir*

infinitivo	charlar	comprender	compartir	¡OJO!
presente	charlo charlas charla charlamos charláis charlan	comprendo comprendes comprende comprendemos comprendéis comprenden	comparto compartes comparte compartimos compartís comparten	coger: cojo, coges, ___ salir: salgo, sales, ___ caerse: me caigo, te caes, ___ esquiar: esquío, esquías, ___
imperativo	charla charlad	comprende comprended	comparte compartid	salir: sal
gerundio	charlando	comprendiendo	compartiendo	leer: leyendo, creer: creyendo
participio	charlado	comprendido	compartido	abrir: abierto escribir: escrito descubrir: descubierto
pretérito indefinido	charlé charlaste charló charlamos charlasteis charlaron	comprendí comprendiste comprendió comprendimos comprendisteis comprendieron	compartí compartiste compartió compartimos compartisteis compartieron	-car: busqué, buscaste, ___ -gar: llegué, llegaste, ___ -zar: organicé, organizaste, ___ leer: leyó, leyeron creer: creyó, creyeron
pretérito imperfecto	charlaba charlabas charlaba charlábamos charlabais charlaban	comprendía comprendías comprendía comprendíamos comprendíais comprendían	compartía compartías compartía compartíamos compartíais compartían	
futuro simple	charlaré charlarás charlará charlaremos charlaréis charlarán	comprenderé comprenderás comprenderá comprenderemos comprenderéis comprenderán	compartiré compartirás compartirá compartiremos compartiréis compartirán	salir: saldré, saldrás, ___
condicional	charlaría charlarías charlaría charlaríamos charlaríais charlarían	comprendería comprenderías comprendería comprenderíamos comprenderíais comprenderían	compartiría compartirías compartiría compartiríamos compartiríais compartirían	
presente de subjuntivo	charle charles charle charlemos charléis charlen	comprenda comprendas comprenda comprendamos comprendáis comprendan	comparta compartas comparta compartamos compartáis compartan	-car: toque, toques, ___ -gar: pague, pagues, ___ -zar: cruce, cruces, ___ -ger: coja, cojas, ___ esquiar: esquíe, esquíes, ___
imperfecto de subjuntivo	charlara charlaras charlara charláramos charlarais charlaran	comprendiera comprendieras comprendiera comprendiéramos comprendierais comprendieran	compartiera compartieras compartiera compartiéramos compartierais compartieran	

GRUPOS DE VERBOS — Verbgruppen

1. Verbos con diptongación: e → ie

infinitivo	**pensar**	**entender**	**preferir**	¡OJO!
presente	pienso piensas piensa pensamos pensáis piensan	entiendo entiendes entiende entendemos entendéis entienden	prefiero prefieres prefiere preferimos preferís prefieren	tener: **tengo**, tienes, ___
imperativo	piensa pensad	entiende entended	prefiere preferid	tener: **ten**, tened
gerundio	pensando	entendiendo	prefiriendo	
participio	pensado	entendido	preferido	
pretérito indefinido	pensé pensaste pensó pensamos pensasteis pensaron	entendí entendiste entendió entendimos entendisteis entendieron	preferí preferiste prefirió preferimos preferisteis prefirieron	empezar: **empecé**, empezaste, ___ querer: **quise**, **quis**iste, ___ tener: **tuve**, **tuv**iste, ___
pretérito imperfecto	pensaba pensabas pensaba pensábamos pensabais pensaban	entendía entendías entendía entendíamos entendíais entendían	prefería preferías prefería preferíamos preferíais preferían	
futuro simple	pensaré pensarás pensará pensaremos pensaréis pensarán	entenderé entenderás entenderá entenderemos entenderéis entenderán	preferiré preferirás preferirá preferiremos preferiréis preferirán	querer: **querré**, querrás, ___ tener: **tendré**, tendrás, ___
condicional	pensaría pensarías pensaría pensaríamos pensaríais pensarían	entendería entenderías entendería entenderíamos entenderíais entenderían	preferiría preferirías preferiría preferiríamos preferiríais preferirían	
presente de subjuntivo	piense pienses piense pensemos penséis piensen	entienda entiendas entienda entendamos entendáis entiendan	prefiera prefieras prefiera prefiramos prefiráis prefieran	-zar: **empi**e**ce**, empi**e**ces, ___ tener: **tenga**, tengas, ___
imperfecto de subjuntivo	pensara pensaras pensara pensáramos pensarais pensaran	entendiera entendieras entendiera entendiéramos entendierais entendieran	prefiriera prefirieras prefiriera prefiriéramos prefirierais prefirieran	
	ebenso: calentar, cerrar, comenzar, despertar(se), empezar, recomendar	*ebenso:* defender, encender, perder(se), querer, tener	*ebenso:* convertirse, divertirse, sentir(se)	

2. Verbos con diptongación: o → ue

infinitivo	contar	volver	¡OJO!
presente	cuento cuentas cuenta contamos contáis cuentan	vuelvo vuelves vuelve volvemos volvéis vuelven	jugar: juego, juegas, ___
imperativo	cuenta contad	vuelve volved	
gerundio	contando	volviendo	morirse: muriendo poder: pudiendo
participio	contado	**vuelto**	morirse: **muerto**
pretérito indefinido	conté	volví	jugar: jugué, jugaste, ___ poder: **pude, pud**iste, ___ dormir: d**u**rmió, d**u**rmieron
pretérito imperfecto	contaba contabas contaba contábamos contabais contaban	volvía volvías volvía volvíamos volvíais volvían	
futuro simple	contaré contarás contará contaremos contaréis contarán	volveré volverás volverá volveremos volveréis volverán	poder: **podr**é, **podr**ás, ___
condicional	contaría contarías contaría contaríamos contaríais contarían	volvería volverías volvería volveríamos volveríais volverían	
presente de subjuntivo	cuente cuentes cuente contemos contéis cuenten	vuelva vuelvas vuelva volvamos volváis vuelvan	dormir: d**u**rmamos, d**u**rmáis jugar: j**ue**g**u**e, j**ue**g**u**es, ___ morir: m**u**ramos, m**u**ráis
imperfecto de subjuntivo	contara contaras contara contáramos contarais contaran	volviera volvieras volviera volviéramos volvierais volvieran	
	ebenso: acordarse, acostarse, avergonzarse, costar, demostrar, encontrar(se), jugar, mostrar, probar, soñar	*ebenso:* doler, dormir, llover, morir(se), poder, resolver, soler	

	3. Verbos con debilitación vocálica: *e → i*		4. Verbos del tipo *conocer: c → zc*	5. Verbos del tipo *construir: + y*
infinitivo	**pedir**	**seguir**	**conocer**	**construir**
presente	pido pides pide pedimos pedís piden	sigo sigues sigue seguimos seguís siguen	conozco conoces conoce conocemos conocéis conocen	construyo construyes construye construimos construís construyen
imperativo	pide pedid	sigue seguid	conoce conoced	construye construid
gerundio	pidiendo	siguiendo	conociendo	construyendo
participio	pedido	seguido	conocido	construido
pretérito indefinido	pedí pediste pidió pedimos pedisteis pidieron	seguí seguiste siguió seguimos seguisteis siguieron	conocí conociste conoció conocimos conocisteis conocieron	construí construiste construyó construimos construisteis construyeron
pretérito imperfecto	pedía pedías pedía pedíamos pedíais pedían	seguía seguías seguía seguíamos seguíais seguían	conocía conocías conocía conocíamos conocíais conocían	construía construías construía construíamos construíais construían
futuro simple	pediré pedirás pedirá pediremos pediréis pedirán	seguiré seguirás seguirá seguiremos seguiréis seguirán	conoceré conocerás conocerá conoceremos conoceréis conocerán	construiré construirás construirá construiremos construiréis construirán
condicional	pediría pedirías pediría pediríamos pediríais pedirían	seguiría seguirías seguiría seguiríamos seguiríais seguirían	conocería conocerías conocería conoceríamos conoceríais conocerían	construiría construirías construiría construiríamos construiríais construirían
presente de subjuntivo	pida pidas pida pidamos pidáis pidan	siga sigas siga sigamos sigáis sigan	conozca conozcas conozca conozcamos conozcáis conozcan	construya construyas construya construyamos construyáis construyan
imperfecto de subjuntivo	pidiera pidieras pidiera pidiéramos pidierais pidieran	siguiera siguieras siguiera siguiéramos siguierais siguieran	conociera conocieras conociera conociéramos conocierais conocieran	construyera construyeras construyera construyéramos construyerais construyeran
	ebenso: repetir, servir	*ebenso:* conseguir	*ebenso:* aparecer, crecer, desaparecer, nacer, reconocer, merecer	*ebenso:* destruir, huir

VERBOS IRREGULARES Unregelmäßige Verben

infinitivo	dar	decir	hacer	ir	poner
presente	doy das da damos **dais** dan	digo dices dice decimos decís dicen	hago haces hace hacemos hacéis hacen	voy vas va vamos vais van	pongo pones pone ponemos ponéis ponen
imperativo	da dad	di decid	haz haced	ve id	pon poned
gerundio	dando	diciendo	haciendo	yendo	poniendo
participio	dado	dicho	hecho	ido	puesto
pretérito indefinido	di diste dio dimos disteis dieron	dije dijiste dijo dijimos dijisteis dijeron	hice hiciste ⚠ hizo hicimos hicisteis hicieron	fui fuiste fue fuimos fuisteis fueron	puse pusiste puso pusimos pusisteis pusieron
pretérito imperfecto	daba dabas daba dábamos dabais daban	decía decías decía decíamos decíais decían	hacía hacías hacía hacíamos hacíais hacían	iba ibas iba íbamos ibais iban	ponía ponías ponía poníamos poníais ponían
futuro simple	daré darás dará daremos daréis darán	diré dirás dirá diremos diréis dirán	haré harás hará haremos haréis harán	iré irás irá iremos iréis irán	pondré pondrás pondrá pondremos pondréis pondrán
condicional	daría darías daría daríamos daríais darían	diría dirías diría diríamos diríais dirían	haría harías haría haríamos haríais harían	iría irías iría iríamos iríais irían	pondría pondrías pondría pondríamos pondríais pondrían
presente de subjuntivo	dé des dé demos deis den	diga digas diga digamos digáis digan	haga hagas haga hagamos hagáis hagan	vaya vayas vaya vayamos vayáis vayan	ponga pongas ponga pongamos pongáis pongan
imperfecto de subjuntivo	diera dieras diera diéramos dierais dieran	dijera dijeras dijera dijéramos dijerais dijeran	hiciera hicieras hiciera hiciéramos hicierais hicieran	fuera fueras fuera fuéramos fuerais fueran	pusiera pusieras pusiera pusiéramos pusierais pusieran
				ebenso: irse	*ebenso:* ponerse

infinitivo	**querer**	**saber**	**tener**	**venir**	**ver**
presente	qu**ie**ro	**sé**	**tengo**	**vengo**	veo
	qu**ie**res	sabes	t**ie**nes	v**ie**nes	ves
	qu**ie**re	sabe	t**ie**ne	v**ie**ne	ve
	queremos	sabemos	tenemos	venimos	vemos
	queréis	sabéis	tenéis	venís	**veis**
	qu**ie**ren	saben	t**ie**nen	v**ie**nen	ven
imperativo	qu**ie**re	sabe	**ten**	**ven**	ve
	quered	sabed	tened	venid	ved
gerundio	queriendo	sabiendo	teniendo	viniendo	viendo
participio	querido	sabido	tenido	venido	**visto**
pretérito indefinido	**quis**e	**sup**e	**tuv**e	**vin**e	vi
	quisiste	**sup**iste	**tuv**iste	**vin**iste	**vist**e
	quiso	**sup**o	**tuv**o	**vin**o	vio
	quisimos	**sup**imos	**tuv**imos	**vin**imos	vimos
	quisisteis	**sup**isteis	**tuv**isteis	**vin**isteis	visteis
	quisieron	**sup**ieron	**tuv**ieron	**vin**ieron	vieron
pretérito imperfecto	quería	sabía	tenía	venía	**veía**
	querías	sabías	tenías	venías	**veías**
	quería	sabía	tenía	venía	**veía**
	queríamos	sabíamos	teníamos	veníamos	**veíamos**
	queríais	sabíais	teníais	veníais	**veíais**
	querían	sabían	tenían	venían	**veían**
futuro simple	que**rr**é	sab**r**é	tend**r**é	vend**r**é	veré
	que**rr**ás	sab**r**ás	tend**r**ás	vend**r**ás	verás
	que**rr**á	sab**r**á	tend**r**á	vend**r**á	verá
	que**rr**emos	sab**r**emos	tend**r**emos	vend**r**emos	veremos
	que**rr**éis	sab**r**éis	tend**r**éis	vend**r**éis	veréis
	que**rr**án	sab**r**án	tend**r**án	vend**r**án	verán
condicional	que**rr**ía	sab**r**ía	tend**r**ía	vend**r**ía	vería
	que**rr**ías	sab**r**ías	tend**r**ías	vend**r**ías	verías
	que**rr**ía	sab**r**ía	tend**r**ía	vend**r**ía	vería
	que**rr**íamos	sab**r**íamos	tend**r**íamos	vend**r**íamos	veríamos
	que**rr**íais	sab**r**íais	tend**r**íais	vend**r**íais	veríais
	que**rr**ían	sab**r**ían	tend**r**ían	vend**r**ían	verían
presente de subjuntivo	qu**ie**ra	**sepa**	tenga	venga	vea
	qu**ie**ras	**sepas**	tengas	vengas	veas
	qu**ie**ra	**sepa**	tenga	venga	vea
	queramos	**sepamos**	tengamos	vengamos	veamos
	queráis	**sepáis**	tengáis	vengáis	veáis
	qu**ie**ran	**sepan**	tengan	vengan	vean
imperfecto de subjuntivo	**quis**iera	**sup**iera	**tuv**iera	**vin**iera	viera
	quisieras	**sup**ieras	**tuv**ieras	**vin**ieras	vieras
	quisiera	**sup**iera	**tuv**iera	**vin**iera	viera
	quisiéramos	**sup**iéramos	**tuv**iéramos	**vin**iéramos	viéramos
	quisierais	**sup**ierais	**tuv**ierais	**vin**ierais	vierais
	quisieran	**sup**ieran	**tuv**ieran	**vin**ieran	vieran

LISTA CRONOLÓGICA

Die unter den Lektionstexten annotierten Wörter dienen dem Leseverstehen. Den Lernwortschatz findest du in der chronologischen Wortliste.
Beachte auch die Hinweise zum Wortschatzlernen im Methodenanhang, S. 126–127!

Symbole und Abkürzungen

~	bezeichnet die Lücke, in die du das neue Wort einsetzt.	
¹	bezeichnet ein Wort, das du angleichen musst. Die richtige Form steht am Ende des Teilkapitels.	
abc	Bei Verben in blauer Schrift musst du auf unregelmäßige Formen achten.	
▶	bezeichnet spanische Wörter derselben Wortfamilie.	
=	bezeichnet Wörter und Wendungen mit gleicher Bedeutung.	
≠	bezeichnet Wörter und Wendungen mit gegensätzlicher Bedeutung.	
◆	bezeichnet Oberbegriffe zum Eintrag.	
E	Englisch	
F	Französisch	
L	Latein	
⚠	bezeichnet eine sprachliche Besonderheit.	

Grundschrift	obligatorischer Wortschatz	jd	jemand
kursiv	fakultativer Wortschatz	jdm	jemandem
adj.	adjetivo (Adjektiv, Adj.)	jdn	jemanden
adv.	adverbio (Adverb, Adv.)	*lat. am.*	latinoamericano (lateinamerikanisch)
arg.	argentino (argentinisch)	*m.*	masculino (Maskulinum)
conj.	conjunción (Konjunktion)	*pl.*	plural (Plural, Pl.)
etw.	etwas	*prep.*	preposición (Präposition, P.)
f.	femenino (Femininum)	*pron.*	pronombre (Pronomen, Pron.)
fam.	familiar (umgangssprachlich, ugs.)	*sg.*	singular (Singular, Sg.)
inf.	infinitivo (Infinitiv, Inf.)	*subj.*	subjuntivo
inv.	invariable (unveränderlich)	*sust.*	sustantivo (Substantiv, S.)

1 ¡DESCUBRE ARGENTINA!

¡ACÉRCATE!

la forma	die Form, Art	La ~ de vivir de los indígenas ha cambiado mucho.
la república federal	die Bundesrepublik	E federal republic F la république fédérale
(ser) nacional	national, inländisch	≠ internacional
la moneda nacional	die (Landes-)Währung	◆ el dinero
el peso	Währung in Argentinien	
invitar a *alguien* ▶ el/la invitado/-a	*jdn* einladen	E to invite so. F inviter qn.
(ser) maravilloso/-a	wunderschön, wunderbar	E marvellous F merveilleux/-euse
la aventura	das Abenteuer	E adventure
llevar (a *alguien*)	(*jdn*) führen	Esta calle ~¹ al centro del pueblo.

Das Verb **llevar(se)** hat viele Verwendungen:	**llevar** *algo*	*etw.* tragen (Kleidung, Brille, Bart, etc.)
	llevar *algo* / a *alguien*	*etw./jdn* mitnehmen
	llevar *algo* (a *alguien*)	(*jdm*) *etw.* bringen
	llevarse bien/mal con *alguien*	sich mit *jdm* gut/schlecht verstehen

el corazón, los corazones *pl.*	das Herz	Te doy las gracias de todo ~.
la provincia	die Provinz	Argentina tiene 23 ~². ◆ la región ◆ el país
(ser) imprescindible	unentbehrlich, ein „Muss"	Creo que es ~ leer libros.
el tango	*arg.* Tanz und Musikrichtung	
la Avenida 9 de Julio	*Hauptverkehrsstraße in Buenos Aires*	
ancho/-a	breit	Una avenida es una calle ~³. ≠ estrecho/-a
el obelisco	der Obelisk	
el símbolo	das Symbol	El corazón es el ~ del amor.
continuar (*algo*) (yo continúo)	(*etw.*) fortsetzen; *hier:* weiterfahren	**E** to continue **F** continuer
hacia	nach, zu	= en dirección a
el espectáculo	das Schauspiel	**L** spectaculum
la naturaleza *sg.*	die Natur	¿Qué podemos hacer para cuidar la ~?
el/la próximo/-a + *sust.*	der/die/das nächste + S.	En los ~⁴ días lloverá. **F** prochain/e
el imperio	das Imperium, Reich	Francisco Pizarro conquistó el ~ inca. **E** empire **F** l'empire *m.*
(ser) inca *inv.*	Inka-(+ S.)	En los Andes hay una red de caminos ~⁵.
recomendar a *alguien* que + *subj.*(e → ie, yo recomiendo)	*jdm* empfehlen *etw.* zu tun	Te ~⁶ pases tus vacaciones en Buenos Aires.
subir	*hier:* hinauffahren	El bus ~⁷ la Gran Vía. ≠ bajar
la altitud ▶ alto/-a	die Höhe	= la altura
disfrutar (de *algo*)	(*etw.*) genießen	¡Espero que mis padres ~⁸ viaje!
aconsejar a *alguien* que + *subj.* ▶ el consejo	*jdm* raten *etw.* zu tun	= recomendar a *alguien* que + *subj.* **F** conseiller
el resto	der Rest	
América	Amerika	
(estar) equivocado/-a	falsch liegen	Ana, ¡~⁹ si crees que no puedes hacer nada!

> ⚠ Einige Begleiter werden von Verben und deren Partizipien abgeleitet. Du kennst schon:
>
> | | | |
> |---|---|---|
> | aburrir → **aburrido/-a** | compartir → **compartido/-a** | pasar → **pasado/-a** |
> | alucinar → **alucinado/-a** | complicar → **complicado/-a** | proteger → **protegido/-a** |
> | animar → **animado/-a** | conectar → **conectado/-a** | situar → **situado/-a** |
> | atrapar → **atrapado/-a** | divertir → **divertido/-a** | |
> | combinar → **combinado/-a** | emocionar → **emocionado/-a** | |

proponer a *alguien* que + *subj.* (yo propongo) ▶ poner	*jdm* vorschlagen *etw.* zu tun	Te ~¹⁰ ya prepares tu mochila para el viaje. **E** to propose **L** proponere
el glaciar	der Gletscher	**E** glacier **F** le glacier
el fin	das Ende	= el final ≠ el principio **L** finis
más al sur	südlichste/r, südlichstes	Tarifa es la ciudad española ~.

la luz, las luces *pl.*	der Strom; *hier:* das Licht	Todas las plantas necesitan ~ para crecer.
venir a + *inf.*	kommen, um *etw.* zu tun	Ayer mis amigos ~¹¹ ayudarme.

1 lleva **2** provincias **3** ancha **4** próximos **5** incas **6** recomiendo que **7** sube **8** estén disfrutando del **9** estás equivocada **10** propongo que **11** vinieron a

1A ASÍ NOS VEMOS

el argentino, la argentina	der/die Argentinier/in	Lionel Messi es un ~¹ muy famoso.
el asado	*arg., hier:* das Grillfest, die Grillmahlzeit	Para Nicolás, el ~ argentino es el mejor del mundo.
anoche	gestern Abend/Nacht	~ no dormí bien.
cortar la luz	den Strom abschalten (*Stromausfall*)	≠ encender
el paro	die Arbeitslosigkeit; *hier:* der Streik	Los médicos continúan con el ~.
quedarse + *gerundio*	irgendwo sein/bleiben und *etw.* tun	Oye, ¡no ~² en casa haciendo nada! ¡Sal con nosotros!

Du kennst schon mehrere Möglichkeiten auszudrücken, dass etwas weiterhin getan wird:	**seguir** + *gerundio* **llevar** + *Zeitangabe* + *gerundio* **pasar** + *Zeitangabe* + *gerundio*	

(ser) espontáneo/-a	spontan	Mis amigos no ~³ muy ~.
el local	das Lokal	La mayoría de los ~⁴ en Buenos Aires cierra tarde.
molestar a *alguien*	*jdn* stören	No me ~⁵ los turistas en mi ciudad. E to molest so.
demasiado/-a	zu viel/e	En el concierto había ~⁶ gente.

⚠ Unterscheide das Adverb **demasiado** vom Begleiter **demasiado/-a**:	
Hemos llegado **demasiado** tarde.	Wir sind **zu spät** gekommen.
Hay **demasiada** pobreza en el mundo. En el centro hay **demasiados** restaurantes.	Es gibt **zu viel** Armut in der Welt. Im Zentrum gibt es **zu viele** Restaurants.

Hay mucha movida.	Es ist viel los.
Málaga	*Stadt in Andalusien*
⚠ el mapa *m.*	die Landkarte

⚠ Nicht immer lässt sich von der Endung eines Substantivs auf den Artikel schließen.	el agua el aula	el día el hambre	la mano el programa	el problema el SMS	el tema
In einigen Fällen ändert sich sogar die Bedeutung des Wortes:	la guía el/la guía la radio el radio	der Reiseführer (*Buch*) der/die Reiseführer/in (*Person*) der Hörfunk, das Radio (*Gerät*) der Radius			

(ser) argentino/-a	argentinisch	¿Conoces una tienda donde pueda comprar productos ~⁷?

saber *algo*	hier: *etw.* erfahren	
separar *algo*	*etw.* trennen	El Río de la Plata ~⁸ Argentina y Uruguay.
▶ inseparable		
el mate	Aufgussgetränk aus Blättern des Mate-Strauchs	
el estereotipo	das Klischee	¿Cuáles son los ~⁹ sobre los españoles?
el barco	das Schiff	Los ~¹⁰ son más grandes que las barcas.

⚠ Unterscheide:

el barco — la barca

el/la descendiente *m./f.*	der/die Nachfahre/-in	E descendant F le descendant/e
desgraciadamente	leider	≠ por suerte
⚠ la parte	die Seite; hier: der Teil	E part L pars
hasta que (no) + *subj.*	bis (*etw. passiert*)	Tenemos que esperar ~ llegue el médico.
aparecer (c → zc, yo aparezco)	auftauchen, erscheinen	≠ desaparecer
(tomar) la iniciativa	die Initiative (ergreifen)	¡Tú también podrías ~!
fundar *algo*	*etw.* gründen	E to found sth.
la empresa	die Firma	Estoy soñando con tener mi propia ~.
el empleado, la empleada	der/die Angestellte	E employee F l'employé/e
el servicio	der Dienst, Anbieter	La empresa ofrece ~¹¹ de informática.
la faceta	die Facette, Seite	= el lado, la parte
presente	gegenwärtig, präsent	E present F présent/e
instalar *algo*	*etw.* installieren	Es muy importante ~ un programa antivirus.
(estar) aislado/-a	isoliert, abgeschottet	Marta vive en un pueblo muy ~¹².
la electricidad	die Elektrizität, der Strom	= la luz
tal vez + *subj.*	vielleicht	~ no sea demasiado tarde para conseguir una entrevista de trabajo.
encontrarse (o → ue, yo me encuentro)	sich befinden	Madrid ~¹³ en el centro de España.
el pueblo	hier: das Volk	Los ~¹⁴ mayas siguen hablando sus lenguas. F le peuple L populus
(ser) quechua *inv.*	Quechua-(+ S.)	
(ser) aimara *inv.*	Aimara-(+ S.) indigenes Volk aus dem Andenraum	
la definición, las definiciones *pl.*	die Definition	Puedes encontrar la ~ de las palabras en el diccionario.
el poncho	der Poncho Überwurf aus Südamerika	

tradicional ▶ la tradición	traditionell	
el vegetariano, la vegetariana	der/die Vegetarier/in	Federico es ~ desde hace 3 años.
salir a + *inf.* (yo salgo)	hinaus gehen, um *etw.* zu tun	

1 argentino 2 te quedes 3 son, espontáneos 4 locales 5 molestan 6 demasiada 7 argentinos 8 separa 9 estereotipos 10 barcos 11 servicios 12 aislado 13 se encuentra 14 pueblos

1B BUENOS AIRES EN 48 HORAS

la arquitectura *sg.*	die Architektur	
al + *inf.*	als, wenn	~ salir de casa, llamé a Ana.
el artículo	der Artikel	¿Has leído el ~ sobre Córdoba?
describir *algo* / a *alguien*	*etw./jdn* beschreiben	**E** to describe **F** décrire
vivir grandes experiencias	tolle Dinge erleben	
sonar (a *algo*) (o → ue, yo sueno)	(wie/nach *etw.*) klingen	¿El coche no ~¹ un poco raro?
realmente	wirklich	**E** really
fantástico/-a	fantastisch	= fenomenal, alucinante
(ser) obligatorio/-a	obligatorisch	
cuyo/-a *pron.*	dessen, deren	Chile es un país ~² costa es muy larga.
la representación, las representaciones *pl.*	die Vorstellung *Theater*	**E** representation **F** la représentation
probablemente *adv.*	wahrscheinlich	**E** probably **F** probablement
la manifestación, las manifestaciones *pl.*	die Demonstration, Kundgebung	**E** manifestation **F** la manifestation
(ser) diario/-a	täglich	**E** daily
la sede	der Sitz (der Regierung/Organisation)	La ~ del gobierno colombiano está en Bogotá.
al aire libre	Freiluft-(+ S.), an der frischen Luft	= afuera ≠ dentro
(ser) alucinante *fam.*	*hier:* unglaublich	**F** hallucinant/e
la inmigración ▶ el/la inmigrante *m./f.*	die Einwanderung	**E** immigration **F** l'immigration *f.*
turístico/-a ▶ el/la turista *m./f.*	touristisch, Touristik-(+ S.)	Andalucía es una región muy ~³.
yo en tu lugar	ich an deiner Stelle	
flipar *fam.*	ausflippen	= ¡Mola mucho! **F** flipper
la cantidad	die Anzahl, Menge	**E** quantity **F** la quantité
servir (e → i, yo sirvo) ▶ el servicio	servieren	En este restaurante ~⁴ muchos platos argentinos.
el sabor	der Geschmack	¿Te gusta el ~ del mate?
la empanada	*gefüllte Teigtasche*	

la esquina	die Ecke	
absolutamente *adv.*	absolut	El fútbol no me gusta ~ nada.
el/la rival *m./f.*	der/die Rivale/-in	Los dos equipos son ~[5] desde hace mucho tiempo.
(ser) sagrado/-a	heilig	E sacred F sacré/e L sacer
el ambiente	die Stimmung	E ambiance F l'ambiance *f.*
¡Es una auténtica locura! *fam.*	Das ist der totale Wahnsinn!	
por lo que yo veo	so wie ich das sehe	~, Marco no dice la verdad.
la literatura	die Literatur	
andar	(zu Fuß) gehen	= ir, caminar
la Avenida Corrientes	*eine der Hauptdurchgangsstraßen von Buenos Aires*	
hojear	blättern	◆ la revista ◆ el libro
sin más	einfach (so), ohne weiteres	¿Cuáles son las razones de la pobreza? ¡No existe ~!
finalmente *adv.* ▶ el final	endlich, schließlich	F finalement
el rumbo	die Richtung	= la dirección
el ancho ▶ ancho/-a	die Breite	
(ser) increíble ▶ creer	unglaublich	E incredible F incroyable

1 suena 2 cuya 3 turística 4 sirven 5 rivales

PARA COMUNICARSE   UNIDAD 1

Empfehlungen und Ratschläge geben
Si buscan algo especial, (descubran nuestro país).
Es imprescindible (dar un paseo por San Telmo).
Les recomiendo que (suban al Tren a las Nubes).
Les propongo que (vayan allá).
Les aconsejo que vayan a ver (el Valle de Ischigualasto).
Es absolutamente obligatorio que vayas (al estadio).
En (Talampaya) pueden disfrutar de (un gran espectáculo de la naturaleza).
¡Vengan a descubrir (Argentina)!

über seine Identität sprechen
Parece un estereotipo, pero (no lo es).
Aquí vas a escuchar eso de que («los argentinos venimos de los barcos»).
¿Qué te puedo decir de (Mendoza)?
Desgraciadamente (es difícil encontrar trabajo).
Aunque muchos nos vean así, (Argentina) no es solo (tango).
¿Ser (argentino)? ¿Y yo qué sé?
No creo que haya una definición para (ser argentino).

sagen, was man (nicht) tun würde
No me podría imaginar vivir en (otro lugar).
Nunca me iría de (aquí).
(No) volvería a (mi pueblo).
Echaría demasiado de menos (mi país).
A lo mejor me iría a (Italia).

Eindrücke schildern
¡Todo parece (supermoderno)!
(Paseando por las calles) vas a flipar con (la cantidad de las tiendas).
Lo que más me sorprendió es que (los porteños comen mucha pizza).
Por lo que yo veo, no solo están locos (por el fútbol), sino también por (la literatura).
¡Qué fuerte (cuánto leen los porteños)!
(El ambiente en el estadio) es una auténtica locura.
¡Es increíble!

PARA HABLAR DE ... UNIDAD 1

... una región

un país una ciudad una región un pueblo un paisaje	enorme / gigantesco/-a impresionante muy pequeño/-a bonito/-a pintoresco/-a extraordinario/-a		ein/e	enorme/s / riesige/s beindruckende/s sehr kleine/s schöne/s malerische/s außergewöhnliche/s	Land Stadt Dorf Region Landschaft

ser	famoso/-a por algo típico/-a de	berühmt sein für typisch sein von	

tener	una superficie de (1.000) kilómetros cuadrados (700.000) habitantes (300) km de costa			eine Oberfläche von (1.000) km² (700.000) Einwohner (300) km Küste	
	muchos/-as pocos/-as	montañas llanuras lagos bosques ríos	viele wenige	Gebirge Ebenen Seen Wälder Flüsse	haben

el país limita con — das Land grenzt an
el río más largo — der längste Fluss
el pico más alto — der höchste Berg
encontrarse a una altura de (2.000) metros — sich auf einer Höhe von (2.000) Metern befinden
la lengua oficial — die Amtssprache
la moneda nacional — die Landeswährung

en el	norte/noreste sur/suroeste este oeste	del país	im	Norden/Nordosten Süden/Südwesten Osten Westen	des Landes

(La región) tiene un clima	cálido/frío. seco/húmedo. templado.	(Die Region) hat ein	heißes/kaltes feuchtes/trockenes gemäßigtes	Klima.

Llueve mucho/poco/nunca. — Es regnet viel/wenig/nie.
Nieva. — Es schneit.
Hace mucho/poco sol. — Die Sonne scheint häufig/selten.

... la migración

cruzar/atravesar	la frontera un océano	die Grenze einen Ozean	überqueren

buscar	una nueva vida una vida mejor	ein neues Leben ein besseres Leben	suchen

dejar su país por huir por	motivos	políticos familiares económicos	sein Land verlassen aus flüchten aus	politischen familiären wirtschaftlichen	Gründen

echar de menos su país natal — sein Heimatland vermissen
no olvidar sus raíces — seine Wurzeln nicht vergessen
conservar sus tradiciones — seine Traditionen pflegen
integrarse en la nueva sociedad — sich in die neue Gesellschaft integrieren
moverse entre dos culturas — sich zwischen zwei Kulturen bewegen

sentirse	integrado/-a feliz/infeliz extraño/-a	sich	integriert glücklich/unglücklich fremd	fühlen

2 EL NUEVO MUNDO

¡ACÉRCATE

el Nuevo Mundo	die Neue Welt hist. Bezeichnung für das neuentdeckte Amerika	
entrar en la historia como	in die Geschichte eingehen als	Colón ~¹ el descubridor de América.
el descubridor, la descubridora	der/die Entdecker/in	E discoverer
(ser) principal	Haupt-(+ S.), hauptsächlich	E principal F principal/e
el objetivo	der Zweck, das Ziel	F l'objectif m.
la expedición, las expediciones pl.	die Expedition	¿Cuántas ~² hizo Colón?
la ruta	der Weg, die Route	¿Cuál es la ~ más corta para llegar al centro?
(ser) comercial	Handels-(+ S.), gewerblich	E commercial F commercial/e
India	Indien	
conquistar algo / a alguien	etw./jdn erobern	Hernán Cortés ~³ Tenochtitlan. E to conquer
Asia	Asien	
(ser) católico/-a	katholisch	El 84% de la población mexicana es ~⁴.
(ser) cristiano/-a	christlich	◆ la religión ◆ el dios, la diosa
la carabela	die Karavelle Segelschifftyp des 14.–16. Jh.	

una carabela

el muchacho, la muchacha	der Junge, das Mädchen	= el/la chico/-a
la Pinta, la Niña y la Santa María	Namen der Schiffe von Christopher Kolumbus	
alrededor de + número	um, ungefähr	En Machu Picchu vivían ~ 1.000 personas.
el territorio	das Gebiet	= la zona, el área E territory
(ser) actual	gegenwärtig, heutig	F actuel/le
el/la inca m./f.	der/die Inka	Los ~⁵ construyeron una gran red de caminos en los Andes.
(ser) conocido/-a	bekannt	Shakira ~⁶ en todo el mundo. = famoso/-a
el conquistador, la conquistadora ▶ conquistar	der/die Eroberer/in	Cortés fue uno de los ~⁷ más importantes.
(ser) azteca inv.	aztekisch	El náhuatl es una lengua ~.

Chichén Itzá	Maya-Ruinenstätte auf der Halbinsel Yucatán	
Yucatán	Halbinsel in Mexiko	
el emperador, la emperadora	der/die Kaiser/in	Cuauhtémoc fue el último ~ de Tenochtitlan. L imperator
Atahualpa	1500–1533, letzter Herrscher des Inkareiches	
Cuauhtémoc	1496–1525, letzter aztekischer Herrscher von Tenochtitlan	
pasar de … a …	hier: sinken/steigen von … auf …	El número de habitantes ~8 500.000 ~ 560.000.
la invitación, las invitaciones pl. ▶ invitar, el/la invitado/-a	die Einladung	E invitation
el descubrimiento ▶ descubrir, el/la descubridor/a	die Entdeckung	El ~ de América ha cambiado el mundo.
navegar	segeln	L navigare
(ser) redondo/-a	rund	≠ cuadrado/-a
apoyar a alguien	jdn unterstützen	= ayudar
(ser) peligroso/-a ▶ el peligro	gefährlich	≠ seguro/-a
partir	losgehen, losfahren	La primera expedición de Colón ~9 en 1492.
Puerto de Palos	Hafen der andalusischen Stadt Palos de la Frontera	
(ser) americano/-a	amerikanisch	
la conquista ▶ conquistar, el/la conquistador/a	die Eroberung	E conquest
reaccionar	reagieren	¿Cómo ~10 tú en mi lugar?
el caso	der Fall	E case F le cas L casus
el dios, la diosa	der Gott, die Göttin	Pachamama es la ~11 de la tierra. F le dieu, la déesse
la guerra	der Krieg	F la guerre
la enfermedad ▶ enfermo/-a	die Krankheit	≠ la salud
la catástrofe	die Katastrophe	
el/la oyente m./f.	der/die Zuhörer/in	

1 entró en la historia como 2 expediciones 3 conquistó 4 católica 5 incas 6 es conocida 7 conquistadores 8 pasó de, a 9 partió 10 reaccionarías 11 diosa

2A LOS «PRIMEROS AMERICANOS»

el americano, la americana	der/die Amerikaner/in	
la llegada ▶ llegar	die Ankunft	≠ la salida
avanzado/-a	fortschrittlich, fortgeschritten	Chile es el país más ~¹ de América Latina.
América Central	Mittelamerika	Guatemala está situada en ~.
los/las mexicas *m./f.*	Bezeichnung für die Azteken	
el/la cual *pron.*	der/die/das, welche/r, welches	Ellos son los amigos con ~² juego al fútbol.
el templo	der Tempel	Los ~³ de Chichén Itzá son impresionantes.
el conocimiento	die Kenntnis	Para este trabajo necesitas ~⁴ avanzados de informática.
la astronomía	die Astronomie	◆ la estrella ◆ el planeta
la ceremonia	die Zeremonie	= la fiesta
el cielo	der Himmel	F le ciel
enseñar a *alguien* a + *inf.*	jdm beibringen etw. zu tun	¿Me podrías ~ a hacer tortillas?
el fuego	das Feuer	
el maíz	der Mais	Los precios del ~ han bajado mucho.
utilizar *algo*	etw. (be-)nutzen	= usar *algo*
el taco	gefüllte mexikanische Tortilla	
la quesadilla	mexikanische Tortilla mit Käse	
cientos de + *sust.*	hunderte + S.	En el territorio maya se hablaron ~ dialectos.
el dialecto	der Dialekt	
quien, quienes *pron.*	der/die/das, welche/r, welches	Los verdaderos amigos son ~⁵ que te quieren tal como eres.

> ⚠ Unterscheide die Frage- und Relativpronomen:
>
> **¿Quién** era Francisco Pizarro?   **Wer** war Francisco Pizarro?
> Es el chico de **quien** te he hablado.   Das ist der Junge von **dem** ich dir erzählt habe.
>
> Du kennst außerdem schon:
>
> | ¿cómo? | ¿cuándo? | ¿dónde? | ¿qué? | ¿por qué? |
> |---|---|---|---|---|
> | como | cuando | donde | que | porque |

el matemático, la matemática	der/die Mathematiker/in	
el arquitecto, la arquitecta ▶ la arquitectura	der/die Architekt/in	
la pirámide	die Pyramide	¿Cómo los aztecas construyeron las ~⁶?
a menudo	oft	Cuando haces algo ~, significa que lo haces muchas veces.
entre *prep.*	hier: unter	~ mis amigos hay una chica colombiana.
el cálculo ▶ calcular	die Berechnung	

calcular *algo*	etw. berechnen	E to calculate sth. F calculer qc.
la duración, las duraciones *pl.*	die Dauer	La ~ del proyecto es de un año.
(ser) solar ▶ el sol	Sonnen-(+ S.), Solar-(+ S.)	¡La energía ~ es el futuro!
desarrollar *algo*	etw. entwickeln	
el calendario	der Kalender	
exactamente *adv.*	genau, exakt	= justo
la civilización, las civilizaciones *pl.*	die Zivilisation, Kultur	¿Cuándo había las primeras ~[7] en América?
la lluvia ▶ llover	der Regen	◆ el tiempo
romperse	zerbrechen	
el quechua	Quechua *indigene Sprache*	El ~ es una lengua indígena.
la maravilla	das Wunder	
las siete maravillas del mundo moderno	die sieben neuen Weltwunder	¿Cuáles son los ~?
la operación, las operaciones *pl.*	die Operation	Los incas ya hacían ~[8].

1 avanzado 2 los cuales 3 templos 4 conocimientos 5 quienes 6 pirámides 7 civilizaciones 8 operaciones

2B LA CONQUISTA DE TENOCHTITLAN

el gobernador, la gobernadora	der/die Gouverneur/in	Moctezuma era el ~[1] de Tenochtitlan. L gubernator
acompañar a *alguien*	jdn begleiten	¿Me podrías ~ a casa, por favor?
a finales de + *Zeitangabe*	am/gegen Ende + *Zeitangabe*	≠ al principio de
confiar *algo* a *alguien* / en *algo/alguien* (yo confío)	jdm etw. anvertrauen, in etw./jdm vertrauen	Los aztecas ya no ~[2] en Moctezuma. L confidere
enterarse de *algo*	etw. erfahren	
el oro	das Gold	◆ la plata F l'or *m.*
el mensajero, la mensajera ▶ el mensaje	der/die Bote/-in	E messenger
el/la líder *m./f.*	der/die Führer/in	E leader
animar a *alguien* (a + *inf.*) ▶ animado/-a	jdn ermuntern, ermutigen (etw. zu tun)	Cuando estoy triste necesito una canción que me ~[3].
el hombre	der Mann, Mensch	≠ la mujer
desear + *inf.*	wünschen; *hier*: wollen	= querer + *inf.*
ordenar que + *subj.*	befehlen, dass jd etw. tut	Moctezuma ~[4] el pueblo se tranquilizara.
destruir *algo* (yo destruyo)	etw. zerstören	≠ construir E to destroy F détruire
marcharse	weggehen; *hier*: fliehen	= irse
⚠ el/la soldado *m./f.*	der/die Soldat/in	¿Conoces a una mujer que es ~[5]?

(ser) rápido/-a	schnell	≠ lento/-a
el náhuatl	Nahnate *indigene Sprache in Mexiko*	
dar la bienvenida a *alguien*	*jdn* begrüßen	= saludar
el tesoro	der Schatz	E treasure F le trésor
la Plaza de San Martin	ehemaliger Name der Plaza Mayor	
durante *prep.*	während	~ su viaje Colón escribió un diario.
matar a *alguien*	*jdn* umbringen	Los aztecas ~⁶ a Moctezuma.
rebelarse contra *algo/alguien*	sich gegen *etw./jdn* auflehnen, rebellieren	Los aztecas ~⁷ contra los conquistadores.
proteger a *alguien* ▶ protegiodo/-a	*jdn* beschützen	
pedir a *alguien* que + *subj.* (e → i, yo pido)	verlangen, dass *jd etw.* tut	
tranquilizar(se) ▶ tranquillo/-a	*jdn*/sich beruhigen	Oye, ¡~⁸!, no pasa nada.
la muerte	der Tod	F la mort L mors
huir (yo huyo)	fliehen	En la Noche Triste, los soldados ~⁹ de la ciudad. = marcharse
la Noche Triste	30.06.1520; Nacht, in der die spanischen Besatzer aus Tenochtitlan flohen	
la retirada	der Rückzug	

1 gobernador 2 confiaban 3 anime 4 ordenó que 5 soldado 6 mataron 7 se rebelaron 8 tranquilízate 9 huyeron

PARA COMUNICARSE UNIDAD 2

historische Fakten präsentieren
Se sabe que en aquella época (no) había (coches).
Cuando se habla de la historia de (América Latina), casi siempre se empieza con (la llegada de los conquistadores españoles)
(Colón) entró en la historia como (el descubridor de América).
(Cortés) es conocido hoy como (el conquistador de México).

Überraschung äußern
¡Yo no me esperaba que (la ciudad fuera tan bonita)!
¡No pensaba que (mis amigos tuvieran tanto tiempo para mí)!
¡No me imaginaba que (tú te fueras a vivir en otro país)!

PARA HABLAR DE ... UNIDAD 2

... acontecimientos históricos

alrededor de (1519)	um (1519) herum
en el siglo (XV)	im (15.) Jahrhundert
en el año (1492)	im Jahr (1492)
en aquella época	damals
desde ... hasta ...	von ... bis ...
desde entonces ...	seitdem

... la conquista de los mayas, aztecas e incas

el/la indígena	der/die Ureinwohner/in
la cultura precolombina	die präkolumbische Kultur
el imperio azteca / maya / inca	das Reich der Azteken / Mayas / Inkas
el alto nivel cultural	das hohe kulturelle Niveau
tener conocimientos en matemáticas / astronomía / medicina	Mathematikkenntnisse / Astronomiekenntnisse / medizinische Kenntnisse haben
ser grandes arquitectos	bedeutende Architekten sein
fundar una ciudad	eine Stadt gründen
adorar a dioses	Götter anbeten
En la civilización maya se celebraba (una gran fiesta). / se contaba con el cero. / se conocía ___.	In der Zivilisation der Mayas wurde (ein großes Fest) gefeiert. / wurde mit der Null gezählt. / kannte man ___.
el/la descubridor/a	der/die Entdecker/in
el/la conquistador/a	der/die Eroberer/in
el/la colonizador/a	der/die Kolonialherr
el descubrimiento / la conquista / la colonización de América	die Entdeckung / die Eroberung / die Kolonialisierung Amerikas
el principal objetivo	das wichtigste Ziel
encontrar una nueva ruta	eine neue Route finden
imponer la cultura y creencia	die Kultur und den Glauben aufzwingen
la población pasó de … a …	die Bevölkerung sank/stieg von … auf …
rebelarse contra los conquistadores	sich auflehnen gegen die Eroberer
el dominio duraba (20) años	die Herrschaft dauerte (20) Jahre
el acontecimiento más importante	das wichtigste Ereignis

U3 CONTRASTES ANDALUCES

¡ACÉRCATE!

el contraste	der Kontrast	No solo en Andalucía existen grandes ~[1].
andaluz/a, andaluces *pl.*	andalusisch	El gazpacho es una especialidad ~[2].
la temperatura media	die Durchschnittstemperatur	La ~ de Málaga es de 18 grados.
el reportero, la reportera	der/die Reporterin	
hace poco	vor kurzem	~, conocí a una chica mexicana.
el contrario	das Gegenteil	«Feo» es el ~ de «bonito».
frente a *prep.*	gegenüber	Es impresionante ver campesinos trabajando ~ gente tomando el sol.
(ser) dinámico/-a	dynamisch	Marta es una persona muy ~[3].
en la misma + *Stadt*	*etwa:* genau in, direkt in	Conocí a mi novio ~ Granada.
arquitectónico/-a ▶ el/la arquitecto/-a	architektonisch	

hacer + *inf.* a *alguien*	*jdn etw.* tun lassen	Esta canción me ~⁴ pensar en ti.
la plaza de toros	die Stierkampfarena	La ~ española más antigua está en Ronda.
el edificio	das Gebäude	**F** l'édifice *m.*
(ser) agradable	angenehm, gemütlich	Te aconsejo que vayas a este hotel. Es muy ~.
ganarse la vida	seinen Lebensunterhalt verdienen	Y tú, ¿con qué ~⁵?
(ser) africano/-a	afrikanisch	Cada año llegan muchos inmigrantes ~⁶ a España.
el artículo	der (Verkaufs-)Artikel	Aunque es una tienda pequeña tiene muchos ~⁷.
estar a pocos metros de *algo*	wenige Meter von *etw.* entfernt sein	
(ser) gigantesco/-a	riesig	**=** inmenso/-a, enorme
el señorito *fam.*	junger wohlhabender Mann	
dar vueltas	*hier:* herumfahren	Me gusta ~ en bici.
el lujo	der Luxus	
la tierra	*hier etwa:* die Region	**=** el territorio, el área, la zona **L** terra
el campesino, la campesina	der Bauer, die Bäuerin	Muchos ~⁸ solo pueden soñar con una vida de lujo.
(ser) infernal	höllisch	**F** infernal/e
enorme	enorm	Hay diferencias ~⁹ entre las culturas. **=** inmenso/-a
igual … que …	genauso … wie …	~ me puedes llamar ~ escribirme.
el cantaor, la cantaora	der/die Flamencosänger/in	
el flamenco	der Flamenco *andalusische Tanz- und Musikrichtung*	
la sevillana	*Volkstanz aus Sevilla*	
la feria	*spanisches Volksfest*	

La feria: las palmas, la caseta, la guitarra, el guitarrista, el cantaor, la bailaora, el traje de flamenco

oír (yo oigo)	(an-)hören	**=** escuchar
la discoteca	die Diskothek	
por un lado … por otro lado	auf der einen Seite … auf der anderen Seite	
defender *algo* / a *alguien* (e → ie, yo defiendo)	*etw./jdn* verteidigen	**E** to defend **F** défendre **L** defendere

el arte	die Kunst	E art F l'art m L ars
el crimen	das Verbrechen	E crime F le crime
(ser) brutal	brutal	
tanto … como	sowohl … als auch	Se trata de un problema ~ político ~ personal.
tomar el sol	sich sonnen	¿Te gusta ~ en la playa?
desértico/-a	ausgestorben, Wüsten-(+ S.)	
la conversación, las conversaciones *pl.*	das Gespräch	
el bar	die Kneipe, das Café	= el local
en seguida	sofort	No te vayas, vuelvo ~. = ahora mismo
ponerse a + *inf.*	anfangen *etw.* zu tun	Ahora hay que ~ trabajar.

1 contrastes **2** andaluza **3** dinámica **4** hace **5** te ganas la vida **6** africanos **7** artículos **8** campesinos **9** enormes

3A NI BLANCO NI NEGRO

(no) … ni … ni …	weder … noch …	~ tengo ganas ~ de ir al cine ~ de quedarme en casa.
cualquier, cualquiera	(jede/r, jedes) beliebige	
el andaluz, la andaluza	der/die Andalusier/in	
más bien	eher, vielmehr	Para mí, las vacaciones han sido ~ cortas.
serio/-a	ernst	E serious F sérieux/-euse
la situación, las situaciones *pl.*	die Situation	¿Qué harías tú en esa ~?
la ventaja	der Vorteil	E advantage F l'avantage *m.*
la desventaja	der Nachteil	≠ la ventaja
poblado/-a	bevölkerungsreich	
el (Océano) Atlántico	der Atlantik, atlantische Ozean	
afectar *algo* / a *alguien*	*etw./jdn* betreffen	Ese problema nos ~[1] a todos.
parecido/-a	ähnlich	
quizá(s)	vielleicht	= tal vez, a lo mejor
grave	schlimm, ernst	= serio/-a F grave L gravis
la industria	die Industrie	En Andalucía hay poca ~.
el turismo ▸ el/la turista	der Tourismus	El ~ es un sector económico muy importante.
gastar *algo* (en *algo*)	*etw.* (für *etw.*) verbrauchen, ausgeben *Geld*	≠ ahorrar
el campo de golf	der Golfplatz	
el campo	das Feld	El trabajo en el ~ es muy duro. L campus
seco/-a	trocken	F sec, sèche
o sea	beziehungsweise, das heißt	Salvador gana muy poco, ~ solo 600 euros al mes.

causar *algo*	*etw.* verursachen	El desempleo ~² muchos problemas.
aparte de	abgesehen von, außer	~ eso, ¿qué ha cambiado en la región?
crear *algo*	*etw.* (er-)schaffen, kreieren	L creare
el empleo ▶ el/la empleado/-a	die Arbeitsstelle	≠ el desempleo
el sector	der Sektor	¿Te gustaría trabajar en el ~ de la moda?
el sueldo	das Gehalt	¿Qué te comprarás con tu primer ~?
(ser) digno/-a	angemessen, würdig	F digne L dignus
la opción, las opciones *pl.*	die Option, Wahl	Antonio tiene que buscar trabajo en Francia. No tiene otra ~. E option
la posibilidad ▶ posible, imposible	die Möglichkeit	E possibility F la possibilité
a no ser que + *subj.*	es sei denn, dass + *Satz*	No puedo ir de vacaciones ~ mis padres me ayuden.
el portal	das (Internet-)Portal, die Homepage	
la publicidad	die Werbung	E publicity F la publicité
la excepción, las excepciones *pl.*	die Ausnahme	E exception F l'exception *f.*
emigrar	auswandern	¿Tienes amigos que ~³ a otros países?
llegar a *alguien fam.*	*jdm* reichen	Mi dinero no me ~⁴ para comprarme un ordenador.
económicamente *adv.*	finanziell	
los estudios *pl.*	das Studium	Después de terminar mis ~ voy a buscar trabajo en Andalucía.
alquilar	mieten	En el centro de la ciudad ~⁵ muchos pisos. ◆ el piso
la estadística	die Statistik	
(estar) motivado/-a	motiviert	
(ser) frustrante	frustrierend	
pedir *algo* (e → ie, yo pido)	*etw.* verlangen, fordern	¿Qué conocimientos ~⁶ las empresas?
contratar (a *alguien*)	(*jdn*) einstellen	Por el momento, las empresas no ~⁷ a nadie.
resolver *algo* (o → ue, yo resuelvo)	*etw.* lösen, klären	Todos los problemas se pueden ~. E to resolve
el desempleo	die Arbeitslosigkeit	El ~ juvenil es un problema grave. = el paro ≠ el empleo
el estado	der Staat	
movilizarse	sich mobilisieren, einsetzen	Los jóvenes españoles ~⁸ por un futuro mejor.
la condición, las condiciones *pl.*	die Bedingung	Irme de mi país para encontrar trabajo es una ~ imprescindible.
el cambio ▶ cambiar	die Änderung	Vivimos en una época de muchos ~⁹.

1 afecta 2 causa 3 han emigrado 4 llega 5 se alquilan 6 piden 7 contratan 8 se movilizan 9 cambios

3B LA CORRIDAS: ¿ARTE O VIOLENCIA?

estar a favor de *algo*	für *etw.* sein	¿Tú ~¹ las corridas?
el argumento	das Argument	
justificar *algo*	*etw.* rechtfertigen	**E** justify **t** justifier
la fiesta nacional	*hier:* die Nationalfeier, der Nationalfeiertag	
(ser) suficiente	ausreichend	
(ser) antiguo/-a	alt, antik	≠ nuevo/-a **L** antiquus
la sociedad globalizada	die globalisierte Gesellschaft	
⚠ la costumbre	der Brauch	
conservar *algo*	sammeln; *hier: etw.* bewahren, erhalten	¿Qué tradiciones te gustaría ~?
el/la artista *m./f.* ▶ arte	der/die Künstler/in	Pablo Picasso es uno de los ~² más famosos del mundo.
el pintor, la pintora	der/die Maler/in	
el escritor, la escritora	der/die Schriftsteller/in	
tematizar *algo* ▶ el tema	*etw.* thematisieren	Lorca ~³ en sus poemas la cultura andaluza.
el maltrato	die Misshandlung	
la cría intensiva	die Massentierhaltung	¿Cuál es tu opinión sobre la ~?
la libertad	die Freiheit	**E** liberty **F** la liberté **L** libertas
antes de que + *subj.*	bevor	Llámame ~ te vayas.
el ritual	das Ritual	¿Cuáles ~⁴ te gustan?
la lucha	der Kampf	
la razón, las razones *pl.*	der Grund	¿Cuáles son las ~⁵ de tu decisión?
(ser) hipócrita *inv.*	scheinheilig	¡No soporto a las personas ~⁶!
mencionar *algo*	*etw.* erwähnen	**E** to mention **F** mentionner
la importancia	die Bedeutung	**E** importance **F** l'importance *f*
el atractivo turístico	die Touristenattraktion, Sehenswürdigkeit	
la muestra ▶ mostrar	der Beweis	
la fuerza	die Kraft	**F** la force
el defensor, la defensora ▶ defender	der/die Verteidiger/in	
estar en contra de *algo*	gegen *etw.* sein	≠ estar a favor de *algo*
ser torturado/-a por *alguien*	von *jdm* gequält werden	**E** to be tortured
el torero, la torera	der/die Stierkämpfer/in	Cristina Sanchez es una ~⁷ muy conocida.
(ser) inteligente	intelligent	Tu argumento me parece muy ~.
(ser) auténtico/-a	echt	
la tortura	die Quälerei	**E** torture

UNIDAD 3B

⚠ la sangre *f.*	das Blut	F le sang
el Coliseo	das Kolosseum	
Roma	Rom	
(ser) ridículo/-a	lächerlich	Yo opino que la discusión sobre las corridas es ~8.
(ser) inhumano/-a	unmenschlich	Las corridas me parecen un ritual ~9.
totalmente *adv.*	völlig, total	
(estar) horrorizado/-a ▸ el horror	erschrocken, entsetzt	E to be horrified
analizar *algo*	*etw.* analysieren	Tenemos que ~ los argumentos a favor y en contra.
seguramente *adv.*	mit Sicherheit	
(ser) absurdo/-a	absurd	
identificar(se) con *algo*	(sich) mit *etw.* identifizieren	Muchos españoles no ~10 con las corridas.
avergonzarse (de *algo/ alguien*) (o → ue, yo me avergüenzo)	sich (für *etw./jdn*) schämen	¿Tú ~11 de las tradiciones de tu país?
permitir *algo*	*etw.* zulassen, erlauben	¿Se debería ~ los móviles en las aulas? L permittere
el comentario	der Kommentar	
prohibir *algo* ▸ prohibido/-a	*etw.* verbieten	≠ permitir L prohibere
(ser) tolerante	tolerant	
respetar *algo* / a *alguien* ▸ el respeto	*etw./jdn* respektieren	¡Tenemos que ~ los derechos de los animales!
en absoluto	keineswegs, überhaupt nicht	≠ absolutamente
recuperar *algo*	*etw.* zurückbekommen; *hier: etw.* wieder zulassen	Me gustaría ~ el contacto con mis antiguos amigos.

1 estás a favor de **2** artistas **3** tematizó **4** rituales **5** razones **6** hipócritas **7** torera **8** ridícula **9** inhumano **10** se identifican **11** te avergüenzas

PARA COMUNICARSE   UNIDAD 3

Gegensätze darstellen
¡Qué mezcla de contrarios!
Frente a (ciudades dinámicas) hay (pueblos tranquilos).
Igual (puedes escuchar flamenco) que (oír la música más actual).
(Tienes) por un lado (a los que defienden las corridas) y por otro lado (a los que dicen que es un crimen).
Tanto (puedes tomar el sol), como (esquiar).

Vor- und Nachteile abwägen
(Charlé con Salvador sobre) las ventajas y desventajas (de vivir en Andalucía).
Así que (Andalucía vive casi solo del turismo), pero (esto también trae problemas consigo).
Pero aparte de los problemas, (el turismo también crea empleo).

eine Bedingung formulieren
A no ser que (conozcas a alguien que te ayude), es (muy difícil encontrar trabajo).

eine Argumentationslinie aufbauen / seine Meinung verteidigen
¿No es suficiente decir que (se trata de una antigua tradición)?
Por esta razón me parece hipócrita (hablar de crimen animal).
¿Estamos (locos) o qué?
¡Estamos en el siglo XXI!

PARA HABLAR DE ... UNIDAD 3

... economía

los recursos naturales	die natürlichen Ressourcen
la materia prima	der Rohstoff
la industria	die Industrie
la agricultura	die Landwirtschaft
la ganadería	die Viehzucht
la pesca	die Fischerei
la minería	der Bergbau
la industria alimentaria	die Nahrungsmittelindustrie
la industria taurina	die Stierkampfindustrie
el turismo cultural / de sol y playa	der Kultur- / Sonne-und Strand-Tourismus

el mayor { productor / importador / exportador } de

der größte { Produzent / Importeur / Exporteur } von

La mayor fuente de ingreso es ___ .
Die größte Einnahmequelle ist ___ .

las plantaciones — die Plantagen

cultivar { olivos / cereales / girasoles / arroz / maíz / algodón }

{ Oliven / Getreide / Sonnenblumen / Reis / Mais / Baumwolle } anbauen

... la situación laboral

tener una beca	ein Stipendium erhalten
terminar la carrera	die Ausbildung / das Studium beenden
entrar en el mercado laboral	sich auf den Arbeitsmarkt begeben
trabajar (nueve) horas diarias	(neun) Stunden täglich arbeiten
ganar (800) euros al mes	(800) Euro monatlich verdienen
conseguir trabajo en (el turismo)	Arbeit finden im (Tourismussektor)
trabajar por cuenta propia	freischaffend arbeiten

fundar { una empresa / un portal de Internet / una agencia (de servicios) }

{ ein Unternehmen / ein Internetportal / eine (Dienstleistungs-)Agentur } gründen

el/la empresario/-a	der/die Unternehmer/in
el/la propietario/-a	der/die Eigentümer/in
resolver el problema del desempleo	das Problem der Arbeitslosigkeit lösen
estar en paro	arbeitslos sein

U4 DESAFÍOS GLOBALES

¡ACÉRCATE!

el desafío	die Herausforderung	
(ser) global	global	
la villa miseria, las villas miseria *pl.*	das Elendsviertel	
debido a *algo*	wegen *etw.*, auf Grund von *etw.*	Había protestas ~ las decisiones políticas.
el éxodo rural	die Landflucht	El ~ no es solo un problema en América del Sur.
(ser) rural	ländlich, Land-(+ S.)	Muchos de los trabajadores viven en barrios ~¹.
las afueras *pl.*	die Umgebung	En las ~ de Buenos Aires viven 15 millones de personas.
la evolución, las evoluciones *pl.*	die Entwicklung	
la ONU (Organización de las Naciones Unidas)	die UNO (United Nations Organization)	
el acceso	der Zugang, Zugriff	En mi pueblo todavía no tenemos ~ a Internet.
el derecho	das Recht	
(ser) humano/-a	menschlich, Menschen-(+ S.)	≠ inhumano/-a L humanus
el derecho humano	das Menschenrecht	
el agua potable	das Trinkwasser	
el litro	der Liter	
estimar	schätzen	E to estimate F estimer
el/la niño/-a de la calle	das Straßenkind	
cada vez más	immer mehr	El problema de la pobreza infantil es ~ grave.
(ser) infantil	Kind-(+ S.), kindisch	El trabajo ~ es otro gran problema.
el ecoturismo	der Ökotourismus	El ~ es una posibilidad de cuidar del ambiente.
Lima	*Hauptstadt von Peru*	
bajar	sinken	
sobrevivir	überleben	Los niños de la calle tienen que luchar para ~.
la formación, las formaciones *pl.*	die Ausbildung	Alberto decidió hacer una ~.
la obra	die Baustelle	
la oportunidad	die Chance, Gelegenheit	= posibilidad
el punto de vista	der Standpunkt	Me gustaría escuchar tu ~.
la criminalidad	die Kriminalität	La ~ en Colombia sigue siendo un gran problema.
▸ el crimen		

UNIDAD 4A

el agua corriente	fließendes Wasser	
ya que + *Satz*	weil, da	~ estás aquí, ayúdame a preparar la cena.
transportar *algo*	*etw.* transportieren	= llevar *algo*
el sistema	das System	
las aguas residuales *pl.*	das Abwasser	≠ el agua potable
el Día Mundial del Agua	der Weltwassertag (22. März)	
garantizar *algo*	*etw.* garantieren, gewährleisten	Es imposible ~ trabajo para todos.
el abastecimiento	die Versorgung	
la ONG (organización no gubernamental)	die Nichtregierungsorganisation	
UNICEF	*Kinderhilfswerk der Vereinten Nationen*	
la organización, las organizaciones *pl.*	die Organisation	
(ser) familiar ▶ la familia	familiär, Familien-(+ S.)	La vida ~ es lo más importante.
salir de *algo* (yo salgo)	*hier: etw.* hinter sich lassen	
el voluntario, la voluntaria	der/die Volontär/in, der/die Freiwillige	Casi todas las ONGs trabajan con ~².
la restauración, las restauraciones *pl.*	die Restaurierung, Renovierung	
Archez	*Dorf in der Provinz Málaga*	
restaurar *algo*	*etw.* restaurieren	¿Siguen ~³ los edificios en tu calle?
el molino	die Mühle	
funcionar como *algo*	*hier:* als *etw.* dienen	El antiguo palacio hoy ~⁴ hotel.
el huerto	der Gemüsegarten	◆ cultivar
el contacto	der Kontakt	
(ser) directo/-a	direkt	
(ser) regional ▶ la región	regional	≠ nacional

1 rurales 2 voluntarios 3 restaurando 4 funciona como

4A ¡EL AGUA ES VIDA!

el recurso	das Vorkommen	América Latina está rica en ~¹.
(ser) valioso/-a	wertvoll	
llamado/-a	so genannte/r, so genanntes	
la crisis	die Krise	
el/la presidente *m./f.*	der/die Präsident/in	◆ el gobierno
firmar *algo*	*etw.* unterschreiben	¿Ya ~² tu contrato de trabajo?
el contrato ▶ contratar	der Vertrag	E contract F le contrat

privatizar *algo*	*etw.* privatisieren	En el año 2000 ~³ el servicio de agua de Cochabamba.
subir *algo*	*etw.* erhöhen	
el total	die (Gesamt-)Summe	
inseguro/-a	unsicher	≠ seguro/-a **E** insecure
regular	regelmäßig	**E** regular
la ley	das Gesetz	◆ el derecho **L** lex
el método	die Methode	En esta empresa utilizan ~⁴ muy modernos.
la consecuencia	die Folge	
la protesta	der Protest	= la manifestación
el/la aimara *m./f.*	der/die Aimara	
el muerto, la muerta	der/die Tote	
solo *adv.*	*hier:* erst	¡Las vacaciones empiezan ~ en tres semanas!

⚠ **Unterscheide:** Estoy **sola** en casa. — Ich bin **allein** zuhause.
Solo tengo tres euros. — Ich habe **nur** drei Euro.
Conocí a Jose **solo** hace un mes. — Ich habe José **erst** vor einem Monat kennengelernt.

dirigir *algo* (yo dirijo)	*etw.* leiten; *hier:* Regie führen	
rodar	*hier:* drehen (Film)	◆ la película ◆ el vídeo ◆ el cine

Una película de amor — la cámara — el guión — rodar — el director dirige la película — el actor — la actriz

el conflicto	der Konflikt	
(ser) histórico/-a ▶ la historia	historisch	≠ actual
estar relacionado/-a ▶ la relación	zusammenhängen	La salud ~⁵ con lo que comemos. **E** to be related
el premio	der Preis	
dar vida a *alguien*	*jdn* verkörpern Film	
la colonización, las colonizaciones *pl.*	die Kolonisierung, Besiedlung	
fuerte	stark	**L** fors
el desarrollo ▶ desarrollar	die Entwicklung	= la evolución
(ser) ignorante	unwissend, ignorant	
(ser) inútil	nutzlos	≠ útil, valioso/-a **L** inutilis

la mentalidad	die Mentalität, Denkart	¿Cómo es la ~ andaluza?
merecer *algo* (c → zc, yo merezco)	*etw.* verdienen	¡Todos ~⁶ ser felices!
el colonizador, la colonizadora ▸ la colonización	der/die Kolonialherr/in	
explotar *algo* / a *alguien*	*etw./jdn* ausbeuten, ausnutzen	Hacemos todo por ~ esta oportunidad.
determinar *algo*	*etw.* bestimmen	E to determine
la elección, las elecciones *pl.*	die Wahl	E election F l'élection
el poder	die Macht, Kraft	E power
el interés, los intereses *pl.* ▸ interesarse por	das Interesse	
el ministerio	das Ministerium	
la privatización, las privatizaciones *pl.* ▸ privatizar	die Privatisierung	
(ser) básico/-a	grundlegend	¿Cuáles son los derechos humanos ~⁷?
aceptar *algo*	*etw.* akzeptieren	No puedo ~ tu disculpa.

1 recursos 2 has firmado 3 han privatizado 4 métodos 5 está relacionada 6 merecen 7 básicos

4B UNA CIUDAD PARA TODOS

el medio de transporte	das Transportmittel	

Los medios de transporte: el coche, el bus, el metro, el taxi, el tren, el teleférico, el barco, el avión

(ser) urbano/-a	städtisch	≠ rural E urban
el teleférico	die Seilbahn	
integrar *algo* / a *alguien*	*etw./jdn* integrieren, einbinden	España intenta ~ los inmigrantes en la sociedad.
la hora pico	die Hauptverkehrszeit	Mejor vayas en metro durante la ~.
bajo/-a	niedrig	

el ingeniero, la ingeniera	der/die Ingenieur/in	
afirmar *algo*	*etw.* bestätigen	El presidente ~¹ la importancia del proyecto.
superar *algo*	*hier: etw.* übertreffen, übersteigen	L superare
el nivel	das Niveau	
mundial	Welt-(+ S.)	= global
a nivel mundial	weltweit	
similar	ähnlich	E similar L similis
la emigración, las emigraciones *pl.*	die Auswanderung, Abwanderung	≠ la inmigración
el trabajador, la trabajadora ▶ trabajar, el trabajo	der/die Arbeiter/in	
buscar + *inf.*	versuchen *etw.* zu tun	El ministerio ~² ayudar con este proyecto.
mejorar ▶ mejor	verbessern, besser werden	¿Qué hace el estado para que ~³ la situación?
la planificación, las planificaciones *pl.*	die Planung	
el transporte (público)	der Transport; *hier:* die (öffentlichen) Verkehrsmittel	
el tráfico	der Verkehr	E traffic
la basura	der Müll	
el centro de salud	*etwa:* das Ärztehaus	
la megaciudad	die Millionenstadt	
es decir	das heißt, also	= o sea
el modelo	das Model	
Latinoamérica	Lateinamerika	= América Latina
convivir ▶ vivir	zusammenleben	Raúl ~⁴ con dos amigos en un piso.
solucionar *algo*	*etw.* beheben, lösen	¿Cómo podemos ~ este problema?
el Programa Urbano Integral (PUI)	*Projekt zur Verbesserung der Stadtstruktur in Medellín*	
en tanto que	insofern	
la movilidad ▶ movilizar	die Mobilität, Beweglichkeit	
comparado/-a con *algo*	im Vergleich zu *etw.*, verglichen mit *etw.*	E compared to sth.
la autoestima	das Selbstwertgefühl	
el/la visitante	der/die Besucher/in	
de (tal) forma que	so dass	El profesor explicó la gramática ~ todos la han entendido.

1 afirma **2** busca **3** mejore **4** convive

PARA COMUNICARSE UNIDAD 4

seinen Standpunkt äußern
Desde mi punto de vista, (las condiciones de vida aquí no son buenas).
En mi opinión, (uno de los grandes problemas de mi país es el acceso al agua potable).
(El ecoturismo tiene mucho futuro). Por lo menos, yo lo veo así.

PARA HABLAR DE ... UNIDAD 4

... desafíos globales

el acceso al agua | corriente / potable	der Zugang zu | fließendem Wasser / Trinkwasser
las aguas residuales	das Abwasser
la privatización del agua	die Wasserprivatisierung
subir/bajar el precio del agua	den Wasserpreis senken/anheben
un derecho humano	ein Menschenrecht
el éxodo rural	die Landflucht
la población rural	die Landbevölkerung
mantener a la familia	die Familie ernähren
mejorar las condiciones de vida	die Lebensbedingungen verbessern
buscar trabajo en la capital	in der Hauptstadt Arbeit suchen
la megaciudad	die Millionenstadt
la villa miseria	das Elendsviertel
el barrio de lujo	das Luxusviertel
tener buena/mala infraestructura	über eine gute/schlechte Infrastruktur verfügen
los niños de la calle	die Straßenkinder
tener problemas familiares	familiäre Probleme haben
ser víctima de violencia doméstica	Opfer häuslicher Gewalt sein
pedir dinero en la calle	auf der Straße um Geld bitten
tomar drogas	Drogen nehmen
no ir a la escuela	nicht zur Schule gehen
aprender a leer y escribir	lesen und schreiben lernen
hacer una formación	eine Ausbildung machen
tener un futuro digno	eine würdige Zukunft haben
el medio ambiente	die Umwelt
la contaminación | del agua / del aire / de la tierra	die | Wasser- / Luft- / Erd- | verschmutzung
respetar el medio ambiente	die Umwelt respektieren
el contacto con la naturaleza	der Kontakt zur Natur
comprar productos regionales	Produkte aus der Region kaufen
el turismo sostenible	der nachhaltige Tourismus
ahorrar agua/energía	Wasser/Energie sparen

LISTA ALFABÉTICA

Die Zahl hinter dem Pfeil zeigt die Fundstelle an.
Verben mit Besonderheiten sind **blau** gedruckt, siehe **Los verbos** ab S. 170.
Grundschrift = obligatorischer Wortschatz
kursiv = fakultativer Wortschatz

A

a nach + *Stadt/Land*, zu + *Richtung*; ~ **lo mejor** unter Umständen, womöglich; ~ **menudo** oft ▶2/A; ~ **no ser que** + *subj.* es sei denn, dass + *Satz* ▶3/A; ~ **través de** mittels, durch
el **abanico** der Fächer
el **abastecimiento** die Versorgung ▶4/Ac
el *abogado, la abogada* der Anwalt, die Anwältin
el **abono (de diez)** die (Zehner-)Karte
el **abrazo** die Umarmung; **Un ~.** Herzliche Grüße. *Brief*
el **abril** der April
abrir *algo* etw. öffnen; etw. eröffnen
absolutamente *adv.* absolut ▶1/B
absurdo/-a (**ser**) absurd ▶3/B
el **abuelo, la abuela** der Großvater, die Großmutter
los **abuelos** *pl.* die Großeltern
aburrido/-a langweilig
aburrirse (como una ostra) sich (schrecklich) langweilen
acabar de + *inf.* etw. gerade getan haben
el **acceso** der Zugang, Zugriff ▶4/Ac
el **acento** der Akzent
aceptar *algo* etw. akzeptieren ▶4/A
acercarse (a *algo/alguien*) sich (*etw./jdm*) (an-)nähern
acompañar a *alguien* jdn begleiten ▶2/B
aconsejar a *alguien* **que** + *subj.* jdm raten etw. zu tun ▶1/Ac
acordarse (**de** *algo/alguien*) (o → ue) sich (an *etw./jdn*) erinnern
el **acordeón, los acordeones** *pl.* das Akkordeon
acostarse (o → ue) sich hinlegen
acostumbrarse (a *algo/alguien*) sich (an *etw./jdn*) gewöhnen
la **actividad** die Tätigkeit
el **actor, la actriz** der/die Schauspieler/in

actual (**ser**) gegenwärtig, heutig ▶2/Ac; aktuell
actualmente *adv.* zurzeit
actuar spielen
además außerdem; ~ **de** neben, außer
¡Adiós! Tschüß!, Auf Wiedersehen!
Administración y Dirección de Empresas Betriebswirtschaftslehre
admirar a *alguien* jdn bewundern
¿Adónde? Wohin?
los **adultos** *pl.* die Erwachsenen
el **aeropuerto** der Flughafen
afectar *algo* / **a** *alguien* etw./jdn betreffen ▶3/A
el **aficionado, la aficionada** der Fan
afirmar *algo* etw. bestätigen ▶4/B
africano/-a (**ser**) afrikanisch ▶3/Ac
afuera *adv.* draußen
las **afueras** *pl.* die Umgebung ▶4/Ac
agarrar *algo* / **a** *alguien* etw./jdn greifen, packen
el **agosto** der August
agotador/a (**ser**) anstrengend
agradable (**ser**) angenehm, gemütlich ▶3/Ac
el **agua** *f.* das Wasser; **el ~ corriente** fließendes Wasser ▶4/Ac; ~ **potable** das Trinkwasser ▶4/Ac;
las **aguas residuales** *pl.* das Abwasser ▶4/Ac
aguantar *algo* / **a** *alguien* etw./jdn aushalten
ahí da
ahora jetzt, gleich; ~ **mismo** jetzt sofort
ahorrar (*algo*) **para** + *verbo* (etw.) sparen, um etw. tun zu können
el/la **aimara** *m./f.* der/die Aimara ▶4/A
aimara (**ser**) *inv.* Aimara-(+ S.) *indigenes Volk aus dem Andenraum* ▶1/A
el **aire** die Luft; **dejar a** *alguien* **a su ~** jdm seinen Willen lassen; **al ~ libre** Freiluft-(+ S.), an der frischen Luft ▶1/B
aislado/-a (**estar**) isoliert, abgeschottet ▶1/A
al + *inf.* als, wenn ▶1/B; ~ **fondo** hinten, im Hintergrund; ~ **principio** am Anfang
el **albergue** *m.* die Unterkunft
alegre fröhlich, lustig
Alemán Deutsch *Schulfach*

el **alemán, la alemana** der/die Deutsche
Alemania Deutschland
algo etwas
alguien *inv.* jemand
algún/alguna + *sust.* irgendein/e, einige + S.
alguno/-a *pron.* eine/r, eins, jemand, einige
alimentar a *alguien* jdn ernähren
allí dort (drüben)
alquilar mieten ▶3/A
alrededor de + *número* um, ungefähr ▶2/Ac
la **altitud** die Höhe ▶1/Ac
alto/-a *adj./adv.* groß, hoch, laut
la **altura** die Höhe
alucinado/-a (**estar**) etwa: platt
alucinante (**ser**) *fam.* unglaublich ▶1/B
el **alumno, la alumna** der/die Schüler/in
amarillo/-a gelb
el **ambiente** die Stimmung ▶1/B
América Amerika ▶1/Ac; ~ **Central** Mittelamerika ▶2/A; ~ **del Sur** Südamerika; ~ **Latina** Lateinamerika
el **americano, la americana** der/die Amerikaner/in ▶2/A
americano/-a (**ser**) amerikanisch ▶2/Ac
el **amigo, la amiga** der/die Freund/in
la **amistad** die Freundschaft
analizar *algo* etw. analysieren ▶3/B
el **ancho** die Breite ▶1/B
ancho/-a weit; breit ▶1/Ac
Andalucía Andalusien
el **andaluz, la andaluza** der/die Andalusier/in ▶3/A
andaluz/a, andaluces *pl.* andalusisch ▶3/Ac
andar (zu Fuß) gehen ▶1/B; **¡Anda!** *fam.* Na, komm!
animado/-a belebt
el **animal** das Tier
animar a *alguien* (**a** + *inf.*) jdn ermuntern, ermutigen (*etw.* zu tun) ▶2/B
el **año** das Jahr; *el Año Nuevo das neue Jahr; los años cincuenta pl.* die fünfziger Jahre; **¿Cuántos años tienes?** Wie alt bist du?
anoche gestern Abend/Nacht ▶1/A
anónimo/-a (**ser**) anonym
antes *adv.* vorher, früher; ~ **de** (be-)vor; ~ **de que** + *subj.* bevor ▶3/B

antiguo/-a (ser) alt, antik ▶ 3/B
aparecer (c → zc) auftauchen, erscheinen ▶ 1/A
aparte de abgesehen von, außer ▶ 3/A
el apellido der Nachname
apoyar a *alguien* jdn unterstützen ▶ 2/Ac
aprender (a + *inf.*) lernen (*etw.* zu tun); ~ *algo* de memoria (*etw.*) auswendig lernen
aproximadamente *adv.* ungefähr
apuntarse (a *algo*) sich (für *etw.*) anmelden, (bei *etw.*) mitmachen
aquel, aquella jene/r, jenes; en aquellos años damals
aquí hier; por ~ hier in der Nähe / entlang
árabe (ser) arabisch
el aranés Aranesisch (Sprache)
el árbitro, la árbitra der/die Schiedsrichter/in
el árbol der Baum
el área *f.* das Gebiet
la arepa der Maisfladen
Argentina Argentinien
el argentino, la argentina der/die Argentinier/in ▶ 1/A
(ser) argentino/-a argentinisch ▶ 1/A
el argumento das Argument ▶ 3/B
el armario der Schrank
el arquitecto, la arquitecta der/die Architekt/in ▶ 2/A
arquitectónico/-a architektonisch ▶ 3/Ac
la arquitectura *sg.* die Architektur ▶ 1/B
el arte die Kunst ▶ 3/Ac
la artesanía die Handwerkskunst, das Kunsthandwerk
el artículo der Artikel ▶ 1/B; der Verkaufsartikel ▶ 3/Ac
el/la artista *m./f.* der/die Künstler/in ▶ 3/B
el asado *arg.* das Grillfest, die Grillmahlzeit ▶ 1/A
el asesor, la asesora der/die Berater/in
así so; ~ que so dass
Asia Asien ▶ 2/Ac
la asignatura das Schulfach
la asistencia médica die Krankenversicherung
la astronomía die Astronomie ▶ 2/A
el atasco der Stau
el Atlántico der Atlantik ▶ 3/A
el atractivo turístico die Touristenattraktion, Sehenswürdigkeit ▶ 3/B
atrapado/-a (estar) gefangen
el aula, las aulas *pl., f.* der (Klassen-)Raum

aunque + *subj.* selbst wenn; ~ + *ind.* obwohl
auténtico/-a (ser) echt ▶ 3/B; ¡Es una auténtica locura! *fam.* Das ist der totale Wahnsinn! ▶ 1/B
la autoestima das Selbstwertgefühl ▶ 4/B
el autor, la autora der/die Autor/in
avanzado/-a fortschrittlich, fortgeschritten ▶ 2/A
la avenida die Allee, der Boulevard
la aventura das Abenteuer ▶ 1/Ac
avergonzarse (de *algo/alguien*) (o → ue) sich (für *etw./jdn*) schämen ▶ 3/B
avisar a *alguien* (de *algo*) jdm (wegen *etw.*) Bescheid geben
ayer gestern
la ayuda die Hilfe
ayudar a *alguien* jdm helfen
el/la azteca *m./f.* der/die Azteke/-in
azteca (ser) *inv.* aztekisch ▶ 2/Ac
el azúcar der Zucker
azul blau

B

el bachillerato das Abitur
¡Bah! Naja ...
bailar tanzen
bajar sinken ▶ 4/Ac; ~ (*algo*) *etw.* leiser stellen, senken; (*die Straße*) hinuntergehen, (*die Piste*) hinunterfahren
bajarse (del bus) aus dem Bus aussteigen
el bajo der Bass *Gitarre*
bajo/-a niedrig ▶ 4/B
el balcón, los balcones *pl.* der Balkon
las Baleares die Balearen
el balón der Ball
el baloncesto Basketball
el baño (cuarto de ~) das Bad(ezimmer)
el bar die Kneipe, das Café ▶ 3/Ac
barato/-a billig, günstig
la barca das Boot
el barco das Schiff ▶ 1/A
el barrio das Viertel *Stadt*
básico/-a (ser) grundlegend ▶ 4/A
bastante ziemlich, genug
bastar ausreichen
la basura der Müll ▶ 4/B
beber *algo etw.* trinken
la beca das Stipendium
el beso der Kuss
la bicicleta (= la bici *fam.*) das Fahrrad
bien gut
bienvenido/-a (a ...) willkommen (in ...)

el billete das Ticket, der Fahrschein; el ~ sencillo/combinado der Einzelfahrschein / der Gesamtnetzfahrschein
blanco/-a weiß
el bocadillo das belegte Brötchen
la bolera die Bowlingbahn
el bolígrafo (= el boli *fam.*) der Kugelschreiber (= Kuli)
bonito/-a schön, hübsch
el brazo der Arm
la broma der Scherz
la bronca der Streit, Krach
la bruja die Hexe
brutal (ser) brutal ▶ 3/Ac
bueno na gut, o.k.
bueno/-a gut; Buenos días. Guten Tag!
el bus der Bus
buscar *algo etw.* suchen; ~ + *inf.* versuchen *etw.* zu tun ▶ 4/B

C

la cabeza der Kopf
cada + *sust., inv.* jede/r, jedes + S.; ~ uno/-a jede/r; ~ vez más immer mehr ▶ 4/Ac; ~ vez que + *verbo* immer wenn
la cadena die Kette
caerse fallen, hinfallen, stürzen
el café der Kaffee
la cafetería die Cafeteria
calcular *algo etw.* berechnen ▶ 2/A
el cálculo die Berechnung ▶ 2/A
el calendario der Kalender ▶ 2/A
calentar *algo* (e → ie) *etw.* (er-)wärmen
caliente warm, heiß
callarse schweigen, verstummen
la calle die Straße
calmar(se) (sich) beruhigen
el calor die Hitze, Wärme
la cama das Bett
la cámara de vídeo die Videokamera
el camarero, la camarera der/die Kellner/in
cambiar *algo etw.* wechseln; ~ *algo* / a *alguien etw./jdn* ändern; ~ de idea seine Meinung ändern; ~ de línea umsteigen; ~ de trabajo den Job wechseln
cambiarse sich umziehen
el cambio die Änderung ▶ 3/A; en ~ stattdessen, dagegen
caminar laufen, gehen
la caminata der (lange) Fußmarsch
el camino der Weg
la camisa das Hemd
la camiseta das T-Shirt
el campamento das (Ferien-)Lager

la *campanada* der Glockenschlag
el *campeonato* der Wettkampf, die Meisterschaft
el *campesino*, la *campesina* der Bauer, die Bäuerin ▶3/Ac
el *campo* das Land; das Feld ▶3/A; el ~ *de golf* der Golfplatz ▶3/A
el *canal* der Kanal
las *Canarias* pl. die Kanaren
la *canción*, las *canciones* pl. das Lied
el/la *cantante* m./f. der/die Sänger/in
el *cantaor*, la *cantaora* der/die Flamencosänger/in ▶3/Ac
cantar singen
la *cantidad* die Anzahl, Menge ▶1/B
el *caos* das Chaos
capaz (ser) ~ *de hacer algo*) fähig sein (etw. zu tun)
la *capital* die Hauptstadt
la *cara* das Gesicht
la *carabela* die Karavelle *Segelschifftyp des 14.–16. Jh.* ▶2/Ac
el *Caribe* die Karibik
la *carne* das Fleisch
caro/-a teuer
la *carrera* die Wettfahrt; der Studienang; die Karriere
la *carretera* die Landstraße
la *casa* das Haus, die Wohnung
casi fast, beinahe, quasi
el *caso* der Fall ▶2/Ac
castaño/-a (kastanien-)braun
el *castellano* Spanisch (Sprache)
el *catalán* Katalanisch *Sprache*
catalán, catalana (ser) katalanisch
Cataluña Katalonien
la *catástrofe* die Katastrophe ▶2/Ac
la *catedral* die Kathedrale, der Dom
católico/-a (ser) katholisch ▶2/Ac
causar algo etw. verursachen ▶3/A
la *cazadora* die (Wind-)Jacke
el *cedé*, los *cedés* pl. die CD
celebrar algo etw. feiern
la *cena* das Abendessen
cenar zu Abend essen
el *centro* das Zentrum, die Mitte; el ~ *comercial* das Einkaufszentrum; el ~ *cultural* das Kulturzentrum; el ~ *de salud* etwa: das Ärztehaus ▶4/B
cerca (de …) adv./prep. in der Nähe (von …), nahe (bei …)
la *ceremonia* die Zeremonie ▶2/A
cerrar (e → ie) schließen
el *césped* der Rasen

el *chalé*, los *chalés* pl. das Ferienhaus
la *chaqueta* die Jacke
charlar plaudern, sich unterhalten
el *chat* der Chat
el *chaval*, la *chavala* fam. der Junge, das Mädchen
el *chico*, la *chica* der Junge, das Mädchen
el *chile* der Chili
China China
el *chiste* der Witz
el *chivato*, la *chivata* fam. die Petze
el *chocolate* die Schokolade
el *chófer*, los *chóferes* pl. der Fahrer
el *cibercafé* (= el *cíber* fam.) das Internetcafé
el/la *ciclista* m./f. der/die Radfahrer/in
el *cielo* der Himmel ▶2/A
Ciencias Naturales pl. Naturwissenschaften *Schulfach*
científico/-a wissenschaftlich
cientos de + *sust.* hunderte + S. ▶2/A
el *cine* das Kino
la *cita* die Verabredung
la *ciudad* die Stadt
la *civilización*, las *civilizaciones* pl. die Zivilisation, die Kultur ▶2/A
el *clarinete* m. die Klarinette
claro adv. (na) klar, natürlich
claro/-a hell
la *clase* der Unterricht, die Klasse, das Klassenzimmer
el/la *cliente* m./f. der/die Kunde/-in
el *clima* das Klima
el *club* der Club
el *coche* das Auto
la *cocina* die Küche
coger algo etw. nehmen
la *cola* die Schlange
el *colaborador*, la *colaboradora* der/die Mitarbeiter/in
coleccionar algo etw. sammeln
el *colegio* (= el *cole* fam.) die (Grund-)Schule
la *colonización*, las *colonizaciones* pl. die Kolonisierung, Besiedlung ▶4/A
el *colonizador*, la *colonizadora* der/die Kolonialherr/in ▶4/A
el *color* die Farbe
el *comedor* die Kantine, das Esszimmer
comentar erklären
el *comentario* der Kommentar ▶3/B
comer algo etw. essen
comercial (ser) Handels-(+ S.), gewerblich ▶2/Ac

la *comida* das Essen
el *comienzo* der Beginn
como + *Zeitangabe* so gegen + Zeitangabe; ~ (+ *sust.*) wie, als + S.; ~ + *Satz* da + Satz
¿Cómo? Wie?; Wie bitte?
el *compañero*, la *compañera* der/die Klassenkamerad/in, Mitschüler/in
comparado con algo verglichen mit etw. ▶4/B
compartido/-a gemeinsam
compartir algo etw. teilen
complicado/-a (ser) kompliziert
el *comportamiento* das Verhalten
comprar algo etw. kaufen
comprender algo etw. verstehen
comunicar(se) (con *alguien*) sich (mit jdm) in Verbindung setzen, (mit jdm) kommunizieren
la *Comunidad Autónoma* die autonome Gemeinschaft *Verwaltungseinheit in Spanien*
la *Comunidad Económica Europea* die Europäische Wirtschaftsgemeinschaft
con mit; ~ *eso/esto* damit
el *concierto* das Konzert
la *condición*, las *condiciones* pl. die Bedingung ▶3/A
conectado/-a (estar) verbunden
conectar(se) (con *algo*) (sich) (mit etw.) verbinden
confiar algo a alguien / en algo/ alguien jdm etw. anvertrauen, in etw./jdm vertrauen ▶2/B
el *conflicto* der Konflikt ▶4/A
conmigo mit mir
conocer algo / a alguien (c → zc) etw./jdn kennen, kennenlernen
conocido/-a (ser) bekannt ▶2/Ac
el *conocimiento* die Kenntnis ▶2/A
la *conquista* die Eroberung ▶2/Ac
el *conquistador*, la *conquistadora* der/die Eroberer/in ▶2/Ac
conquistar algo / a alguien etw./ jdn erobern ▶2/Ac
la *consecuencia* die Folge ▶4/A
conseguir algo (e → i) etw. schaffen, erreichen; etw. erhalten
el *consejo* der Rat
conservar algo etw. sammeln; etw. bewahren, erhalten ▶3/B
construir algo etw. anlegen, errichten
consumir (algo) (etw.) verbrauchen, konsumieren
consumista (ser) inv. konsumorientiert
el *contacto* der Kontakt ▶4/Ac

contar *algo* (o → ue) *etw.* erzählen, zählen; ~ **con** *algo* über *etw.* verfügen
contento/-a (estar) zufrieden
contestar *algo* *etw.* antworten, beantworten
contigo mit dir
continuar (*algo*) *etw.* fortsetzen; weiterfahren ▶1/Ac
contra gegen; estar en ~ de *algo* gegen *etw.* sein ▶3/B
el contrario das Gegenteil ▶3/Ac
el contraste *pl.* der Kontrast ▶3/Ac
contratar (a *alguien*) (*jdn*) einstellen ▶3/A
el contrato der Vertrag ▶4/A
controlar *algo* / a *alguien* *etw./jdn.* kontrollieren, überwachen
la conversación, las conversaciones *pl.* das Gespräch ▶3/Ac
convertirse en *algo* (e → ie) zu *etw.* werden, sich in *etw.* verwandeln
convivir zusammenleben ▶4/B
la cooperativa die Genossenschaft
el corazón, los corazones *pl.* das Herz ▶1/Ac
la Cordillera de los Andes die Andenkordillere ▶1/Ac
el coro der Chor
el correo die Post, die E-Mail
Correos die Post *Amt*
correr rennen, laufen; ¡Corre! Beeil dich!
la corrida de toros der Stierkampf
cortar la luz den Strom abschalten ▶1/A
corto/-a kurz
la cosa die Sache, das Ding
la costa die Küste
costar (o → ue) kosten
la costumbre der Brauch ▶3/B
cotilla (ser) *inv.* klatschhaft
crear *algo* *etw.* (er-)schaffen, kreieren ▶3/A
creativo/-a (ser) kreativ
crecer (c → zc) wachsen
creer (en *algo*) (an *etw.*) glauben
la cría intensiva die Massentierhaltung ▶3/B
el crimen das Verbrechen ▶3/Ac
la criminalidad die Kriminalität ▶4/Ac
la crisis die Krise ▶4/A
cristiano/-a (ser) christlich ▶2/Ac
crítico/-a (ser) kritisch
el cruasán, los cruasanes das Croissant
cruzar *algo* *etw.* überqueren
el cuaderno das (Arbeits-)Heft
cuadrado/-a (estar) *fam.* kugelrund (sein)
el cuadro das Gemälde

el/la cual *pron.* der/die/das, welche/r, welches ▶2/A
¿Cuál/es? *pron.* Welche/r, welches?
cualquier, cualquiera (jede/r, jedes) beliebige ▶3/A
cuando + *ind., conj.* immer wenn; ~ + *subj.* wenn, sobald; ~ + *ind.* als *zeitlich*
¿Cuándo? Wann?
cuánto *adv.* wie viel, wie sehr
cuánto/-a + *sust., adj.* wie viel/e + S.
la cuchara der Löffel
el cuchillo das Messer
la cuenta die Rechnung
cuidar de *algo/alguien* für *etw./jdn* sorgen
cultivar *algo* *etw.* anbauen
la cultura die Kultur
cultural *inv.* kulturell, Kultur- (+ S.)
el cumpleaños (= el cumple *fam.*) der Geburtstag
cumplir … años … Jahre alt werden
cumplirse *algo* (a *alguien*) (*jdm*) *etw.* erfüllen
curar a *alguien* *jdn* heilen
curioso/-a neugierig
cuyo/-a *pron.* dessen, deren ▶1/B

D

dar *algo* a *alguien* *jdm* *etw.* geben; ~ buena/mala suerte Glück/Unglück bringen; ~ corte (*algo* a *alguien*) *fam.* peinlich sein (*etw. jdm*); ~ igual (*algo*) a *alguien* *jdm* (*etw.*) egal sein; ~ la bienvenida a *alguien* *jdn* begrüßen, willkommen heißen ▶2/B; ~ recuerdos a *alguien* *jdn* grüßen; ~ un paseo por eine Fahrt auf/durch … machen, einen Spaziergang durch … machen; ~ una vuelta spazieren gehen; ~ vida a *alguien* *jdn* verkörpern ▶4/A; ~ vueltas herumfahren ▶3/Ac; (no) da tiempo (de hacer *algo*) (keine) Zeit haben (*etw.* zu tun)
de von, aus, über, aus; ~ repente plötzlich, auf einmal; (estar) ~ acuerdo einverstanden
¿De dónde? Woher?
debajo (de) (dar-)unter
deber + *inf.* sollen, müssen (+ *Inf.*)
los deberes *pl.* die Hausaufgaben
debido a *algo* wegen *etw.* ▶4/Ac
decidir *algo* *etw.* entscheiden
decir sagen; es ~ das heißt ▶4/B; ¡No me digas! Was du

nicht sagst! / Sag bloß!; ¿Diga? Ja, bitte? *Anrede beim Telefonieren*
la decisión, las decisiones *pl.* die Entscheidung
decorar *algo* *etw.* dekorieren
defender (e → ie) *algo* / a *alguien* *etw./jdn* verteidigen ▶3/Ac
el defensor, la defensora der/die Verteidiger/in ▶3/B
la definición, las definiciones *pl.* die Definition ▶1/A
dejar verlassen; lassen; ~ a *alguien* a su aire *jdm* seinen Willen lassen; ~ a *alguien* en paz *jdn* in Ruhe lassen; ~ de + *inf.* aufhören *etw.* zu tun
delante (de) vor
demasiado *adv.* zu, zu sehr, zu viel
demasiado/-a zu viel/e ▶1/A
democrático/-a (ser) demokratisch
demostrar *algo* (a *alguien*) (o → ue) (*jdm*) *etw.* beweisen
dentro de + *Zeitangabe* innerhalb von + *Zeitangabe*
depender (de *algo/alguien*) abhängen (von *etw./jdm*)
el deporte der Sport
deportista (ser) *inv.* sportlich
derecha (a la ~ de) rechts (von)
el derecho das Recht ▶4/Ac; Jura (Studiengang)
el desafío die Herausforderung ▶4/Ac
desaparecer (c → zc) verschwinden
el desarrollo die Entwicklung ▶4/A
desarrollar *algo* *etw.* entwickeln ▶2/A
el desayuno das Frühstück
descansar ausruhen
el/la descendiente *m./f.* der/die Nachfahre/-in ▶1/A
describir *algo* / a *alguien* *etw./jdn* beschreiben ▶1/B
el descubridor, la descubridora der/die Entdecker/in ▶2/Ac
el descubrimiento die Entdeckung ▶2/Ac
descubrir *algo* *etw.* entdecken
desde von + *Zeitangabe*, ab + *Zeitangabe*, seit; ~ hace + *Zeitangabe* seit + *Zeitangabe*
desear + *inf.* wünschen; wollen ▶2/B
el desempleo die Arbeitslosigkeit ▶3/A
desértico/-a ausgestorben, Wüsten-(+ S.) ▶3/Ac
desgraciadamente leider ▶1/A
el desierto die Wüste
despacio *adv.* langsam

la despedida der Abschied
despertar a *alguien* (e → ie) *jdn* aufwecken
despertarse (e → ie) aufwachen
después danach, später; ~ de nach
destruir *algo* *etw.* zerstören ▶2/B
la desventaja der Nachteil ▶3/A
determinar *algo* *etw.* bestimmen ▶4/A
detrás (de) (da-)hinter
el día der Tag; el ~ a ~ der Alltag; el ~ del espectador der Kinotag; *el otro* ~ letztens, neulich
el dialecto der Dialekt ▶2/A
el diario das Tagebuch
diario/-a (ser) täglich ▶1/B
el diciembre der Dezember
la diferencia der Unterschied
diferente unterschiedlich
difícil schwierig
digital (ser) digital
digno/-a (ser) angemessen, würdig ▶3/A
dinámico/-a (ser) dynamisch ▶3/Ac
el dinero *sg.* das Geld
el dios, la diosa der Gott, die Göttin ▶2/Ac
la dirección, las direcciones *pl.* die Regie; die Adresse, die Richtung; en ~ a + *sust.* in Richtung + S.
directo/-a (ser) direkt ▶4/Ac
el director, la directora der/die Regisseur/in, der/die Leiter/in; der/die Direktor/in
dirigir (*algo*) (*etw.*) leiten; Regie führen ▶4/A
la discoteca die Diskothek ▶3/Ac
¡Disculpa! Entschuldige!
discutir diskutieren, streiten
diseñar (*algo*) (*etw.*) zeichnen, entwerfen
disfrutar (de *algo*) (*etw.*) genießen ▶1/Ac
la distancia die Distanz
la diversidad die Vielfältigkeit
diverso/-a (ser) vielfältig, unterschiedlich
divertido/-a (ser) lustig
divertirse (e → ie) sich amüsieren
el doctor, la doctora *fam.* der Arzt, die Ärztin; der Doktor, die Doktorin
el documental, los documentales *pl.* der Dokumentarfilm
doler (o → ue) schmerzen, weh tun
el dolor der Schmerz; el ~ de cabeza die Kopfschmerzen
el domingo der Sonntag
donde wo

¿Dónde? Wo?
dormir (o → ue) schlafen; ¡A ~! Geh/t schlafen!
el drama *m.* das Drama
ducharse sich duschen
la duración, las duraciones *pl.* die Dauer ▶2/A
durante *prep.* während ▶2/B
duro/-a hart
el DVD, los DVD *pl.* die DVD

E
e und (*y vor hi- und i-*)
echar de menos *algo* / a *alguien* *etw./jdn* vermissen; ~ un vistazo a *algo* einen Blick in/auf *etw.* werfen
la economía die Wirtschaft
económicamente *adv.* finanziell ▶3/A
económico/-a wirtschaftlich, Geld-(+ S.)
el ecoturismo der Ökotourismus ▶4/Ac
la edad das Alter
el edificio das Gebäude ▶3/Ac
la educación die Ausbildung; la ~ ambiental die Umwelterziehung; ~ Física Sportunterricht; ~ para la Ciudadanía y Derechos *etwa:* Sozialkunde
egoísta (ser) *inv.* egoistisch
el ejemplo das Beispiel; por ~ (p. ej.) zum Beispiel (z. B.)
la elección, las elecciones *pl.* die Wahl ▶4/A
la electricidad die Elektrizität, der Strom ▶1/A
elegir *algo* *etw.* (aus-)wählen
el e-mail die E-Mail
la emigración, las emigraciones *pl.* die Auswanderung, Abwanderung ▶4/B
emigrar auswandern ▶3/A
emocionado/-a (estar) gerührt
el emperador, la emperadora der/die Kaiser/in ▶2/Ac
empezar *algo* (e → ie) *etw.* anfangen; ~ a + *inf.* anfangen *etw.* zu tun
el empleado, la empleada der/die Angestellte ▶1/A
el empleo die Arbeitsstelle ▶3/A
el empollón, la empollona der/die Streber/in
la empresa die Firma ▶1/A
en (+ *sust.*) in, an, auf (+ S.); ~ absoluto keineswegs, überhaupt nicht ▶3/B; ~ casa zu Hause; ~ total insgesamt
en seguida sofort ▶3/Ac
enamorarse (de *alguien*) sich (in *jdn*) verlieben

encantar a *alguien* *jdm* sehr gefallen, *etw./jdn* sehr mögen
encender *algo* (e → ie) *etw.* einschalten
encima (de) *prep.* auf
encontrar *algo* / a *alguien* (o → ue) *etw./jdn* finden
encontrarse (o → ue) sich befinden, liegen ▶1/A; ~ con *alguien* *jdm* begegnen, sich mit *jdm* treffen
el encuentro das Treffen, die Begegnung
la encuesta die Umfrage
el enero der Januar
enfadarse con *alguien* auf *jdn* böse werden, sich über *jdn* ärgern
la enfermedad die Krankheit ▶2/A
enfermo/-a (estar) krank
enfrente (de) *adv./prep.* gegenüber
enorme enorm ▶3/Ac
la ensalada der Salat
ensayar *algo* *etw.* proben, üben
enseguida sofort
enseñar *algo* a *alguien* *jdm* *etw.* zeigen; ~ a *alguien* a + *inf.* *jdm* beibringen *etw.* zu tun ▶2/A
entender *algo* / a *alguien* (e → ie) *etw./jdn* verstehen
enterarse de *algo* *etw.* erfahren ▶2/B; *etw.* bemerken
entonces dann, damals; desde ~ seitdem
la entrada die Eintrittskarte, der Eingang
entrar (en + *sust.*) (in + S.) hineingehen, eintreten; ~ en la historia como in die Geschichte eingehen als ▶2/Ac
entre *prep.* zwischen; unter ▶2/A
el entrenamiento das Training
entrenar trainieren
la *entrevista* das Interview
entrevistar a *alguien* *jdn* interviewen
la época der Zeitraum; die (+ S.-)Zeit
el equipo die Mannschaft, das Team
equivocado/-a (estar) falsch liegen ▶1/Ac
la *escalera die Treppe, Leiter*
escapar entkommen
escolar schulisch, Schul-(+ S.)
esconder *algo* *etw.* verstecken
escribir *algo* *etw.* schreiben
el escritor, la escritora der/die Schriftsteller/in ▶3/B
escuchar *algo* *etw.* hören, zuhören

la **escuela** die Schule
ese/-a der/die/das (da)
eso, esto das
el **ESO** (Educación Secundaria Obligatoria) die Oberstufe
el **espacio** der Raum, Platz
la **espalda** der Rücken
España Spanien
el **español** Spanisch *Sprache*
el **español, la española** der/die Spanier/in
especial (ser) besonders, speziell
la **especie** (animal) die (Tier-)Art
el **espectáculo** das Schauspiel ▶1/Ac; die Veranstaltung
el **espectador, la espectadora** der/die Zuschauer/in
esperar *algo* (de *alguien*) etw. (von jdm) erwarten; ~ *algo* / a *alguien* etw. hoffen; auf etw./jdn warten
espontáneo/-a (ser) spontan ▶1/A
esquiar Ski fahren
la **esquina** die Ecke ▶1/B
la **estación, las estaciones** die Station
el **estadio** das Stadion
la **estadística** die Statistik ▶3/A
el **estado** der Staat ▶3/A
los **Estados Unidos** *m. pl.* die USA
los **Estados Unidos Mexicanos** *m. pl.* die Vereinigten Mexikanischen Staaten
el **estanco** der Tabakwarenladen
el **estanque** der Teich
la **estantería** das Regal
estar (da-)sein, sich befinden; ~ a favor de *algo* für etw. sein ▶3/B; ~ en contra de *algo* gegen etw. sein ▶3/B; ~ en las nubes geistesabwesend sein
la *estatua viva* die „lebende" Statue (Straßenkünstler)
el **este** der Osten
este/-a diese/r (hier), dieses (hier)
el **estereotipo** das Klischee ▶1/A
estimar schätzen ▶4/Ac
estrecho/-a eng
la **estrella** der Stern; der Star; **ser la ~** sehr gut / begabt sein
estricto/-a streng
el/la **estudiante** *m./f.* der/die Student/in
estudiar lernen, studieren, in die … Klasse gehen
los **estudios** *pl.* das Studium ▶3/A
estupendo/-a *adv./adj.* hervorragend, super
el **euro** der Euro
Europa Europa
europeo/-a (ser) europäisch

el **europeo, la europea** der/die Europäer/in
la **evolución, las evoluciones** *pl.* die Entwicklung ▶4/Ac
exactamente *adv.* genau, exakt ▶2/A
el **examen, los exámenes** *pl.* die Klassenarbeit, Prüfung
la **excepción, las excepciones** *pl.* die Ausnahme ▶3/A
existir existieren
el **éxito** der Erfolg
el **éxodo rural** die Landflucht ▶4/Ac
la **expedición, las expediciones** *pl.* die Expedition ▶2/Ac
la **experiencia** die Erfahrung
explicar *algo* a *alguien* jdm etw. erklären; ~(se) (sich) (deutlich) ausdrücken
explotar *algo* / a *alguien* etw./jdn ausbeuten, ausnutzen ▶4/A
la **exposición** (temporal) die (Sonder-)Ausstellung
la **extensión, las extensiones** die Ausdehnung, der Umfang
el **extranjero, la extranjera** der/die Ausländer/in

F
la **fábrica** die Fabrik
la **faceta** die Facette, Seite ▶1/A
fácil einfach
la **falda** der Rock
faltar fehlen
la **fama** die Berühmtheit, der Ruhm
la **familia** die Familie
familiar (ser) familiär ▶4/Ac
famoso/-a berühmt
el **fanático, la fanática** der Fan
fantástico/-a fantastisch ▶1/B
la **farmacia** die Apotheke
fatal *adv./adj.* mies, furchtbar
favorito/-a Lieblings-(+ S.)
el **febrero** der Februar
¡Felicidades! Herzlichen Glückwunsch!
feliz, felices (estar) *pl.* glücklich; **¡~ cumpleaños!** Alles Gute zum Geburtstag!
fenomenal *adv./adj.* fabelhaft, großartig
feo/-a hässlich
el **festival** das Festival
la **fiesta** das Fest, die Party; **la ~ sorpresa** die Überraschungsparty; **de ~** *adj.* schick, festlich
la **fiesta nacional** die Nationalfeier, der Nationalfeiertag ▶3/B
¡Fíjate! Stell dir vor!
el **fin** das Ende ▶1/Ac; **el ~ de semana** das Wochenende

el **final** das Ende; **a finales de** + *Zeitangabe* am/gegen Ende + *Zeitangabe* ▶2/B; **al ~** am Ende, schließlich
finalmente *adv.* endlich, schließlich ▶1/B
firmar *algo* etw. unterschreiben ▶4/A
el **flamenco** Flamenco *Musik*
flexible (ser) flexibel
flipar *fam.* ausflippen ▶1/B
la **flor** die Blume
la *florería* das Blumengeschäft
la **forma** die Form, Art ▶1/Ac; **de (tal) ~ que** so dass ▶4/B; **de ~ cooperativa** kooperativ
la **formación, las formaciones** *pl.* die Ausbildung ▶4/Ac; **la ~ profesional (FP)** die Berufsausbildung
formar parte de *algo* zu etw. gehören
la **fotografía** (= la foto *fam.*) die Fotografie, das Foto
Francés Französisch *Schulfach*
el **francés** Französisch *Sprache*
frente a *prep.* gegenüber ▶3/Ac
los **frijoles** *pl.* die Bohnen
el **frío** die Kälte
la **frontera** die Grenze
frustrante (ser) frustrierend ▶3/A
la **fruta** das Obst, die Frucht
la **frutería** das Obstgeschäft
el **fuego** das Feuer ▶2/A
la *fuente* die Quelle
fuera draußen
fuerte *inv.* stark ▶4/A
el **fuerte** die Stärke
la **fuerza** die Kraft ▶3/B
funcionar funktionieren; **~ como** *algo* als etw. dienen ▶4/Ac
fundar *algo* etw. gründen ▶1/A
el **fútbol** *sg.* der Fußball *Sportart*
el **futuro** die Zukunft

G
las **gafas** *pl.* die Brille
Galicia Galicien
el **gallego** Galicisch (Sprache)
gallego/-a (ser) galicisch
la **gallina** das Huhn
ganar *algo* etw. gewinnen *Spiel*, verdienen *Geld*
garantizar *algo* etw. garantieren, gewährleisten ▶4/Ac
gastar *algo* etw. verbrauchen; ausgeben *Geld* ▶3/A
la **gastronomía** die Gastronomie
el **género** das Genre
genial *adv./adj.* genial; **pasarlo ~** *fam.* Spaß haben
la **gente** *sg.* die Leute

doscientos siete **207**

Geografía e Historia Erdkunde und Geschichte
gigante (ser) riesig
gigantesco/-a (ser) riesig ▶3/Ac
girar abbiegen
el **glaciar** der Gletscher ▶1/Ac
global (ser) global ▶4/Ac
el **gobernador**, la **gobernadora** der/die Gouverneur/in ▶2/B
el **gobierno** die Regierung
el **gol** das Tor *Sport*
la **gorra** die Mütze
grabar aufzeichnen, aufnehmen
gracias danke
gracioso/-a witzig, humorvoll
el *grafiti*, los *grafitis* pl. das Graffiti
grande groß
el **granito de arena** das Sandkörnchen; **ser** un ~ *etwa*: seinen Beitrag zu *etw.* leisten
el *granizado* das Granizado (Erfrischungsgetränk)
gratis gratis
grave schlimm, ernst ▶3/A
gritar schreien
el **grupo** die Band, die Gruppe
el *guajolote* der Truthahn
guapo/-a hübsch
guay inv., fam. cool
la **guerra** der Krieg ▶2/Ac
el/la **guía** der/die Reiseführer/in
el **guión** das Drehbuch
el/la **guionista** m./f. der/die Drehbuchautor/in
la **guitarra** die Gitarre
gustar a *alguien* jdm gefallen, *etw.* mögen

H
haber haben, sein *Hilfsverb*
la **habitación**, las **habitaciones** pl. das Zimmer
el/la **habitante** m./f. der/die Einwohner/in
hablar (de *algo***)** (von *etw.*) sprechen; ~ **por teléfono** telefonieren
hacer *algo* etw. tun, machen; ~ + *inf.* **a** *alguien* jdn etw. tun lassen ▶3/Ac; ~ **a mano** von Hand fertigen; ~ **falta** nötig sein; ~ **senderismo** bergwandern; **hace** + *Zeitangabe* vor + *Zeitangabe*; **hace poco** vor kurzem ▶3/Ac
hacerse + *adj.* werden
hacia nach, zu ▶1/Ac
¡*Hala*! etwa: Echt!, Wow!
el **hambre** f. der Hunger
harto/-a (estar) ~ **de** *algo/alguien*, + *inf.*) genug (von *etw.*/ jdm) haben, (*etw./*jdn) satt haben

hasta bis; ~ **que (no)** + *subj.* bis (*etw. passiert*) ▶1/A; ¡~ **pronto**! Bis bald!
hay es gibt; ~ **que** + *inf.* man muss
el **helado** das Eis
el **hermanito**, la **hermanita** fam. das Brüderchen, Schwesterchen
el **hermano**, la **hermana** der Bruder, die Schwester
los **hermanos** pl. die Geschwister
el **hijo**, la **hija** der Sohn, die Tochter
hipócrita (ser) inv. scheinheilig ▶3/B
la **historia** die Geschichte
histórico/-a (ser) historisch ▶4/A
hojear blättern ▶1/B
¡**Hola**! Hallo!
el **hombre** der Mann, Mensch ▶2/B
la **hora** die Uhrzeit, die Stunde; la ~ **pico** die Hauptverkehrszeit ▶4/B; ¿**A qué** ~? Um wie viel Uhr?; ¿**Qué** ~ **es**? Wie viel Uhr ist es?; **a la** ~ **de (comer/dormir)** zur (Essens-/Schlafens-)Zeit
el **horario** der Stundenplan
horrorizado/-a (estar) erschrocken, entsetzt ▶3/B
el **hospital** das Krankenhaus
el **hotel** das Hotel
hoy heute; ~ **en día** heutzutage
el **huerto** der Gemüsegarten ▶4/Ac
huir fliehen ▶2/B
humano/-a (ser) menschlich, Menschen-(+ S.) ▶4/Ac

I
la **idea** die Idee; **Ni** ~. Keine Ahnung!
identificar(se) con *algo* (sich) mit *etw.* identifizieren ▶3/B
el **idioma** m. die Sprache
la **iglesia** die Kirche
ignorante (ser) unwissend, ignorant ▶4/B
igual (a *algo/alguien***)** gleich, genauso wie (*etw./*jd); ~ ... **que** ... genauso ... wie ... ▶3/Ac
la **imagen** das Bild
imaginarse (*algo*) sich (*etw.*) vorstellen
la **impaciencia** die Ungeduld
el **imperio** das Imperium, Reich ▶1/Ac
la **importancia** die Bedeutung ▶3/B
importante wichtig
importar *algo* **a** *alguien* etw. jdm wichtig sein
imposible (ser) unmöglich

imprescindible (ser) unentbehrlich ▶1/Ac
la **impresión**, las **impresiones** pl. der Eindruck
impresionante beeindruckend
impresionar a *alguien* jdn beeindrucken
el/la **inca** m./f. der/die Inka ▶2/Ac
inca (ser) inv. Inka-(+ S.) ▶1/Ac
increíble (ser) unglaublich ▶1/B
la **independencia** die Unabhängigkeit
independiente adj./adv. unabhängig
India Indien ▶2/Ac
el/la **indígena** m./f. der/die Eingeborene
indígena (ser) inv. einheimisch
la **industria** die Industrie ▶3/A
la *infancia* die Kindheit
infantil (ser) Kind-(+ S.), kindisch ▶4/Ac
infernal (ser) höllisch ▶3/Ac
la **información**, las **informaciones** pl. die Information
la **informática** die Informatik
el **ingeniero**, la **ingeniera** der/die Ingenieur/in ▶4/B
el **inglés** Englisch *Sprache*
inhumano/-a (ser) unmenschlich ▶3/B
la **iniciativa (tomar la** ~**)** die Initiative (ergreifen) ▶1/A
la **injusticia social** die soziale Ungerechtigkeit
inmenso/-a (ser) riesig
la **inmigración** die Einwanderung ▶1/B
el/la **inmigrante** m./f. der/die Einwander/in
inolvidable (ser) unvergesslich
inscribirse en *algo* sich bei *etw.* einschreiben
inseguro/-a unsicher ▶4/A
inseparable (ser) unzertrennlich
instalar *algo* etw. installieren ▶1/A
el **instituto** das Gymnasium
el **instrumento** das Instrument
integrar *algo* / **a** *alguien* etw./jdn integrieren, einbinden ▶4/B
inteligente (ser) intelligent ▶3/B
intentar *algo* etw. versuchen; ~ + *inf.* versuchen etw. zu tun
interactivo/-a (ser) interaktiv
interactuar interagieren
el **intercambio** der Schüleraustausch; el/la (**chico/-a de**) ~ der/die Austauschschüler/in
el **interés**, los **intereses** pl. das Interesse ▶4/A
interesante interessant

interesarse por *algo/alguien* sich für *etw./jdn* interessieren
el **interior** der Innenraum
internacional (ser) international
el/la **Internet** *sg.* das Internet
la **interpretación, las interpretaciones** *pl.* die Interpretation; die Darsteller
interrumpir *algo etw.* abbrechen; ~ a *alguien jdn* unterbrechen
la **introducción** die Einführung
inútil (ser) nutzlos ▶4/A
el **invierno** der Winter
la **invitación, las invitaciones** *pl.* die Einladung ▶2/Ac
el **invitado, la invitada** der Gast
invitar a *alguien jdn* einladen ▶1/Ac
ir (a + *sust.*) (nach ..., zu ...) gehen, fahren; ~ a (pie) zu (Fuß) gehen; ~ de camping zelten gehen/fahren; ~ de compras einkaufen gehen; ~ en bici(cleta) (mit dem) Fahrrad fahren
irse weggehen; ~ por ahí herumlaufen/-fahren
la **isla** die Insel
izquierda (a la ~ de) links (von)

J

el **jamón, los jamones** *pl.* der Schinken
el **jardín, los jardines** *pl.* der Garten
la **jardinería** die Gartenpflege
el **jardinero, la jardinera** der/die Gärtner/in
los **jeans** *pl.*, *lat. am.* die Jeans
el **jefe, la jefa** der/die Chef/in
el **jersey, los jerséis** *pl.* der Pullover
el/la **joven, los jóvenes** *pl.* der/die Jugendliche
joven (ser) jung
la **jubilación** der Ruhestand
el **juego** das Spiel
el **jueves** Donnerstag
el **jugador, la jugadora** der/die Spieler/in
jugar (a) (u → ue) spielen *Sport*
el **juguete** das Spielzeug
el **julio** der Juli
el **junio** der Juni
juntos/-as gemeinsam, zusammen
justificar *algo etw.* rechtfertigen ▶3/B
justo *adv.* genau

K

el **kilo** das Kilo
el **kilómetro** der Kilometer
el **km²** (**kilómetro cuadrado**) der km² (Quadratkilometer)

L

el **laboral** Arbeits-(+ S.)
el **lado** die Seite; a todos lados überallhin; al ~ (de) neben; en todos lados überall; por un ~ ... por otro ~ auf der einen Seite ... auf der anderen Seite ▶3/Ac
el **lago** der See
la **lámpara** die Lampe
el **lápiz, los lápices** *pl.* der Stift
largo/-a lang
Latinoamérica Lateinamerika ▶4/B
latinoamicano/-a (ser) lateinamerikanisch ▶4/Ac
leer *algo etw.* lesen
lejos de (estar) *adv./prep.* weit (weg/ entfernt)
el **lema** *m.* der Leitspruch
la **lengua** die Zunge; die Sprache; *la ~ materna* die Muttersprache; la ~ oficial die Amtssprache; ~ Castellana y Literatura (= Lengua *fam.*) Spanischunterricht *Schulfach*
lento/-a langsam
levantarse aufstehen
la **ley** das Gesetz ▶4/A
la **libertad** die Freiheit ▶3/B
libre frei
la **librería** die Buchhandlung
el **libro** das Buch
el/la **líder** *m./f.* der/die Führer/in ▶2/B
limitar con *algo* an *etw.* grenzen
limpiar (*algo*) (*etw.*) putzen
lindo/-a *lat. am.* schön
la **línea (de metro)** die (U-Bahn-)Linie
la **lista** die Liste
la **literatura** die Literatur ▶1/B
el **litro** der Liter ▶4/Ac
llamado/-a so genannte/r, so genanntes ▶4/A
llamar a *alguien* (por teléfono) *jdn* (an-)rufen; ~ a la puerta an der Tür klingeln; ~(le) la atención a *alguien jdm* auffallen
llamarse heißen
la **llegada** die Ankunft ▶2/A
llegar kommen, ankommen; ~ a *alguien jdm* reichen ▶3/A
lleno/-a (estar) voll
llevar (a *alguien*) (*jdn*) führen ▶1/Ac; ~ *algo* (a *alguien*) (*jdm*) *etw.* bringen; ~ *algo etw.* tragen *Kleidung*; ~ *algo* / a *alguien etw./ jdn* mitnehmen; ¿Cómo lo llevas tú? Wie gehst du mit damit um?
llevarse bien/mal con *alguien* sich mit *jdm* gut/schlecht verstehen
llorar weinen
llover (o → ue) regnen
la **lluvia** der Regen ▶2/A
lo + adj. das + Adj.; Lo siento. Es tut mir leid.
el **local** das Lokal ▶1/A; **local** (ser) lokal
loco/-a (por *algo/alguien*) (estar) verrückt (nach *etw./jdm*) sein
la **lucha** der Kampf ▶3/B
luchar (por *algo*) (für *etw.*) kämpfen
luego dann, später, nachher
el **lugar** der Ort, die Stelle; **ponerse en el ~ de** *alguien* sich in *jdn* hinein versetzen; **tener ~** stattfinden; yo en tu ~ ich an deiner Stelle ▶1/B
el **lujo** der Luxus ▶3/Ac
el **lunes** Montag
la **luz, las luces** *pl.* der Strom; das Licht ▶1/Ac

M

la **madre** die Mutter
el **madrileño, la madrileña** der/die Madrilene/-in
el **maíz** der Mais ▶2/A
majo/-a (ser) nett, sympathisch
mal *adv.* schlecht
el **mallorquín, la mallorquina** der/die Mallorquiner/in
malo/-a schlecht
el **maltrato** die Misshandlung ▶3/B
la **mamá** *fam.* die Mama
la **mañana** der Morgen
mañana morgen
mandar *algo etw.* schicken
la **manera** die Art (und Weise); de ~ + *adj.* auf + Adj. Art und Weise
la **manga** der Ärmel; de ~ (larga) (lang-)ärmlig
la **manifestación, las manifestaciones** *pl.* die Demonstration, die Kundgebung ▶1/B
la **mano** *f.* die Hand; de segunda ~ gebraucht, Second Hand-(+ S.)
el **mapa** *m.* die Landkarte ▶1/A
la **máquina** der Automat
el **mar** das Meer; el ~ Mediterráneo das Mittelmeer
la **maravilla** das Wunder ▶2/A
maravilloso/-a (ser) wunderschön, wunderbar ▶1/Ac
la **marcha** *fam.* die Stimmung, Atmosphäre
marcharse weggehen; fliehen ▶2/B
marchoso/-a (ser) belebt
Marruecos Marokko
el **martes** der Dienstag
el **marzo** der März
más noch; mehr; ~ + *sust.* + que mehr + S. + als; ~ al sur

südlichste/r, südlichstes ▶1/Ac; **~ bien** eher, vielmehr ▶3/A; **~ de** + *número* mehr als + Zahl; **~ o menos** mehr oder weniger, naja
el **Máster de Economía** der Master in Wirtschaft
matar a *alguien* jdn umbringen ▶2/B
Matemáticas *pl.* (= **Mates** *fam.*) Mathematik *Schulfach*
el **matemático, la matemática** der/die Mathematiker/in ▶2/A
matricularse en *algo* sich in *etw.* einschreiben, sich immatrikulieren
el/la **maya** *m./f.* der/die Maya
maya (ser) *inv.* Maya-(+ S.)
el **mayo** der Mai
el/la **mayor** *m./f.* der/die Ältere
mayor ~ (ser) erwachsen, größer
la **mayoría (de** *algo***)** die Mehrheit (von *etw.*), die meisten
a la (una) y media um halb (zwei)
la **medicina** die Medizin
el **médico, la médica** der Arzt, die Ärztin
el **medio ambiente** die Umwelt; el **~ de transporte** das Transportmittel ▶4/B; **en ~ de** mitten in
medio/-a + *sust.* halbe/r, halbes + S.
el **mediodía** der Mittag; **a ~** am Mittag, mittags
la **megaciudad** die Millionenstadt ▶4/B
el/la **mejor** + *sust.* der/die beste + S. (Vergleich)
mejor que besser als (Vergleich)
mejorar verbessern, besser werden ▶4/B
mencionar *algo* *etw.* erwähnen ▶3/B
el/la **menor** *m./f.* der/die Minderjährige
menos + *adj.* + **que** weniger + Adj. + als; **~ de** + *número* weniger als + Zahl; **~ mal** zum Glück, umso besser; **al ~** wenigstens, zumindest
el **mensaje** die Nachricht
el **mensajero, la mensajera** der/die Bote/-in ▶2/B
la **mentalidad** die Mentalität, Denkart ▶4/A
el **mercado** der Markt
merecer *algo* (c → zc) *etw.* verdienen ▶4/A
el **mes, los meses** *pl.* der Monat
la **mesa** der Tisch
meter (un gol) (ein Tor) schießen, werfen
meterse en *algo* sich in *etw.* einmischen

el **método** die Methode ▶4/A
el **metro** der Meter; die U-Bahn; **estar a pocos metros de** *algo* wenige Meter von *etw.* entfernt sein ▶3/Ac
mexicano/-a (ser) mexikanisch
México Mexiko
la **mezcla** die Mischung
el **micro** *lat. am.* der Bus
el **miedo** die Angst, Furcht; **tener ~ de** *algo* Angst vor *etw.* haben
mientras + *subj.* solange; **~ +** *ind.* während
el **miércoles** Mittwoch
mil tausend
el **millón, los millones** *pl.* die Million
el **ministerio** das Ministerium ▶4/A
el **minuto** die Minute
mío/-a *pron.* mein/e, meiner, meins
mirar *algo* *etw.* ansehen; **¡Mira!** Schau mal!
mismo/-a selbst; **~ +** *sust.* der/die/das gleiche, derselbe/dieselbe/dasselbe + S.; **al mismo tiempo** gleichzeitig; **en la misma** + *Stadt* genau in ▶3/Ac; **lo mismo** das Gleiche, dasselbe
la **mitad** die Hälfte
la **mochila** der Rucksack
la **moda** die Mode
el **modelo** das Model ▶4/B
el **moderador, la moderadora** der/die Moderator/in
moderno/-a modern
el **mogollón de** + *sust., fam.* der Haufen + S., viel/e + S.
¡Mola mucho! Das mag ich!; **¡No mola nada!** *fam.* Das mag ich überhaupt nicht!
molestar a *alguien* jdn stören ▶1/A
el **molino** die Mühle ▶4/Ac
el **momento** der Moment, der Augenblick; **por el ~** momentan, im Moment
la **monarquía parlamentaria** die parlamentarische Monarchie
la **moneda** die Münze; la **~ nacional** die (Landes-)Währung ▶1/Ac
el **montaje** die Montage
la **montaña** der Berg, das Gebirge; la **~ rusa** die Achterbahn
un **montón (de)** *fam.* eine Menge (…)
el **monumento** das Denkmal, die Sehenswürdigkeit
moreno/-a dunkel *Haut- und Haarfarbe*
morirse (de *algo***)** (o → ue) (an *etw.*) sterben

mostrar *algo* **a** *alguien* (o → ue) *jdm etw.* zeigen
motivado/-a (estar) motiviert ▶3/A
la **movida (Hay mucha ~.)** Es ist viel los. ▶1/A
el **móvil** das Handy, Mobiltelefon
la **movilidad** die Mobilität, Beweglichkeit ▶4/B
movilizarse sich mobilisieren, einsetzen ▶3/A
el **muchacho, la muchacha** der Junge, das Mädchen ▶2/Ac
mucho *adv.* viel
mucho/-a *adj.* viel/e
la **muerte** der Tod ▶2/B
el **muerto, la muerta** der/die Tote ▶4/A
muerto/-a (estar) tod(müde)
la **muestra** der Beweis ▶3/B
la **mujer, las mujeres** *pl.* die Frau
mundial Welt-(+ S.) ▶4/B; **a nivel ~** weltweit ▶4/B
el **mundo** die Welt; **todo el ~** alle
el **museo** das Museum
la **música** *sg.* die Musik; la **~ electrónica** der Electro (Musik); la **~ favorita** *sg.* die Lieblingsmusik
el **músico, la música** der/die Musiker/in
muy sehr

N

nacer (c → zc) geboren werden, entstehen
nacional (ser) national, inländisch ▶1/Ac
el **nacionalismo** der Nationalismus
nada nichts
nadie niemand
la **naranja** die Orange
el **naranjo** der Orangenbaum
el **narrador, la narradora** der/die Erzähler/in
narrar *algo* *etw.* erzählen
natural (ser) natürlich, Natur- (+ S.)
la **naturaleza** *sg.* die Natur ▶1/Ac
navegar surfen; segeln ▶2/Ac
la **Navidad** Weihnachten
necesario/-a (ser) nötig
necesitar *algo* *etw.* brauchen
negro/-a schwarz
nervioso/-a (estar) nervös, aufgeregt
ni … ni … weder … noch … ▶3/A
el **nieto, la nieta** der/die Enkel/in
la **nieve** der Schnee
ningún/ninguna + *sust.* kein/e + S.
ninguno/-a *pron.* keine/r, keins, niemand

el **niño, la niña** das Kind; **~ de la calle** das Straßenkind ▶4/Ac
el **nivel** das Niveau ▶4/B; **a ~ mundial** weltweit ▶4/B
no nein, nicht; **~ obstante** dennoch
la **noche** die Nacht, der Abend
el **nombre** der Vorname, der Name
el **noreste** *sg.* der Nordosten
normal normal, gewöhnlich
normalmente *adv.* normalerweise
el **noroeste** der Nordwesten
el **norte** der Norden
la **nota** die (Schul-)Note, Notiz
el **notable** gut *Schulnote*
las **noticias** *pl.* die Nachrichten
la **novela** der Roman
el **noviembre** der November
el **novio, la novia** der/die (feste) Freund/in
nublado/-a (estar) bewölkt
el **nuevo, la nueva** der/die Neue
nuevo/-a neu
el **número** die (An-)Zahl, die Nummer
nunca nie

O

o oder; **~ sea** beziehungsweise, das heißt ▶3/A
el **obelisco** der Obelisk ▶1/Ac
el **objetivo** der Zweck, das Ziel ▶2/Ac
el **objeto** das Objekt
obligatorio/-a (ser) obligatorisch ▶1/B
la **obra** die Baustelle ▶4/Ac; das Werk
observar *algo / a alguien* etw./jdn beobachten
el **octubre** der Oktober
ocupar *algo* etw. einnehmen *Platz*
odiar *algo* etw. hassen
el **oeste** der Westen
la **oferta** das Angebot; **de ~ (estar)** im Angebot (sein)
oficial (ser) offiziell
la **oficina** das Büro
ofrecer *algo* (*a alguien*) (c → zc) (*jdm*) etw. (an-)bieten
oír (an-)hören ▶3/Ac; **¡Oye!** *fam.* Hey!, Hör mal.; **Oiga.** Hören Sie.; Entschuldigen Sie.
ojalá (que) (+ *subj.*) *fam.* hoffentlich
el **ojo** das Auge
el **olor** (**a** + *sust.*) der Geruch (nach + S.)
olvidar *algo* etw. vergessen
la **ONG (Organización no gubernamental)** die Nichtregierungsorganisation ▶4/Ac

la **ONU (Organización de las Naciones Unidas)** die UNO (United Nations Organization) ▶4/Ac
la **opción, las opciones** *pl.* die Option, Wahl ▶3/A
la **operación, las operaciones** *pl.* die Operation ▶2/A
opinar *algo* (*de algo*) etw. (über etw.) denken
la **opinión** die Meinung
la **oportunidad** die Chance, Gelegenheit ▶4/Ac
la **optativa** das Wahlfach
el **ordenador** der Computer
ordenar que + *subj.* befehlen, dass jd etw. tut ▶2/B
la **organización, las organizaciones** *pl.* die Organisation ▶4/Ac
organizar *algo* etw. organisieren
el **origen, los orígenes** *pl.* die Herkunft
el **oro** das Gold ▶2/B
la **orquesta** das Orchester
oscuro/-a dunkel
la **ostra** die Auster
otro/-a andere/r, anderes
el/la **oyente** *m./f.* der/die Zuhörer/in ▶2/Ac

P

la **paciencia** die Geduld
el **padre** der Vater
los **padres** *pl.* die Eltern
la **paga** das Taschengeld
pagar *algo* etw. bezahlen
la **página** die Seite
el **país** das Land
el **paisaje** die Landschaft
el **Paisajismo** die Landschaftsarchitektur
el **pájaro** der Vogel
el **palacio** der Palast
el **pan** das Brot; **el ~ integral** das Vollkornbrot
los **pantalones** *pl.* die Hose
el **papá** *fam.* der Papa
para für; **~** + *inf.* um zu + *Inf.*; **~ eso** dafür; **~ mí** meiner Meinung nach; **~ que** + *subj.* damit
Para mí que + *Satz.*, *fam.* Also ich denke + *Satz.*
la **parada** die Haltestelle
el **paraíso** das Paradies
parar anhalten
parecer *algo* (*a alguien*) (c → zc) jdm etw. scheinen, wie etw. wirken
parecido/-a ähnlich ▶3/A
la **pared** die Wand
la **pareja** das Paar
el **paro** die Arbeitslosigkeit; der Streik ▶1/A
el **parque** der Park

la **parte** die Seite; der Teil ▶1/A; **formar ~ de** *algo* zu etw. gehören; **por una ~ ..., por otra ~ ...** auf der einen Seite ..., auf der anderen Seite ...
participar (en *algo***)** (an etw.) teilnehmen
el **partido** das Spiel, die Partie
partir losgehen, losfahren ▶2/Ac
la **pasada (ser una ~)** *fam.* fantastisch sein
pasado/-a vergangen/e, vergangenes
el **pasaporte** der (Reise-)Pass
pasar vergehen; verbringen; **~ (***algo a alguien***)** los sein, (jdm etw.) passieren; **~** *algo a alguien* jdm etw. reichen, geben; **~ a la historia** Vergangenheit werden; **~ de** *algo* keine Lust (auf etw.) haben, (auf etw.) verzichten können; **~ de ... a ...** sinken/steigen von ... auf ... ▶2/Ac; **~ por** (+ *sust.*) bei (+ S.) vorbeikommen; **¡Pasa!** Komm rein!; **Lo que pasa es que** + *Satz.* Es ist so, dass + *Satz.*; **No pasa nada.** Das macht nichts.
pasarlo bomba *fam.* sich köstlich amüsieren; **pasarlo genial** *fam.* Spaß haben
pasear por + *sust.* spazieren gehen/fahren durch/an + S.
la **pasión** (**por** *algo*) die Leidenschaft (für etw.)
patinar Rollschuh laufen, Inline skaten, eislaufen
el **patio** der Hof
la **paz** der Frieden
pedir *algo* (e → i) etw. verlangen, fordern ▶3/A; **~** *algo a alguien* (e → i) jdn um etw. bitten, etw. bestellen; **~ a alguien que** + *subj.* verlangen, dass jd etw. tut ▶2/B
pelear(se) (**por** *algo/alguien*) (sich) (um etw./jdn) streiten
la **película** (= **la peli** *fam.*) der Film
el **peligro** die Gefahr
peligroso/-a (ser) gefährlich ▶2/Ac
el **pelo** das Haar
la **peña** *fam.* die Clique
pensar *algo* (e → ie) etw. denken; **~ en** *algo/alguien* an etw./jdn denken
peor que *adj./adv.* schlechter als (*Vergleich*)
pequeño/-a klein; **desde ~** seit seiner/ihrer Kindheit
perder *algo* (e → ie) etw. verlieren

perderse (e → ie) sich verlaufen, verloren gehen; ~ *algo* / *a alguien* etw./jdn verpassen
perdona que + *subj.* entschuldige, dass ...; **¡Perdona!** Verzeihung!
perfecto/-a perfekt
el **periódico** die (Tages-)Zeitung; *el* ~ *escolar* die Schülerzeitung
permitir *algo* etw. zulassen, erlauben ▶3/B
pero aber
el **perro**, la **perra** der Hund, die Hündin
la **persona** die Person; *la* ~ *sin hogar* der/die Obdachlose
pesar wiegen
el **pescado** der Fisch
el **PIB** (= *producto interno bruto*) das BIP (= Bruttoinlandsprodukt)
picar brennen, scharf sein
el **pico** der Gipfel
el **pie** der Fuß
la **pierna** das Bein
el **pincho** das Spießchen
el **ping-pong** Tischtennis
el **pintor**, la **pintora** der/die Maler/in ▶3/B
la **pipa** der Sonnenblumenkern
el **piragüismo** der Kanusport
la **pirámide** die Pyramide ▶2/A
los **Pirineos** *pl.* die Pyrenäen
el **piso** die Wohnung, das Stockwerk
la **pista** die Piste
la **pizarra** die Tafel
el **plan** der Plan
el **planeta** *m.* der Planet
la **planificación**, **las planificaciones** *pl.* die Planung ▶4/B
la **planta** die Pflanze
la **plantación**, **las plantaciones** *pl.* die Plantage
la **plata** *sg.* das Silber; *lat. am.* das Geld
el **plátano** die Banane
platicar *de algo/alguien lat. am.* plaudern über etw./jdn
el **plato** der Teller; das Gericht
la **playa** der Strand
la **plaza** der Platz; ~ *de toros* die Stierkampfarena ▶3/Ac
la **población** die Bevölkerung
poblado/-a bevölkerungsreich ▶3/A
pobre arm
la **pobreza** die Armut
poco/-a *adj.* wenig; *un* ~ (*de*) ein bisschen
poco a poco allmählich
el **poder** die Macht, Kraft ▶4/A
poder (+ *inf.*) (o → ue) können + Inf.
la **policía** die Polizei

político/-a politisch
el **pollo** das Hähnchen
el **poncho** der Poncho *Überwurf aus Südamerika* ▶1/A
poner stellen, setzen, legen; ~ *atención* (*a algo*) (auf etw.) aufpassen; ~ *fondo* zusammenlegen *Geld*
ponerse (**al teléfono**) (ans Telefon) gehen, kommen *Telefonieren*; ~ (*así*) sich (so) anstellen; ~ *algo* etw. anziehen, aufsetzen; ~ (+ *adj.*) (Adj.) werden; ~ **a** + *inf.* anfangen etw. zu tun ▶3/Ac; ~ *como un flan* zum Nervenbündel werden; ~ *en el lugar de alguien* sich in jdn hineinversetzen; ~ *rojo/-a como un tomate* knallrot werden
el **pop** Pop Musik
por für; durch; wegen; pro; ~ *aquí* hier in der Nähe / entlang; ~ **cierto** übrigens; ~ **eso** deswegen; ~ **favor** bitte; ~ **fin** endlich; ~ *la mañana/tarde/noche* am Morgen/Nachmittag/Abend, in der Nacht; ~ **lo cual** weshalb; ~ **lo menos** wenigstens, zumindest; ~ **lo tanto** also; ~ **supuesto** selbstverständlich
¿Por qué? Warum?
porque weil, da
el **portal** das (Internet-)Portal, die Homepage ▶3/A
la **portería** das Tor
el **portugués** Portugiesisch *Sprache*
la **posibilidad** die Möglichkeit ▶3/A
posible (**ser**) möglich
positivo/-a (**ser**) positiv
el **póster**, **los pósteres** *pl.* das Poster
el **postre** der Nachtisch, das Dessert
prácticamente *adv.* so gut wie, praktisch
las **prácticas** *pl.* das Praktikum
práctico/-a (**ser**) praktisch
el **precio** der Preis
preferir *algo* (*a algo*) (e → ie) etw. lieber wollen, etw. (einer Sache) vorziehen; ~ + *inf.* vorziehen + Inf.
la **pregunta** die Frage
preguntar *algo* etw. fragen
el **premio** der Preis ▶4/A
preocuparse (**por** *algo/alguien*) sich (um etw./jdn) Sorgen machen
preparar *algo* etw. vorbereiten, machen
la **presentación** die Präsentation; der Vortrag

presentar *algo* etw. präsentieren, zeigen
presente gegenwärtig, präsent ▶1/A
el/la **presidente** *m./f.* der/die Präsident/in ▶4/A
primero zuerst
el **primo**, la **prima** der/die Cousin/e
la **princesa** die Prinzessin
principal (**ser**) Haupt-(+ S.), hauptsächlich ▶2/Ac
el/la **principiante** *m./f.* der/die Anfänger/in
la **privatización**, **las privatizaciones** *pl.* die Privatisierung ▶4/A
privatizar *algo* etw. privatisieren ▶4/A
probablemente *adv.* wahrscheinlich ▶1/B
el **probador** die Umkleidekabine
probar (*algo*) (o → ue) (etw.) probieren
el **problema** *m.* das Problem
el **producto** das Produkt; *el* ~ *lácteo* das Milchprodukt
el **productor**, la **productora** der/die Produzent/in
el/la **profesional** *m./f.* der Profi
profesional beruflich, Berufs-(+ S.)
el **profesor**, la **profesora** (= el/la **profe** *fam.*) der/die Lehrer/in
el **programa** *m.* die Sendung; das Programm
el **progreso** der Fortschritt
prohibido/-a (**estar**) verboten
prohibir *algo* etw. verbieten ▶3/B
prometer *algo* (*a alguien*) (jdm) etw. versprechen
pronto bald, gleich
propio/-a eigene/r, eigenes
proponer *algo* (*a alguien*) (jdm) etw. vorschlagen; ~ **a** *alguien* **que** + *subj.* jdm vorschlagen etw. zu tun ▶1/Ac
el/la **protagonista** *m./f.* der/die Hauptdarstellerin, der/die Protagonist/in
proteger a *alguien* jdn beschützen ▶2/B
protegido/-a (**estar**) geschützt
la **protesta** der Protest ▶4/A
la **provincia** die Provinz ▶1/Ac
el/la **próximo/-a** + *sust.* der/die/das nächste + S. ▶1/Ac
el **proyecto** das Projekt
la **prueba** die Prüfung, das Vorspielen
la **publicidad** die Werbung ▶3/A
el **público** das Publikum
público/-a (**ser**) öffentlich
el **pueblo** das Dorf; das Volk ▶1/A
el **puente** die Brücke

la **puerta** die Tür, das Tor
el **puerto** der Hafen
pues also
el **puesto** der Stand
el **punto** der Punkt; (la/s …) **en ~** (um) Punkt (… Uhr)
el **punto de vista** der Standpunkt ▶4/Ac

Q

que der, die, das *Relativpronomen*; *conj.* dass; **Es ~** (*+ Satz*). *fam.* Es ist nämlich so, dass (+ Satz).
¡Qué + *adj./adv.***!** Das ist ja + *Adj./Adv.*!; **¡~ casualidad!** Was für ein Zufall!; **¡~ control!** Was für eine Kontrolle!; **¡~ corte!** Wie peinlich!; **¡~ fuerte!** *etwa:* (Wie) Krass!; **¡~ ganas de (…)!** Wie gern würde ich (hochsteigen)!; **¡~ horror!** Das ist ja schrecklich!; **¡~ rollo!** *fam.* Wie nervig!; **¡~ va!** Ach was!, Ganz und gar nicht!
¿Qué? Was?; Was (für)?, Welche/r, Welches + *S.*?; **~ pasa?** Was ist los?; **¿~ tal?**
el **quechua** Quechua *indigene Sprache* ▶2/A
quechua (ser) *inv.* Quechua-(+ *S.*) ▶1/A
quedar (bien/mal) a *alguien* jdm (gut/schlecht) stehen; **~ (con** *alguien***)** sich (mit *jdm*) treffen
quedarse bleiben; **~ +** *gerundio* irgendwo sein/bleiben und *etw.* tun ▶1/A
quemar brennen, verbrennen
quemarse (la lengua) sich (die Zunge) verbrennen
querer *algo* (e → ie) *etw.* wollen; **~ +** *inf. etw.* tun wollen; **~ a** *alguien* jdn lieben, gern haben; **~ ser** werden wollen *Beruf*
el **queso** der Käse
quien, quienes *pron.* der, die, das, welche/r, welches ▶2/A
¿Quién/es? Wer?
quitar *algo* **a** *alguien* jdm etw. wegnehmen
quizá(s) vielleicht ▶3/A

R

el/la **radio** das Radio
la **rana** der Frosch
el **rap** Rap *Musik*
rápido/-a (ser) schnell ▶2/B
raro/-a seltsam
el **rato** die Weile
la **razón, las razones** *pl.* der Grund ▶3/B
reaccionar reagieren ▶2/Ac

la **realidad** die Realität; **en ~** eigentlich, in Wirklichkeit
realmente wirklich ▶1/B
rebelarse contra *algo/alguien* sich gegen *etw./jdn* auflehnen, rebellieren ▶2/B
rebelde rebellisch, aufmüpfig
el **recado** die Nachricht
recibir *algo etw.* bekommen, erhalten; **~ a** *alguien* jdn empfangen
recomendar *algo* **a** *alguien* (e → ie) jdm etw. empfehlen; **~ a** *alguien* **que +** *subj.* jdm empfehlen *etw.* zu tun ▶1/Ac
reconocer *algo* **/ a** *alguien* (c → zc) *etw./jdn* erkennen; **~** *algo etw.* anerkennen
recorrer *algo etw.* durchqueren
el **recreo** die Pause
el **recuerdo** der Gruß, das Souvenir
recuperar *algo etw.* zurückbekommen; *etw.* wieder zulassen ▶3/B
el **recurso** das Vorkommen ▶4/A
la **red** das Internet, das Netz; la **~ (de metro)** das (Metro-)Netz; la **~ social** das soziale Netzwerk
la **redacción, las redacciones** *pl.* der Aufsatz
redondo/-a (ser) rund ▶2/Ac
regalar *algo* **a** *alguien* jdm etw. schenken
el **regalo** das Geschenk
la **región, las regiones** *pl.* die Region
regional (ser) regional ▶4/Ac
la **regla** die Regel; la **~ de juego** die Spielregel
regresar zurückkehren
regular regelmäßig ▶4/A; *adv./adj.* gewöhnlich, es geht so
reírse (de *algo***)** (über *etw.*) lachen
la **relación, las relaciones** *pl.* die Beziehung
relacionado/-a (estar) zusammenhängen ▶4/A
el **relato** die Erzählung
la **religión** die Religion; **Reli** *fam.* der Religionsunterricht
el **reloj** die Uhr
repetir *algo* (e → i) (*etw.*) wiederholen
el **reportaje** die Reportage
el **reportero, la reportera** der/die Reporter/in ▶3/Ac
la **representación, las representaciones** *pl.* die Vorstellung *Theater* ▶1/B
la **república federal** die Bundesrepublik ▶1/Ac

resolver *algo* (o → ue) *etw.* lösen, klären ▶3/A
respetar *algo* **/ a** *alguien* etw./jdn respektieren ▶3/B
el **respeto** der Respekt
responsable (de *algo/alguien***) (ser)** (für *etw./jdn*) verantwortlich
la **restauración, las restauraciones** *pl.* die Restaurierung, Renovierung ▶4/Ac
restaurar *algo etw.* restaurieren ▶4/Ac
el **resto** der Rest ▶1/Ac
Resulta que + *Satz*. Es ist tatsächlich so, dass + *Satz*.
el **resultado** das Ergebnis
la **retirada** der Rückzug ▶2/B
la **revista** die Zeitschrift
el **rey, la reina** der/die König/in
rico/-a lecker, reich
ridículo/-a (ser) lächerlich ▶3/B
el **río** der Fluss
el **ritual** das Ritual ▶3/B
el/la **rival** *m./f.* der/die Rivale/-in ▶1/B
el **rock** Rock *Musik*
rodar drehen *Film* ▶4/A
rojo/-a rot
romperse zerbrechen ▶2/A
la **ropa** *sg.* die Kleidung
rosa *inv.* rosa
roto/-a (estar) kaputt
rubio/-a blond
la **ruina** die Ruine
el **rumbo** die Richtung ▶1/B
rural (ser) ländlich, Land-(+ *S.*) ▶4/Ac
la **ruta** der Weg, die Route ▶2/Ac

S

el **sábado** der Sonnabend
saber *algo etw.* wissen; *etw.* erfahren ▶1/A; **~ +** *inf. etw.* tun können
el **sabor** der Geschmack ▶1/B
sacar (buenas/malas) notas (gute/schlechte) Noten bekommen; **~** *el balón* den Ball wegschlagen
sagrado/-a (ser) heilig ▶1/B
el **Sáhara** die Sahara
la **sal** *f.* das Salz
la **salida laboral** die Arbeitsmöglichkeit
salir abfahren, ausgehen, hinausgehen; **~ a +** *inf* hinaus gehen, um *etw.* zu tun ▶1/A; **~ a la pizarra** an die Tafel kommen; **~ de** *algo etw.* hinter sich lassen ▶4/Ac
el **salmantino, la salmantina** der/die Salmantiner/in *Einwohner/in Salamancas*

el **salón**, *los salones pl.* das Wohnzimmer
la **salsa** die Soße
la **salud** die Gesundheit
saludar a *alguien* jdn grüßen
el **saludo** der Gruß; Liebe Grüße *Brief*
la **sangre** das Blut ▶3/B
la **sardina** die Ölsardine
la **sección**, *las secciones pl.* die Abteilung, das Ressort
seco/-a trocken ▶3/A
el **secreto** das Geheimnis
secreto/-a geheim
el **sector** der Sektor ▶3/A
la **sede** der Sitz *(der Regierung/Organisation)* ▶1/B
seguir + *gerundio* mit etw. weitermachen, fortfahren; ~ **(así)** (e → i) (so) weitermachen; ~ *algo / a alguien* weitergehen, etw./jdm folgen; ~ *algo* etw. (ver-)folgen; ~ **igual** immer noch genauso aussehen/sein
según laut, gemäß
segundo/-a zweite/r, zweites
seguramente *adv.* mit Sicherheit ▶3/B
seguro/-a sicher; Seguro que + *(Satz)*. Sicherlich + *Satz*.
la **selva** der Dschungel
la **semana** die Woche
sencillo/-a einfach
sentarse (e → ie) sich hinsetzen
sentir(se) (e → ie) (sich) fühlen
separar *algo* (*algo*) trennen ▶1/A
el **septiembre** der September
ser sein
la **serie** die Serie
serio/-a ernst ▶3/A
el **servicio** der Dienst, Anbieter ▶1/A
servir (e → i) servieren ▶1/B
la *sesión*, *las sesiones pl.* die Vorstellung
si falls, wenn; ob
sí ja, doch
siempre immer
la **sierra** das Gebirge
el **siglo** das Jahrhundert
significar (*algo para alguien*) bedeuten *(etw. für jdn)*
la **silla** der Stuhl
el **símbolo** das Symbol ▶1/Ac
similar ähnlich ▶4/B
simpático/-a (ser) sympathisch
simplemente *adv.* einfach
sin ohne; ~ **embargo** trotzdem, dennoch; ~ **más** einfach (so), ohne weiteres ▶1/B
sino sondern
el **sistema** das System ▶4/Ac
el **sitio** der Ort

la **situación**, *las situaciones pl.* die Situation ▶3/A
situado en (estar) liegen in + *Ort*
el **SMS** *m.* die SMS
sobre über; ~ **todo** vor allem
el **sobresaliente** sehr gut *Schulnote*
sobrevivir überleben ▶4/Ac
social (ser) sozial
la **sociedad globalizada** die globalisierte Gesellschaft ▶3/B
el **sol** die Sonne; **tomar el** ~ sich sonnen ▶3/Ac
solar (ser) Sonnen-(+ S.), Solar-(+ S.) ▶2/A
el/la **soldado** *m./f.* der/die Soldat/in ▶2/B
soler + *inf.* (o → ue) + *inf.* normalerweise etw. tun
solidario/-a (ser) solidarisch
solo *adv.* erst ▶4/A; nur
a solas (estar) allein (sein)
solucionar *algo* etw. beheben, lösen ▶4/B
sonar (a *algo*) (o → ue) (wie/nach etw.) klingen ▶1/B
soñar (con *algo/alguien*) (o → ue) von *etw./jdm* träumen
sorprender a *alguien* jdn überraschen
la **sorpresa** die Überraschung
subir hinauffahren ▶1/Ac; ~ **(al bus)** (in den Bus) einsteigen, *etw.* besteigen, auf etw. klettern; ~ *algo* etw. erhöhen ▶4/A
el **sueldo** das Gehalt ▶3/A
el **sueño** der Traum, die Müdigkeit
la **suerte** *sg.* das Glück; **por** ~ zum Glück
el **suficiente** befriedigend *Schulnote*
suficiente (ser) ausreichend ▶3/B
super(bien) super(gut)
superar *algo* etw. übertreffen, übersteigen ▶4/B
la **superficie** die Oberfläche
el **supermercado** der Supermarkt
el **sur** der Süden
el **sureste** der Südosten
el **surf** das Surfen
suyo/-a *pron.* sein/e, seiner, seins

T

la **tableta PC** der Tablet-PC
táctil (ser) taktil, Tast-(+ S.)
tal vez vielleicht; ~ + *subj.* vielleicht ▶1/A
el **talento** das Talent
la **talla** die Größe *Kleidung*
el **taller** der Workshop
también auch
el **tambor** die Trommel
tampoco auch nicht

tan + *adj.* so + Adj.; ~ + *adj.* + **como** so + Adj. + wie
tanto *adv.* so sehr; so viel; ~ ... **como** sowohl ... als auch ▶3/Ac; **en** ~ **que** insofern ▶4/B
tanto/-a + *sust., adj.* so viel/e + S.
tardar brauchen *Zeit*
tarde *adv.* spät;
la **tarde** der Nachmittag; **esta** ~ heute Nachmittag
la **tarea** *lat. am.* die (Haus-)Aufgabe
la **tarjeta** die Karte
el **taxi** das Taxi
el **té** der Tee
el **teatro** das Theater
la **tecnología** die Technologie
el **teleférico** die Seilbahn ▶4/B
el **teléfono** das Telefon
la **telenovela** die Seifenoper
la **televisión** (= *la tele fam.*) der Fernseher
el **tema** *m.* das Thema
tematizar *algo* etw. thematisieren ▶3/B
la **temperatura media** die Durchschnittstemperatur ▶3/Ac
el **templo** der Tempel ▶2/A
temprano früh
el **tenedor** die Gabel
tener *algo* (e → ie) etw. haben; ~ *algo a su cargo* für etw. verantwortlich sein; ~ *algo de* + *adj.* etwas + Adj. an etw. sein; ~ **bronca** Streit haben; ~ **lugar** stattfinden; ~ **miedo de** *algo* Angst vor etw. haben; ~ **que** + *inf.* etw. tun müssen; ~ **que ver con** *algo/alguien* mit etw./jdm zu tun haben; ~ **una altura de ... metros** ... Meter hoch sein; (~) **ganas de** *algo / + inf.* Lust auf etw. (haben) / Lust (haben), etw. zu tun; **¡Ten cuidado!** Sei vorsichtig!
terminar (*algo*) (etw.) (be-)enden; mit etw. fertig werden
el **territorio** das Gebiet ▶2/Ac
el **tesoro** der Schatz ▶2/B
el **tiempo** die Zeit, das Wetter; **al** ~ **tiempo** gleichzeitig; **todo el** ~ die ganze Zeit; **el** ~ **libre** die Freizeit
la **tienda** der Laden
la **tierra** die Erde; etwa: die Region ▶3/Ac
tímido/-a (ser) schüchtern
el **tío**, **la tía** der Onkel, die Tante
típico/-a (ser) typisch
el *tiro de esquina* der Eckball
el **título** der Titel; der Abschluss
la **tiza** die Kreide
tocar + *inf.* an der Reihe sein, dran sein etw. zu tun; ~ *algo* etw. spielen *Instrument*; ~ *algo / a*

alguien etw./jdn berühren, anfassen
todavía noch (immer)
todo *adv.* alles; (~) **recto** (immer) geradeaus
todo el + *sust.* / **toda la** + *sust.* alle + S.
todos/-as *pron.* alle *m./f.*
tolerante (ser) tolerant ▶3/B
tomar *algo etw.* nehmen, essen, trinken; ~ *algo así etw.* schwer nehmen; ~ **la iniciativa** die Initiative ergreifen ▶1/A; ~ **el sol** sich sonnen ▶3/Ac
tomarse algo en serio *etw.* ernst nehmen
el **tomate** die Tomate
el **torero, la torera** der/die Stierkämpfer/in ▶3/B
el **toro** der Stier
la **tortilla** die Tortilla *Kartoffelomelette*
la **tortura** die Quälerei ▶3/B; ¡~ **segura!** Der Ärger ist vorprogrammiert!
torturado/-a por *alguien* (ser) von *jdm* gequält werden ▶3/B
el **total** die (Gesamt-)Summe ▶4/A
totalmente *adv.* völlig, total ▶3/B
el **trabajador, la trabajadora** der/die Arbeiter/in ▶4/B
trabajar arbeiten
el **trabajo** die Arbeit; el ~ **en equipo** die Teamwork
la **tradición, las tradiciones** die Tradition
tradicional traditionell ▶1/A
traducir (*algo a alguien*) (c → zc) übersetzen (*jdm etw.*)
traer *algo* (a *alguien*) (*jdm*) *etw.* bringen
el **tráfico** der Verkehr ▶4/B
tranquilamente *adv.* in Ruhe
tranquilizar(se) *jdn*/sich beruhigen ▶2/B
tranquilo/-a ruhig, immer mit der Ruhe
transportar *algo etw.* transportieren ▶4/Ac
el **transporte** der Transport; ~ (**público**) die (öffentlichen) Verkehrsmittel ▶4/B
tratar(se) de *algo* sich um *etw.* handeln, von *etw.* handeln
el **tren** der Zug
triste (estar) traurig
el **trofeo** die Trophäe
tuareg (ser) *inv.* Tuareg-(+ S.) (Nomadenvolk in der Sahara)
el **turismo** der Tourismus ▶3/A
el/la **turista** *m./f.* der/die Tourist/in

turístico/-a touristisch, Touristik-(+ S.) ▶1/B
el **tutor, la tutora** der/die Betreuer/in
la **tutoría** die Nachhilfe *Schulfach*
tuyo/-a *pron.* dein/e, deiner, deins

U

u oder (*o vor o-* und *ho-*)
el **último, la última** der/die Letzte
último/-a letzte/r, letztes
el **único, la única** der/die Einzige
el **uniforme** die Uniform
la **Unión Europea (UE)** die Europäische Union (EU)
unir *algo / a alguien etw./jdn* vereinen
la **universidad** die Universität
unos/-as *pl.* einige, ein paar, ungefähr + Zahl; *ohne deutsche Entsprechung*
urbano/-a (ser) städtisch ▶4/B
usar *algo etw.* benutzen
usted/es Sie *Höflichkeitsform, im Plural in Lateinamerika: ihr*
útil (ser) nützlich
utilizar *algo etw.* (be-)nutzen ▶2/A
la **uva** die Traube

V

las **vacaciones** *pl.* die Ferien
vale o.k., in Ordnung; (**no**) ~ das gilt (nicht); ~ **la pena** (*algo*) *etw.* lohnt sich
valioso/-a (ser) wertvoll ▶4/A
la **valoración, las valoraciones** die Bewertung
los **vaqueros** *pl.* die Jeans
varios/-as + *sust., pl.* verschiedene + S.
el **vasco** Baskisch, Sprache
el **vaso** das Glas
¡**Vaya ...!** *fam.* Was für ein/e ...!
el **vecino, la vecina** der/die Nachbar/in
el **vegetariano, la vegetariana** der/die Vegetarier/in ▶1/A
el **vendedor, la vendedora** der/die Verkäufer/in
vender *algo* (a *alguien*) (*jdm*) *etw.* verkaufen
venir (e → ie) kommen; ~ **a** + *inf.* kommen, um *etw.* zu tun ▶1/Ac; ¡**Venga!** *fam.* Komm schon!
la **ventaja** der Vorteil ▶3/A
ver *algo etw.* sehen, ansehen; **A ~.** Mal sehen., Zeig mal!; Also.; **por lo que yo veo** so wie ich das sehe ▶1/B
el **verano** der Sommer

la **verdad** die Wahrheit; ¿~? Nicht wahr?; **Es ~.** Das stimmt.
verde grün
el **vestido** das Kleid
la **vez, las veces** *pl.* das Mal; **a veces** manchmal; **alguna ~** (schon) einmal; **cada ~ más** immer mehr ▶4/Ac; **cada ~ que** + *verbo* immer wenn; **en ~ de** statt; **otra ~** noch einmal, (schon) wieder
viajar (**por** + *sust.*) reisen (durch + S.)
el **viaje** die Reise; (estar) **de** ~ auf Reisen (sein)
el **viajero, la viajera** der Fahrgast
viceversa *adv.* umgekehrt
la **vida** das Leben; **ganarse la ~** seinen Lebensunterhalt verdienen ▶3/Ac
el **vídeo** das Video
viejo/-a (ser) alt
el **viento** der Wind; **Hace ~.** Es ist windig.
el **viernes** Freitag
la **villa miseria** das Elendsviertel ▶4/Ac
la **violencia** die Gewalt
virtual (ser) virtuell
la **visita** der Besuch
el/la **visitante** *m./f.* der/die Besucher/in ▶4/B
visitar besuchen
la **vista** die Aussicht
vivir (**en** + *sust.*) (in + S.) leben, wohnen; ~ **grandes experiencias** tolle Dinge erleben ▶1/B
la **vocación** die Berufung; **por ~** aus Berufung
el **voleibol** Volleyball
el **volumen** die Lautstärke; **a todo ~** in voller Lautstärke
el **voluntario, la voluntaria** der/die Volontär/in, Freiwillige ▶4/Ac
volver (o → ue) zurückkehren; ~ **a** + *inf. etw.* wieder tun
la **vuelta** die Runde, der Spaziergang

Y

y und
¿**Y qué?** *fam.* Na und?
ya aha, ach ja; schon, bereits, jetzt sofort; ~ **no** nicht mehr; ~ **que** + *Satz* weil, da ▶4/Ac

Z

las **zapatillas (de deporte)** *pl.* die Turnschuhe
el **zapato** der Schuh
la **zona** das Gebiet, die Zone; la ~ **protegida** das Schutzgebiet
el **zumo** der Saft

DEUTSCH-SPANISCHES WÖRTERBUCH

Die Zahl hinter dem Pfeil zeigt die Fundstelle an.
Verben mit Besonderheiten sind blau gedruckt, siehe **Los verbos** ab S. 170.
Grundschrift = obligatorischer Wortschatz
kursiv = fakultativer Wortschatz

A

abbiegen girar
abbrechen (etw.) interrumpir *algo*
Abend la noche; **zu ~ essen** cenar; **am ~** por noche
Abendessen la cena
Abenteuer la aventura ▶1/Ac
aber pero
abfahren salir
abgesehen von aparte de ▶3/A
abhängen (von etw./jdn) depender (de *algo/alguien*)
Abitur el bachillerato
Abschied la despedida
Abschluss el título
absolut absolutamente *adv.* ▶1/B
absurd (*ser*) absurdo/-a ▶3/B
Abteilung la sección, las secciones *pl.*
Abwasser las aguas residuales *pl.* ▶4/Ac
Ach was! ¡Qué va!
Achterbahn la montaña rusa
Adresse la dirección, las direcciones *pl.*
afrikanisch (*ser*) africano/-a ▶3/Ac
aha ya
ähnlich parecido/-a ▶3/A; similar ▶4/B
Aimara el/la aimara *m./f.* ▶4/A
Aimara-(+ S.) (*ser*) aimara *inv.* ▶1/A
Akkordeon el acordeón, los acordeones *pl.*
aktuell (*ser*) actual
Akzent el acento
akzeptieren (etw.) aceptar *algo* ▶4/A
alle todos/-as *pron.*; todo el mundo; **~ + S.** todo el + *sust.* / toda la + *sust.*
Allee la avenida
allein (*estar*) a solas; (*estar*) solo/-a
alles todo *adv.*
allmählich poco a poco
Alltag el día a día
als al + *inf.* ▶1/B; cuando + *ind.*
also por lo tanto; pues
alt (*ser*) antiguo/-a ▶3/B; (*ser*) viejo/-a
Alter la edad
Ältere el/la mayor *m./f.*
Amerika América ▶1/Ac
Amerikaner/in el americano, la americana ▶2/A
amerikanisch (*ser*) americano/-a ▶2/Ac
Amtssprache la lengua oficial

amüsieren (sich köstlich) pasarlo bomba *fam.*; divertirse (e → ie)
an (+ S.) en (+ *sust.*)
analysieren (etw.) analizar *algo* ▶3/B
anbauen (etw.) cultivar *algo*
anbieten (jdm etw.) ofrecer *algo* (a *alguien*) (c → zc)
Anbieter el servicio ▶1/A
Andalusien Andalucía
Andalusier/in el andaluz, la andaluza ▶3/A
andalusisch andaluz/a, andaluces *pl.* ▶3/Ac
Andenkordillere la Cordillera de los Andes ▶1/Ac
andere/r, anderes otro/-a
ändern (etw./jdn) cambiar *algo* / a *alguien*; **seine Meinung ~** cambiar de idea
Änderung el cambio ▶3/A
anerkennen (etw.) reconocer *algo*
Anfang (am) al principio
anfangen (etw.) empezar (*algo*) (e → ie); **~ etw. zu tun** ponerse a + *inf.* ▶3/Ac, empezar (a + *inf.*)
Anfänger/in el/la principiante *m./f.*
anfassen (etw./jdn) tocar *algo* / a *alguien*
Angebot la oferta; **im ~** (*sein*) (*estar*) de oferta
angemessen (*ser*) digno/-a ▶3/A
angenehm (*ser*) agradable ▶3/Ac
Angestellte el empleado, la empleada ▶1/A
Angst el miedo; **~ vor etw. haben** tener miedo de *algo*
anhalten parar
anhören oír ▶3/Ac
animieren (jdn) animar a *alguien* (a + *inf.*) ▶2/B
ankommen llegar
Ankunft la llegada ▶2/A
anlegen (etw.) construir *algo*
anmelden (sich für etw.) apuntarse (a *algo*)
annähern (sich etw./jdm) acercarse (a *algo/alguien*)
anonym (*ser*) anónimo/-a
anrufen (jdn) llamar a *alguien* por teléfono
ansehen (etw.) ver *algo*; mirar *algo*
anstellen (sich so) ponerse (así)
anstrengend (*ser*) agotador/a
antik (*ser*) antiguo/-a ▶3/B
antworten (etw.) contestar *algo*
anvertrauen (jdm etw.) confiar *algo* a *alguien* ▶2/B
Anwalt, die Anwältin el abogado, la abogada
Anzahl la cantidad ▶1/B
anziehen (etw.) ponerse *algo*

Apotheke la farmacia
April el abril
arabisch (*ser*) árabe
Aranesisch (*Sprache*) el aranés
Arbeit el trabajo
arbeiten trabajar
Arbeiter/in el trabajador, la trabajadora ▶4/B
Arbeits-(+ S.) laboral
Arbeitsheft el cuaderno
Arbeitslosigkeit el desempleo ▶3/A; el paro ▶1/A
Arbeitsmöglichkeit la salida laboral
Arbeitsstelle el empleo ▶3/A
Architekt/in el arquitecto, la arquitecta ▶2/A
architektonisch arquitectónico/-a ▶3/Ac
Architektur la arquitectura *sg.* ▶1/B
Argentinien Argentina
Argentinier/in el argentino, la argentina ▶1/A
argentinisch (*ser*) argentino/-a ▶1/A
ärgern (sich über jdn) enfadarse con *alguien*
Argument el argumento ▶3/B
Arm el brazo
arm pobre
Ärmel la manga
Armut la pobreza
Art la forma ▶1/Ac; **Tier~** la especie animal; **~ (und Weise)** la manera
Artikel el artículo ▶1/B; el artículo (*Verkauf*) ▶3/Ac
Arzt, die Ärztin el doctor, la doctora *fam.*; el médico, la médica
Ärztehaus el centro de salud ▶4/B
Asien Asia ▶2/Ac
Astronomie la astronomía ▶2/A
Atlantik el (Océano) Atlántico ▶3/A
Atmosphäre la marcha *fam.*
auch también; **~ nicht** tampoco
auf en; encima (de) *prep.*; **~ + Adj. Art und Weise** de manera + *adj.*; **~ einmal** de repente; **~ Wiedersehen!** ¡Adiós!
auffallen (jdm) llamar(le) la atención a *alguien*
aufgeregt (*estar*) nervioso/-a
aufhören etw. zu tun dejar de + *inf.*
auflehnen (sich gegen etw./jdn) rebelarse contra *algo/alguien* ▶2/B
aufmüpfig rebelde
aufnehmen grabar
aufpassen (auf etw.) poner atención (a *algo*)
Aufsatz la redacción, las redacciones *pl.*
aufsetzen (etw.) ponerse *algo*
aufstehen levantarse
auftauchen aparecer (c → zc) ▶1/A

aufwachen despertarse (e → ie)
aufwecken (jdn) despertar a alguien (e → ie)
Auge el ojo
Augenblick el momento
August el agosto
aus de; ~ Berufung por vocación
ausbeuten (etw./jdn) explotar algo / a alguien ▶4/A
Ausbildung la educación; la formación, las formaciones pl. ▶4/Ac
Ausdehnung la extensión, las extensiones pl.
ausdrücken (sich deutlich) explicar(se)
ausflippen flipar fam. ▶1/B
ausgeben (etw. für etw.) Geld gastar (algo en algo) ▶3/A
ausgehen salir
ausgestorben desértico/-a ▶3/A
aushalten (etw./jdn) aguantar algo / a alguien
Ausländer/in el extranjero, la extranjera
Ausnahme la excepción, las excepciones pl. ▶3/A
ausreichen bastar
ausreichend (ser) suficiente ▶3/B
ausruhen descansar
aussehen (immer noch genauso) seguir igual (e → i)
außer además de; aparte de ▶3/A
außerdem además
Aussicht la vista
aussteigen (aus dem Bus) bajarse (del bus)
Ausstellung (Sonder~) la exposición (temporal)
Austauschschüler/in el/la (chico/-a de) intercambio
Auster la ostra
auswählen (etw.) elegir algo
auswandern emigrar ▶3/A
Auswanderung la emigración, las emigraciones pl. ▶4/B
auswendig lernen (etw.) aprender algo de memoria
Auto el coche
Automat la máquina
autonome Gemeinschaft la Comunidad Autónoma
Autor/in el autor, la autora
Azteke/-in el/la azteca m./f.
aztekisch (ser) azteca inv. ▶2/Ac

B
Bad(ezimmer) baño (cuarto de ~)
bald pronto
Balearischen Inseln las Islas Baleares
Balkon el balcón, los balcones pl.
Ball el balón
Banane el plátano
Band Musikgruppe el grupo
Basketball el baloncesto

Baskisch (Sprache) el vasco
Bass Gitarre el bajo
Bauer, die Bäuerin el campesino, la campesina ▶3/Ac
Baum el árbol
Baustelle la obra ▶4/Ac
beantworten (etw.) contestar algo
bedeuten (etw. für jdn) significar (algo para alguien)
Bedeutung la importancia ▶3/B
Bedingung la condición, las condiciones pl. ▶3/A
beeindrucken (jdn) impresionar a alguien
beeindruckend impresionante
beenden (etw.) terminar (algo)
befehlen dass jd etw. tut ordenar que + subj. ▶2/B
sich befinden encontrarse (o → ue) ▶1/A
befinden (sich) estar
befriedigend Schulnote el suficiente
begabt sein ser la estrella
begegnen (jdm) encontrarse con alguien (o → ue)
Begegnung el encuentro
Beginn el comienzo
begleiten jdn acompañar a alguien ▶2/B
begrüßen (jdn) dar la bienvenida a alguien ▶2/B
beheben (etw.) solucionar algo ▶4/B
beibringen etw. zu tun (jdm) enseñar a alguien a + inf. ▶2/A
Bein la pierna
beinahe casi
Beispiel el ejemplo; zum ~ por ejemplo
bekannt (ser) conocido/-a ▶2/Ac
bekommen (etw.) recibir algo
belebt animado/-a; (ser) marchoso/-a
beliebige (jede/r, jedes ~) cualquier, cualquiera ▶3/A
bemerken (etw.) enterarse de algo
benutzen (etw.) usar algo; utilizar algo ▶2/A
beobachten (etw./jdn) observar algo / a alguien
Berater/in el asesor, la asesora
berechnen (etw.) calcular algo ▶2/A
Berechnung el cálculo ▶2/A
Berg la montaña
bergwandern hacer senderismo
beruflich, Berufs-(+ S.) profesional
Berufsausbildung la formación profesional (FP)
Berufung la vocación
beruhigen (jdn/sich) tranquilizar(se) ▶2/B; calmar(se)
berühmt famoso/-a
berühren (etw./jdn) tocar algo / a alguien
Bescheid geben (jdm wegen etw.) avisar a alguien (de algo)

beschreiben describir ▶1/B
beschützen (jdn) proteger a alguien ▶2/B
besonders (ser) especial
besser als mejor que
bestätigen (etw.) afirmar algo ▶4/B
beste (+ S.) el/la mejor + sust.
bestellen (etw.) pedir algo a alguien (e → i)
bestimmen (etw.) determinar algo ▶4/A
Besuch la visita
besuchen visitar
Besucher/in el/la visitante m./f. ▶4/B
betreffen (etw./jdn) afectar algo / a alguien ▶3/A
Betreuer/in el tutor, la tutora
Betriebswirtschaftslehre Administración y Dirección de Empresas
Bett la cama
Bevölkerung la población
bevölkerungsreich poblado/-a ▶3/A
bevor antes de que + subj. ▶3/B; ~ + Verb antes de + verbo
Beweis la muestra ▶3/B
beweisen (jdm etw.) demostrar algo (a alguien) (o → ue)
Bewertung la valoración, las valoraciones
bewölkt (estar) nublado/-a
bewundern (jdn) admirar a alguien
bezahlen (etw.) pagar algo
Beziehung la relación, las relaciones pl.
beziehungsweise o sea ▶3/A
bieten (jdm etw.) ofrecer algo (a alguien) (c → zc)
Bild la imagen
billig barato/-a
BIP (= Bruttoinlandsprodukt) el PIB (= producto interno bruto)
bis hasta; ~ bald! ¡Hasta pronto!
bis (etw. passiert) hasta que (no) + subj. ▶1/A
bisschen un poco (de)
bitte por favor
bitten (jdn um etw.) pedir algo a alguien (e → i)
blättern hojear ▶1/B
blau azul
bleiben quedarse
Blick (einen ~ in/auf etw. werfen) echar un vistazo a algo
blond rubio/-a
Blume la flor
Blumengeschäft la florería
Blut la sangre ▶3/B
Bohnen los frijoles pl.
Boot la barca
böse auf jdn werden enfadarse con alguien
Bote/-in el mensajero, la mensajera ▶2/B
Boulevard la avenida

Bowlingbahn la bolera
Brauch la costumbre ▶3/B
brauchen (etw.) necesitar *algo*; Zeit tardar
breit ancho/-a ▶1/Ac
Breite el ancho ▶1/B
brennen picar; quemar
Brille las gafas *pl.*
bringen (jdm etw.) llevar *algo* (a *alguien*); traer *algo* (a *alguien*)
Brot el pan
Brötchen (belegtes) el bocadillo
Brücke el puente
Bruder el hermano
Brüderchen el hermanito *fam.*
brutal (ser) brutal ▶3/Ac
Buch el libro
Buchhandlung la librería
Bundesrepublik la república federal ▶1/Ac
Büro la oficina
Bus el bus; *el micro lat. am.*

C

Café el bar ▶3/Ac
Cafeteria la cafetería
CD el cedé, los cedés *pl.*
Chance la oportunidad ▶4/Ac
Chaos el caos
Chat el chat
Chef/in el jefe, la jefa
Chili el chile
China China
Chor el coro
christlich (ser) cristiano/-a ▶2/Ac
Clique la peña *fam.*
Club el club
Computer el ordenador
cool guay *inv., fam.*
Cousin/e el primo, la prima
Croissant el cruasán, los cruasanes

D

da ahí; como + *Satz*; ya que + *Satz* ▶4/Ac
dafür para eso
dagegen en cambio
dahinter detrás (de)
damals en aquellos años; entonces
damit con eso/esto; para que + *subj.*
danach después
danke gracias
dann entonces; luego
darunter debajo (de)
das eso, esto; ~ + *Adj.* lo + *adj.*
das ist... este/-a es...
dass que *conj.*; **es sei denn, ~** + *Satz* a no ser que + *subj.* ▶3/A
dasselbe lo mismo
Dauer la duración, las duraciones *pl.* ▶2/A
Definition la definición, las definiciones *pl.* ▶1/A

dein/e tu; **~, deiner, deins** tuyo/-a *pron.*
dekorieren (etw.) decorar *algo*
demokratisch (ser) democrático/-a
Demonstration la manifestación, las manifestaciones *pl.* ▶1/B
denken (etw. über etw.) opinar *algo* (de *algo*); **etw. ~** pensar *algo* (e → ie), **an etw./jdn ~** pensar en *algo/alguien*
Denkmal el monumento
dennoch no obstante; sin embargo
der/die/das el/la cual ▶2/A; quien, quienes *pron.* ▶2/A; **~ (da)** ese/-a
deren cuyo/-a *pron.* ▶1/B
derselbe/dieselbe/dasselbe + *S.* mismo/-a + *sust.*
dessen cuyo/-a *pron.* ▶1/B
Dessert el postre
deswegen por eso
Deutsch *Schulfach* Alemán
Deutsche el alemán, la alemana
Deutschland Alemania
Dezember el diciembre
Dialekt el dialecto ▶2/A
dienen (als etw.) funcionar como *algo* ▶4/Ac
Dienst el servicio ▶1/A
Dienstag el martes
diese/r, dieses (hier) este/-a
digital (ser) digital
Ding la cosa
direkt (ser) directo/-a ▶4/Ac
Direktor/in el director, la directora
Diskothek la discoteca ▶3/Ac
diskutieren discutir
Distanz la distancia
doch sí
Doktor, die Doktorin el doctor, la doctora *fam.*
Dokumentarfilm el documental, los documentales *pl.*
Donnerstag el jueves
Dorf el pueblo
dort (drüben) allí
Drama el drama *m.*
dran sein etw. zu tun tocar + *inf.*
draußen afuera *adv.*; fuera
Drehbuch el guión
Drehbuchautor/in el/la guionista *m./f.*
drehen *Film* rodar ▶4/A
Dschungel la selva
dunkel oscuro/-a; *Haut- und Haarfarbe* moreno/-a
durch a través de; por
durchqueren (etw.) recorrer *algo*
Durchschnittstemperatur la temperatura media ▶3/Ac
duschen (sich) ducharse
DVD el DVD, los DVD *pl.*
dynamisch (ser) dinámico/-a ▶3/Ac

E

echt (ser) auténtico/-a ▶3/B; **Echt!** ¡Hala!
Eckball el tiro de esquina
Ecke la esquina ▶1/B
egal sein (jdm etw.) dar igual (*algo*) a *alguien*
egoistisch (ser) egoísta *inv.*
eher más bien ▶3/A
eigene/r, eigenes propio/-a
eigentlich en realidad
Eindruck la impresión, las impresiones *pl.*
ein/e ~ + *S.* algún/alguna + *sust.*
einfach fácil; sencillo/-a; simplemente *adv.*; **~ so** sin más ▶1/B
Einführung la introducción
Eingang la entrada
Eingeborene el/la indígena *m./f.*
einheimisch (ser) indígena *inv.*
einige alguno/-a *pron.*; unos/-as *pl.*; **~ +** *S.* algún/alguna + *sust.*
einkaufen gehen ir de compras
Einkaufszentrum el centro comercial
einladen (jdn) invitar a *alguien* ▶1/Ac
Einladung la invitación, las invitaciones *pl.* ▶2/Ac
einmal (schon ~) alguna vez
einmischen (sich in etw.) meterse en *algo*
einnehmen (etw.) ocupar *algo*
einschalten (etw.) encender *algo* (e → ie)
einschreiben (sich bei etw.) inscribirse en *algo*; **sich in etw. ~** matricularse en *algo*
einsetzen (sich) movilizarse ▶3/A
einsteigen (in den Bus) subir (al bus)
einstellen (jdn) contratar (a *alguien*) ▶3/A
eintreten (in + *S.*) entrar (en + *sust.*)
Eintrittskarte la entrada
einverstanden (estar) de acuerdo
Einwander/in el/la inmigrante *m./f.*
Einwanderung la inmigración ▶1/B
Einwohner/in el/la habitante *m./f.*
einzige + *S.* el/la único/-a + *sust.*
Eis el helado
eislaufen patinar
Electro (Musik) la música electrónica
Elektrizität la electricidad ▶1/A
Elendsviertel la villa miseria ▶4/Ac
Eltern los padres *pl.*
E-Mail el correo; el e-mail
empfangen (jdn) recibir a *alguien*
empfehlen (jdm etw.) recomendar *algo* a *alguien* (e → ie); **jdm ~ etw. zu tun** recomendar a *alguien* que + *subj.* ▶1/Ac
Ende el fin ▶1/Ac; el final; **am ~** al final; **am/gegen ~** + *Zeitangabe* a finales de + *Zeitangabe* ▶2/B
enden terminar (*algo*)
endlich finalmente *adv.* ▶1/B; por fin

eng estrecho/-a
Englisch *Sprache* el inglés
Enkel/in el nieto, la nieta
enorm enorme ▶3/Ac
entdecken (*etw.*) descubrir *algo*
Entdecker/in el descubridor, la descubridora ▶2/Ac
Entdeckung el descubrimiento ▶2/Ac
entkommen escapar
entscheiden (*etw.*) decidir *algo*
Entscheidung la decisión, las decisiones *pl.*
Entschuldige! ¡Disculpa!; ~, dass … perdona que + *subj.*; **Entschuldigen Sie.** Oiga.
entsetzt (estar) horrorizado/-a ▶3/B
entstehen nacer (c → zc)
entwerfen (etw.) diseñar (*algo*)
entwickeln (*etw.*) desarrollar *algo* ▶2/A
Entwicklung el desarrollo ▶4/A; la evolución, las evoluciones *pl.* ▶4/Ac
Erde la tierra
Erdkunde und Geschichte *Schulfach* Geografía e Historia
erfahren (*etw.*) enterarse de *algo* ▶2/B; saber *algo* ▶1/A
Erfahrung la experiencia
Erfolg el éxito
erfüllen (*jdm etw.*) cumplirse *algo* (a *alguien*)
Ergebnis el resultado
Initiative (ergreifen) (tomar) la iniciativa ▶1/A
erhalten (*etw.*) recibir *algo*; conseguir *algo* (e → i); conservar *algo* ▶3/B
erhöhen (*etw.*) subir *algo* ▶4/A
erinnern (sich an *etw./jdn*) acordarse (de *algo/alguien*) (o → ue)
erkennen (*etw./jdn*) reconocer *algo* / a *alguien* (c → zc)
erklären comentar; ~ (*jdm etw.*) explicar *algo* a *alguien*
erlauben (*etw.*) permitir *algo* ▶3/B
erleben (tolle Dinge ~) vivir grandes experiencias ▶1/B
ermutigen (*jdn etw. zu tun*) animar a *alguien* (a + *inf.*) ▶2/B
ernähren (*jdn*) alimentar a *alguien*
ernst serio/-a ▶3/A; ~ **nehmen (*etw.*)** tomarse algo en serio
Eroberer/in el conquistador, la conquistadora ▶2/Ac
erobern (*etw./jdn*) conquistar *algo* / a *alguien* ▶2/Ac
Eroberung la conquista ▶2/Ac
eröffnen (*etw.*) abrir *algo*
erreichen (*etw.*) conseguir *algo* (e → i)
errichten (*etw.*) construir *algo*
erschaffen (*etw.*) crear *algo* ▶3/A
erscheinen aparecer (c → zc) ▶1/A
erschrocken (estar) horrorizado/-a ▶3/B
erst solo *adv.* ▶4/A

erwachsen (ser) mayor
Erwachsenen los adultos *pl.*
erwähnen (*etw.*) mencionar *algo* ▶3/B
erwärmen (*etw.*) calentar *algo* (e → ie)
erwarten (*etw. von jdm*) esperar *algo* (de *alguien*)
erzählen (*etw.*) narrar *algo*; contar *algo* (o → ue)
Erzähler/in el narrador, la narradora
Erzählung el relato
Es tut mir leid. Lo siento.
Essen la comida
essen (*etw.*) comer *algo*; **zu Abend ~** cenar
Esszimmer el comedor
etwas algo; ~ + *Adj.* **an *etw.* sein** tener algo de + *adj.*
Euro el euro
Europa Europa
Europäer/in el europeo, la europea
europäisch (ser) europeo/-a
Europäische Union (EU) la Unión Europea (UE)
Europäische Wirtschaftsgemeinschaft la Comunidad Económica Europea
exakt exactamente *adv.* ▶2/A
existieren existir
Expedition la expedición, las expediciones *pl.* ▶2/Ac

F

fabelhaft fenomenal *adv./adj.*
Fabrik la fábrica
Facette la faceta ▶1/A
Fächer el abanico
fähig sein (*etw. zu tun*) ser capaz de hacer *algo*
fahren (nach …, zu …) ir (a + *sust.*)
Fahrer el chófer, los choferes *pl.*
Fahrgast el viajero, la viajera
Fahrrad la bicicleta (= la bici *fam.*)
Fahrschein el billete; **Einzelfahrschein / der Gesamtnetzfahrschein** el billete sencillo/combinado
Fahrt auf/durch … machen dar un paseo por
Fall el caso ▶2/Ac
fallen caerse
falls si
falsch liegen (estar) equivocado/-a ▶1/Ac
familiär familiar ▶4/Ac
Familie la familia
Fan el aficionado, la aficionada; el fanático, la fanática
fantastisch fantástico/-a ▶1/B; ~ **sein** ser una pasada *fam.*
Farbe el color
fast casi
Februar el febrero
fehlen faltar
feiern (*etw.*) celebrar *algo*

Feld el campo ▶3/A
Ferien las vacaciones *pl.*
Ferienhaus el chalé, los chalés *pl.*
Ferienlager el campamento
Fernseher la televisión (= la tele *fam.*)
Fest la fiesta
Festival el festival
Feuer el fuego ▶2/A
Film la película (= la peli *fam.*)
finanziell económicamente *adv.* ▶3/A
finden (*etw./jdn*) encontrar *algo* / a *alguien* (o → ue)
Firma la empresa ▶1/A
Fisch el pescado
Flamenco *Musik* el flamenco
Flamencosänger/in el cantaor, la cantaora ▶3/Ac
Fleisch la carne
flexibel (ser) flexible
fliehen marcharse ▶2/B; huir ▶2/B
Flughafen el aeropuerto
Fluss el río
Folge la consecuencia ▶4/A
folgen (*etw./jdn*) seguir *algo* / a *alguien* (e → i)
fordern (*etw.*) pedir *algo* (e → i) ▶3/A
Form la forma ▶1/Ac
fortfahren (mit *etw.*) seguir + *gerundio* (e → i)
Fortschritt el progreso
fortschrittlich avanzado/-a ▶2/A
fortsetzen (*etw.*) continuar (*algo*) ▶1/Ac
Foto la fotografía (= la foto *fam.*)
Frage la pregunta
fragen (*etw.*) preguntar *algo*
Französisch *Schulfach* Francés; ~ (*Sprache*) el francés
Frau la mujer, las mujeres *pl.*
frei libre
Freiheit la libertad ▶3/B
Freiluft-(+ *S.*) al aire libre ▶1/B
Freitag el viernes
Freiwillige el voluntario, la voluntaria ▶4/Ac
Freizeit el tiempo libre
Freund/in el amigo, la amiga; **feste ~** el novio, la novia
Freundschaft la amistad
Frieden la paz
fröhlich alegre
Frosch la rana
Frucht la fruta
früh temprano
früher antes *adv.*
Frühstück el desayuno
frustrierend (ser) frustrante ▶3/A
fühlen (sich) sentir(se) (e → ie)
führen (*jdn*) llevar (a *alguien*) ▶1/Ac; **Regie ~** dirigir ▶4/A
Führer/in el/la líder *m./f.* ▶2/B
funktionieren funcionar
für para; por; ~ *etw.* **sein** estar a favor de *algo* ▶3/B

furchtbar fatal *adv./adj.*
Fuß el pie ▶1/A
Fußball *Sportart* el fútbol *sg.*
Fußmarsch la caminata

G

Gabel el tenedor
Galicien Galicia
galicisch (ser) gallego/-a
Galicisch (Sprache) el gallego
garantieren (etw.) garantizar *algo* ▶4/Ac
Garten el jardín, los jardines *pl.*
Gartenpflege la jardinería
Gärtner/in el jardinero, la jardinera
Gast el invitado, la invitada
Gastronomie la gastronomía
Gebäude el edificio ▶3/Ac
geben (jdm etw.) dar *algo a alguien*; pasar *algo a alguien*; **es gibt** hay
Gebiet el área *f.*; el territorio ▶2/Ac; la zona
Gebirge la montaña; la sierra
geboren werden nacer (c → zc)
gebraucht de segunda mano
Geburtstag el cumpleaños (= el cumple *fam.*); **Alles Gute zum ~!** ¡Feliz cumpleaños!
Geduld la paciencia
Gefahr el peligro
gefährlich (ser) peligroso/-a ▶2/Ac
gefallen (jdm sehr ~) encantar *a alguien*; **~ (jdn)** gustar *a alguien*
gefangen (estar) atrapado/-a
gegen contra; **~ etw. sein** estar en contra de *algo* ▶3/B
Gegenteil el contrario ▶3/Ac
gegenüber enfrente (de) *adv./prep.*; frente a *prep.* ▶3/Ac
gegenwärtig presente ▶1/A; (ser) actual ▶2/Ac
Gehalt el sueldo ▶3/A
geheim secreto/-a
Geheimnis el secreto
gehen caminar; ir; **zu Fuß ~** andar ▶1/B; **ans Telefon ~** ponerse al teléfono; **Geh/t schlafen!** ¡A dormir!; **hinaus ~, um etw. zu tun** salir *a + inf* ▶1/A
gehören (zu etw.) formar parte de *algo*
geistesabwesend sein estar en las nubes
gelb amarillo/-a
Geld el dinero *sg.*; la plata *sg., lat. am.*
Gelegenheit la oportunidad ▶4/Ac
Gemälde el cuadro
gemäß según
gemeinsam juntos/-as; **~ Zimmer, Wohnung** compartido/-a
Gemüsegarten el huerto ▶4/Ac
gemütlich (ser) agradable ▶3/Ac
genau exactamente *adv.* ▶2/A; justo *adv.*; **~ in** en la misma + *Stadt* ▶3/Ac

genauso ... wie igual ... que ▶3/Ac
genial genial *adv./adj.*
genießen (etw.) disfrutar (de *algo*) ▶1/Ac
Genossenschaft la cooperativa
Genre el género
genug bastante; **~ von etw./jdm haben** estar harto-a de *algo/alguien*
gequält (von jdm ~ werden) (ser) torturado/-a por *alguien* ▶3/B
gerade getan haben (etw.) acabar de + *inf.*
geradeaus (immer ~) (todo) recto
Gericht el plato
gern haben (jdn) querer *a alguien* (e → ie)
Geruch (nach + S.) el olor (a + *sust.*)
gerührt (estar) emocionado/-a
Geschenk el regalo
Geschichte la historia; **in die ~ eingehen als** entrar en la historia como ▶2/Ac
Geschmack el sabor ▶1/B
geschützt (estar) protegido/-a
Geschwister los hermanos *pl.*
Gesetz la ley ▶4/A
Gesicht la cara
Gespräch la conversación, las conversaciones *pl.* ▶3/Ac
gestern ayer; **~ Abend/Nacht** anoche ▶1/A
Gesundheit la salud
gewährleisten (etw.) garantizar *algo* ▶4/Ac
Gewalt la violencia
gewerblich (ser) comercial ▶2/Ac
gewinnen (etw.) ganar *algo*
gewöhnen (sich an etw./jdn) acostumbrarse (a *algo/alguien*)
gewöhnlich normal; regular *adv./adj.*
Gipfel el pico
Gitarre la guitarra
Glas el vaso
glauben (an etw.) creer (en *algo*)
gleich ahora; pronto; *identisch* igual (a *algo/alguien*); **gleiche + S.** mismo/-a + *sust.*
Gleiche lo mismo
gleichzeitig al mismo tiempo
Gletscher el glaciar ▶1/Ac
global (ser) global ▶4/Ac
globalisierte Gesellschaft la sociedad globalizada ▶3/B
Glockenschlag la campanada
Glück la suerte *sg.*; **~/Unglück bringen etw. jdm** dar buena/mala suerte (*algo a alguien*); **zum ~** menos mal; por suerte
glücklich (estar) feliz, felices *pl.*
Gold el oro ▶2/B
Golfplatz el campo de golf ▶3/A
Gott, die Göttin el dios, la diosa ▶2/Ac

Gouverneur/in el gobernador, la gobernadora ▶2/B
Graffiti el grafiti, los grafitis *pl.*
gratis gratis
greifen (jdn/etw.) agarrar *algo / a alguien*
Grenze la frontera
grenzen (an etw.) limitar con *algo*
Grillfest, die Grillmahlzeit el asado *arg.* ▶1/A
groß grande; **~ Körpergröße** alto/-a *adj./adv.*; **größer** (ser) mayor
großartig fenomenal *adv./adj.*
Größe *Kleidung* la talla
Großeltern los abuelos *pl.*
Großmutter la abuela
Großvater el abuelo
grün verde
Grund la razón, las razones *pl.* ▶3/B
gründen (etw.) fundar *algo* ▶1/A
grundlegend (ser) básico/-a ▶4/Ac
Gruppe el grupo
Gruß *Brief* el recuerdo; *Brief* el saludo
grüßen (jdn) dar recuerdos a *alguien*; saludar a *alguien*
gut bien; bueno/-a; *Schulnote* el notable; **Guten Tag!** Buenos días.
Gymnasium el instituto

H

Haar el pelo
haben (etw.) tener *algo* (e → ie); **keine Lust (auf etw.)** ~ pasar de *algo*; **(mit etw./jdm) zu tun ~** tener que ver con *algo/alguien*
haben *Hilfsverb* haber
Hafen el puerto
Hähnchen el pollo
halbe/r, halbes + S. medio/-a + *sust.*; **um halb (zwei)** a la (una) y media
Hälfte la mitad
Hallo! ¡Hola!
Haltestelle la parada
Hand la mano *f.*; **von ~ fertigen** hacer a mano
handeln (sich um etw.) tratarse de *algo*; **~ (von etw.)** tratar de *algo*
Handels- (+ S.) (ser) comercial ▶2/Ac
Handwerkskunst la artesanía
Handy el móvil
hart duro/-a
hassen (etw.) odiar *algo*
hässlich feo/-a
Haupt- (+ S.) (ser) principal ▶2/Ac
Hauptdarstellerin el/la protagonista *m./f.*
hauptsächlich (ser) principal ▶2/Ac
Hauptstadt la capital
Hauptverkehrszeit la hora pico ▶4/B
Haus la casa
Hausaufgaben los deberes *pl.*; la tarea *lat. am.*
Heft el cuaderno
heilen (jdn) curar a *alguien*

heilig (ser) sagrado/-a ▶1/B
heiß caliente
heißen llamarse; **das heißt** es decir ▶4/B; **das heißt** o sea ▶3/A
helfen (jdm) ayudar a *alguien*
hell claro/-a
Hemd la camisa
Herausforderung el desafío ▶4/Ac
Herkunft el origen, los orígenes *pl.*
herumfahren dar vueltas ▶3/Ac
herumlaufen/-fahren irse por ahí
hervorragend estupendo/-a *adv./adj.*
Herz el corazón, los corazones *pl.* ▶1/Ac
Herzliche Grüße. *Brief* Un abrazo.
Herzlichen Glückwunsch! ¡Felicidades!
heute hoy; **~ Nachmittag** esta tarde
heutig (ser) actual ▶2/Ac
heutzutage hoy en día
Hexe la bruja
Hey! ¡Oye! *fam.*
hier aquí; **~ in der Nähe** por aquí
Hilfe la ayuda
Himmel el cielo ▶2/A
hinauffahren subir ▶1/Ac
hineingehen (in + S.) entrar (en + *sust.*)
hinfallen caerse
hinlegen (sich) acostarse (o → ue)
hinsetzen (sich) sentarse (e → ie)
hinten al fondo
hinter detrás (de); *etw.* **~ sich lassen** salir de *algo* ▶4/Ac
Hintergrund (im ~) al fondo
hinuntergehen/-fahren (die Straße, die Piste) bajar (*algo*)
historisch (ser) histórico/-a ▶4/A
Hitze el calor
hoch alto/-a *adj./adv.*; **... Meter ~ sein** tener una altura de ... metros
Hof el patio
hoffen (etw.) esperar *algo* / a *alguien*
hoffentlich ojalá (que) (+ *subj.*) *fam.*
Höhe la altitud ▶1/Ac; la altura
höllisch (ser) infernal ▶3/Ac
Homepage el portal ▶3/A
hören oír ▶3/Ac; **~** (*etw.*) escuchar *algo*
Hose los pantalones *pl.*
Hotel el hotel
hübsch bonito/-a; guapo/-a
Huhn la gallina
humorvoll gracioso/-a
Hund, die Hündin el perro, la perra
hunderte + S. cientos de + *sust.* ▶2/A
Hunger el hambre *f.*

I

Idee la idea
identifizieren (sich mit *etw.*) identificar(se) con *algo* ▶3/B
ignorant (ser) ignorante ▶4/A

immatrikulieren (sich) matricularse en *algo*
immer siempre; **~ mit der Ruhe** tranquilo/-a; **~ wenn** cada vez que + *verbo*; **~ mehr** cada vez más ▶4/Ac
Imperium el imperio ▶1/Ac
in (+ S.) en (+ *sust.*); **~ der Nähe (von...)** cerca (de...) *adv./prep.*; **~ Ordnung** vale
Indien India ▶2/Ac
Industrie la industria ▶3/A
Informatik la informática
Information la información, las informaciones *pl.*
Ingenieur/in el ingeniero, la ingeniera ▶4/B
Initiative (ergreifen) (tomar) la iniciativa ▶1/A
Inka el/la inca *m./f.* ▶2/Ac
Inka- (+ S.) (ser) inca *inv.* ▶1/Ac
inländisch (ser) nacional ▶1/Ac
Inline skaten patinar
Innenraum el interior
innerhalb von + *Zeitangabe* dentro de + *Zeitangabe*
Insel la isla
insgesamt en total
insofern en tanto que ▶4/B
installieren (etw.) instalar *algo* ▶1/A
Instrument el instrumento
integrieren (etw./jdn) integrar *algo* / a *alguien* ▶4/B
intelligent (ser) inteligente ▶3/B
interagieren interactuar
interaktiv (ser) interactivo/-a
interesant interesante
Interesse el interés, los intereses *pl.* ▶4/A
interessieren (sich für *etw./jdn*) interesarse por *algo/alguien*
international (ser) internacional
Internet el/la Internet *sg.*; la red; **internetcafé** el cibercafé (= el cíber *fam.*)
Interpretation la interpretación, las interpretaciones *pl.*
Interview la entrevista
interviewen (jdn) entrevistar a *alguien*
irgendein/e + S. algún/alguna + *sust.*
irgendwo sein/bleiben und *etw.* **tun** quedarse + *gerundio* ▶1/A
isoliert, abgeschottet (estar) aislado/-a ▶1/A

J

ja sí; **Ja, bitte?** *Telefonieren* ¿Diga?
Jacke la chaqueta; **Wind~** la cazadora
Jahr el año; **fünfziger Jahre** los años cincuenta *pl.*; **neue ~** el Año Nuevo
Jahrhundert siglo
Januar el enero
Jeans los jeans *pl.*, *lat. am.*; los vaqueros *pl.*

jede/r cada uno/-a; **jede/r, jedes +** S. cada + *sust., inv.*
jemand alguien *inv.*; alguno/-a *pron.*
jene/r, jenes aquel, aquella
jetzt ahora; **~ sofort** ahora mismo; ya
Jugendliche el/la joven, los jóvenes *pl.*
Juhu! ¡Yuju!
Juli el julio
jung (ser) joven *pl.*
Junge el muchacho ▶2/Ac; el chico; el chaval *fam.*
Juni el junio
Jura (*Studiengang*) Derecho

K

Kaffee el café
Kaiser/in el emperador, la emperadora ▶2/Ac
Kalender el calendario ▶2/A
Kälte el frío
Kampf la lucha ▶3/B
kämpfen (für *etw.*) luchar (por *algo*)
Kanal el canal
Kanaren Canarias *pl.*
Kantine el comedor
Kanusport el piragüismo
kaputt (estar) roto/-a
Karavelle la carabela ▶2/Ac
Karibik el Caribe
Karriere la carrera
Karte la tarjeta; (Zehner)**~** el abono (de diez)
Käse el queso
kastanienbraun castaño/-a
katalanisch (ser) catalán, catalana
Katalanisch Sprache el catalán
Katalonien Cataluña
Katastrophe la catástrofe ▶2/Ac
Kathedrale la catedral
katholisch (ser) católico/-a ▶2/Ac
kaufen (etw.) comprar *algo*
keine/r, keins ninguno/-a *pron.*; **kein/e** + S. ningún/ninguna + *sust.*;
Keine Ahnung! Ni idea.
keineswegs en absoluto ▶3/B
Kellner/in el camarero, la camarera
kennen (lernen) (etw./jdn) conocer *algo* / a *alguien* (c → zc)
Kenntniss el conocimiento ▶2/A
Kette la cadena
Kilo el kilo
Kilometer el kilómetro; **km² (Quadratkilometer)** el km² (kilómetro cuadrado)
Kind el niño, la niña
Kindheit la infancia
kindisch (ser) infantil ▶4/Ac
Kino el cine
Kinotag el día del espectador
Kirche la iglesia
klar claro *adv.*
Klarinette el clarinete *m.*
Klasse la clase

Klassenarbeit el examen, los exámenes *pl.*
Klassenkamerad/in el compañero, la compañera
Klassenraum el aula, las aulas *pl., f.*
klatschhaft (ser) cotilla *inv.*
Kleid el vestido
Kleidung la ropa *sg.*
klein pequeño/-a
klettern (auf *etw.*) subir *algo*
Klima el clima
klingeln (an der Tür) llamar a la puerta
klingen (nach/wie *etw.*) sonar (a *algo*) (o → ue) ▶1/B
Klischee el estereotipo ▶1/A
Kneipe el bar ▶3/Ac
Kolonialherr/in el colonizador, la colonizadora ▶4/A
Kolonisierung la colonización, las colonizaciones *pl.* ▶4/A
kommen llegar; venir (e → ie); **an die Tafel ~** salir a la pizarra; **ans Telefon ~** ponerse (al teléfono); *Komm rein!* ¡Pasa!; **Komm schon!** ¡Venga! *fam.*; **~, um *etw.* zu tun** venir a + *inf.* ▶1/Ac
Kommentar el comentario ▶3/B
kommunizieren (mit *jdm*) comunicar(se) (con *alguien*)
kompliziert (ser) complicado/-a
Konflikt el conflicto ▶4/A
König/in el rey, la reina
können (*etw.*) saber *algo* / + *inf.*; **~ +** *Inf.* poder + *inf.*, (o → ue)
konsumieren (*etw.*) consumir (*algo*)
konsumorientiert (ser) consumista *inv.*
Kontakt el contacto ▶4/Ac
Kontrast el contraste ▶3/Ac
kontrollieren (*etw./jdn.*) controlar *algo* / a *alguien*
Konzert el concierto
kooperativ de forma cooperativa
Kopf la cabeza; **Kopfschmerzen** el dolor de cabeza
kosten costar (o → ue)
Krach la bronca
Kraft la fuerza ▶3/B; el poder ▶4/A
krank (estar) enfermo/-a
Krankenhaus el hospital
Krankenversicherung la asistencia médica
Krankheit la enfermedad ▶2/Ac
kreativ (ser) creativo/-a
Kreide la tiza
Krieg la guerra ▶2/Ac
Kriminalität la criminalidad ▶4/Ac
Krise la crisis ▶4/A
kritisch (ser) crítico/-a
Küche la cocina
kugelrund (sein) (estar) cuadrado/-a *fam.*
Kugelschreiber (=Kuli) el bolígrafo (= el boli *fam.*)

Kultur la civilización, las civilizaciones *pl.* ▶2/A; la cultura
kulturell cultural *inv.*
Kulturzentrum el centro cultural
Kunde/-in el/la cliente *m./f.*
Kunst el arte ▶3/Ac
Kunsthandwerk la artesanía
Künstler/in el/la artista *m./f.* ▶3/B
kurz corto/-a
Kuss el beso
Küste la costa

L

lachen (über *etw.*) reírse (de *algo*)
lächerlich (ser) ridículo/-a ▶3/B
Laden la tienda
Lampe la lámpara
Land el campo; el país
Landflucht el éxodo rural ▶4/Ac
Landkarte el mapa *m.* ▶1/A
ländlich (ser) rural ▶4/Ac
Landschaft el paisaje
Landschaftsarchitektur el Paisajismo
Landstraße la carretera
lang largo/-a; **langärmelig** de manga larga
langsam despacio *adv.*; lento/-a
langweilen (sich) aburrirse (como una ostra)
langweilig aburrido/-a
lassen dejar; *etw.* **hinter sich ~** salir de *algo* ▶4/Ac; **jdm seinen Willen ~** dejar a *alguien* a su aire; **jdn in Ruhe ~** dejar a *alguien* en paz
Lateinamerika América Latina; Latinoamérica ▶4/B
laufen caminar; correr
laut *gemäß* según
Lautstärke el volumen; **in voller ~** a todo volumen
Leben la vida
leben (in + S.) vivir (en + *sust.*)
lecker rico/-a
legen poner
Lehrer/in el profesor, la profesora (= el/la profe *fam.*)
Leidenschaft (für *etw.*) la pasión (por *algo*)
leider desgraciadamente ▶1/A
leiser stellen (*etw.*) bajar (*algo*)
Leiter/in el director, la directora
Leitspruch el lema *m.*
lernen estudiar; **~ (*etw.* zu tun)** aprender (a + *inf.*)
lesen (*etw.*) leer *algo*
letzte/r, letztes último/-a
letztens el otro día
Leute la gente *sg.*
Licht la luz, las luces *pl.* ▶1/Ac
lieben (*jdn*) querer a *alguien* (e → ie)
lieber + *Inf.* **wollen (*etw.*)** preferir *algo* (a *algo*) / + *inf.* (e → ie)
Lieblings-(+ S.) favorito/-a
Lieblingsmusik la música favorita *sg.*

Lied la canción, las canciones *pl.*
falsch ~ estar equivocado/-a ▶1/Ac
liegen in + *Ort* estar situado en
Linie la línea
links (von) izquierda (a la ~ de)
Liste la lista
Liter el litro ▶4/Ac
Literatur la literatura ▶1/B
Löffel la cuchara
lohnt sich (*etw.*) (*algo*) vale la pena
Lokal el local ▶1/A
lokal (ser) local
lösen (*etw.*) resolver *algo* (o → ue) ▶3/A; solucionar *algo* ▶4/B
losfahren/-gehen partir ▶2/Ac
an der frischen Luft al aire libre ▶1/B
Lust auf *etw.* (haben) / Lust (haben) *etw.* zu tun (tener) ganas de *algo* / + *inf.*
lustig (ser) divertido/-a
lustig alegre
Luxus el lujo ▶3/Ac

M

Macht el poder ▶4/A
Mädchen la muchacha ▶2/Ac; la chica; la chavala *fam.*
Madrilene/-in el madrileño, la madrileña
Mai el mayo
Mais el maíz ▶2/A
Maisfladen la arepa
Mal la vez, las veces *pl.*
Maler/in el pintor, la pintora ▶3/B
Mallorquiner/in el mallorquín, la mallorquina
Mama la mamá *fam.*
manchmal a veces
Mann el hombre ▶2/B
Mannschaft el equipo
Markt el mercado
Marokko Marruecos
März el marzo
Massentierhaltung la cría intensiva ▶3/B
Master in Wirtschaft el Máster de Economía
Mathematik Matemáticas *pl.* (= Mates *Schulfach, fam.*)
Mathematiker/in el matemático, la matemática ▶2/A
Maya el/la maya *m./f.*
Maya-(+ S.) (ser) maya *inv.*
Medizin la medicina
Meer el mar
mehr más; **~ als +** *Zahl* más de + *número*; **~ oder weniger** más o menos; **~ +** S. **als** más + *sust.* + que
Mehrheit (von *etw.*) la mayoría (de *algo*)
mein/e mi; **mein/e, meiner, meins** mío/-a *pron.*
Meinung la opinión; **meiner ~ nach** para mí

Meisterschaft el campeonato
Menge la cantidad ▶1/B
Menge ... (eine ~) un montón (de) *fam.*
Menschen el hombre ▶2/B
menschlich (ser) humano/-a ▶4/Ac
Mentalität la mentalidad ▶4/A
Messer el cuchillo
Meter el metro; **wenige ~ von** *etw.* **entfernt sein** estar a pocos metros de algo ▶3/Ac
Methode el método ▶4/A
mexikanisch (ser) mexicano/-a
Mexiko México
mies fatal *adv./adj.*
mieten alquilar ▶3/A
Milchprodukt el producto lácteo
Million el millón, los millones *pl.*
Millionenstadt la megaciudad ▶4/B
Minderjährige el/la menor *m./f.*
Ministerium el ministerio ▶4/A
Minute el minuto
Mischung la mezcla
Misshandlung el maltrato ▶3/B
mit con; **~ dir** contigo; **~ mir** conmigo
Mitarbeiter/in el colaborador, la colaboradora
mitmachen (bei *etw.***)** apuntarse (a algo)
mitnehmen (*etw./jdn***)** llevar algo / a alguien
Mittag el mediodía
mittags a mediodía
Mitte el centro
Mittelamerika América Central ▶2/A
Mittelmeer el Mar Mediterráneo
mittels a través de
mitten in en medio de
Mittwoch el miércoles
mobilisieren (sich) movilizarse ▶3/A
Mobilität la movilidad ▶4/B
Mode la moda
Model el modelo ▶4/B
Moderator/in el moderador, la moderadora
modern moderno/-a
mögen (*etw.***)** gustar a *alguien*; *etw./jdn* **sehr ~** encantar a *alguien*
möglich (ser) posible
Möglichkeit la opción, las opciones *pl.* ▶3/A; la posibilidad ▶3/A
Moment el momento; **im ~** por el momento
Monat el mes, los meses *pl.*
Montag el lunes
Montage el montaje
morgen mañana
Morgen la mañana; **am ~** por la mañana
motiviert (estar) motivado/-a ▶3/A
Müdigkeit el sueño
Mühle el molino ▶4/Ac
Müll la basura ▶4/B
Münze la moneda

Museum el museo
Musik la música *sg.*
Musiker/in el músico, la música
müssen (*etw.* **tun)** tener que + *inf.*; ~ + *Inf.* deber + *inf.*; **man muss** hay que + *inf.*; **ein „Muss"** (ser) imprescindible ▶1/Ac
Mutter la madre
Muttersprache la lengua materna
Mütze la gorra

N

na gut bueno
Na und? ¿Y qué? *fam.*
nach a; hacia ▶1/Ac; después de + *verbo/sust.*; **~ Lust und Laune** a mi aire
Nachbar/in el vecino, la vecina
Nachfahre/-in el/la descendiente *m./f.* ▶1/A
nachher luego
Nachhilfe *Schulfach* la tutoría
Nachmittag la tarde; **heute ~** esta tarde
Nachname el apellido
Nachricht el mensaje; el recado
Nachrichten las noticias *pl.*
nächste + S. el/la próximo/-a + *sust.* ▶1/Ac
Nacht la noche; **in der ~** por la noche
Nachteil la desventaja ▶3/A
Nachtisch el postre
nahe (bei ...) cerca (de ...) *adv./prep.*
nähern (sich *etw./jdm***)** acercarse (a algo/alguien)
Name el nombre
national (ser) nacional ▶1/Ac
Nationalfeier(tag) la fiesta nacional ▶3/B
Nationalismus el nacionalismo
Natur la naturaleza *sg.* ▶1/Ac
natürlich claro *adv.*; (ser) natural
Naturwissenschaften *Schulfach* Ciencias Naturales *pl.*
neben además de; al lado (de)
nehmen (*etw.***)** coger algo; **~ (***etw.***)** tomar algo; **~ (***etw.* **ernst)** tomarse algo en serio; **~ (***etw.* **schwer)** tomar algo así
nein no
nervös (estar) nervioso/-a
nett (ser) majo/-a
Netz la red
neu nuevo/-a
Neue el nuevo, la nueva
neugierig curioso/-a
neulich el otro día
nicht no; **~ mehr** ya no; **~ wahr?** ¿Verdad?
Nichtregierungsorganisation la ONG (Organización no gubernamental) ▶4/Ac
nichts nada; **Das macht ~.** No pasa nada.

nie nunca
niedrig bajo/-a ▶4/B
niemand nadie; ninguno/-a *pron.*
Niveau el nivel ▶4/B
noch más; **~ (immer)** todavía; **~ einmal** otra vez
Norden el norte
Nordosten el noreste *sg.*
Nordwesten el noroeste
normal normal
normalerweise normalmente *adv.*
normalerweise *etw.* **tun** soler + *inf.* (o → ue)
Note la nota; **(gute/schlechte) Noten bekommen** sacar (buenas/malas) notas
nötig (ser) necesario/-a
nötig sein hacer falta
November el noviembre
Nummer el número
nur solo *adv.*
nutzen (*etw.***)** utilizar algo ▶2/A
nützlich (ser) útil
nutzlos (ser) inútil ▶4/A

O

ob si
Obdachlose la persona sin hogar
Obelisk el obelisco ▶1/Ac
Oberfläche la superficie
Oberstufe el ESO (Educación Secundaria Obligatoria)
Objekt el objeto
obligatorisch (ser) obligatorio/-a ▶1/B
Obst la fruta
Obstgeschäft la frutería
obwohl aunque + *ind.*
oder o; u (*vor ho- und o-*)
öffentlich (ser) público/-a
offiziell (ser) oficial
öffnen (*etw.***)** abrir algo
oft a menudo ▶2/A
ohne sin; **~ weiteres** sin más ▶1/B
o.k. bueno; vale
Ökotourismus el ecoturismo ▶4/Ac
Oktober el octubre
(Öl-)Sardine la sardina
Onkel el tío
Operation la operación, las operaciones *pl.* ▶2/A
Orange la naranja
Orangenbaum el naranjo
Orchester la orquesta
Organisation la organización, las organizaciones *pl.* ▶4/Ac
organisieren (*etw.***)** organizar algo
Ort el lugar; *el sitio*
Osten el este

P

P.S. P.D. (= posdata)
Paar la pareja
paar unos/-as *pl.*
packen (jdn/etw.) agarrar *algo / a alguien*
Palast el palacio
Papa el papá fam.
Paradies el paraíso
Park el parque
parlamentarische Monarchie la monarquía parlamentaria
Party la fiesta
Pass el pasaporte
passieren (jdm etw.) pasar (*algo a alguien*)
Pause el recreo
peinlich sein (etw. jdm) dar corte (*algo a alguien*) *fam.*
perfekt perfecto/-a
Person la persona
Petze el chivato, la chivata *fam.*
Pflanze la planta
Piste la pista
Plan el plan
Planet el planeta *m.*
Plantage la plantación, las plantaciones *pl.*
Planung la planificación, las planificaciones *pl.* ▶4/B
platt (estar) alucinado/-a
Platz la plaza
plaudern charlar; ~ *über etw./jdm* platicar de algo/alguien *lat. am.*
plötzlich de repente
politisch político/-a
Polizei la policía
Poncho el poncho ▶1/A
Pop *Musik* el pop
Portugiesisch *Sprache* el portugués
positiv (ser) positivo/-a
Post el correo; *Amt* Correos
Poster el póster, los pósteres *pl.*
Potal *Internet* el portal ▶3/A
Praktikum las prácticas pl.
praktisch prácticamente *adv.*; (ser) práctico/-a
Präsentation la presentación
präsentieren (etw.) presentar *algo*
Präsident/in el/la presidente *m./f.* ▶4/A
Preis el precio; el premio ▶4/A
Prinzessin la princesa
privatisieren (etw.) privatizar *algo* ▶4/A
Privatisierung la privatización, las privatizaciones *pl.* ▶4/A
pro por
proben (etw.) ensayar *algo*
probieren (etw.) probar (*algo*) (o → ue)
Problem el problema *m.*
Produkt el producto

Produzent/in el productor, la productora
Profi el/la profesional *m./f.*
Programm el programa *m.*
Projekt el proyecto
Protest la protesta ▶4/A
Provinz la provincia ▶1/Ac
Prüfung el examen, los exámenes *pl.*; la prueba
Publikum el público
Pullover el jersey, los jerséis *pl.*
Punkt el punto; **(um) ~ (... Uhr)** (la/s ...) en punto
putzen (etw.) limpiar (*algo*)
Pyramide la pirámide ▶2/A
Pyrenäen los Pirineos *pl.*

Q

Quälerei la tortura ▶3/B
Quechua el quechua ▶2/A
Quechua-(+ S.) (ser) quechua *inv.* ▶1/A
Quelle la fuente

R

Radfahrer/in el/la ciclista *m./f.*
Radio el/la radio
Rap *Musik* el rap
Rasen el césped
Rat el consejo
raten etw. zu tun (jdm) aconsejar a alguien que + *subj.* ▶1/Ac
Raum *Platz* el espacio
reagieren reaccionar ▶2/Ac
Realität la realidad
rebellieren (gegen etw./jdn) rebelarse contra *algo/alguien* ▶2/B
rebellisch rebelde
Rechnung la cuenta
Recht el derecho ▶4/Ac
rechtfertigen (etw.) justificar *algo* ▶3/B
rechts (von) derecha (a la ~ de)
Regal la estantería
Regel la regla
regelmäßig regular ▶4/A
Regen la lluvia ▶2/A
Regie la dirección
Regierung el gobierno
Region la región, las regiones *pl.*; la tierra ▶3/Ac
regional (ser) regional ▶4/Ac
Regisseur/in el director, la directora
regnen llover (o → ue)
Reich el imperio ▶1/Ac
reich rico/-a
reichen (jdm) llegar a *alguien* ▶3/A; **~ (jdm etw. zu tun)** pasar *algo* a *alguien*
Reihe (an der ~ sein etw. zu tun) tocar + *inf.*
Reise el viaje; **auf ~ (sein)** (estar) de viaje
Reiseführer *Buch* la guía
reisen (durch + S.) viajar (por + *sust.*)

Religion la religión; **Religionsunterricht** Religión (= Reli *fam.*)
rennen correr
Reportage el reportaje
Reporter/in el reportero, la reportera ▶3/Ac
Respekt el respeto
respektieren (etw./jdn) respetar *algo / a alguien* ▶3/B
Ressort la sección, las secciones *pl.*
Rest el resto ▶1/Ac
restaurieren (etw.) restaurar *algo* ▶4/Ac
Restaurierung la restauración, las restauraciones *pl.* ▶4/Ac
Richtung la dirección, las direcciones *pl.*; el rumbo ▶1/B; **in ~** + S. en dirección a + *sust.*
riesig (ser) gigante; (ser) gigantesco/-a ▶3/Ac; (ser) inmenso/-a
Ritual el ritual ▶3/B
Rivale/-in el/la rival *m./f.* ▶1/B
Rock la falda; *Musik* el rock
Roman la novela
rosa rosa *inv.*
rot rojo/-a
Route la ruta ▶2/Ac
Rücken la espalda
Rucksack la mochila
Rückzug la retirada ▶2/B
rufen (jdn) llamar a *alguien*
Ruhe (jdn in ~ lassen) dejar a *alguien* en paz; **in ~** tranquilamente *adv.*
Ruhestand la jubilación
ruhig tranquilo/-a
Ruhm la fama
Ruine la ruina
rund (ser) redondo/-a ▶2/Ac
Runde la vuelta

S

Sache la cosa
Saft el zumo
sagen decir; **Sag bloß!** ¡No me digas!
Sahara el Sáhara
Salat la ensalada
Salz la sal *f.*
sammeln (etw.) coleccionar *algo*; conservar *algo* ▶3/B
Sandkörnchen el granito de arena
Sänger/in el/la cantante *m./f.*
satt haben (etw./jdn) estar harto/-a de *algo/alguien*
schaffen (etw.) crear *algo* ▶3/A
schaffen (etw.) conseguir *algo* (e → i)
schämen (sich für etw./jdn) avergonzarse (de *algo/alguien*) (o → ue) ▶3/B
scharf sein picar
Schatz el tesoro ▶2/B
schätzen estimar ▶4/Ac
Schauspiel el espectáculo ▶1/Ac
Schauspieler/in el actor, la actriz

scheinen (*jdm etw.*) parecer *algo* (*a alguien*) (c → zc)
scheinheilig (ser) hipócrita *inv.* ▶3/B
schenken (*jdm etw.*) regalar *algo* a *alguien*
Scherz la broma
schick de fiesta *adj.*
schicken (*etw.*) mandar *algo*
Schiedsrichter/in el árbitro, la árbitra
schießen (ein Tor) meter (un gol)
Schiff el barco ▶1/A
Schinken el jamón, los jamones *pl.*
schlafen dormir (o → ue); Geh/t ~! ¡A dormir!
Schlange *Personen* la cola
schlecht mal *adv.*; malo/-a; **schlechter** peor (que) *adj./adv.*
schließen cerrar (e → ie)
schließlich finalmente *adv.* ▶1/B; al final
schlimm grave ▶3/A
Schmerz el dolor
schmerzen doler (o → ue)
Schnee la nieve
schnell (ser) rápido/-a ▶2/B
Schokolade el chocolate
schon ya
schön bonito/-a; lindo/-a *lat. am.*
Schrank el armario
schreiben (*etw.*) escribir *algo*
schreien gritar
Schriftsteller/in el escritor, la escritora ▶3/B
schüchtern (ser) tímido/-a
Schuh el zapato
Schule el colegio (= el cole *fam.*); la escuela
Schüler/in el alumno, la alumna
Schüleraustausch el intercambio
Schülerzeitung el periódico escolar
Schulfach la asignatura
schulisch escolar
Schutzgebiet la zona protegida
schwarz negro/-a
schweigen callarse
Schwester la hermana
Schwesterchen la hermanita *fam.*
schwierig difícil
Second Hand-(+ S.) de segunda mano
See el lago
segeln navegar ▶2/Ac
sehen (*etw.*) ver *algo*; **so wie ich das sehe** por lo que yo veo ▶1/B; **Mal ~.** A ver.
Sehenswürdigkeit el atractivo turístico ▶3/B; el monumento
sehr muy; ~ **gut** *Schulnote* el sobresaliente
Seifenoper la telenovela
Seilbahn el teleférico ▶4/B
sein estar; ser; *Hilfsverb* haber; **immer noch genauso ~** seguir igual (e → i)
sein/e, seiner, seins suyo/-a *pron.*

seit desde; ~ + *Zeitangabe* desde hace + *Zeitangabe*; ~ **seiner/ihrer Kindheit** desde pequeño/-a
seitdem desde
Seite la faceta ▶1/A; *räumlich* el lado; la página; la parte ▶1/A; **auf der einen ~ ... auf der anderen ~** por un lado ... por otro lado ▶3/Ac; por una parte ..., por otra parte ...
Sektor el sector ▶3/A
selbst mismo/-a; ~ **wenn** aunque + *subj.*
selbstverständlich por supuesto
Selbstwertgefühl la autoestima ▶4/B
seltsam raro/-a
Sendung el programa *m.*
September el septiembre
Serie la serie
servieren servir (e → i) ▶1/B
sicher seguro/-a
Sicherheit (mit ~) seguramente *adv.* ▶3/B
Sicherlich + *Satz*. Seguro que + (*Satz*).
Sie usted/es
Silber la plata *sg.*
singen cantar
sinken bajar ▶4/Ac; ~ **von ... auf ...** pasar de ... a ... ▶2/Ac
Situation la situación, las situaciones *pl.* ▶3/A
Sitz (*der Regierung/Organisation*) la sede ▶1/B
Ski fahren esquiar
SMS el SMS *m.*
so así; ~ + *Adj.* + **wie** tan + *adj.* + como; ~ **dass** así que; de (tal) forma que ▶4/B; ~ **gegen** + *Zeitangabe* como + *Zeitangabe*; ~ **genannte/r, genanntes** llamado/-a ▶4/A; ~ **gut wie** prácticamente *adv.*; ~ **sehr** tanto *adv.*; ~ **viel** tanto *adv.*; ~ **viel/e** + S. tanto/-a + *sust., adj.*
sobald cuando + *subj.*, *conj.*
sofort en seguida ▶3/Ac; *enseguida*
Sohn el hijo
solange mientras + *subj.*
Solar-(+ S.) (ser) solar ▶2/A
Soldat/in el/la soldado *m./f.* ▶2/B
solidarisch (ser) solidario/-a
sollen + *Inf.* deber + *inf.*
Sommer el verano
sondern sino
Sonnabend el sábado
Sonne el sol
sonnen (sich) tomar el sol ▶3/Ac
Sonnenblumenkern la pipa
Sonntag el domingo
sorgen (für *etw./jdn*) cuidar de *algo/alguien*
Sorgen machen (sich um *etw./jdn*) preocuparse (por *algo/alguien*)
Soße la salsa
Souvenir el recuerdo

sowohl ... als auch tanto ... como ▶3/Ac
sozial (ser) social; **soziale Netzwerk** la red social
Sozialkunde Educación para la Ciudadanía y Derechos
Spanien España
Spanier/in el español, la española
Spanisch (*Sprache*) el castellano; *Sprache* el español
sparen, um *etw.* **tun zu können** (*etw.*) ahorrar (*algo*) para + *verbo*
Spaß haben pasarlo bomba *fam.*; pasarlo genial *fam.*
spät tarde *adv.*; **später** después
spazieren gehen dar una vuelta; ~ **gehen/fahren durch/an** + S. pasear por + *sust.*
Spaziergang la vuelta; **einen ~ durch ... machen** dar un paseo por
speziell (ser) especial
Spiel el juego; *Wettkampf* el partido
spielen actuar; ~ (*etw.*) *Instrument* tocar *algo*; *Sport* jugar a (u → ue)
Spieler/in el jugador, la jugadora
Spielregel la regla de juego
Spielzeug el juguete
Spießchen el pincho
spontan (ser) espontáneo/-a ▶1/A
Sport el deporte; **Sportunterricht** Educación Física
sportlich (ser) deportista *inv.*
Sprache el idioma *m.*; la lengua
sprechen (von *etw.*) hablar (de *algo*)
Staat el estado ▶3/A
Stadion el estadio
Stadt la ciudad
städtisch (ser) urbano/-a ▶4/B
Stand el puesto
Standpunkt el punto de vista ▶4/Ac
Star la estrella
stark fuerte *inv.* ▶4/A
Stärke el fuerte
Station la estación, las estaciones
Statistik la estadística ▶3/A
statt en vez de
stattdessen en cambio
stattfinden tener lugar
Stau el atasco
stehen (*jdm gut/schlecht*) quedar (bien/mal) a *alguien*
steigen von ... auf ... pasar de ... a ... ▶2/Ac
ich an deiner Stelle yo en tu lugar ▶1/B
stellen poner; **Stell dir vor!** ¡Fíjate!
sterben (an *etw.*) morirse (de *algo*) (o → ue)
Stern la estrella
Stier el toro
Stierkampf la corrida de toros
Stierkampfarena la plaza de toros ▶3/Ac

Stierkämpfer/in el torero, la torera ▶3/B
Stift el lápiz, los lápices *pl.*
Stimmung el ambiente ▶1/B; la marcha *fam.*
Stipendium la beca
Stockwerk el piso
stören (*jdn*) molestar a *alguien* ▶1/A
Strand la playa
Straße la calle
Straßenkind el niño / la niña de la calle ▶4/Ac
Streber/in el empollón, la empollona
Streik el paro ▶1/A
Streit la bronca
streiten discutir; ~ (**sich um** *etw./jdn*) pelear(se) (por *algo/alguien*)
streng estricto/-a
Strom la electricidad ▶1/A; la luz, las luces *pl.* ▶1/Ac; **den ~ abschalten** cortar la luz ▶1/A
Student/in el/la estudiante *m./f.*
Studiengang la carrera
studieren estudiar
Studium los estudios *pl.* ▶3/A
Stuhl la silla
Stunde la hora
Stundenplan el horario
suchen (*etw.*) buscar *algo*
Südamerika América del Sur
Süden el sur
südlichste/r, südlichstes más al sur ▶1/Ac
Südosten el sureste
Summe el total ▶4/A
super(gut) super(bien)
Supermarkt el supermercado
surfen navegar
Surfen el surf
Symbol el símbolo ▶1/Ac
sympathisch (ser) majo/-a; (ser) simpático/-a
System el sistema ▶4/Ac

T

Tabakwarenladen el estanco
Tablet-PC la tableta PC
Tafel la pizarra; **an die ~ kommen** salir a la pizarra
Tag el día
Tagebuch el diario
täglich (ser) diario/-a ▶1/B
taktil (ser) táctil
Talent el talento
Tante la tía
tanzen bailar
Taschengeld la paga
Tätigkeit la actividad
tausend mil
Taxi el taxi
Team el equipo; **Teamwork** el trabajo en equipo
Technologie la tecnología
Tee el té

Teich el estanque
Teil la parte ▶1/A
teilen (*etw.*) compartir *algo*
teilnehmen (**an** *etw.*) participar (en *algo*)
Telefon el teléfono
telefonieren hablar por teléfono
Teller el plato
Tempel el templo ▶2/A
teuer caro/-a
Theater el teatro
Thema el tema *m.*
thematisieren (*etw.*) tematizar *algo* ▶3/B
Ticket el billete
Tier el animal
Tisch la mesa
Tischtennis el ping-pong
Titel el título
Tochter la hija
Tod la muerte ▶2/B
tod(müde) (estar) muerto/-a
tolerant (ser) tolerante ▶3/B
Tomate el tomate
Tor la puerta; (*Spielfeld*) la portería; *Sport* el gol
total totalmente *adv.* ▶3/B
Tote el muerto, la muerta ▶4/A
Tourismus el turismo ▶3/A
Tourist/in el/la turista *m./f.*
Touristenattraktion el atractivo turístico ▶3/B
touristisch turístico/-a ▶1/B
Tradition la tradición, las tradiciones
traditionell tradicional ▶1/A
tragen *Kleidung* llevar *algo*
trainieren entrenar
Training el entrenamiento
Transport el transporte ▶4/B
transportieren (*etw.*) transportar *algo* ▶4/Ac
Transportmittel el medio de transporte ▶4/B
Traube la uva
Traum el sueño
träumen (**von** *etw./jdm*) soñar (con *algo/alguien*) (o → ue)
traurig (estar) triste
Treffen el encuentro
treffen (**sich mit** *jdm*) quedar (con *alguien*); encontrarse con *alguien* (o → ue)
trennen (*algo*) separar *algo* ▶1/A
Treppe la escalera
trinken (*etw.*) tomar *algo*; beber *algo*
Trinkwasser el agua potable ▶4/Ac
trocken seco/-a ▶3/A
Trommel el tambor
Trophäe el trofeo
trotzdem sin embargo
Truthahn el guajolote
Tschüß! ¡Adiós!
T-Shirt la camiseta
Tuareg-(+ S.) (ser) tuareg *inv.*

tun (*etw.*) hacer *algo*; (*jdn etw.*) ~ **lassen** hacer + *inf.* a *alguien* ▶3/Ac
Tür la puerta
Turnschuhe las zapatillas (de deporte) *pl.*
typisch (ser) típico/-a

U

U-Bahn el metro; **U-Bahnlinie** la línea (de metro); **U-Bahnnetz** la red (de metro)
üben (*etw.*) ensayar *algo*
über sobre
überall en todos lados
überallhin a todos lados
überhaupt nicht en absoluto ▶3/B
überleben sobrevivir ▶4/Ac
überqueren (*etw.*) cruzar *algo*
überraschen (*jdn*) sorprender a *alguien*
Überraschung la sorpresa; **~sparty** la fiesta sorpresa
übersetzen (*jdm etw.*) traducir (*algo* a *alguien*) (c → zc)
übertreffen (*etw.*) superar *algo* ▶4/B
überwachen (*etw./jdn.*) controlar *algo* / a *alguien*
übrigens por cierto
Uhr el reloj; **Um wie viel ~?** ¿A qué hora?
Uhrzeit la hora
um (*ungefähr*) alrededor de + *número* ▶2/Ac; **~ zu** + *Inf.* para + *inf.*
Umarmung el abrazo
umbringen (*jdn*) matar a *alguien* ▶2/B
Umfang la extensión, las extensiones
Umfrage la encuesta
Umgebung las afueras *pl.* ▶4/Ac
umgekehrt viceversa *adv.*
Umkleidekabine el probador
umso besser menos mal
umsteigen cambiar de línea
Umwelt el medio ambiente
Umwelterziehung la educación ambiental
umziehen (**sich**) cambiarse
unabhängig independiente *adj./adv.*
Unabhängigkeit la independencia
und y; e (*vor hi- ~ i-*)
unentbehrlich (ser) imprescindible ▶1/Ac
Ungeduld la impaciencia
ungefähr alrededor de + *número* ▶2/Ac; aproximadamente *adv.*
Ungerechtigkeit la injusticia
unglaublich (ser) alucinante *fam.* ▶1/B; (ser) increíble ▶1/B
Uniform el uniforme
Universität la universidad
unmenschlich (ser) inhumano/-a ▶3/B
unmöglich (ser) imposible

UNO (United Nations Organization) la ONU (Organización de las Naciones Unidas) ▶4/Ac
unsicher inseguro/-a ▶4/A
unter debajo (de); entre *prep.* ▶2/A; ~ **Umständen** a lo mejor
unterbrechen (*jdn*) interrumpir a *alguien*
unterhalten (sich) charlar
Unterkunft el albergue *m.*
Unterricht la clase
Unterschied la diferencia
unterschiedlich diferente; (ser) diverso/-a
unterschreiben *etw.* firmar *algo* ▶4/A
unterstützen (*jdn*) apoyar a *alguien* ▶2/Ac
unvergesslich (ser) inolvidable
unwissend (ser) ignorante ▶4/A
unzertrennlich (ser) inseparable
USA los Estados Unidos *m. pl.*

V
Vater el padre
Vegetarier/in el vegetariano, la vegetariana ▶1/A
Verabredung la cita
Veranstaltung el espectáculo
verantwortlich (für *etw./jdn*) (ser) responsable (de *algo/alguien*); ~ **sein (für *etw.*)** tener *algo* a su cargo
verbessern mejorar ▶4/B
verbieten (*etw.*) prohibir *algo* ▶3/B
verbinden (sich mit *etw.*) conectar(se) (con *algo*)
Verbindung (sich mit *jdm* in ~ setzen) comunicar(se) (con *alguien*)
verboten (estar) prohibido/-a
verbrauchen (*etw.* für *etw.*) gastar *algo* (en *algo*) ▶3/A; consumir (*algo*)
Verbrechen el crimen ▶3/Ac
verbrennen quemar; **sich (die Zunge) ~** quemarse (la lengua)
verbringen (viel Zeit in + S.) pasar (mucho tiempo en + *sust.*)
verbunden (estar) conectado/-a
verdienen (*etw.*) ganar *algo*; merecer *algo* (c → zc) ▶4/A; **seinen Lebensunterhalt ~** ganarse la vida ▶3/Ac
vereinen (*etw./jdn*) unir *algo* / a *alguien*
Vereinigten Mexikanischen Staaten los Estados Unidos Mexicanos *m. pl.*
verfolgen (*etw.*) seguir *algo* (e → i)
verfügen (über *etw.*) contar con *algo* (o → ue)
vergangen/e, vergangenes pasado/-a
Vergangenheit werden pasar a la historia
vergehen *Zeit* pasar
vergessen (*etw.*) olvidar *algo*
verglichen mit *etw.* comparado con *algo* ▶4/B
Verhalten el comportamiento

verkaufen (*jdm etw.*) vender *algo* (a *alguien*)
Verkäufer/in el vendedor, la vendedora
Verkehr el tráfico ▶4/B
Verkehrsmittel el transporte (público) ▶4/B
verkörpern (*jdn*) dar vida a *alguien* ▶4/A
verlangen (*etw.*) pedir *algo* (e → i) ▶3/A; ~, **dass *jd etw.* tut** pedir a *alguien* que + *subj.* (e → i) ▶2/B
verlassen dejar
verlaufen (sich) perderse (e → ie)
verlieben (sich in *jdn*) enamorarse (de *alguien*)
verloren gehen perderse (e → ie)
verlieren (*etw.*) perder *algo* (e → ie)
vermissen (*etw./jdn*) echar de menos *algo* / a *alguien*
verpassen (*etw./jdn*) perderse *algo* / a *alguien* (e → ie)
verrückt (nach *etw./jdn*) sein (estar) loco/-a (por *algo/alguien*)
verschiedene + S. varios/-as + *sust.*, pl.
verschwinden desaparecer (c → zc)
versetzen (sich in *jdn* hinein ~) ponerse en el lugar de *alguien*
Versorgung el abastecimiento ▶4/Ac
versprechen (*jdm etw.*) prometer *algo* (a *alguien*)
verstecken (*etw.*) esconder *algo*
verstehen (*etw./jdn*) entender *algo* / a *alguien* (e → ie); ~ (*etw.*) comprender *algo*; ~ (sich mit *jdm* gut/schlecht) llevarse bien/mal con *alguien*
verstummen callarse
versuchen *etw.* (zu tun) buscar + *inf.* ▶4/B; intentar *algo* / + *inf.*
verteidigen (*etw./jdn*) defender (e → ie) *algo* / a *alguien* ▶3/Ac
Verteidiger/in el defensor, la defensora ▶3/B
Vertrag el contrato ▶4/A
vertrauen (in *etw./jdn*) confiar *algo* a *alguien* / en *algo/alguien* ▶2/B
verursachen (*etw.*) causar *algo* ▶3/A
verwandeln (sich in *etw.*) convertirse en *algo* (e → ie)
Verzeihung! ¡Perdona!
verzichten können (auf *etw.*) pasar de *algo*
Video el vídeo
Videokamera la cámara de vídeo
viel mucho *adv.*
viel/e mucho/-a *adj.*; **viel/e** + S. el mogollón de + *sust.*, *fam.*; **Es ist ~ los.** Hay mucha movida. ▶1/A
vielfältig (ser) diverso/-a
Vielfältigkeit la diversidad
vielleicht quizá(s) ▶3/A; tal vez + *subj.* ▶1/A; tal vez
Viertel *Stadt* el barrio

virtuell (ser) virtual
Vogel el pájaro
Volk el pueblo ▶1/A
voll (estar) lleno/-a
Volleyball el voleibol
völlig totalmente *adv.* ▶3/B
Vollkornbrot el pan integral
Volontär/in el voluntario, la voluntaria ▶4/Ac
von de; desde
vor antes de + *sust./verbo*; hace + *Zeitangabe*; *räumlich* delante (de); ~ **allem** sobre todo; ~ **kurzem** hace poco ▶3/Ac
vorbeikommen bei (+ S.) pasar por (+ *sust.*)
vorbereiten (*etw.*) preparar *algo*
vorher antes *adv.*
Vorkommen el recurso ▶4/Ac
Vorname el nombre
vorschlagen (*jdm etw.*) proponer *algo* (a *alguien*); **jdm ~ etw. zu tun** proponer a *alguien* que + *subj.* ▶1/Ac
Vorspielen la prueba
vorstellen (sich *etw.*) imaginarse (*algo*)
Vorstellung *Theater* la representación, las representaciones *pl.* ▶1/B; la sesión, las sesiones *pl.*
Vorteil la ventaja ▶3/A
Vortrag la presentación
vorziehen + *Inf.* preferir *algo* (a *algo*) / + *inf.* (e → ie)

W
wachsen crecer (c → zc)
Wahl la elección, las elecciones *pl.* ▶4/A; la opción, las opciones *pl.* ▶3/A
wählen (*etw.*) elegir *algo*
Wahlfach la (asignatura) optativa
während durante *prep.* ▶2/B; mientras + *subj.*; mientras + *ind.*
Wahrheit la verdad
wahrscheinlich probablemente *adv.* ▶1/B
Währung la moneda nacional ▶1/Ac
Wand la pared
Wann? ¿Cuándo?
warm caliente
Wärme el calor
wärmen (*etw.*) calentar *algo* (e → ie)
warten (auf *etw./jdn*) esperar *algo* / a *alguien*
Warum? ¿Por qué?
Was (für)? ¿Qué?; ~ **du nicht sagst!** ¡No me digas!; ~ **für ein Zufall!** ¡Qué casualidad!; ~ **für ein/e …!** ¡Vaya …! *fam.*; ~ **für eine Kontrolle!** ¡Qué control!; ~ **ist los?** ¿Qué pasa?; ~ **ist mit dir los?** ¿Qué te pasa?
Wasser el agua *f.*; **fließendes ~** el agua corriente ▶4/Ac
wechseln (*etw.*) cambiar *algo*
weder … noch … ni … ni … ▶3/A

doscientos veintisiete **227**

Weg el camino; la ruta ▶2/Ac
wegen por; ~ *etw.* debido a *algo* ▶4/Ac
weggehen marcharse ▶2/B; irse
wegnehmen (*jdm etw.*) quitar *algo* a *alguien*
wegschlagen (*den Ball*) sacar el balón
weh tun doler (o → ue)
Weihnachten la Navidad
weil porque; ya que + *Satz* ▶4/Ac
Weile el rato
weinen llorar
weiß blanco/-a
weit (*weg*) (estar) lejos de *adv./prep.*; *Kleidung* ancho/-a
weiterfahren continuar ▶1/Ac
weitergehen seguir *algo / a alguien* (e → i)
weitermachen (*mit etw.*) seguir + *gerundio* (e → i); ~ (*so*) seguir (así)
welche/r, welches el/la cual *pron.*; quien/es *pron.* ▶2/A; ~ + S.? ¿Qué?; ¿Cuál/es? *pron.*
Welt el mundo
Welt-(+ S.) mundial ▶4/B; **weltweit** a nivel mundial ▶4/B
wenig poco/-a *adj.*
weniger menos; **mehr oder** ~ más o menos; ~ + *Adj.* + **als** menos + *adj.* + que; ~ **als** + *Zahl* menos de + *número*
wenigstens al menos; por lo menos
wenn si; al + *inf.* ▶1/B; cuando + *subj., conj.*; **immer** ~ cuando + *ind., conj.*
Wer? ¿Quién/es?
Werbung la publicidad ▶3/A
werden hacerse; (*knallrot*) ~ ponerse (rojo/-a como un tomate); ... **Jahre alt** ~ cumplir ... años; **zu** *etw.* ~ convertirse en *algo* (e → ie); ~ **wollen** *Beruf* querer ser (e → ie); **zum Nervenbündel** ~ ponerse como un flan
werfen (*einen Blick in/auf etw.*) echar un vistazo a *algo*; (*ein Tor*) ~ meter (un gol)
Werk la obra
wertvoll (ser) valioso/-a ▶4/A
weshalb por lo cual
Westen el oeste
Wetter el tiempo
Wettfahrt la carrera
wichtig importante
wichtig sein (*etw. jdm*) importar *algo* a *alguien*
wie como; ~ **alt bist du?** ¿Cuántos años tienes?; ~ **bitte?** ¿Cómo?; ~ **geht's?** ¿Qué tal?; ~ **Krass!** ¡Qué fuerte!; ~ **nervig!** ¡Qué rollo! *fam.*; ~ **peinlich!** ¡Qué corte!; ~ **sehr** cuánto *adv.*; ~ **viel** cuánto *adv.*; ~ **viel/e** + S. cuánto/-a + *sust.*, *adj.*
Wie? ¿Cómo?
wieder (*schon*) otra vez

wieder tun (*etw.*) volver a + *inf.* (o → ue)
wiederholen (*etw.*) repetir *algo* (e → i)
wiegen pesar
willkommen (**in...**) bienvenido/-a (a ...); ~ **heißen** dar la bienvenida ▶2/B
Wind el viento; **Es ist windig.** Hace viento.
Windjacke la cazadora
Winter el invierno
wirken (*wie etw.*) parecer *algo* (a *alguien*) (c → zc)
wirklich realmente ▶1/B
Wirklichkeit (**in**) en realidad
Wirtschaft la economía
wirtschaftlich económico/-a
wissen (*etw.*) saber *algo*
wissenschaftlich científico/-a
Witz el chiste
witzig gracioso/-a
wo donde
Wo? ¿Dónde?
Woche la semana
Wochenende el fin de semana
Woher? ¿De dónde?
Wohin? ¿Adónde?
wohnen (**in** + S.) vivir (en + *sust.*)
Wohnung la casa; el piso
Wohnzimmer el salón, los salones *pl.*
wollen (*etw.*) querer *algo* / + *inf.* (e → ie)
womöglich a lo mejor
Workshop el taller
Wow! ¡Hala!
Wunder la maravilla ▶2/A
wunderbar/-schön (ser) maravilloso/-a ▶1/Ac
wünschen desear + *inf.* ▶2/B
würdig (ser) digno/-a ▶3/A
Wüste el desierto
Wüsten-(+ S.) desértico/-a ▶3/Ac

Z
Zahl el número
zählen (*etw.*) contar *algo* (o → ue)
zeichnen (*etw.*) diseñar (*algo*)
zeigen (*etw.*) presentar *algo*; ~ (*jdm etw.*) enseñar algo a alguien; mostrar *algo* a *alguien* (o → ue); **Zeig mal!** A ver.
Zeit el tiempo; (**keine**) ~ **haben** (*etw. zu tun*) (no) da tiempo (de hacer *algo*); **die ganze** ~ todo el tiempo; **zur** (**Essens~/Schlafens~**) a la hora de (comer/dormir)
Zeitraum la época
Zeitschrift la revista
Zeitung el periódico
zelten gehen/fahren ir de camping
Zentrum el centro
zerbrechen romperse ▶2/A
Zeremonie la ceremonia ▶2/A
zerstören (*etw.*) destruir *algo* ▶2/B

Ziel el objetivo ▶2/Ac
ziemlich bastante
Zimmer la habitación, las habitaciones *pl.*
Zivilisation la civilización, las civilizaciones *pl.* ▶2/A
Zone la zona
zu hacia ▶1/Ac; *Richtung* a; ~ **Hause** (**bei** *jdm*) en casa (de *alguien*); ~ **sehr/viel** demasiado *adv.*; ~ **viel/e** demasiado/-a ▶1/A
Zucker el azúcar
zuerst primero
zufrieden (estar) contento/-a
Zug el tren
Zugang/Zugriff el acceso ▶4/Ac
zuhören escuchar *algo*
Zuhörer/in el/la oyente *m./f.* ▶2/Ac
Zukunft el futuro
zulassen (*etw.*) permitir *algo* ▶3/B; ~ (*etw. wieder*) recuperar *algo* ▶3/B
zum Beispiel (**z.B.**) por ejemplo; ~ **Glück** por suerte
zumindest al menos; por lo menos
Zunge la lengua; **sich** (**die** ~) **verbrennen** quemarse (la lengua)
zurückbekommen (*etw.*) recuperar *algo* ▶3/B
zurückkehren regresar; volver (o → ue)
zurzeit actualmente *adv.*
zusammen juntos/-as
zusammenhängen estar relacionado/-a ▶4/A
zusammenleben convivir ▶4/B
zusammenlegen *Geld* poner fondo
Zuschauer/in el espectador, la espectadora
Zweck el objetivo ▶2/Ac
zweite/r, zweites segundo/-a
zwischen entre

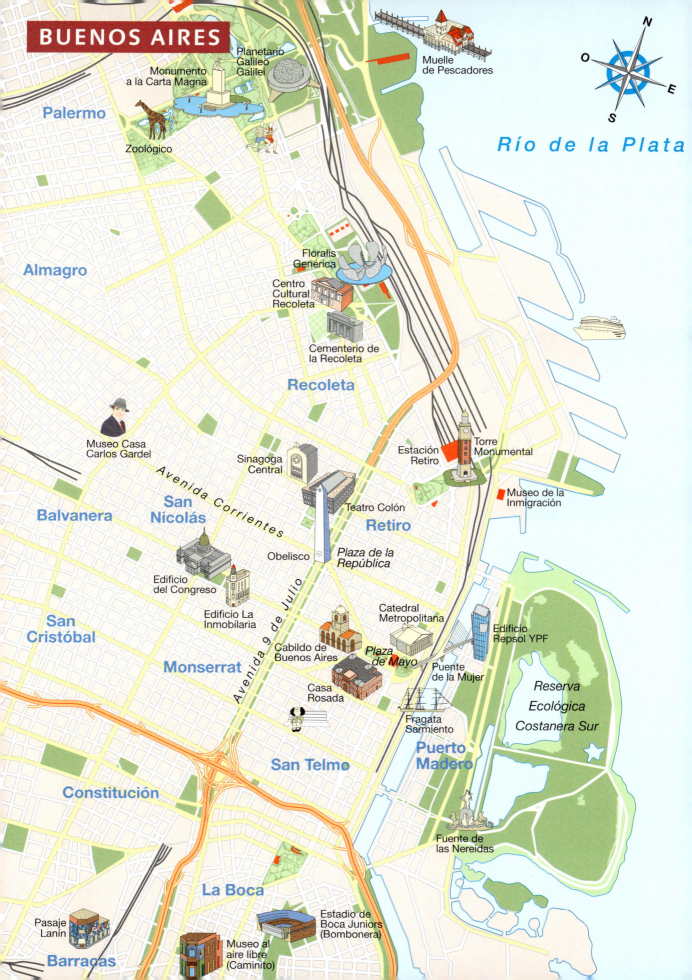

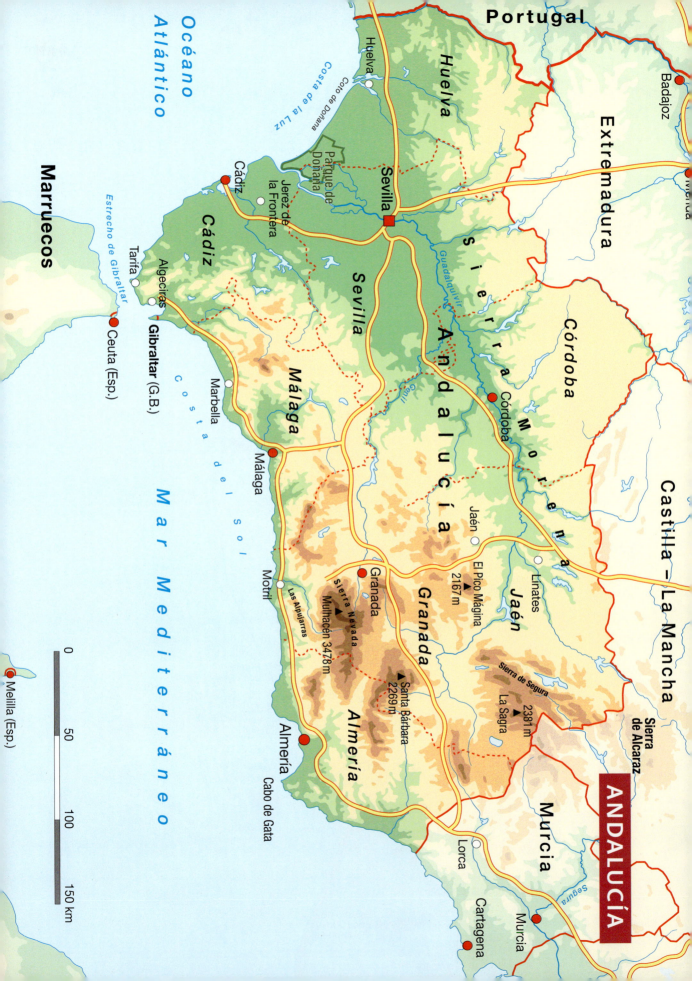

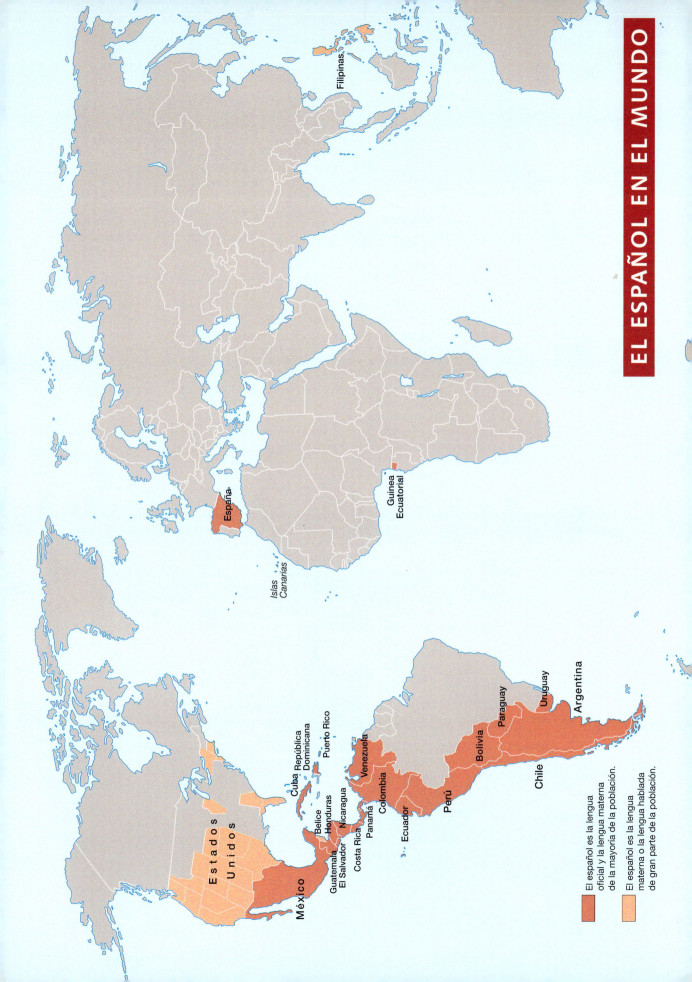

Fotos

© Colourbox: S. 11 (Mitte) – © Cornelsen/Amann: S. 80 (links) – © Cornelsen/Delgado: S. 33 (Mitte unten) – © Cornelsen/Gebel: S. 52 (links 2. v. oben), S. 52 (Mitte links), S. 53 (oben rechts), S. 64 (oben links), S. 65 (links unten), S. 67, S. 71 (unten), S. 93 (oben links), S. 93 (unten links), S. 93 (oben rechts), S. 93 (unten rechts), S. 98 (Hintergrund), S. 158 (links), S. 161 (links) – © Cornelsen/Malinowski: S. 33 (rechts) – © Cornelsen/Rathsam: S. 33 (links), S. 33 (Mitte oben) – © Fotolia: S. 52 (unten Mitte), S. 53 (links), S. 65 (rechts oben), S. 65 (rechts unten), S. 72/73 (Mitte), S. 72 (Wasserhahn), S. 73 (oben links), S. 73 (Zettel), S. 73 (Büroklammer), S. 79 (rechts unten) – © Fotolia/Gerhard Seybert: S. 79 (rechts Mitte) – © iStockphoto: S. 8 (2.v.unten), S. 9 (oben), S. 9 (2. v. oben), S. 9 (2. v. unten), S. 11 (oben), S. 11 (unten), S. 12, S. 14 (2. v. links), S. 14 (2. v. rechts), S. 14 (rechts), S. 16 (oben), S. 19, S. 20 (rechts), S. 20 (links), S. 20 (Mitte), S. 26 (links), S. 26 (rechts), S. 28 (unten rechts), S. 28 (unten), S. 29 (oben), S. 31 (links), S. 31 (rechts), S. 32, S. 34 (oben rechts), S. 34 (unten links), S. 35 (oben links), S. 35 (oben Mitte), S. 35 (oben rechts), S. 35 (unten links), S. 35 (unten rechts), S. 37 (rechts), S. 42, S. 45, S. 49, S. 52 (oben links), S. 52 (Mitte), S. 53 (Mitte), S. 53 (unten), S. 55 (oben), S. 55 (unten), S. 58 (oben), S. 60 (links), S. 64 (Mitte), S. 71 (Mitte), S. 79 (rechts oben), S. 79 (links 2. v. oben), S. 79 (links unten), S. 115 (2. v. links), S. 115 (2. v. rechts), S. 115 (rechts), S. 161, S. 162 – © iStockphoto/Ammit: S. 73 (oben rechts) – © panther media: S. 23, S. 65 (oben links) – © Shutterstock S. 73 (unten), S. 158 (rechts), S. 163 (oben), S. 163 (unten) – © Veer S. 27

© actionpress/ANATOMICA PRESS: S. 53 (oben) – © AKG Images: S. 28 (oben), S. 28 (links), S. 34 (unten rechts), S. 62, S. 137, S. 157 (2), S. 159 – © AKG/Joseph Martin: S. 50 (unten) – © Alamy/Anders Ryman: S. 72 (unten) – © Alamy/brianlatino: S. 18 (2. v. links) – © Alamy/Chris Howarth/Peru : S. 50 (oben) – © Alamy/Etcheverry Images: S. 18 (links) – © Alamy/Eye Ubiquitous: S. 42 (unten) – © Alamy/Jake Lyell: S. 72 (oben) – © Alamy/Lonely Planet Images: S. 18 (2. v. rechts) – © Alamy/Michael DeFreitas South America: S. 13 – (oben rechts) – © Alamy/Peter Horree: S. 53 (2. v. oben) – © Alamy/Picture Contact BV: S. 9 (unten) – © Alamy/RIA Novosti: S. 157 (3) – © Alamy/Robert Harding World Imagery: S. 16 (links) – © Alamy/Stefano Paterna: S. 16 (rechts) – © Alamy/World Foto: S. 9 (Mitte) – © Alamy/Yadid Levy: S. 13 (unten rechts) – © Amigos de la Tierra: S. 88 (oben rechts) – © Anima Naturalis: S. 63 – © bridgemanart: S. 36, S. 157 (1) – © CACMA – Colectivo Andaluz contra el Maltrato Animal: S. 60 (rechts) – © Campaña Mundial por la Educación: S. 88 (rechts) – © Collection Christophel: S. 75 (unten), S. 77 – © Corbis/Anthony John West: S. 18 (rechts) – © Corbis/Christian Kober/Robert Harding World Imagery: S. 80 (rechts) – © Corbis/JB Russell/Sygma: S. 95 – © Corbis/Michael Busselle: S. 52 (unten) – © Corbis/Splash News: S. 87 (links) – © Corbis/Sygma/Dusko Despotovic: S. 94 – © dpa/Picture-Alliance: S. 87 (rechts) – © Fotofinder/UIG Images: S. 29 (unten) – © Fundación Don Bosco: S. 15 – © Getty Images/AFP: S. 86 – © Getty images/AFP/PEDRO ARMESTRE: S. 94 – © Getty Images/Bibikov: S. 13 (unten links) – © Getty Images/Delimont: S. 14 (links) – © Getty Images/Delimont: S. 115 (links) – © Getty Images/Doyle: S. 56 – © Getty Images/Frerck: S. 8 (2.v.oben) – © Getty Images/Hulton Archive: S. 28 (unten links), S. 64 (unten) – © Getty Images/Lonely Planet Images: S. 13 (oben links) – © Getty Images/Look/Richter: S. 53 (2.v.unten) – © Interfoto: S. 34 (unten Mitte), S. 37 (links) – © Manos Unidas: S. 88 (unten links, Mitte) – © Mauritius Images/ib/White Star/Monica Gumm: S. 58 (links) – © Mauritius Images/AGE: S. 52 (unten Mitte) – © Mauritius Images/AGE: S. 58 (rechts) – © Mauritius images/ib/Siepmann: S. 94 (oben) – © Mauritius Images/Trigger Image: S. 52 (oben rechts) – © ONG: S. 89 (rechts) – © Photoaisa: S. 157 (4) – © picture alliance/Arco Images GmbH: S. 8 (unten) – © picture alliance/Lonely Planet Images: S. 8/S. 9 (Hintergrund), S. 18 (unten) – © picture alliance/WILDLIFE: S. 52 (Mitte rechts) – © picture-alliance/dpa: S. 8 (oben) – © REUTERS/Fredy Builes: S. 85 – © REUTERS/Str Old: S. 75 (oben) – © Succession Picasso/VG BILD-KUNST, Bonn 2012: S. 62 – © ullstein bild/AKG Images: S. 29 (Mitte) – © UN Water World Water Day Coordinated by the Food and Agricultural Organization of the United Nations: S. 78 – © WWF España: S. 89 (links) – © Xavi Torres Bacchetta: S. 21

Texte

© Che Sudaka, „Serás Feliz", 2012: S. 21 – © Concha Méndez, Vida o río, Madrid, 1979: S. 98 – © Die Welt/Ute Müller „Spaniens verlorene Generation zieht nach Deutschland": S. 59 – © Diego Muzzio, Mockba, Cuentos, Buenos Aires, 2007: S. 101–107 – © Frederico García Lorca, Canciones (1921–1924), Madrid, 1982: S. 98 – © Maxi de Diego, La abuela de Fede y otras historias, Madrid, 2001: S. 111–113 – © Natalio Hernández, Canto nuevo de Anahuac, Ed. Diana, México 1994: S. 43 – © Radio Tarifa, „La Tarara": S. 65 © – Rafael Alberti, Marinero en tierra, Madrid, 1972: S. 98 – © SPANIEN LIVE/ Ralph Schulze: S. 95 – © www.elreferente.es: S. 96 – © www.publico.es: S. 97

Illustration

© Eduardo del Río: La interminable conquista de México, Ed. Grijalbo, 1984: S. 43